OPERA INSTITUTI ARCHAEOLOGICI SLOVENIAE

2

Izadal in založil / Published by
ZNANSTVENORAZISKOVALNI CENTER SAZU
Inštitut za arheologijo

Zanj / Represented by
Oto LUTHAR

Uredil / Edited by
Ivan TURK

Oblikovanje / Graphic art and design
Milojka ŽALIK HUZJAN

Prevod / Translated by
Martin CREGEEN, Boris KRYŠTUFEK, Amidas

Tisk / Printed by
Planprint d.o.o.

Ljubljana 1997

Tiskano s podporo Ministrstva za znanost in tehnologijo Republike Slovenije
Published with the support of the Ministry of Science and Technology of the Republic of Slovenia

CIP - Kataložni zapis o publikaciji
Narodna in univerzitetna knjižnica, Ljubljana

903(497.4 Divje babe I)"632"

     MOUSTÉRIENSKA "koščena piščal" in druge najdbe iz Divjih bab I v Sloveniji =
Mousterian "bone flute" and other finds from Divje Babe I cave site in Slovenija / urednik, editor
Ivan Turk ; [avtorji, authors] Bastiani, Giuliano . . . [et al.] ; [prevod, translated by Martin Cregeen,
Boris Kryštufek, Amidas]. - Ljubljana : Znanstvenoraziskovalni center SAZU, 1997. - (Opera
Instituti archaeologici Sloveniae ; 2)

ISBN 961-6182-29-3
1. Bastiani, Giuliano 2. Turk, Ivan
67119616

Po mnenju Ministrstva za znanost in tehnologijo štev. 415-01-113/95 sodi knjiga med proizvode za
katere se plačuje 5 % davek od prometa proizvodov.

MOUSTÉRIENSKA »KOŠČENA PIŠČAL«

IN DRUGE NAJDBE IZ DIVJIH BAB I V SLOVENIJI

MOUSTERIAN »BONE FLUTE«

AND OTHER FINDS FROM DIVJE BABE I CAVE SITE IN SLOVENIA

UREDNIK / EDITOR
IVAN TURK

GIULIANO BASTIANI DRAGO KUNEJ
METKA CULIBERG D. ERLE NELSON
JANEZ DIRJEC MIRA OMERZEL-TERLEP
BORIS KAVUR ALOJZ ŠERCELJ
BORIS KRYŠTUFEK IVAN TURK
TEH-LUNG KU

Thank you for helping us in our efforts.

[signature]

ZALOŽBA ZRC

ZNANSTVENORAZISKOVALNI CENTER SAZU

VSEBINA

CONTENTS

Slike

Figures

Table

Razpredelnice

Plates

Tables

Avtorji - Contributors

Giuliano BASTIANI
Musei Provinciali - Archivio Storicho - Gorizia
Borgo Castello
I-34170 Gorizia, Italia

Metka CULIBERG
Biološki inštitut Jovana Hadžija
Znanstvenoraziskovalni center SAZU
Gosposka 13,
SI-1000 Ljubljana, Slovenija

Janez DIRJEC
Inštitut za arheologijo
Znanstvenoraziskovalni center SAZU
Gosposka 13
SI-1000 Ljubljana, Slovenija

Boris KAVUR
Jožeta Mlakarja 15
SI-2341 Pekre, Slovenija

Boris KRYŠTUFEK
Prirodoslovni muzej Slovenije
P. p. 290
SI-1001 Ljubljana, Slovenija

Teh-Lung KU
Department of Earth Sciences
University of Southern California
Los Angeles, USA

Drago KUNEJ
Glasbenonarodopisni inštitut
Znanstvenoraziskovalni center SAZU
Gosposka 13
SI-1000 Ljubljana, Slovenija

D. ERLE NELSON
Archaeology Department
Simon Fraser University
Burnaby, B. C., Canada

Mira OMERZEL-TERLEP
Melikova 45
SI-1000 Ljubljana, Slovenija

Alojz ŠERCELJ
Biološki inštitut Jovana Hadžija
Znanstvenoraziskovalni center SAZU
Gosposka 13
SI-1000 Ljubljana, Slovenija

Ivan TURK
Inštitut za arheologijo
Znanstvenoraziskovalni center SAZU
Gosposka 13
SI-1000 Ljubljana, Slovenija

Predgovor urednika

Raziskovalci Divjih bab I. Od desne proti levi: dr. Mitja Brodar, Ivan Turk in Janez Dirjec.
Research team of Divje babe I site. From right to left: Dr. Mitja Brodar, Ivan Turk in Janez Dirjec.

Divje babe I v dolini Idrijce so paleolitsko jamsko najdišče kot vsa druga. Na njih ni nič izjemnega, razen morda izredno debele sedimentacije. In vendar je najdišče takorekoč čez noč zablestelo, in to zaradi ene same najdbe - najstarejše piščali, ki je povrhu vsega lahko celo sporna. Tisto, kar naredi najdišče pomembno, ni enkratna najdba, temveč natančne in poglobljene vsestranske raziskave najdišča kot celote. Samo po sebi je lahko vsako paleolitsko najdišče zelo povprečno ali celo podpovprečno, če se ga lotimo bolj površno in posplošeno ter se ne poglobimo v njegove posebnosti. Za površnega opazovalca strokovnjaka so tudi Divje babe I samo kup kamenja in peska, v katerem so pomešane kosti jamskega medveda, nekaj paleolitskih

orodij, sem ter tja pa se dobi še kakšen ostanek paleolitskega ognjišča. Če še tako naprezamo oči, v presekih usedlin ne vidimo prav nič več kot v vseh najdiščih iz tega časa. Tudi najdbe ne prinašajo nič bistveno novega. Vse je bilo že videno. Kaj nam potem sploh še ostane? Da se poglobimo do samega bistva stvari, skozi labirint svojih zablod in zablod drugih, da potrpežljivo izluščimo iz kaosa tistih nekaj težko opaznih podatkov, ki dajo upati, da smo na poti do odkritja, kako stvari delujejo, kaj so vzroki in kaj posledice, kako so stvari med seboj povezane. Na srečo smo že pred znamenito najdbo stopili na to pot, kar povečuje ugled najdišča kot celote. Tako bo tudi ta najdba lahko pridobila na ceni, ne pa izgubila. Seveda bo tudi sama

15

najdba lahko prispevala k ugledu najdišča. Na ugled slovenske stroke pa bo bolj vplivalo to, kako sta najdba in najdišče dokumentirana.

Pri opredelitvi znamenite najdbe je bilo ob odkritju polovica možnosti, da jo pravilno opredelimo kot izdelek človeške roke, ki bi bil v tem primeru zelo verjetno piščal. Tega dejstva sem se zavedal in bil sam precej dolgo zadržan. Najditelj se v takih primerih lahko odloči čez noč, intuitivno in neargumentirano. Sam tega nisem zmogel. Zdelo se mi je nepošteno do drugih, ker bi jih z napačno odločitvijo lahko zavedel. Zato sem začel neobičajno najdbo postopno analizirati. To je bilo tipanje v neznano. Veliko sem si pomagal z različnimi poizkusi, ki so opisani v tem zborniku. Najbolj me je mučilo vprašanje, kako so nastale ali bile narejene neobičajno razporejene nenaravne luknjice v kosti. K rešitvi arheološkega dela uganke je odločilno prispevalo sodelovanje z eksperimentalnim arheologom in znancem Giulianom Bastianijem iz Italije. Na podlagi dolgoletnih izkušenj je Giuliano prišel do pravilnejše in hitrejše rešitve problema kot jaz, ki takih izkušenj nimam. Zato sem mu globoko hvaležen.

Enkratna najdba, ki je ponesla ime najdišča in nove državice Slovenije v svet ter sprožila plaz razprav in ugibanj na akademski in popularni ravni, je stvar naključja, sreče ali kakorkoli že to imenujem. Če pa zadevo dobro premislim in se ozrem na sam začetek, ugotovim, da vse skupaj morda le ni čisto tako.

Pri paleolitskih raziskavah sva s prijateljem in najožjim sodelavcem Janezom Dirjecem redno sodelovala že kot študenta arheologije. Tedaj sva pomagala profesorju Francu Osoletu. V ekipi, ki smo jo za šalo imenovali Sonda 1, sta bila tudi študenta geologije in paleontologije Vasja Mikuž in Jernej Pavšič. Danes sta oba profesorja paleontologije. Poleg tega, da smo v času študija sodelovali pri vseh izkopavanjih, smo v praksi izvedli tudi vsa tedanja sondiranja (iskanja novih najdišč s pomočjo poskusnih vkopov) pod profesorjevim strokovnim vodstvom. Sam sem v ta namen pregledal celoten seznam kraških jam v Sloveniji in izbral več vodoravnih jam, ki bi se jih splačalo poizkusno arheološko raziskati. Posebej zanimivi sta se mi zdeli dve jami: Matjaževe kamre pri Rovtah in Divje babe pri Cerknem. Še danes hranim spisek, na katerem sta obe jami posebej označeni. Zaradi lažjega dostopa smo se potem odločili, da poskusimo srečo v Matjaževih kamrah. In ni bilo zaman. Od tu naprej je moja arheološka kariera za nekaj časa zamrla. Ponovno je oživela na Inštitutu za arheologijo s tem, da sem dr. Mitji Brodarju pomagal pri njegovih izkopavanjih in sondiranjih. K sodelovanju sem pritegnil tudi prijatelja Janeza Dirjeca, ki je imel kot arheolog še manj sreče z arheološkimi službami kot jaz. Skupaj sva kopala vsaj v petdesetih jamah v Sloveniji. Samo redke med njimi so se uvrstile med paleolitska najdišča. Tako so po naključju prišle na vrsto tudi pozabljene Divje babe I. Na jamo,

predvsem pa na najdbe jamskega medveda, je prof. Osoleta in dr. Brodarja opozoril leta 1978 gospod Jože Škabar, za kar sem mu osebno neizmerno hvaležen. Spominjam se sondiranja, ki mi ga je še istega leta zaupal dr. Brodar. Iz Ljubljane v Šebrelje sem se pripeljal z mopedom, ker ne vozim avta. Pred tem sem na izkopavanja širom po Sloveniji hodil s kolesom. Cesta od Stopnika do Šebrelj je bila tako slaba in strma, da sem se komaj privlekel tja gor. Še slabša je bila steza do jame, ki je bila mestoma tudi zelo nevarna. Takoj mi je postalo jasno, zakaj me je doletela čast, da lahko sondiram to medvedjo luknjo. Po uspešno opravljeni nalogi mi je bilo dve leti kasneje zaupano še izkopavanje, ki ga je prvih sedem let formalno vodil dr. Brodar. Prvo leto izkopavanj je bilo zame najtežje. Ravno ko naj bi začeli, mi je zbolela mama, žena pa je imela roditi. Vseeno sem se odločil in šel na željo drugih izkopavat. V času moje odsotnosti je Ana v nevarnih razmerah rodila drugega sina Janeza. Imela sta srečo, da se je porod iztekel brez posledic. Če bi komu posvečal to knjigo, bi jo nedvomno njima. Danes mi Janez in starejši sin Matija pomagata pri delu v Divjih babah I. Mimogrede samo tole. Divje babe I so najdišče, ki je zaznamovano z Ivani in Janezi. Nad jamo je cerkev sv. Ivana, lastnik zemljišča, na katerem je jama, je Ivan Šturm, arheološka ekipa je več let bivala v Šebreljah pri Ivanu Tušku.

Pri izkopavanjih v jami nas je ves čas spremljala sreča, čeprav smo delali v objektivno nevarnih razmerah. To se je pokazalo, ko se je na obisku vpričo nas smrtno ponesrečil naš znanec gospod Ivan Štucin, šolski ravnatelj v pokoju iz Cerknega. Šele tedaj sem se zavedel, kaj vse bi se nam lahko zgodilo na nevarni stezi, ki pelje k jami.

Ko sem po Brodarjevi upokojitvi leta 1988 tudi formalno prevzel projekt, sem bil pred dilemo, ali nadaljevati izkopavanja na tradicionalni način ali ne. Odločil sem se za nov, natančnejši način dela. Vendar sem moral jamo oz. delovišče prej primerno opremiti. Oprema je bila nestandardna in zato zelo draga, denarja pa je bilo vsako leto komaj za plačilo delovne sile. S prijateljem Janezom, ki je medtem postal moj sodelavec, sva se sama lotila načrta. Ob podpori znancev in darovalcev in s prostovoljnim delom nam je v dveh letih uspelo napeljati 800 m električnega voda, zgraditi 400 m dolgo žičnico z višinsko razliko 230 m in v jami postaviti železne odre za odvoz odkopanega materiala. To je bilo vse prej kot arheološko delo. Pri postavljanju žičnice sem tudi sam gledal smrti v oči, ko se je name podrla velika spožagana bukev in me z deblom oplazila, da sem odletel več metrov daleč kot žoga. Sledilo je šest let dela na način, ki ga doma nismo imeli nikoli prilike preizkusiti. Vse nakopane usedline smo po žičnici spravili v dolino, jih z vodo sprali na sitih in temeljito pregledali. Nekoč smo se zopet za las izognili nesreči s smrtnim izidom. Dirječev starejši sin Janez je s samokolnico vred zletel po strmem pobočju pod jamo in se ustavil tik nad prepadom. Arheološko delo so spremljale stalne težave zaradi okvar, ki so nastajale na slabi tehnični opremi. Večino popravil smo morali opraviti sami, kot smo vedeli in znali. Pri enem takih popravil sta Janez Dirjec starejši in mlajši nepričakovano izgubila tla pod nogami. Oče se je ujel za jeklenico, sin pa za očeta in oba skupaj sta obvisela nad strmim, golim pobočjem, ki se konča s prepadom. Med obratovanjem žičnice nam je od vsega začetka najbolj nagajal vitel. Zato smo bili nazadnje prisiljeni, da smo sami na podlagi negativnih izkušenj, ki smo jih imeli s starim vitlom, načrtovali in izdelali novega. Z njegovo pomočjo smo se dokopali tudi do znamenite najdbe piščali. Če bi odnehali, ko je stari vitel dokončno odpovedal, novega pa ni bilo nikjer dobiti, kdo ve, kaj bi bilo potem s piščaljo.

Natančno delo, ki je bilo sprva spričo redkih najdb paleolitskih orodij videti nesmiselno, se je ob tako pomembni najdbi, kot je piščal, bogato obrestovalo. Vsi natančno zbrani podatki za plasti nad njo so nam prišli tedaj še kako prav. Novico o najdbi so spravili v svet novinarji, ki jim ni bilo dosti mar vseh dvomov, ki so se meni podili po glavi od dne, ko jo je Janez Dirjec izluščil iz desettisočletne breče, ne da bi jo pri tem poškodoval. Zopet enkrat neverjetna sreča! Medtem ko so drugi širili novice, sem sam stal pred zelo težko nalogo, kako odgovoriti na vprašanje, ali je najdeni predmet izdelek človeških rok in kaj predstavlja. Enkratno najdbo sem moral tudi prikazati v sklopu najdišča, t. j. vseh podatkov, ki dokazujejo njeno pristnost in veliko starost. Kot na tehničnem tudi na strokovnem področju nisem imel nikoli možnosti zaposliti vseh strokovnjakov, ki so potrebni pri zapletenih paleolitskih raziskavah. Zato sem moral večino dela, za katerega nisem bil strokovno usposobljen, opraviti sam v zelo kratkem času. Kako mi je to uspelo, zgolj na podlagi dolgoletnih delovnih izkušenj, bodo presodili drugi. Tudi če bo končni izid slab, se tolažim z mislijo, da sem vedno puščal vse možnosti odprte domačim strokovnjakom in nisem vseh ključnih zadev predal tujcem za ceno lastne varnosti in udobja. Tako mi je uspelo ohraniti najdbo in najdišče do danes kot bolj ali manj izključno slovenski morebitni prispevek k poznavanju duhovnega razvoja človeške vrste.

Pri preučevanju najdbe sem šel skozi vse stopnje spoznanja: od začetnega dvoma do končnega utemeljenega prepričanja, da je kost lahko poleg drugih poznanih dejavnikov naluknjal predvsem človek. Žal, tega ne morem podpreti z materialnimi dokazi. To je razvidno iz mojega pisanja, med ostalim tudi v tem zborniku. Najdba lahko, tako kot se razlaga, pomeni pomembno prelomnico v razmišljanju o tistih sposobnostih naših prednikov, ki so obče človeške in jih zelo težko najdemo v arheoloških zapisih. Odpira povsem nov pogled na zgodovino človeštva in postavlja naše duhovne korenine za novih 100.000 let v preteklost. V senci te najdbe je ostalo drugo pomembno odkritje iz istega najdišča - fosilne dlake jamskega medveda. To odkritje, ki ni stvar sreče, ampak resnično odkritje, odpira možnosti rutinskega odkrivanja fosilnih tkiv davno izumrlih živali in tudi ljudi. To bo prineslo nove, sveže podatke o preteklem življenju.

Pot do piščali je bila težavna in zapletena. Na njej nam je pomagalo mnogo preprostih ljudi, veliko znancev in prijateljev ter redki ljudje na položajih s posluhom do neprofitnega raziskovalnega dela. Naj na tem mestu omenim samo dva, gospoda Cirila Uršiča iz Tolmina in gospoda Borisa Božiča iz Idrije. Oba sta mi materialno veliko pomagala v letu odločilnega preobrata v raziskavah Divjih bab I. Vsem, ki so mi kakorkoli pomagali, sem neizmerno hvaležen. Iskreno upam, da je naša najdba resnično to, kar arheologi mislimo, da je. Upam, da bo ostala zapisana v zgodovini arheoloških odkritij in z njo vsi številni dobrotniki, ki so nam nesebično pomagali pri njenem odkrivanju.

S hvaležnostjo se spominjam tudi nekaterih stalnih obiskovalcev naših izkopavanj, s katerimi smo se z leti spoprijateljili. Naše delo so s svojimi obiski osmišljali gospa Ivana Leskovec, gospod Samo Bevk, gospod Otmar Črnilogar, gospod Silvano Malagnini in drugi. Najbolj zvest in kritičen spremljevalec pa je bil dr. Mitja Brodar, kateremu dolgujem zahvalo za svojo paleolitsko kariero. Njegova je tudi posredna zasluga, da je do Divjih bab I in vseh odkritij sploh prišlo. Iskrena hvala.

ZAHVALA

Urednik in avtor se zahvaljuje dr. Mitji Brodarju, ki je dovolil objavo najdb svojih izkopavanj, Janezu Dirjecu mlajšemu in Dušanu Gabrijelčiču za računalniške grafike, dr. Vladimirju Mlinariču in dr. Srečku Štepcu z Gastroenterološke klinike za endoskopijo domnevne flavte, Dragici Knific Lunder za risbe, Carmen Narobe, Francetu Steletu in Marku Zaplatilu za fotografije, prevajalcu Martinu Cregeenu in prevajalski agenciji Amidas za prevode, lektorju za slovenščino Jožetu Faganelu, Bredi Pavčič Justin za tipkarske usluge, Mateji Belak za nasvete in pomoč s področja računalništva in vsem neimenovanim, ki so kakorkoli prispevali k nastanku teksta. Posebno zahvalo sem dolžan Erlu Nelsonu za brezplačne radiokarbonske datacije in Teh-Lung Kuju za prav tako brezplačne datacije na podlagi uranovega niza.

Izkopavanja sta financirala Ministrstvo za znanost in tehnologijo in bivša Občinska raziskovalna skupnost Idrija. V letih 1988 - 1995 so veliko sredstev prispevali naslednji sponzorji: Astra veletrgovina, Luma d. o. o., Olma, Slovenica, Iskra commerce, Podravka d. o. o., EF COM d. o. o., Petrol, Jugotekstil, Ljubljanska banka, Kolinska d. d., IMP črpalke, Žito, Teol, Ledis d. o. o, Ljubljanske mlekarne d.o.o., Slovenijavino, Mercator - Sadje zelenjava, Park-hiša d. d. Ljubljana, Slovenijales, Ministrstvo za obrambo RS, P. G. orodjarstvo in plastika Škofja Loka, Kmetijski kombinat Slovenske Gorice Ptuj, Fructal Ajdovščina, Avtoprevoz Tolmin d. d., Elektroprimorska Tolmin, Elektroprimorska - Nadzorništvo Cerkno, Kmetijska zadruga Idrija, Rotomatika Spodnja Idrija, Zidgrad Idrija, Rudnik Idrija in Muzej Idrija. Vsem se iskreno zahvaljujem.

Posebej se zahvaljujem za požrtvovalno delo vsem udeležencem izkopavanj, ki so našteti v kronološkem zaporedju po etapah izkopavanj: Draško Josipovič, Marjan Blažon, Janez Jocif, Marjan Medlobi, Sašo Oražem, Darko Žajdela, Damjan Knific, Jernej Zavrtanik, Avgust Martinšek, Marko Frelih, Tomaž Dernovšek, Vasja Mikuž, Jernej Pavšič, Gregor Likar, Martin Majcen, Marina Jež, Helena Verbič, Ivan Belač, Roman Jerina, Nada Baznik, Majda Knific, Naško Križnar, Uroš Bavec, Franc Mestek, Jože Kregar, Dirjec Božena, Breda Butinar, Peter Butinar, Primož Butinar, Anton Derlink, Jože Jeram, Valter Mlekuž, Martin Sedej, Anton Razpet, Janez Dirjec ml., Anton Velušček, Mila Jelovšek, Srečko Firšt, Borut Blažič, Jože Podgornik, Primož Pavlin, Jerneja Žontar, Dejan Drolc, Matija Dirjec, Janez Turk, Matija Turk, Miloš Bavec, Aleš Ogorelec, Irena Debeljak, Iztok Sajko, Andrej Rupar, Nuša Turk, Boštjan Pirih, Zdravko Šturm, Boštjan Obid, Robi Obid, Matej Turnšek, Anže Rak, Gašper Rak, Jernej Rak, Filip Štemberger, Dušan Šturm, Irena Leban, Janko Šturm, Matija Likar in Boris Kavur.

1. Uvod

1. Introduction

Ivan Turk

Divje babe I (katastrska štev. DZRJS 812, koordinate 1:5.000, x = 5416570, y = 5108190) so 45 m dolga in do 15 m široka vodoravna jama 230 m nad strugo reke Idrijce na Reki pri Cerknem (Turk in dr. 1989b). Jama se je izoblikovala v dolomitu pod robom Šebreljske planote. Skupaj z obsežnejšo Šentviško planoto, Policami in Ravnami predstavlja ostanke nekoč večjega platoja, ki so ga razkosali tektonski procesi in

Divje babe I (cave-register no. 812, coordinates, 1 : 5,000, x = 5416570, y = 5108190) is a 45 m long, up to 15 m wide horizontal cave, 230 m above the course of the River Idrijca, at Reka near Cerkno (Turk *et al.* 1989). The cave was formed in dolomite, under the edge of Šebreljska planota (low mountain plateau). Together with the more extensive plateaus of Šentviška gora, Police and Ravne, it represents the remains of a larger

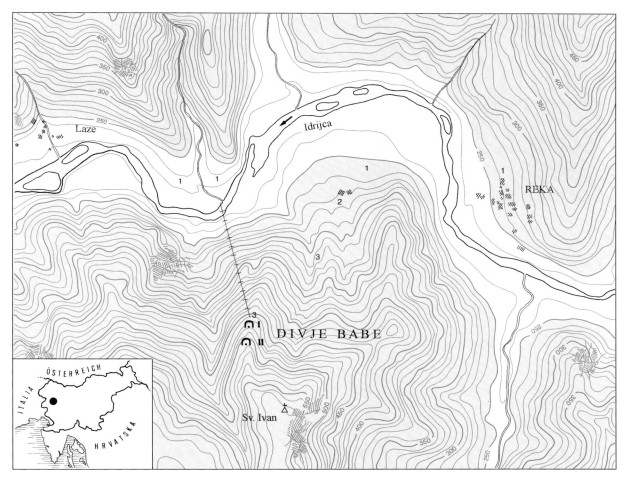

Sl. 1.1: Geografska in topografska lega najdišča Divje babe I. Legenda: 1 - rečne terase, 2 - zemeljski plaz, 3 - melišči. Risba: Dragica Knific Lunder.

Fig. 1.1: Geographical and topographical position of the Divje babe I site. Legend: 1 - Fluvial terraces, 2 - Colluvium, 3 - Talus. Drawing: Dragica Knific Lunder.

Sl. 1.2: Dolina reke Idrijce pri zaselku Reka. Najdišče Divje babe I je označeno s krogom. Foto: Carmen Narobe.
Fig. 1.2: Valley of the River Idrijca by the village of Reka. The Divje babe I site is marked by circle. Photo: Carmen Narobe.

Idrijca s pritoki. Najdišče leži na nadmorski višini 450 m v razširjenem delu sicer ozke rečne doline, kjer so vidni ostanki starih rečnih teras, zemeljskih plazov in melišč (*sl. 1.4* in *1.5*). Na pobočju pod današnjim jamskim vhodom so se ohranile debele pobočne usedline pleistocenske starosti. Te so pred vhodom raziskane do globine 12 m, ne da bi bila pri tem odkrita kamninska podlaga. Domnevna debelina talusnih usedlin na pobočju pred jamo je okoli 30 m.

Sistematska izkopavanja, ki potekajo od leta 1980 dalje, so uvrstila najdišče po številu najdb na drugo mesto med srednjepaleolitskimi najdišči v Sloveniji, takoj za Betalovim spodmolom pri Postojni (S. Brodar 1957; Osole 1990; 1991). Po številu paleolitskih horizontov

plateau, which was dissected by tectonic processes and the valleys of the Idrijca and its tributaries. The site lies at an altitude of 450 m in the spreading part of an otherwise narrow river valley, where the remains of old fluvial terraces, colluvial deposits and talus are visible (*Figs. 1.4* and *1.5*). On the slope below today's cave entrance, some thick talus of Pleistocene age have been preserved. These have been explored in front of the entrance to a depth of 12 m, without reaching bedrock. The suspected thickness of the talus on the slope in front of the cave is around 30 m.

Systematic excavations which have been taking place since 1980 have classified the site according to the number of archaeological finds, in second place among Middle Palaeolithic sites in Slovenia, immediately after Betalov spodmol by Postojna (Brodar 1957; Osole 1990; 1991). According to the number of palaeolithic levels, it is even in first place. The site will remain notable mainly for the discovery of fossil hairs

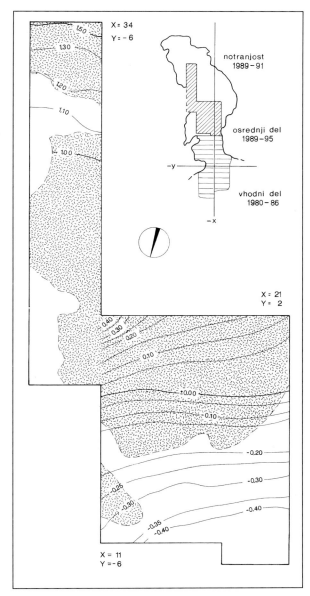

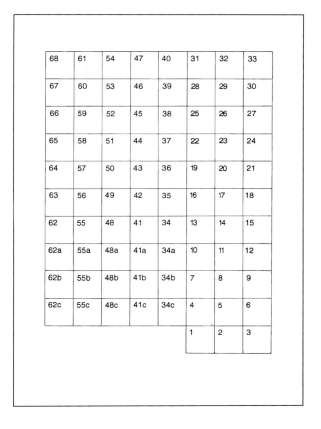

68	61	54	47	40	31	32	33
67	60	53	46	39	28	29	30
66	59	52	45	38	25	26	27
65	58	51	44	37	22	23	24
64	57	50	43	36	19	20	21
63	56	49	42	35	16	17	18
62	55	48	41	34	13	14	15
62a	55a	48a	41a	34a	10	11	12
62b	55b	48b	41b	34b	7	8	9
62c	55c	48c	41c	34c	4	5	6
					1	2	3

Sl. 1.3: Divje babe I. Tloris jame pred izkopavanji. Označeno je Brodarjevo izkopno polje v letih 1980 do 1986. Povečano je prikazano novo izkopno polje od leta 1989 dalje in oznake kvadratov. Risba: Draško Josipovič, Ivan Turk in Dragica Knific Lunder.

Fig. 1.3: Divje babe I. Groundplan of the cave prior to excavation. Brodar's trench from 1980 - 1986. The new trench from 1989 onwards, with the quadrats marked, is shown enlarged. Drawing: Draško Josipovič, Ivan Turk and Dragica Knific Lunder.

je celo na prvem mestu. Najdišče bo ostalo poznano predvsem po odkritju fosilnih dlak jamskega medveda in po najdbi najstarejše domnevne koščene piščali na svetu (Turk in dr. 1995a; 1995b). Piščal pomeni tako pomembno najdbo, da zasluži podrobnejšo obdelavo od začasnega poročila (Turk in dr. 1995b). Zato bomo v tem zborniku predhodno obdelali kronostratigrafijo, pomembnejše ostanke mlajše pleistocenske favne in flore ter bolj izčrpno vse paleolitske najdbe do vključno plasti 8, v kateri je bila najdena piščalka. Pri tem je potrebno poudariti, da so bile usedline v vhodnem predelu jame (ok. 130 m³ s celotno plastjo 8) v letih 1980 - 1984. (izkopavanja Mitje Brodarja) pregledane brez sejanja in spiranja, usedline v osrednjem delu jame (ok. 200 m³ s samo načeto plastjo 8) pa so bile v letih 1990 - 1995 (izkopavanja Ivana Turka in Janeza Dirjeca) v celoti sprane in pregledane na sitih z velikostjo luknjic 10, 3 in 0,5 mm. Zaradi različnih metod terenskih raziskav

of cave bear and for the find of the oldest suspected flute in the world (Turk *et al.* 1995a; 1995b). The flute is such an important find that it deserves more detailed discussion than a preliminary report (Turk *et al.* 1995b). So in this volume, we will deal first with the chrono-stratigraphy, the more important remains of Upper Pleistocene fauna and flora, and more exhaustively with all palaeolithic tools to level 8 inclusive, in which the flute was found. It must be stressed that sediments in the entrance part of the cave (around 130 m³ including the whole of level 8) in 1980 - 1984 (excavation by Mitja Brodar) were examined without wet sieving, while sediments in the central part of the cave (around 200 m³ including the upper part of level 8) in 1990 - 1995 (excavation by Ivan Turk and Janez Dirjec) were washed and examined in entirety in ten-, three- and half-milli-metre iron sheet-mesh screens. Because of the different methods of field research, data from the two excavated

21

Sl. 1.4: Profil melišča na pobočju pod Divjimi babami I in profil zemeljskega plazu na pleistocenski rečni terasi Na Logu. Foto: Ivan Turk.
Fig. 1.4: Section of talus on the slope below the Divje babe I site and section of colluvium on the pleistocene fluvial terrace of Na Logu. Photo: Ivan Turk.

Sl. 1.5: Stare rečne terase v vasi Reka. Foto: Ivan Turk.
Fig. 1.5: Old fluvial terraces and the village of Reka. Photo: Ivan Turk.

podatki iz obeh izkopnih področij niso količinsko in kakovostno povsem primerljivi. Izkopavanja po letu 1990 imajo za osnovo kvadrate velikosti 1x1 m v ustrezni mreži in izkope debeline 0,12 m. Osnova prejšnjim izkopavanjem je bil koordinatni sistem, profilni pasovi in izkopi debeline 0,20 m in več. Izsledki Brodarjevih izkopavanj bodo v celoti objavljeni drugod. Za posamezna začasna poročila glej Turk s sodelavci in ta zbornik za plasti 2 do 8.

areas are not entirely quantitatively and qualitatively comparable. Excavations after 1990 have a basic quadrat within a 1x1 m grid and a spit of arbitrary depth 0.12 m. The basis of the previous excavation had been a coordinate system, profile belts 1 m wide and a spit of arbitrary depth of 0.20 m and more.

The results of Brodar's excavations will be published as a whole elsewhere. For individual preliminary reports see Turk *et al.* and this volume for layers 2 to 8.

2. STRATIGRAFIJA IN DIAGENEZA USEDLIN

2. STRATIGRAPHY AND DIAGENESIS OF SEDIMENTS

IVAN TURK

Izvleček

Stratigrafija najdišča je zapletena zaradi krioturbacije, cikličnega odlaganja in cikliče diageneza usedlin ter vrzeli v odlaganju usedlin. Najtežje je ugotoviti vrzeli. Obe glavni vrzeli zajemata še nedoločen interstadial v drugi polovici interpleniglaciala in ves drugi pleniglacial ter tardiglacial.

Abstract

The stratigraphy of the site is complicated by cryoturbation, the cyclical deposition and cyclical diagenesis of sediments and by gaps in the stratigraphic record. It is most difficult to establish the gaps. The two main gaps embrace a still unidentified interstadial in the second half of the Interpleniglacial, and the entire second Pleniglacial and Tardiglacial.

2.1. STRATIGRAFIJA

Vse plasti so nagnjene za 8° proti severu. Makroskopsko jih je med seboj težko ločiti. Edine na oko dobro vidne plasti so plasti 4, 6 in 8, ki barvno močno odstopajo od drugih plasti. Iste plasti smo lahko zasledovali od pobočja pred jamo do 22. metra v jami, kjer nastopijo večje spremembe v stratigrafiji. Vse ugotovljene plasti do 22. metra so naslednje (*sl. 2.1 - 2.6*):

• **Plast 1** je humus, pomešan z gruščem. V bližini vhoda smo v tej plasti našli prazgodovinsko keramiko in ostanke domačih živali (Dirjec in Turk 1985, 221). Na pobočju pred jamo so v humusu ostanki jamskega medveda. Debelina: 10 do 50 cm. Meja s plastjo 2 je ostra.

• Plast 1a je črna organska preperina, ki vsebuje veliko recentnega lesnega oglja. Plast nastopa strnjeno na večji površini samo v osrednjem delu jame. Nastala je pri požigu več kubičnih metrov lesa med zadnjo vojno. Debela je nekaj cm. Meja z naslednjo plastjo je ostra.

• **Plast 2** v osrednjem delu jame je zbita, debelogruščnata in posejana s posameznimi bloki (glede velikosti in imenoslovja frakcij glej Skaberne 1980). Grušč je ostrorob. Šibka osnova je peščenomeljasta. Plast smo lahko zanesljivo identificirali samo v profilu x = 11 m in na kratkem odseku v profilih y = 2 m in -6 m. Tu je plast v spodnjem delu močno nagubana, kar pripisujemo delovanju krioturbacije. Z gubanjem so povezani tudi posamezni navpično zasajeni kamni. Zaradi gubanja je plast različno debela. Spodnja in stranska meja plasti sta na splošno neostri. Barva: svetlo

2.1. STRATIGRAPHY

All layers were inclined at 8 degrees towards the north. It was difficult to distinguish macroscopically among them. The only layers easily visible to the eye were layers 4, 6 and 8, which differed markedly in colour from the other layers. The same layers could also be traced from the slopes in front of the cave up to 22 metres into the cave, where major changes in the stratigraphy occur. The following layers have been identified downwards up to 22 m (*Figs. 2.1 - 2.6*):

• **Layer 1** is made up of humus, mixed with rubble. We found prehistoric pottery and the remains of domestic animals in the vicinity of the entrance in this layer (Dirjec & Turk 1985, 221). On the slope in front of the cave the humus contains the remains of cave bear. Thickness: 10 - 50 cm. The contact with layer 2 is sharp.

• Layer 1a is composed of black, decayed organic matter containing a great deal of recent wood charcoal. The layer appears compressed over a major surface only in the central part of the cave. This was caused by the burning of several cubic metres of wood during world war 2. It is some centimetres thick. The contact with the underlying layer is sharp.

• **Layer 2** in the central part of the cave is composed of tightly packed, coarse grained rubble, scattered with individual blocks (in relation to the size and nomenclature of fractions, see Skaberne 1980). The rubble is angular. The matrix is composed of sand and silt. The layer can be reliably identified only in section x = 11 m and in a short cross-section in section y = 2 m and -6 m. The layer here is powerfully folded in the lower part, which we ascribe to the action of cryoturbation.

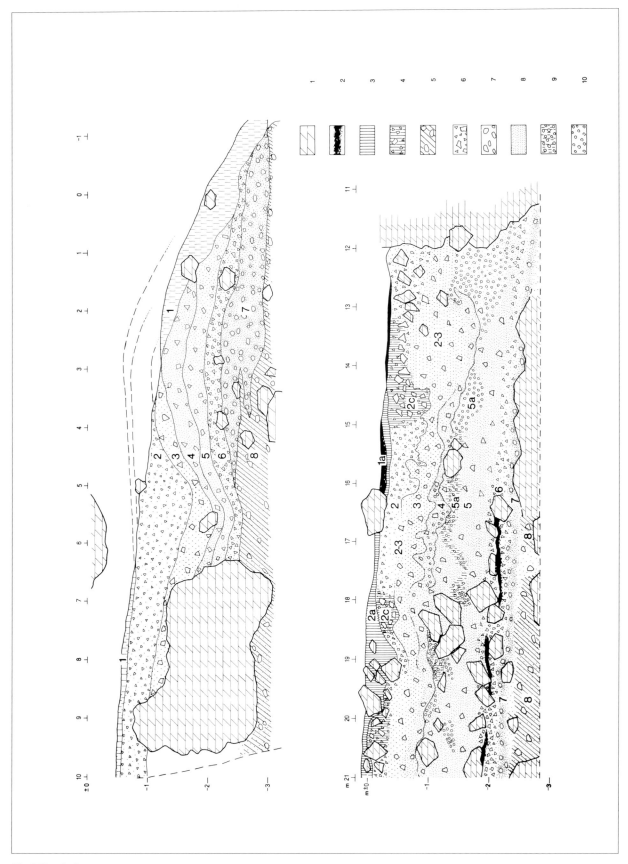

Sl. / Fig. 2.1

Sl. 2.1: Divje babe I. Vzdolžni profil pri y = 2,00 m pred in v jami do vključno plasti 8. Risba: Ivan Turk in Dragica Knific Lunder.

Fig. 2.1: Divje babe I. Longitudinal section at y = 2.00 m in front of and in the cave, up to and including layer 8. Drawing: Ivan Turk and Dragica Knific Lunder.

Legenda:

1 - Dolomitna podlaga in večji dolomitni bloki
2 - Oglje
3 - Stalagmitna skorja
4 - Zasigan ostrorob dolomiten grušč
5 - Zaobljen dolomiten grušč cementiran s karbonatfosfatom
6 - Ostrorobi dolomitni kosi
7 - Zaobljeni dolomitni kosi
8 - Dolomiten melj in pesek
9 - Popolnoma (globinsko) preperel dolomiten grušč v meljasti osnovi impregnirani s karbonatfosfatom
10 - Popolnoma (globinsko) preperel dolomiten grušč v nespremenjeni meljasti osnov

Legend:

1 - Dolomite bedrock and larger dolomite boulders
2 - Charcoal
3 - Stalagmite
4 - Coated angular dolomite rubble.
5 - Rounded dolomite rubble cemented with carbophosphates
6 - Angular dolomite pieces
7 - Rounded dolomite pieces
8 - Dolomite silt and sand
9 - Heavily weathered dolomite rubble in a silt matrix impregnated with carbophosphates
10 - Heavily weathered dolomite rubble in an unchanged silt matrix

---

olivno rjava (2.5 Y 5/3 do 5/4).[1] Plast vsebuje redke ostanke jamskega medveda, vendar tudi najdbe iz mlajših arheoloških obdobij. Pripada ji paleolitski horizont 0 z aurignacienskimi najdbami.

• Plast 2a je stalagmitna skorja, ki je pokrivala ok. 70 % površine izkopnega polja v osrednjem predelu jame. V sigi je ponekod cementiran debel grušč, kosti jamskega medveda in drobci oglja (*Acer, Hedera*). Debelina sige je od nekaj cm do 30 cm. Siga je bila najdebelejša na mestih, kjer je bilo pod njo največ debelega grušča. Usedline pod sigo so se ponekod posedle, tako da so nastali prazni prostori. V njih gnezdijo polhi in drugi mali sesalci. Meje s sosednjimi plastmi so ostre ali pa ne.

• Plast 2b je droben, skoraj čist, mešan zaobljeni in ostrorobi grušč pod plastjo 2a. Zaradi blatnih (glinenih?) oblog je ves grušč navidezno močno zaobljen. Med gruščem in v oblogah je veliko drobcev kosti in zob ter fosfatnih zrnc, ki so sekundarno prišli v votline pod skorjo sige, skupaj z recentnimi ostanki listja, pešk in koščkov lesa. Plast vsebuje naravnost ogromno skeletnih in zobnih ostankov polhov, ki še danes

Individual vertically oriented stones are also connected with this folding. Because of the folding, the layer has various thicknesses. The lower and lateral limits of the layer are not in general sharp. Colour: light olive brown (2.5 Y 5/3 to 5/4).[1] The layer contains occasional remains of cave bear, but also finds from more recent archeological periods. To this layer belongs the palaeolithic level 0 with Aurignacian finds.

• Layer 2a is a flowstone crust, which covered around 70 % of the area of the trench in the central tract of the cave. In places in the flowstone, there is cemented coarse grained rubble, the bones of cave bear and fragments of charcoal (*Acer, Hedera*). The thickness of the flowstone crust is from a few cm to 30 cm. The flowstone crust was thickest in places in which the coarsest grained rubble was beneath it. The sediments under the flowstone crust had collapsed in places, thus creating cavities. Dormice and other small rodents nest in them. The contacts with neighbouring layers are sometimes sharp, sometimes not.

• Layer 2b is composed of fine grained mixed rounded and angular rubble below layer 2a. The rubble is almost without matrix. Because of the mud or clay coatings, all the rubble is apparently well rounded. Among the rubble and in the coatings there is a lot of tiny bones and teeth and phosphate grains, which were secondarily transported into the cavity under the crust of flowstone, together with recent remains of leaves, cherry stones and pieces of wood. The layer contains a huge number of skeletal and tooth remains of dormice, which today nest under the flowstone. The thickness of the layer is some centimetres. The contact with the underlaying layer is sharp.

• Layer 2c is composed of angular, loosely packed rubble of all sizes, and contains individual blocks. Coarse rubble and blocks are in the majority. There is no sand or silt. In places, the rubble is only encrusted with flowstone, elsewhere also cemented in breccia. The layer appears in large areas of both trenches, but not joined. In parts of section x = 11 m and y = -6 m, it appears together with layer 2f and has laterally sharp contact with layer 3. We found something similar in the entrance part of the cave in section x = 9 m. The layer is full of fragments of recent bones and recent fragments of charcoal. In the unconsolidated part, there were also individual Roman or late Roman fragments of pottery. All finds are mixed with occasional remains of cave bear and alpine marmot. The layer is very pale brown (10 YR 8/2) or the natural colour of dolomite rock. The thickness ranges from 10 cm to 100 cm. Contacts with neighbouring layers are in places sharp, elsewhere somewhat blurred.

---

[1] Barve smo določili na vlažni peščenomeljasti frakciji z uporabo barvne lestvice Munsell Soil Color Chart. Značilna so barvna odstopanja znotraj vsake plasti

[1] Colours were determined on a damp sand and silt fractions by the use of the Munsell Soil Color Chart. Colour variations within each layer are characteristic.

domujejo v votlinah pod sigo. Debelina plasti je nekaj cm. Meja z naslednjo plastjo je neostra.

• Plast 2c je ostrorobi, rahlo naložen grušč vseh debelin, v katerem tičijo posamezni bloki. Največ je debelega grušča in blokov. Peska in melja ni. Grušč je ponekod samo površinsko zasigan, drugod tudi zlepljen v brečaste sprimke. Plast se pojavlja na večjem področju v obeh izkopnih poljih, vendar ne strnjeno. V predelu profilov x = 11 m in y = -6 m nastopa skupaj s plastjo 2f in lateralno ostro meji na plast 3. Nekaj podobnega smo ugotovili v vhodnem predelu jame v profilu x = 9 m. V plasti je polno odlomkov recentnih kosti in recentnih drobcev oglja. V nesprijetem delu so bile tudi posamične antične ali poznoantične črepinje. Vse najdbe se mešajo z redkimi ostanki jamskega medveda in alpskega svizca. Plast je zelo svetlo rjava (10 YR 8/2) oz. naravne barve dolomitne kamnine. Debelina se giblje od 10 cm do 100 cm. Meje s sosednjimi plastmi so ponekod ostre, drugod zopet zabrisane.

• Plast 2d je stalagmitna skorja, ki smo jo ugotovili samo lokalno v profilu x = 21 m. Debela je do 20 cm. Meje z drugimi plastmi so ostre.

• Plast 2f je ostrorobi grušč različnih debelin, brez primesi in sigovih prevlek. Nastopa predvsem v osrednjem predelu jame. Barva plasti ustreza barvi dolomitne kamnine: zelo svetlo rjava (10 YR 8/2). Debelina plasti je 100 cm. Meja z naslednjo plastjo je ostra.

• Plast 3 je debel, ostrorobi grušč z močnejšo primesjo peska in melja. Pojavljajo se tudi posamezni veliki bloki, ki segajo do plasli 4. Plast smo lahko zanesljivo prepoznali samo na določenem odseku v profilih y = 2 m in -6 m v osrednjem predelu jame, kjer je močno nagubana. Z gubanjem so povezane tudi nekatere navpično zasajene kosti jamskega medveda in kamni. Vse to so zanesljiva znamenja krioturbacije. Plast vsebuje veliko fosilnih ostankov in redke najdbe paleolitskih orodij, ki verjetno pripadajo moustérienskemu horizontu A. Barva: temna rumenkasto rjava (10 YR 4/4). Debelina plasti je odvisna od višine gub. Meja s plastjo 4 je zelo ostra, manj s plastjo 2. Na splošno pa se plasti 2 in 3 nista dali razmejiti, zato smo ju obravnavali skupaj.

• Plasti 2 in 3 sta pretežno debelogruščnati. Precej je tudi manjših blokov, zlasti v najbolj ozkem delu jame med 7. in 10. metrom. V skeletu se mešata zaobljeni in ostrorobi grušč. Slednji prevladuje v plasti 2. Osnova je sestavljena predvsem iz peska in melja. Sedimenti obeh plasti so rahli, razen ob vzhodni steni, kjer je tudi največ grušča. Krioturbatne gube, značilne za obe plasti, smo lahko ugotovili v vhodnem predelu jame samo v prečnih profilih (x = 6 m, 7 m in 10 m), v osrednjem predelu jame pa tudi v podolžnih profilih (y = 2 m in y = -6 m). Z gubanjem so povezani pokončno zasajeni kamni in večje kosti, ki smo jih zasledili v vseh nagubanih plasteh. Obe plasti vsebujeta precej ostankov

• Layer 2d is a flowstone crust, which we found only locally in section x = 21 m. It has a thickness up to 20 cm. Contacts with other layers are sharp.

• Layer 2f is composed of angular rubble of various grain size, without matrix or flowstone coating. It appears primarily in the central part of the cave. The colour of the layer corresponds to the colour of dolomite rock - very pale brown (10 YR 8/2). The layer is 100 cm thick. The contact with the underlying layer is sharp.

• **Layer 3** is composed of coarse, angular rubble with a high content of sand and silt. Individual large blocks also appear in it, which cut into layer 4. The layer can be reliably recognised only in specific cross-sections in profiles y = 2 m and y = -6 m in the central part of the cave, where it is intensively folded. Some vertically oriented cave bear bones and clasts are also related to the folding. This is a reliable evidence of cryoturbation. The layer contains a large number of fossil remains and occasional finds of palaeolithic tools, which probably belong to Mousterian level A. Colour: dark yellowish brown (10 YR 4/4). The thickness of the layer depends on the height of folds. The contact with layer 4 is very sharp, less so with layer 2. In general, layers 2 and 3 are not easy to delineate, so we have dealt with them together.

• **Layers 2 and 3** are composed predominantly of coarse grained rubble. There are also a fair number of smaller blocks, especially in the narrowest part of the cave between the 7th and 10th metres. The skeleton contains mixed rounded and angular rubble. The latter predominates in layer 2. The matrix is composed mainly of sand and silt. The sediments of both layers are loosely packed, except by the eastern wall, where there is also the most rubble. Cryoturbation folds, characteristic of both layers, can be found in the entrance part of the cave only in transverse section (x = 6 m, 7 m and 10 m), but in the central part of the cave, also in longitudinal section (y = 2 m and y = -6 m). The upright stones and larger bones which we traced in all the folded layers are related to the folding of the sediments. Both layers contain a considerable number of remains of cave bear, and occasional finds of palaeolithic tools belonging to levels 0 and A. The thickness of the two layers together is 30 - 140 cm. The contact with layer 4 is sharp.

• **Layer 4** is distinguished from above and below layers mainly in being darker. So it can be traced without great difficulty in all sections. It is a perfect stratigraphic marker. It does not essentially differ in composition from combined layers 2 - 3, except that it contains a great deal of very fine silt which, in a damp state, adheres to the rubble and bones as a dark-grey mud. In the entrance part of the cave, the sandy-silt matrix is full of tiny holes, which we observed in no other layer. Sediments were loosely packed in the entrance of the cave, while in the central part, here and there sediments are fairly tightly packed. The brown

jamskega medveda in redke najdbe paleolitskih orodij, ki pripadajo horizontoma 0 in A. Debelina obeh plasti skupaj je 30 do 140 cm. Meja s plastjo 4 je ostra.

• **Plast 4** je odličen stratigrafski reper. Od sosednjih plasti se razlikuje predvsem po tem, da je precej temnejša, zato smo ji lahko v vseh profilih sledili brez večjih težav. Po sestavi se bistveno ne razlikuje od združenih plasti 2 do 3, le da vsebuje veliko zelo finega melja, ki se v vlažnem stanju lepi na grušč in kosti kot temnosivo blato. V peščenomeljasti osnovi je v vhodnem predelu jame polno drobnih luknjic, ki jih nismo opazili v nobeni drugi plasti. Usedline so bile pri vhodu v jamo rahlo naložene, v osrednjem predelu jame pa mestoma precej zbite. Rjave obloge na grušču so pogostejše kot v krovnih plasteh. Kosti so temnejše barve kot v drugih plasteh. Plast je nagubana, vendar gube v vertikali niso tako razpotegnjene kot v plasti 3. Veliko kamnov in kosti je bilo pokončno zasajenih. To so zanesljivi znaki krioturbacije. V plasti 4 so bile ugotovljene najbolj številne najdbe paleolitskih orodij, ki pripadajo moustérienskemu horizontu A. Kurišča se niso ohranila, niti nismo našli večjih drobcev oglja, razen redkih izjem. Pač pa je bilo veliko mikroskopskih ogljenih drobcev. Plast vsebuje zelo veliko ostankov jamskega medveda. Barva: rumenkasto rjava (10 YR 5/4). Debelina: 10 do 100 cm v vhodnem predelu in okrog 10 do 50 cm v osrednjem predelu jame. Meje s sosednjimi plastmi so ostre.

• Plast 4a nastopa samo na posameznih mestih v okviru plasti 4 v osrednjem predelu jame. Zanjo je značilen popolnoma preperel ("fantomski") grušč. Kjer je tega grušča veliko, ima plast naravno barvo dolomitne kamine: zelo svetlo rjava (10 YR 8/2). Sediment je bolj rahel kot v sami plasti 4. Meje s sosednjimi plastmi so zabrisane.

• **Plast 5** se na videz bistveno ne razlikuje od krovnih plasti. Vendar vsebuje več peščenomeljaste osnove, v kateri je precej več agregatov[2] kot v krovnih plasteh. V osnovi prevladuje melj. Na grušču je vse več rjavih (fosfatnih?) oblog. V osrednjem predelu jame je bilo v plasti veliko blokov. Tu je bil spodnji del plasti zelo blaten. Svetlorjavo blato se je lepilo v kepice. V tej plasti smo v vhodnem predelu jame prvič ugotovili popolnoma preperel ("fantomski") grušč in rjave (fosfatne?) proge. Usedline so pri vrhu rahlejše kot pri dnu. Plast je v zgornjem delu nagubana. Najdb paleolitskih orodij v vhodnem predelu ni bilo. Pač pa imamo redke najdbe v osrednjem predelu jame, kjer je bilo tudi zelo dobro ohranjeno ognjišče, ki dejansko pripada plasti 5b. Njegov ostanek je viden v profilu x = 21 m. Najdbe in ognjišče pripadajo moustérienskemu horizontu A/B. Ostankov jamskega medveda je bilo manj kot v krovni plasti. Barva: rjava (10 YR 5/3). Debelina: 30 do 100 cm. Meje s sosednjimi plastmi so ostre.

coatings on the rubble are more frequent than in layers above. The bones are a darker colour than in other layers. The layer is folded, but the vertical folds are not so elongated as in layer 3. Large stones and bones were scattered vertically. This is reliable evidence of cryoturbation. Layer 4 provided the largest number of finds of palaeolithic tools, which belong to Mousterian level A. Hearths have not been preserved, nor did we find larger fragments of charcoal, with occasional exceptions. However, there were many microscopic charcoal fragments. The layer contains a very large number of remains of cave bear. Colour: yellowish brown (10 YR 5/4). Thickness: 10 - 100 cm in the entrance part, and around 10 - 50 cm in the central part of the cave. The contacts with above and below layers are sharp.

• Layer 4a appears only in individual places in the context of layer 4 in the central part of the cave. It is characterised by heavily weathered rubble (decomposed "phantoms" of dolomite rubble). Where there is a lot of this rubble, the layer has the natural colour of dolomite rock - very pale brown (10 YR 8/2). The sediment is more lightly packed than in layer 4 itself. The contacts with neighbouring layers are blurred.

• **Layer 5** does not visibly differ from the above layers. However, it contains more sand and silt, in which there were significantly more aggregates[2] than in the above layers. Silt predominates in the matrix. The rubble is increasingly coated in brown (phosphate?). There were a large number of blocks in the layer in the central part of the cave. The lower part of the layer here was very muddy. The light brown mud had congealed in small lumps. We first ascertained heavily weathered rubble (decomposed "phantoms" of dolomite rubble) and brown (phosphate?) beds in the entrance part of the cave in this layer. Sediments were more lightly packed at the top than at the bottom. The layer is folded in the upper part. There were no palaeolithic tools in the entrance part. However, there were occasional finds in the central part of the cave, where there was also a very well preserved fireplace which actually belongs to layer 5b. Its remains are visible in section x = 21 m. The finds and the fireplace belong to Mousterian level A/B. Remains of cave bear were fewer than in the above layers. Colour: brown (10 YR 5/3). Thickness: 30 - 100 cm. Contacts with above and below layers are sharp.

• Layer 5a appears in individual places in the upper part of layer 5 in the central part of the cave. The layer is very lightly packed. Typically, it is heavily weathered rubble (decomposed "phantoms" of dolomite rubble) in a sand and silt matrix. The matrix is light brown, impregnated with presumed phosphates. The layer is folded. The folds are a result of cryoturbation.

---

[2] Tako bomo imenovali sprimke različnih velikosti in enotne sestave. Glej 3. poglavje v tem zborniku.

[2] We used the name "aggregates" for lumps of various volumes and composition. See Turk & Dirjec Chapter 3, in this volume.

Sl. 2.2: Divje babe I. Vzdolžni profil pri y = 2,00 m pred jamo do vključno plasti 8. Slabo razločne plasti so oštevilčene kot na *sl. 2.1.* Vidijo se ostanki podora v plasti 8. Foto: Carmen Narobe.

Fig.2.2: Divje babe I. Longitudinal section at y = 2.00 m in front of the cave, up to and including layer 8. The poorly distinguished layers are numbered as in *Fig. 2.1.* The remains of rock fall may be seen in layer 8. Photo: Carmen Narobe.

• Plast 5a nastopa na posameznih mestih v zgornjem delu plasti 5 v osrednjem predelu jame. Plast je zelo rahla. Značilen je popolnoma preperel, droben ("fantomski") grušč v peščenomeljasti osnovi. Osnova je rahlo rjavo impregnirana, domnevno s fosfati. Plast je nagubana. Gube so posledica krioturbacije. Plast se barvno ne razlikuje od plasti 5, razen na mestih, kjer prevladuje popolnoma preperel grušč. Tu ima plast naravno barvo dolomitne kamnine: zelo svetlo rjava (10 YR 8/2). Zgornja meja plasti je ostra, spodnja zabrisana.

• Plast 5b je ostrorobi grušč brez primesi, ki se pojavlja ponekod v plasti 5 v osrednjem predelu jame. Najbolj pogost je nad skalno polico ob vzhodni jamski steni. Plast je sestavinsko in vsebinsko zelo podobna

The layer does not differ in colour from layer 5, except in places in which heavily weathered rubble predominates. The layer here has the colour of dolomite rock - very pale brown (10 YR 8/2). The upper limit of the layer is sharp, the lower blurred.

• Layer 5b is composed of angular rubble without matrix which appears in places in layer 5 in the central part of the cave. The most frequent is above a rocky shelf by the eastern wall of the cave. The texture and content of the layer is very similar to layer 2f. The colour corresponds to the colour of dolomite rock - very pale brown (10 YR 8/2). Contacts with neighbouring layers are sharp.

• **Layer 6** is the second most characteristic layer in section. In places, it is very similar to layer 4, especially in relation to the colour of the matrix, the dark grey coating on the rubble and the darker colour of bones. In places in which there is no pronounced colouring, it is very difficult to distinguish it from layers 7, 5 and 5b. In the entrance part, the texture does not differ from above and below layers, although phosphate coating is very visible on smaller blocks and rubble. In places in the entrance part of the cave, the lower part of the layer

plasti 2f. Barva ustreza barvi dolomitne kamnine: zelo svetlo rjava (10 YR 8/2). Meje s sosednjimi plastmi so ostre.

• **Plast 6** je druga najbolj značilna plast v profilih. Ponekod je zelo podobna plasti 4, zlasti kar zadeva barvo osnove, temnosive blatne obloge na grušču in temnejšo barvo kosti. Na mestih, kjer ni izrazito obarvana, jo je zelo težko ločiti od plasti 7, 5 in 5b. V vhodnem predelu se sestavinsko ne razlikuje od krovnine in talnine, pač pa imamo na manjših blokih in grušču lepo vidne fosfatne obloge (inkrustacije). Spodnji del plasti je bil ponekod pri vhodu v jamo oblikovan v nekakšne žepe, ki bi bili lahko posledica krioturbacije. Nanjo opozarjajo tudi posamezne pokončno zasajene kosti v osrednjem predelu jame. Tu je plast močno gruščnata. Veliko je ostrorobega grušča, ki je običajno brez fosfatnih in drugih oblog. Precej je tudi blokov, ki so na spodnji strani korozijsko močno nažlebljeni in rjavo inkrustirani in so nedvomno popadali s stropa. Jamski strop se je nažlebil v nekem relativno toplem in vlažnem obdobju, v katerem se niso v jami odlagale mehanske usedline. Med bloki se vije tenka in razločna, večkrat prekinjena ogljena proga. Ta proga verjetno ponekod leži na cementiranih usedlinah zgornjega dela plasti 8. V osnovi se mešajo agregati in pretežno ostrorobi dolomitni klasti. Redke najdbe paleolitskih orodij pripadajo moustérienskemu horizontu B, ki je bil v vhodnem predelu jame brez kurišč. Vendar smo v plasti našli tudi posamezne drobce oglja. Na rob manjšega kurišča, ogljeno progo in zoglenele kostne drobce smo naleteli v osrednjem

has formed pockets of some kind, which may have been the result of cryoturbation. Individual vertical bones in the central part of the cave also draw attention to this. The layer here includes mostly dolomite clasts. There is a great deal of angular rubble, which is normally without phosphate or other coating. There are also a considerable number of blocks, which have been heavily grooved by corrosion, and encrusted with brown. They undoubtedly fell from the roof. The grooves in the roof of the cave were made during a relatively warm and damp period, in which clastic or mechanical sediments were not deposited in the cave. Among the blocks twists a thin but distinct, discontinued bed of charcoal. This bed probably lies in places on the cemented sediments of the upper part of layer 8. The matrix contains mixed aggregates and predominantly angular dolomite clasts. Occasional finds of palaeolithic tools belong to Mousterian level B, which was without a hearth in the entrance part of the cave. However, we found individual fragments of charcoal in the layer. On the edge of a small hearth in the central part of the cave, we came upon a bed of charcoal and carbonised fragments of bone. There

Sl. 2.3: Divje babe I. Vzdolžni profil pri y = 2,00 m v jami do vključno vrha plasti 8. Slabo razločne plasti so oštevilčene kot na *sl. 2.1.* Vidijo se ostanki podorov nad plastjo 8 in 5. Foto: Ivan Turk.

Fig. 2.3: Divje babe I. Longitudinal section at y = 2.00 m in the cave, up to and including layer 8. The poorly distinguished layers are numbered as in *Fig. 2.1.* The remains of rock fall may be seen above layers 8 and 5. Photo: Ivan Turk.

predelu jame. Fosilnih ostankov jamskega medveda je bilo približno toliko kot v plasti 5. V tej plasti se prvič pojavijo krhke kosti. V osrednjem predelu jame je bilo sorazmerno veliko kostnih drobcev. Barva: temna sivkasto rjava (10 YR 4/2 in 2.5 Y 4/2). Debelina: 20 do 40 cm. Meja s plastjo 7 je zabrisana.

• **Plast 7** je najdebelejša na pobočju pred jamo, za vhodom domnevno izgine in se ponovno pojavi v osrednjem predelu jame, kjer je pomešana s plastjo 6. V zgornjem delu je podobne barve kot plast 6, v spodnjem pa kot plast 5 in 8. Zato smo jo v profilih zelo težko prepoznali in ločili od zgornjega dela plasti 8. Obstaja nevarnost, da smo spodnji del plasti 7 in zgornji, nesprijeti del plasti 8 večkrat zamenjali. Pri vhodu v jamo se nekako po sredini plasti vleče izrazita rjava (fosfatna?) proga. Sestava usedlin je še vedno podobna krovnim plastem. Bistvena razlika je samo v osnovi. V vhodnem predelu jame je značilna večja količina osnove in rahlo zaobljenega grušča. V spodnjem delu plasti nastopa fantomski grušč, ki je usedline skoraj belo obarval. V osrednjem predelu jame je plast bolj gruščnata. Vsebuje tudi veliko blokov. Nekateri so močno prepereli. Ob zahodni jamski steni se v profilu y = 2 m kaže ogromen blok ali skalna polica. Grušč je korozijsko zaobljen, vendar trden. Običajno ima fosfatne obloge. V osnovi močno prevladujejo agregati. Agregati nastopijo prvič v velikem številu tudi v frakcijah do 10 mm. Usedline so ponekod blatne. Najdb paleolitskih orodij v vhodnem predelu jame ni bilo, razen kurišča z enim sileksom na meji s plastjo 8 (moustérienski horizont C). Posamične najdbe paleolitskih orodij, ki domnevno lahko pripadajo plasti 7, imamo še v osrednjem predelu jame. Zaradi slabe ločljivosti plasti, krioturbacije in drugih motenj je osnovanje samostojnega paleolitskega horizonta C med bolj izrazitima horizontoma B in D težavno, vendar po vseh znakih sodeč upravičeno. Fosilnih ostankov jamskega medveda je precej več kot v vsaki od krovnih plasti. Predstavljajo vrhunec obiskov in pogina jamskega medveda do vključno plasti 8. Nekateri večji kostni odlomki so bili usmerjeni navpično ali vsaj močno poševno, kar bi bilo pripisati delovanju krioturbacije. Barva: svetla rumenkasto rjava (10 YR 6/4). Debelina: 10 do 80 cm. Meja s plastjo 8 je zabrisana.

• **Plast 8** je izrazita plast s podorom. V vseh pogledih je zelo neenotna. Njena glavna značilnost so močno fosfatizirane in cementirane usedline. Ob zahodni jamski steni so bile usedline pri vhodu v jamo na več mestih cementirane v bolj ali manj trden brečast sprimek. Sprimek je zajemal površino veliko več kvadratnih metrov in je bil v povprečju debel dober meter. Posamezni bolj trdni deli sprimka so merili tudi 1 m^3. Ob sami steni sedimenti niso bili sprijeti. Prav tako so bile nesprijete ali slabo cementirane tanjše vodoravne leče grušča brez peščenomeljaste osnove v samem sprimku. Usedline sestavlja poleg večjih

was approximately the same amount of fossil remains of cave bear as in layer 5. Brittle bones first appeared in this layer. In the central part of the cave, there was a relatively large number of small bone fragments. Colour: dark greyish brown (10 YR 4/2 and 2.5 Y4/2). Thickness: 20 - 40 cm. The contact with layer 7 is blurred.

• **Layer 7** is the thickest layer on the slope in front of the cave; within the entrance it is assumed to have disappeared, and it reappears in the central part of the cave, where it is mixed with layer 6. It is similar in colour in the upper part to layer 6, and in the lower part to layers 5 and 8. So in section, we were not always able to recognise it and distinguish it from the upper part of layer 8. There is a danger that we several times confused the lower part of level 7 with the unconsolidated part of layer 8. At the entrance to the cave, at about the centre of the layer, extends a pronounced brown (phosphate) bed. The composition of the sediment is still similar to the above layers. The only essential difference is in the matrix. In the entrance part of the cave, there is a characteristic larger quantity of matrix and sub-rounded rubble. In the lower part of the layer appear decomposed phantoms of dolomite rubble, the sediment of which is almost white. In the central part of the cave, the layer contains more dolomite clasts. It also contains large blocks. Some are heavily weathered. By the western wall in section y = 2 m, a huge block or rock shelf appears. The rubble is corrosion rounded, but hard. It normally has a phosphate coating. Aggregates greatly predominate in the matrix. The aggregates appear first in large numbers also in fractions up to 10 mm. Sediments are in places muddy. There were no palaeolithic remains in the entrance part of the cave, except for a hearth with one levallois core on the limit with layer 8 (Mousterian level C). Individual finds of palaeolithic tools which it is assumed may belong to layer 7, occur in the central part of the cave. Because of poor differentiation of layers, cryoturbation and other disturbances, establishing an independent palaeolithic level C between the more pronounced levels B and D is difficult, although all the signs suggest it is justified. There are appreciably more fossil remains of cave bear than in any of the above layers. It represents the peak of visits and mortality of cave bear up to and including layer 8. Some of the larger pieces of bone are vertically oriented, or at least greatly inclined, to which the activity of cryoturbation would have contributed. Colour: light yellowish brown (10 YR 6/4). Thickness: 10 - 80 cm. The contact with layer 8 is blurred.

• **Layer 8** is a pronounced layer with rock fall. It is very ununified, from all points of view. Its main characteristic is the strongly cemented, phosphate impregnated sediment. By the western cave wall, at the entrance to the cave, the sediments are cemented in a number of places into more or less hard breccia. The breccia covers an area of many square metres and was

Sl. 2.4: Divje babe I. Prečni profil pri x = 10,00 m za jamskim vhodom do vključno plasti 8. Dobro razločne plasti so oštevilčene kot na *sl. 2.1.* Foto: Carmen Narobe.
Fig. 2.4: Divje babe I. Cross section at x = 10.00 m behind the cave entrance up to and including layer 8. The well distinguished layers are numbered as in *Fig. 2.1.* Photo: Carmen Narobe.

---

podornih blokov predvsem grušč različnih debelin in z različno stopnjo korozijske zaobljenosti. V dnu plasti smo našli tudi skoraj kroglast, debel grušč, ki bi ga zlahka zamenjali s prodom. Ves grušč in del podornih blokov in jamskih sten je imel bolj ali manj izrazite rjave fosfatne inkrustacije. Osnove je bilo mestoma precej manj kot v krovnih plasteh, vendar še vedno dovolj, da je delovala kot polnilo za vezivo v sprimkih in povečevala njihovo trdnost. Na močno preperevanje po fazi impregnacije s fosfati kažejo leče neobarvane osnove ob vzhodni jamski steni. V osrednjem predelu jame smo doslej odkopali samo zgornji, cementirani del plasti 8. Predstavlja ga bolj ali manj trden, strnjen karbonatno-fosfatni sprimek v obliki plošče. Površje sprimka je kotanjasto. V necementiranih delih prevladuje debel grušč. Ves grušč je bolj ali manj zaobljen in obdan s fosfatnimi skorjami. Posamezni večji kosi so skoraj kroglasti. V peščeno-meljasti osnovi močno prevladujejo agregati. Ti prevladujejo tudi v frakcijah do 10 mm. Pod sprimkom, ki je v osrednjem predelu jame debel do 50 cm, je neinkrustiran zaobljen grušč v osnovi, ki ima veliko drobnega melja. Ta melj je vodotesen. Kosti pod brečastim sprimkom so zelo krhke. V zgornjem delu plasti so bile redke najdbe paleolitskih orodij, ki pripadajo moustérienskemu horizontu D, in dve ognjiišči.[3] Med najdbami je tudi znamenita t. i. koščena

on average a good metre thick. Individual harder parts of the breccia even measured 1 m[3]. The sediments by the wall itself were unconsolidated. Thin horizontal lenses of rubble with sand and silt matrix in the breccia itself were also unconsolidated, or poorly cemented. The sediment is composed, in addition to larger rock fall blocks, mainly of rubble of various grain size and varying degrees of corrosion rounding. On the floor of the layer, we also found very well rounded, coarse-grained rubble, which could easily be mistaken for fluvial gravel. All the rubble and part of the rock fall blocks and the cave walls had more or less pronounced brown phosphate coating. The matrix was here and there considerably less than in the above layers, although still enough to operate as a filler for cement in the consolidated sediments and increase their hardness. The lens of colourless matrix by the east wall of the cave indicates heavy weathering after the phase of phosphate impregnation. In the central part of the cave we have to date only excavated the upper, cemented part of layer 8. It is a more or less hard, condensed carbophosphate breccia in the form of plates. The surface of the breccia is pitted. Coarse grained rubble predominates in the uncemented parts. All the rubble is more or less rounded and coated with phosphate coating. Individual larger pieces are very well rounded. Aggregates greatly predominate in the sand and silt matrix. These also predominate in fractions up to 10 mm. Under the breccia, which is up to 50 cm thick in the central part of the cave, there is non-encrusted rounded rubble in a matrix which has a great deal of fine grained silt. This silt is waterproof. Bones under the breccia are very brittle. There were occasional finds of palaeolithic tools in the upper part of the layer which belong to Mousterian level D, and two fireplaces.[3] Among the finds was also the famous bone flute. Three

---

[3] Za definicijo ognjišča glej Turk in Kavur, 10. poglavje v tem zborniku.

[3] For definition of the fireplace see Turk & Kavur, Chapter 10, in this volume.

piščal. Tri kurišča drugo nad drugim, odkrita v vhodnem predelu jame, dokazujejo obstoj več paleolitskih horizontov v plasti 8. Fosilnih ostankov jamskega medveda je približno toliko kot v plasti 7. Kosti so na splošno trdne in običajno rjavo inkrustirane. Neinkrustirane in preperele kosti, cementirane v brečast sprimek skupaj trdnimi in obarvanimi kostmi, dokazujejo mešanje najdb iz različnih sedimentnih in mikrodiagenetskih okolij. Do takšnega mešanja je prišlo v času zastojev v odlaganju usedlin, ki jih izdajajo cementirane usedline v plasti 8 in nažlebljeni bloki v plasti 6. Vse večje kosti so ležale skoraj vodoravno. Zato v tej plasti ni več govora o krioturbaciji. Barva: rjava (10 YR 5/3) pri jamskem vhodu in izrazito rjava (7.5 YR 4/6) v osrednjem predelu jame. Debelina: 20 - 120 cm.

Za razlago zapletene stratigrafije jamskih usedlin in njihove diageneze so pomembna nekatera dejstva na pobočju pred jamo in v sami jami. Predvsem gre tu za nagib pobočja in današnjih jamskih tal ter za obliko jame, pogojene z večjo ali manjšo odpornostjo osnovne dolomitne kamnine na preperevanje.

2.2. Krioturbacija, soliflukcija in drugi periglacialni pojavi

Vse plasti so za 8° nagnjene iz jame. Zato so lahko v pogojih glacialne klime drsele in se pri tem gubale. To se je dejansko zgodilo s plastmi 2 do 5a, ki so močno nagubane (sl. 2.6). Gubanje, ki je posledica krioturbacije in soliflukcije (v našem primeru lahko upravičeno govorimo o gelifluksiji), je dokumentirano v številnih profilih in z meritvami naklonskih kotov večjih kosti. V močno nagubanih plasteh 3 in 4 ima polovica večjih kostnih ostankov povprečni naklonski kot 55° (n = 23). Krioturbacija je delovala v jamo samo do 22. metra. V nenagubanih plasteh 5 in 8 je povprečni naklonski kot kosti enak naklonu plasti in znaša 8° (n = 37). Samo 5 % kosti ima naklonski kot od 17° do 32°.

V plasteh 6 in 7, ki sta bili, sodeč po nekaterih znakih tudi rahlo nagubani, je povprečni naklonski kot 13° (n = 27). Kot, večji od 16°, ki ga povezujemo s krioturbacijo, ima 22 % kosti, kot večji od 50° pa 4 % kosti.

Klimatokronološko pomembna je kemijsko reducirana plast 4. Barva njenih usedlin in fosilnih ostankov kaže na daljšo prepojitev organsko bogatih sedimentov z vodo. To se je lahko zgodilo v zelo vlažni nivalni klimi, ki je preprečevala nastajanje sige. V plasti ni sledov večjih kurišč. Plast je tudi brez vsakršnih ožganih kostnih drobcev, ki redno spremljajo kurišča in ognjišča. V vsestransko podobni plasti 6 je na 1 m³

hearths, one on top of another, discovered in the entrance part of the cave, indicate the existence of a number of palaeolithic levels in layer 8. There were approximately as many fossil remains of cave bear as in layer 7. Bones are in general hard and normally have a brown coating. Non-encrusted, weathered bones, cemented into the breccia together with hard, coloured bones, indicate a mixing of finds from various sediments and microdiagenetic environments. Such mixing occurred during sedimentation hiatuses which are betrayed by the cemented sediments in layer 8 and the grooved blocks in layer 6. All the larger bones lay almost horizontally. There was therefore no cryoturbation in this layer. Colour: Brown (10 YR 5/3) at the cave entrance and strong brown (7.5 YR 4/6) in the central part of the cave. Thickness: 20 - 120 cm.

Some facts about the slope in front of the cave and in the cave itself are important for explaining the complicated stratigraphy and diagenesis of the cave sediments. Primarily, it must be considered the inclination of the slope (45°) and the present cave floor (8°), and the shape of the cave, conditioned by greater or lesser resistance of the base dolomite rock to weathering. Mass remains of cave bear must be considered in relation to phosphatogenesis.

2.2. Cryoturbation, solifluction and other periglacial features

All layers are on an 8° inclination from the cave (towards the north). So under glacial climatic conditions, they can slide out of the cave and thus fold, or wrinkle. This actually happened with layers 2 - 5a, which are strongly folded (Fig. 2.6). Folding, which is a result of cryoturbation and solifluction (in the present case, one can justifiably talk of gelifluction), is documented in a number of sections and by measurements of the angle of inclination of larger bones. In strongly folded layers 3 and 4, half of the larger remains of bones have an average inclination of 55° (n = 23). Cryoturbation operated in the cave only to 22 metres. In the unfolded layers 5 and 8, the average inclination of the bones is the same as the layers themselves and amounts to 8° (n = 37). Only 5 % of bones have an angle of inclination from 17 to 32 degrees.

In layers 6 and 7, which, judging from some observations, were also lightly folded, there is an average inclination of 13° (n = 27). Twenty two percent of bones have angles greater than 16°, which we connect with cryoturbation, and 4 % of bones angles greater than 50°.

The chemically reduced layer 4 is climatologically important. The dark colour of its sediments and fossil remains indicates extended waterlogging of organically rich sediments. This could happen in a very damp nival climate, which prevented the formation of

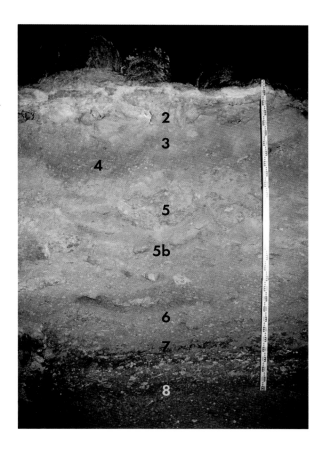

Sl. 2.5: Divje babe I. Izsek prečnega profila x = 21,00 m v jami. Slabo razločne plasti so oštevilčene kot na *sl. 2.1.* V plasti 5b se vidijo ostanki manjšega ognjišča, v plasti 6 pa ostanki večjega kurišča. Foto: Marko Zaplatil.
Fig. 2.5: Divje babe I. Part of cross section x = 21.00 m in the cave. The poorly distinguishable layers are numbered as in *Fig. 2.1.* In layer 5b may be seen the remains of a small hearth, and in layer 6, the remains of a larger hearth. Photo: Marko Zaplatil.

flowstone. There are no traces of major hearths in the layer. The layer is also without any kind of burnt bone fragments, which are generally associated with hearths and fireplaces. In the generally similar layer 6, in 1 m³ of sediment, in addition to fragments of charcoal, there are an average of 100 charred bone fragments. We therefore think that the microscopic fragments of charcoal in layer 4 are a trace of a fire in the immediate surroundings of the cave. Layer 4, has been deposited in the form of a ridge in the middle of the cave, which suggests that sedimentation at a specific period was greater in the middle of the cave than at the sides. Irregularities were later filled by sediments of layers 2 and 3, which are in places very thick. The deposition of sediments was strongest in front of the entrance. Clastic sediments were deposited here in the form of a cone from layer 8 to layer 4, and they slid partially into the cave, and partially into the valley by the unstable slope in front of the cave, with an inclination of 45°. The more or less embracive snow blanket at the entrance to the cave played an important role in this. The talus sediments of layers 7 and 8 had already slid into the Idrijca in the Upper Pleistocene epoch. The event may have been connected with the gradual retreat of the cliff onto which the entrance of the cave opens, because of powerful weathering. The cave entrance crumbled at the same time. This process had been greatly slowing down from layer 4 upwards, so that from then until today, there has been no major change connected with the cave entrance. It is important that there was no sediment in front of the cave from layers 2 and 3, and that there is no deposit in the cave from the Upper Würm, the Late Glacial and almost the entire Holocene epoch. The complete break in the such formerly abundant sediment can be most easily explained by a root change in the mezoclimate. This could have occurred in the Pleniglacial only if the very low entrance was completely closed. Because of the shady position, some such thing was possible with permanent snow and ice. However, only after a period of periglacial conditions, as recorded in the cryoturbation of layers 2 - 5a (*Fig. 2.6*). This explanation is corroborated by the complete absence of remains of arctic rodents in layer 2, which contains a rich mixture of Holocene and Pleistocene rodent (and other) fauna (see Kryštufek, in this volume). However, there are only representatives in it of temperate and not very cold climates,

usedlin poleg drobcev oglja tudi povprečno 100 zoglenelih kostnih odlomkov. Zato mislimo, da so mikroskopski drobci oglja v plasti 4 sled požara v bljižnji okolici jame. Plasti 4, ki se je odložila v obliki hrbta po sredini jame, da slutiti, da je bila sedimentacija v določenem obdobju po sredini jame močnejša kot ob stenah. Neravnine so kasneje zapolnile usedline plasti 2 in 3, ki so ponekod zelo debele. Odlaganje usedlin je bilo najmočnejše pred vhodom. Tu so se klastični sedimenti odlagali v obliki stožca od vključno plasti 8 do vključno plasti 4 in drseli delno v jamo, delno v dolino po nestabilnem pobočju pred jamo z naklonom 45°. Pri tem je igral pomembno vlogo bolj ali manj zajeten snežni zamet pri vhodu v jamo. Pobočni talusni sedimenti plasti 7 in 8 so že v pleistocenu zdrsnili v Idrijco. Dogodek je lahko povezan s pomikanjem čelne stene, v kateri se odpira vhod v jamo, vedno bolj nazaj zaradi močnega preperevanja. Hkrati je prihajalo do rušenja jamskega vhoda. Ta proces se je od plasti 4 dalje močno upočasnil, tako da od takrat do danes ni bilo večjih sprememb, povezanih z jamskim vhodom. Pomembno je, da pred vhodom ni bilo usedlin plasti 2 in 3, in da v jami ni usedlin celotnega mlajšega würma, poznega glaciala in skoraj vsega holocena. Popolno prekinitev prej tako izdatne sedimentacije si najlažje razložimo s korenito spremembo mezoklime. Do te je lahko prišlo v glacialu le, če se je zelo nizek vhod popolnoma zaprl. Zaradi osojne lege je bilo kaj takega

mogoče z večnim snegom in ledom. Vendar šele po obdobju s periglacialnimi razmerami, ki so zabeležene s krioturbacijo plasti 2 do 5a (*sl. 2.6*). To razlago je podkrepljuje popolna odsotnost ostankov arktičnih glodalcev v plasti 2, ki vsebuje bogato mešano holocensko in pleistocensko glodalsko (in drugo) favno (glej Kryštufek, ta zbornik). Vendar so v njej samo predstavniki zmerno tople in zmerno hladne klime, ki so v jamo prišli v času pred in po glacialnem vrhuncu, ko je bil vhod brez ledenega zamaška.

Zaradi močne krioturbacije smo imeli resne stratigrafske težave pri opredeljevanju vsebine močneje nagubanih plasti[4]. Rešili smo jih s klastersko analizo po metodi *k-means*. V ta namen smo uporabili dva sedimentološka, tri paleontološke in en arheološki podatek (n = 6 x 714). Vsi podatki so bili zbrani po kvadratih in režnjih. Predvideli smo stratigrafsko razvrstitev klastrov, ki smo jo lahko neodvisno preverili na podlagi obstoječe terenske dokumentacije (profili, relativne višine, naklonski koti kosti). Ker so bile v najbolj razločni plasti 4, ki smo ji lahko dobro sledili med izkopavanji, zbrane skoraj vse paleolitske najdbe, je bila ta plast dobro izhodišče za istovetenje klastrov s plastmi. S klastersko analizo nam je tako uspelo popolnoma ločiti dve plasti (4 in 5), tretjo (plast 2) samo delno, četrte (plast 3) pa v celoti nismo mogli ločiti od ostalih plasti.

Veliko nevarnost za morebitno inverzno lego plasti predstavljajo usadi usedlin na pobočju pred jamo. Zaradi kasnejših diagenetskih sprememb usedlin je tako preložene usedline zelo težko odkriti (glej Nelson, ta zbornik).

2.3. CIKLIČNOST ODLAGANJA USEDLIN IN USEDLINSKE RAZLIČICE

Ena od značilnosti naših usedlin je tudi ciklično odlaganje plasti ali ponavljanje usedlin s podobnimi lastnostmi in s podobno vsebino v stratigrafskem nizu. Na prvi pogled jo izdajajo veliki podorni bloki v plasteh 7 do 8, 5, 4 in 2 do 3 ter ponavljajoči se barvni odtenki nekaterih plasti. Slednje pomeni, da so cikličnost pogojevale tudi močne diagenetske spremembe klastičnih usedlin. Začetek in konec vsakega ciklusa lahko poljubno določimo. Tako lahko predstavljajo en ciklus plasti 4, 5 in 6 ali kakšno drugo zaporedje plasti, glede na to, da za starejše plasti nimamo ustreznih podatkov in jih ne moremo vključiti v analizo. Zaradi ciklične narave sedimentacije in diageneze obstaja velika nevarnost zamenjave podobnih plasti v primerih, ko je stratigrafski nadzor moten (npr. pri krioturbaciji).

Za nekatere plasti so značilne laterane različice.

which came to the cave before and after the glacial maximum, when the cave entrance was without an ice plug.

Because of the strong cryoturbation, we had real stratigraphic difficulties in defining the content of the strongly folded layers.[4] We solved them with *k-means* clustering. For this purpose, we used two sedimentological, three paleontological and one archeological data (n = 6 x 714). Data were collected by quadrats and spits. We anticipated a stratigraphic classification of clusters which we could independently check on the basis of existing terrain documentation (profiles, relative heights, angles of inclination of bones). Since almost all the palaeolithic tools were collected in the most distinctive layer 4, which we could recognize well during excavation, this layer was a good starting point for identification of clusters by layers. Cluster analysis thus enabled us completely to distinguish two layers (layer 4 and 5), a third layer (layer 2) only partially, and a fourth (layer 3) we were unable in entirety to distinguish from other layers.

The great danger of possible inverse stratigraphy is represented by the landslip of talus in front of the cave due to the steep inclination of the slope. Because of later diagenetic changes to deposits, such redeposited sediments are very difficult to identify (see Nelson, in this volume).

2.3. CYCLIC NATURE OF DEPOSITION OF SEDIMENTS AND SEDIMENTARY VARIATIONS

One of the characteristics of these sediments is the cyclical deposition of layers, or the repetition of deposits with similar properties and with similar contents in the stratigraphic order. These are revealed at first sight by series of large rock falls in layers 7 - 8, 5, 4 and 2 - 3, and the repetition of colour shades in some layers. The latter means that the cyclic nature is also conditioned by powerful diagenetic changes in the clastic sediments. The beginning and end of a whole cycle may be arbitrarily defined. So layers 4, 5 and 6 may represent one cycle, or some other disposition of layers, in view of the fact that we do not have appropriate data for the older layers and cannot embrace them in the analysis. Because of the cyclical nature of sedimentation and diagenesis, there is a great danger of confusing

---

[4] Plasti smo odkopali po kvadratih 1x1 m in režnjih debeline 0,12 m.

[4] Layers were excavated to a quadrat size 1 x 1 m, and spits of 0.12 m depth.

Z njimi označujemo nepravilnosti in/ali spremembe v usedlinah, ki imajo enak stratigrafski položaj in razsežnost kot plast. Lateralni različici plasti 2 in 3 sta npr. plasti 2c in 2f (*sl. 2.6*). Lateralna različica plasti 3 in 4 je nenagubana fosfatna plast v ozadju jame, ki je tukaj ne obravnavamo. Razlika med plastjo in njeno različico je vidna že na pogled, lahko pa jo odkrije tudi podrobna analiza usedlin. Do razlik lahko pride zaradi različnih pogojev sedimentiranja (bližina jamskih sten in polic) in/ali različne diageneze klastičnih usedlin. Kronoloških odnosov med plastmi in različicami plasti običajno ne poznamo.

Posebno izjemo predstavlja plast 7, ki je lateralno večkrat prekinjena.

Pri oblikovanju različic plasti 5, 6 in 7 v osrednjem predelu jame je igrala pomembno vlogo velika, močno nagnjena skalna polica ob vzhodni jamski steni (*sl. 10.2*). Ta je občasno močno preperevala in prispevala veliko krioklastičnega grušča v nižje ležeči plasti 6 in 7. Zato je del obeh plasti proizvod izrazito mrzle klime, ki se je končala s periglacialnimi

---

Sl. 2.6: Divje babe I. Izrazite krioturbacijske gube v plasteh 2 - 5a vzdolžnega profila pri y = -6,00 m. Na levi se vidijo lateralne različice plasti 2 in 3. Plasti so oštevilčene kot na *sl. 2.1.* Foto: Marko Zaplatil.

Fig. 2.6: Divje babe 1. Pronounced cryoturbation folds in layers 2 - 5a in longitudinal section at y = -6.00 m. Lateral variations in layers 2 and 3 are visible on the left. Layers are numbered as in *Fig. 2.1.* Photo: Marko Zaplatil.

similar layers in cases when stratigraphic control is disturbed (e. g. in cryoturbation).

Lateral variations are characteristic of some layers. These mark irregularities and/or changes in sediments that have the same stratigraphic position and extent as the layer. Layers 2c and 2f, for example, are lateral variations of layers 2 and 3 (*Fig.2.6*). The unfolded phosphate layer in the back of the cave, which we do not deal with here, is a lateral variation of layers 3 and 4. Differences between layers and their variations are visible on sight, and are also revealed by detailed analysis of the sediments. Variations may occur because of different conditions of sedimentation (vicinity of the cave wall and shelves) and/or various diageneses of the clastic sediments. We do not normally know the chronological relations between layers and layer variations.

Layer 7 is a specific exception, which is laterally discontinued several times.

In the formation of the variations of layers 5, 6 and 7, in the central part of the cave, a large, strongly inclined rock shelf by the eastern wall of the cave played an important role (*Fig. 10.2*). This was occasionally heavily weathered and contributed a great deal of cryoclastic rubble in lower positions of layers 6 and 7. So part of both layers is the product of an explicitly cold climate that ended with periglacial conditions, cryoturbation and gelifluction. In the vicinity of the shelf, in both layers, there is a lot of fine rubble and sand as aggregates. At the side of the shelf, the content of aggregates increases because of the small range of cryoclastic sediments from the source mentioned. The

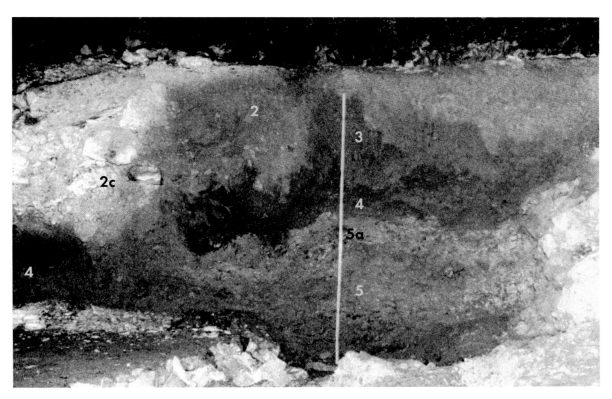

razmerami, krioturbacijo in geliflukcijo. V bližini police je v obeh plasteh več drobnega grušča in peska kot agregatov. Vstran od police pa naraste vsebnost agregatov, zaradi majhnega dometa krioklastičnih usedlin iz omenjenega vira. Tretja plast, ki je nastala na podoben način, je plast 5b. Locirana je nad skalno polico.

2.4. VRZELI V ODLAGANJU USEDLIN

Zaradi stalne prisotnosti jamskega medveda, ki je jamo pozimi uporabljal za brlog, poleti pa je v njej tudi prenočeval in počival, moramo pričakovati zelo močno bioturbacijo vseh usedlin. Ta je zlasti moteča v bližini daljših zastojev v odlaganju usedlin. Pri ponovni sedimentaciji je lahko prišlo do mešanja starejših in mlajših najdb.

Največjo vrzel v usedlinah imamo med plastjo 2 in 1. Zajema dobrih 30.000 let: od konca würmskega interpleniglaciala do holocena.

Večjo praznino v odlaganju usedlin lahko zanesljivo pričakujemo tudi med plastjo 8 in 7 (Turk in dr. 1989b). Ponekod smo na površini plasti 8 ugotovili do 20 cm široke žlebove, ki jih je verjetno naredila tekoča voda. Zgornji del plasti 8 je skoraj povsod cementiran v trden karbonatno-fosfatni sprimek, ki vsebuje veliko kosti in zob jamskega medveda. V takšnem sprimku je tičala tudi t. i. koščena piščal. Do cementiranja dela usedlin plasti 8 - predvsem v osrednjem predelu jame - je prišlo v daljšem obdobju s povišano temperaturo in povečanimi padavinami, v katerem niso bili podani pogoji za odlaganje drugih usedlin, vključno s sigo. Nad in pod velikimi podornimi bloki v plasti 8 je ponekod nastala le 10 cm debela plastovita fosfatna skorja. Mineraloška preiskava skorje je pokazala, da gre za minerala francolit in dahlit. Spodnja stran velikih podornih blokov v plasti 8 je fino nažlebljena in nikjer zasigana. Podobno nažlebljeni so bloki v dnu plasti 5 oz. v plasti 6. Enak relief opažamo ponekod na današnjem jamskem stropu. Kosti v plasteh 6, 7 in v zgornjem delu plasti 8 so močno preperele - krhke in bolj pogosto izlužene kot v drugih plasteh. Kosti v plasteh 2 do 5 so trdne. Vsebujejo neobičajno veliko kolagena (glej Nelson, ta zbornik). Razlike v ohranjenosti kosti so posledica različne diageneze usedlin.

Na krajše ravnovesje jamskih tal brez običajnih sedimentacijskih in drugih motenj lahko opozarja tudi skoz in skoz preperel grušč, ki ob dotiku razpade v bel melj. Tak grušč imamo v plasteh 4a, 5a, 7 in zlasti na nekaterih mestih v plasti 8. Ponekod nastopa skupaj z močno preperelimi bloki. Podoben grušč nastopa ponekod v stalno zmrznjenih tleh na sedanjih periglacialnih področjih[5.] Ni zanesljiv paleoklimatski

---

[5] V našem profilu nastopa vedno skupaj s krioturbacijo. V plasti 2 ga ni, kljub zelo dolgemu zastoju v odlaganju usedlin.

---

third layer to have been created in a similar manner is layer 5b. It is located above the rock shelf.

2.4. GAPS IN THE DEPOSITION OF SEDIMENTS

Because of the permanent presence of cave bear, which used the cave as a winter lair, and also slept in it at night and rested in summer, we must expect very powerful bioturbation of all sediments. This causes in particular disturbance around major gaps in the deposition of sediment. A mixing of older and more recent finds can occur with fresh sedimentation.

The longest break in sedimentation is recorded between layers 2 and 1. It embraces at least 30,000 years: from the end of the würmian Interpleniglacial to the Holocene.

We can also reliably anticipate a major depositional break of sediments between layers 8 and 7 (Turk et al. 1989b). We found channels up to 20 centimetres wide in places on the surface of layer 8, which were probably made by running water. The upper part of layer 8 is composed almost everywhere of carbonate and phosphate cemented breccia, which contains a lot of bones and teeth of cave bear. The suspected bone flute was also stuck in such breccia. The cementation of the sediment of layer 8 - mainly in the central part of the cave - occurred during an extended period of raised temperatures and increased moisture, in which there were not the conditions for the deposition of other sediments, including speleotheme. Above and below the large rock fall blocks in layer 8, in places only a 10 cm thick laminated phosphate crust was formed. Mineralogical analysis of the crust identified the minerals francolite and dahlite. The lower side of the large rock fall blocks in layer 8 is finely grooved and not coated with flowstone. The blocks on the floor of layer 5 and layer 6 are similarly grooved. We note the same relief in places on the present cave roof. Bones in layers 6, 7 and the upper part of layer 8 are heavily weathered, brittle and more often leached than in other layers. Bones in layers 2 - 5 are hard. They contain an unusually large amount of collagene (see Nelson, in this volume). Variation in bone preservation is a result of the various diagenesis of sediments.

During shorter periods of stability of the cave floor surface, without normal sedimentational and other disturbances, thoroughly weathered rubble can be observed, which disintegrates into white "dust" at the touch. There is such rubble in layers 4a, 5a, 7 and especially in some places in layer 8. In places it appears together with

kazalec. Podobno lahko velja za močno zaobljen, skoraj okrogel zdrav grušč, ki nastopa predvsem v plasteh 7 in 8. Kazalci stabilnih jamskih tal so tude redke blatne usedline in obloge v plasteh 4, 5 in 6 in glinene obloge v plasti 5.

V plasteh 2 do 8 imamo zanesljive znake večjih in manjših vrzeli v odlaganju jamskih usedlin. Najpomembnejša je vrzel v plasti 8, ki predstavlja korenito spremembo v zgradbi in diagenezi usedlin. Lahko jo povežemo z nekim izrazitim interstadialom v würmskem interpleniglacialu. Manjše vrzeli imamo lahko še med plastjo 6 in 7, plastjo 5 in 5b oz. 6 ter med plastjo 4 in 4a oz. 5a. Sicer je bilo odlaganje usedlin bolj ali manj neprekinjeno.

heavily weathered blocks. Similar rubble appears in places in permafrost in present periglacial regions.[5] It is not a reliable paleoclimatic indicator. Something similar may apply to the very well rounded hard rubble which appears mainly in layers 7 and 8. Occasional mud sediments and coating in layers 4, 5 and 6 and clay coating in layer 5 are also indicators of a stable cave floor.

There are reliable signs in layers 2 - 8 of major or minor gaps in the deposition of cave sediments. The most important is the gap in layer 8, which represents a radical change in the texture, composition and diagenesis of the sediments. It may be connected to some explicit interstadial in the würmian Interpleniglacial. There may be smaller gaps between some other layers, too (Table 5.2). Deposition of clastic sediments was otherwise more or less unbroken.

---

[5] In section, it always appears together with cryoturbation. There is none in layer 2, despite the very long hiatus in the deposition of sediments.

3. ANALIZA USEDLIN

3. ANALYSIS OF SEDIMENTS

IVAN TURK & JANEZ DIRJEC

Izvleček

Preučili smo zrnavost in sestav pretežno avtohtonih dolomitnih klastičnih usedlin in njihovo diagenezo. Poleg drobcev fosilnih kosti so pomembna sestavina frakcij manjših od 10 mm agregati. Kemične in mineraloške analize so pokazale, da gre predvsem za karbonatno-fosfatne agregate.

Abstract

We studied the texture and composition of the predominantly autochtonous dolomite clastic sediments and their diagenesis. In addition to fragments of fossil bones, the composition of fractions less than 10 mm of aggregates are important. Chemical and mineralogical analysis demonstrated that these are mainly carbophosphate aggregates.

Za plasti 2 do 8 je značilno, da v njih prevladujejo mehanske dolomitne usedline: bloki, grušč, pesek in melj. Takšne usedline so nastale s krušenjem in (ali) podiranjem jamskih sten, polic in stropa ter z nadaljnjim

Layers 2 - 8 are characterised by a predomination of mechanical dolomite sediments: blocks, rubble, sand and silt. Such sediments are created through the crumbling and/or collapse of the cave walls, shelves and

Sl. 3.1: Divje babe I. Obloge na korodiranem dolomitnem grušču: 1 - Zrno brez oblog (v vseh plasteh), 2 - zrno z glineno prevleko (v plasteh 2 in 5), 3 - zrno z rjavo fosfatno skorjo (predvsem v plasteh 7 in 8), 4 - zrno z rjavimi lisami (v vseh plasteh), 5 in 6 - zrno z blatno prevleko (v plasteh 4 in 6). Foto: Franci Cimerman.
Fig: 3.1: Divje babe I. Coatings on corroded dolomite rubble: 1. grain without coating (in all layers), 2 - grain with clay coating (in layers 2 and 5), 3 - grain with brown phosphate crust (mainly in layers 7 and 8), 4 - grain with brown streaks (in all layers), 5 and 6 - grain with mud coating (in layers 4 and 6). Photo: Franci Cimerman.

preperevanjem na jamskih tleh. So avtohtonega izvora. Alohtone primesi v usedlinah so prisotne samo v sledovih, razen fosilnih ostankov. Podobne usedline, brez fosilnih ostankov pleistocenske favne, imamo v zaraslih nekdanjih meliščih in v obsežnih zemeljskih plazovih pod jamo (*sl. 1.4*). Le da te niso diagenetsko toliko preoblikovane kot jamski sedimenti.

Kemične usedline so sige najrazličnejših oblik, cement in razne inkrustacije in impregnacije. Vse sige so nastale po odložitvi plasti 2 in so verjetno holocenske starosti. Odlomki drobnih stalaktitov so bili najdeni samo še v plasti 8 pred jamo. Kako so vanjo prišli, ni znano. Med sigo in plastjo 2 zija velika časovna praznina. Neposredno po sedimentaciji so nastale razne fosfatne inkrustacije in impregnacije.

Kemično preoblikovane mehanske usedline so razni agregati ter korodiran in preperel grušč in kosti.

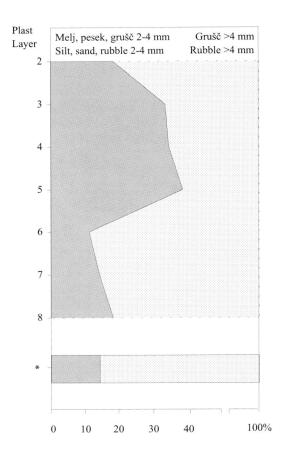

Sl. 3.2: Divje babe I. Razmerje med osnovo in gruščem v 20 kilogramskih točkovnih vzorcih usedlin iz posameznih plasti v profilu y = 2,00 m. Za primerjavo navajamo vrednost iz melišča na pobočju pod najdiščem, ki je označena z zvezdico. *Fig. 3.2:* Divje babe I. Ratio between matrix and rubble in 20 kilograms of conventional profile samples of sediment from individual layers in section y = 2.00 m. For comparison, we give the value, marked with a star, from the talus on the slope under the site.

roof, and with further weathering on the ground surface. They are of autochtonous origin. Allochtonous admixtures in sediments are only present in traces, except for fossil remains. We have similar sediments, without fossil remains of Pleistocene fauna, in enclosed talus and colluvial deposits under the cave, except that these are not diagenetically so transformed as the cave sediments (*Fig. 1.4*).

Chemical sediments are flowstones of various shapes, cement and various encrustations and impregnations. All flowstones were created after deposition of layer 2, and are probably of Holocene age. Fragments of small stalactites were only found in layer 8 in front of the cave. It is not known how they were brought there. There is a large time gap between the speleothem formations and clastic sediment of layer 2. Directly after the sedimentation, various phosphate encrustations and impregnations occurred.

The chemically transformed mechanical sediments are various aggregates and corroded or weathered rubble and bones. These sediments, too, were transformed concurrent with sedimentation, or shortly after.

Very coarse rubble (64 - 256 mm), coarse to fine rubble (2 - 64 mm) and sand together with silt (< 2 mm) were represented in approximately equal volumetric proportions by layers. Rubble-sized particles, sand and silt are more or less rounded. The roundness increases in inverse proportion to the particle size.

We have only systematically studied the fine rubble, in which angular and rounded particles are normally mixed, independent of differences in the rock: coarse grained dolomite or fine grained dense dolomite. The former is more frequent than the latter. Relatively the largest amount of angular fine rubble is in layers 2, 2c, 2f, 5b and 6. All the rubble is more or less corroded. It has crumbled into the silt under pressure. Various coatings on the surfaces of the rubble particles are typical (*Fig. 3.1*). At least half of the rounded particles of rubble have a brown staining, which we meet in all layers, although as a local phenomenon. Particles without a staining have the natural colour of dolomite rock. Brown streaks are frequent, which are also obtained on fractured plates. The fractures probably occurred through freezing at the time of the deposition of the rubble. Brown phosphate crusts are more rare, except in layer 8, where they are very frequent. They normally cover only part of the surface, standing out in relief. We conclude from this that the encrustations locally or globally halted further corrosion of the rubble particles. Light brown coatings on heavily weathered particles of round rubble in the lower part of layer 5 are a peculiarity. They appear in an environment which is rich in matrix (average 34 % fine rubble, sand and silt) in which clay and other aggregates predominate (average weight per volume of the matrix is 111 g/100 ml). They may be clay coatings, typical of stable areas of sediment (van Vliet-

Tudi te usedline so se preoblikovale hkrati s sedimentacijo ali kvečjemu nekoliko kasneje.

V približno enakih prostorninskih deležih so po plasteh zastopani zelo debel grušč (64 do 256 mm), debel do droben grušč (2 do 64 mm) in skupaj pesek z meljem (< 2 mm). Lokalno prevladuje delež blokov (> 256 mm).

Lanoë 1986, p. 93). Together with heavily weathered rubble in layer 4a and 5a, they may represent a halt in the deposition and bioturbation of sediments.

Quantitatively, we studied only fractions smaller than 4 mm (fine rubble, sand and silt), irrespective of the composition. We gave them working name matrix.

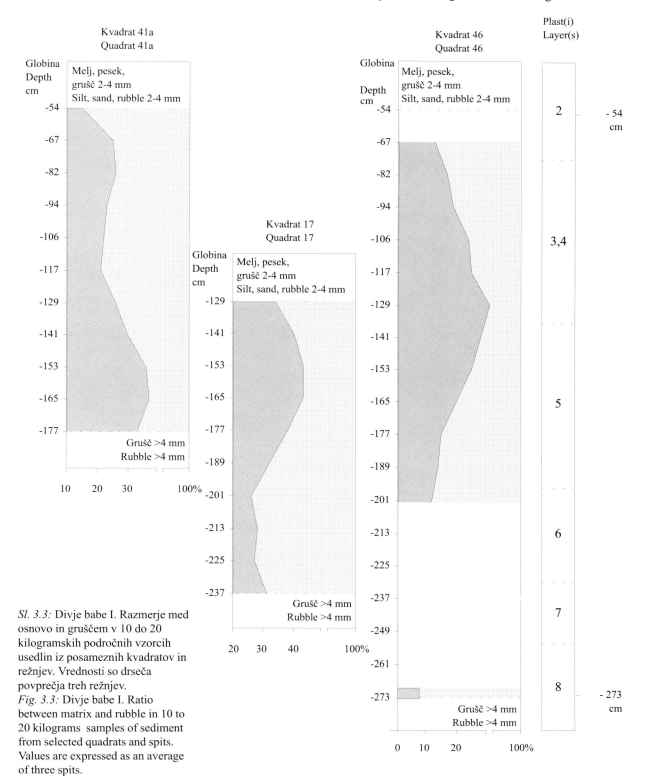

Sl. 3.3: Divje babe I. Razmerje med osnovo in gruščem v 10 do 20 kilogramskih področnih vzorcih usedlin iz posameznih kvadratov in režnjev. Vrednosti so drseča povprečja treh režnjev.
Fig. 3.3: Divje babe I. Ratio between matrix and rubble in 10 to 20 kilograms samples of sediment from selected quadrats and spits. Values are expressed as an average of three spits.

43

Kosi grušča, peska in melja so bolj ali manj zaobljeni. Zaobljenost narašča obratnosorazmerno z velikostjo frakcij.

Sistematsko smo preučili samo droben grušč, v katerem se običajno mešajo ostrorobi in zaobljeni kosi, neodvisno od kamninske različice: belega zrnatega dolomita ali temno sivega gostega dolomita. Prvi je pogostejši od drugega. Sorazmerno največ ostrorobega drobnega grušča je v plasteh 2, 2c, 2f, 5b in 6. Ves grušč je bolj ali manj korodiran. Globinsko prepereli grušč je krhek in ima zelo hrapavo površino. Ob pritisku razpade v melj. Značilne so različne obloge na površini kosov grušča (*sl. 3.1*). Vsaj polovica zaobljenih kosov grušča ima rjav oprh, ki ga srečujemo v vseh plasteh, vendar kot lokalen pojav. Kosi brez oprha imajo naravno barvo dolomitne kamnine. Pogoste so rjave lise, ki se dobijo tudi na ploskvah v razpokah. Razpoke je verjetno naredila zmrzal v času odlaganja grušča. Redkejše so rjave fosfatne skorje, razen v plasti 8, kjer so zelo pogoste. Običajno prekrivajo le del površine, ki reliefno izstopa. Iz tega sklepamo, da so inkrustacije lokalno ali globalno ustavile nadaljnjo korozijo kosov grušča. Posebnost so svetlo rjave impregnacije na močno preperelih kosih okroglega grušča v spodnjem delu plasti

Their values ranged between 10 % and 70 % net in relation to the coarser rubble. We ascertained the same variability within layers and between layers. This may be because of the nature of the dolomite rock, various local causes of its decomposition, and diagenetic processes. In any case, the data is not the most suitable for studying our sediments. Similarly, the data for all other fractions would not have been suitable. Nevertheless, we can establish an interesting oscillation of the matrix in relation to other rubble sized fractions by layers, on the basis of values of conventional profile samples, samples from selected quadrats and spits and standard statistics of random samples from all quadrats and spits. The results, obtained in various ways, are in good mutual agreement (*Figs. 3.2 - 3.4*).

The composition of fractions depends on their size. Grains > 16 mm are composed almost exclusively from pieces of dolomite and bones. The composition of smaller particles is more varied. In addition to fragments of dolomite and bones, in particles of 10 - 3 mm appear phosphate aggregates and fragments of teeth, charcoal, flowstone and noncalcereous rocks (*Fig. 3.6*). Phosphate aggregates of this size are, however, rare, although they appear locally from layers 2 - 3 down. The peak is

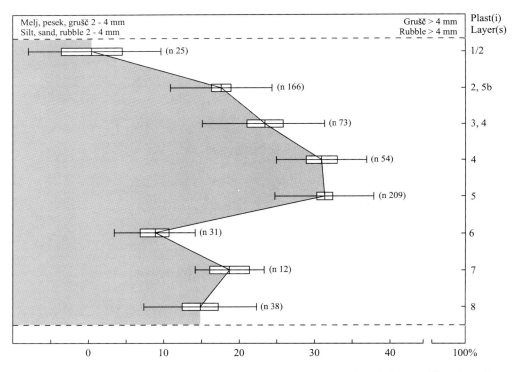

Sl. 3.4: Divje babe I. Standardne statistike razmerja med osnovo in gruščem v 10 do 20 kilogramskih področnih vzorcih usedlin iz množice kvadratov in režnjev, ki je bila opredeljena po nagubanih plasteh 2 do 5 s pomočjo klasterske analize tipa *k-means*. Legenda: - pokončna črtica je srednja vrednost (M), - vodoravna črta je standardna deviacija (1 SD), - okvirček je interval zaupanja (CL 99 % za plasti 1 - 5 in 95 % za plasti 6 - 8).

Fig: 3.4. Divje babe I. Standard statistics for ratio between matrix and rubble in 10 to 20 kilograms random samples of sediment from all quadrats and spits, determined for the folded layers 2 to 5 with the aid of *k-means* cluster analysis. Legend: - vertical bar is mean (M), - horizontal bar is standard deviation (1 SD), - box is confidence level (CL 99% in layers 1 - 5 and 95% in layers 6 - 8).

5. Nastopajo v okolju, ki je bogato z osnovo (povprečno 34 % drobnega grušča, peska in melja), v kateri prevladujejo ilovnati in drugi agregati (povprečna prostorninska teža osnove je 111 g/100 ml). Lahko gre za glinene prevleke, značilne za stabilno površje usedlin (van Vliet-Lanoë 1986, 93). Skupaj s popolnoma preperelim gruščem v plasti 4a in 5a bi lahko predstavljale zastoj v odlaganju in bioturbaciji usedlin.

Kvantitativno smo preučili samo frakcije, manjše od 4 mm (droben grušč, pesek in melj), ne glede na sestavo. Imenovali smo jih z delovnim imenom osnova. Njihove vrednosti se gibljejo med 10 % in 70 % neto v odnosu do debelejšega grušča. Ugotovili smo enako variabilnost znotraj plasti kot med plastmi. To je lahko zaradi narave dolomitne kamnine, različnih lokalnih vzrokov za njeno razpadanje in diagenetskih procesov. Vsekakor podatek ni najbolj primeren za preučevanje naših usedlin. Podobno ne bi bili primerni podatki za vse druge frakcije. Kljub temu smo lahko ugotovili zanimiva nihanja osnove in ostalega grušča po plasteh, in sicer na podlagi točkovnih vzorcev iz profila, področnih vzorcev iz kvadratov in režnjev in opisnih statistik področnih vzorcev. Izsledki, pridobljeni na različne načine, se med seboj dobro ujemajo (*sl. 3.2 - 3.4*).

Sestav frakcij je odvisen od njihove velikosti. Frakcije nad 16 mm so sestavljene skoraj izključno iz

achieved in layer 8, where there are actually no longer any dolomite clasts of this size. There are also large phosphate aggregates in layers 5 and 7. There are least in layers 2, 4 and 5b. Where there is no aggregates, all the rubble is angular, as is the rubble in the "fossil" talus close to the cave. The phosphate aggregates, which we submitted to routine chemical analysis by the EDAX procedure (*Fig. 3.5*), are notable for the impressions and fossil hairs of cave bear (Turk *et al.* 1995a). Chapter 8 presents numerous rounded very small fragments of bones and teeth which were created at the same time as the sediments (synsedimentarily). Their quantity corresponds with the quantity of fossil remains of cave bear by layer.

We obtained the best overview of the composition of sediments by analysing part of the sand-silt fraction of the matrix (0.5 - 3.0 mm). Its main constituents are: dolomite clasts, phosphate aggregates and fragments of bone and teeth. Flowstone grains and fragments, charcoal and noncalcereous rocks appear in smaller quantities. There are only flowstone grains and fragments in layer 2, mainly in the upper part. They gradually disappear with depth. There are most fragments of charcoal in layers 2, 4 and 6. The phosphate aggregates are undoubtedly the most interesting. They contain more than 10 % phosphorous and a fair amount of calcium. X-ray diffraction of the sand-silt fraction of the phosphate layer

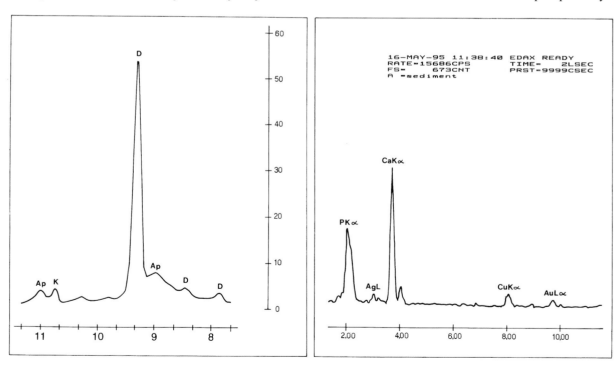

Sl. 3.5: Divje babe I. Rentgenska difrakcija drobnih fosfatnih agregatov narejena na Oddelku za geologijo NTF v Ljubljani in kemijski sestav fosfatnega agregata analiziranega s postopkom EDAX na Ministrstvu za notranje zadeve RS.
Fig 3.5: Divje babe I. X-ray diffraction of tiny phosphate aggregates carried out at the NTF Department of Geology in Ljubljana and chemical composition of phosphate aggregates analysed by the EDAX procedure at the Ministry of Internal Affairs of the Republic of Slovenia.

kosov dolomita in kosti. Sestav manjših frakcij je pestrejši. Poleg koščkov dolomita in kosti se že v frakcijah 10 do 3 mm pojavijo fosfatni agregati ter drobci zob, oglja, sige in nekarbonatnih kamnin (*sl. 3.6*). Fosfatni agregati te velikosti so sicer redki, vendar lokalno nastopajo že od plasti 2 do 3 navzdol. Vrhunec dosežejo v plasti 8, kjer dejansko ni več dolomitnih klastov te velikosti. Veliko fosfatnih agregatov je tudi v plasteh 5 in 7. Najmanj jih je v plasti 2, 4 in 5b. Kjer ni agregatov, je ves grušč ostrorob. Takšen je tudi grušč v "fosilnem" melišču v bližini jame. Fosfatni agregati, ki smo jih kemijsko analizirali klasično s postopkom EDAX (*sl. 3.5*), so poznani po odtisih in fosilih dlakah jamskega medveda (Turk in dr. 1995a). Poglavje zase predstavljajo številni zaobljeni drobci kosti in zob, ki so nastali hkrati z usedlinami. Njihova količina se ujema s količino fosilnih ostankov jamskega medveda po plasteh.

Najboljši pregled nad sestavo usedlin smo dobili s preučevanjem dela peščenomeljaste frakcije osnove

in the back of the cave, identified in addition to dolomite as the predominant mineral, francolite and quartz (anal. N. Zupan Hanjna) (*Fig. 3.5*). Since the fraction contained almost only phosphate aggregates, we may conclude that the phosphate appears in the form of francolite. We also found quartz grains in thin sections of the phosphate aggregates. Their origin is unclear. All phosphate and other aggregates up to layer 7 are rounded and brownish in colour. Phosphate aggregates in the shape of cauliflowers, in addition to normal rounded forms, first appear in layer 8. They are also distinguishable from each other in colour: the rounded aggregates are lighter, the cauliflower shaped darker (*Fig. 3.6*). The

Sl. 3.6: Divje babe I. Fosfatni agregati v frakcijah 10 do 3 mm in 3 do 0,5 mm. Manjša frakcija so različno oblikovani in obarvani agregati v plasti 8. Foto: Marko Zaplatil.
Fig. 3.6: Divje babe I. Phosphate aggregates in fractions 10 to 3 mm and 3 to 0.5 mm. The smaller fractions are variously shaped and coloured aggregates in layer 8. Photo: Marko Zaplatil.

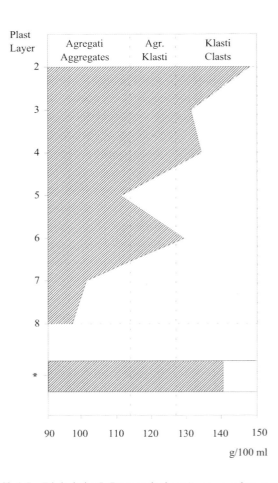

Sl. 3.7: Divje babe I. Prostorninske teže osnove kot merilo vsebnosti fosfatnih agregatov in stopnje fosfatogeneze v točkovnih vzorcih usedlin iz posameznih plasti v profilu y = 2,00 m. Za primerjavo navajamo vrednost iz melišča na pobočju pod jamo, ki je označena z zvezdico.
Fig. 3.7: Divje babe I. Volumetric weight of matrix as a measure of the content of phosphate aggregates and the degree of phosphogenesis in conventional profile samples of sediment from individual layers in section y = 2.00 m. For comparison, we give the value, marked with a star, from the talus on the slope under the site.

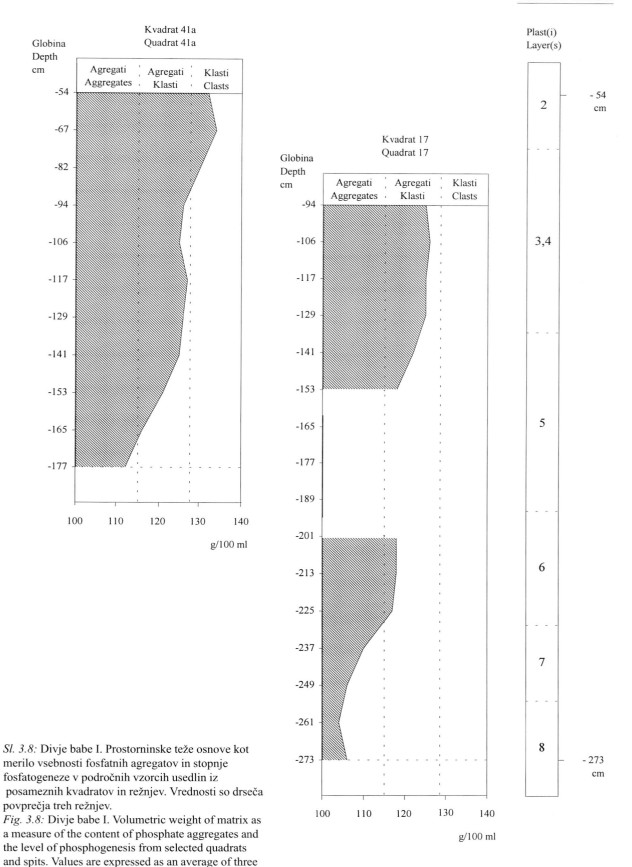

Sl. 3.8: Divje babe I. Prostorninske teže osnove kot merilo vsebnosti fosfatnih agregatov in stopnje fosfatogeneze v področnih vzorcih usedlin iz posameznih kvadratov in režnjev. Vrednosti so drseča povprečja treh režnjev.

Fig. 3.8: Divje babe I. Volumetric weight of matrix as a measure of the content of phosphate aggregates and the level of phosphogenesis from selected quadrats and spits. Values are expressed as an average of three spits.

(0,5 do 3,0 mm). Njene glavne sestavine so: dolomitni klasti, fosfatni agregati in drobci kosti ter zob. V manjših količinah nastopajo koščki in drobci sige, oglja ter nekarbonatnih kamnin. Koščki in drobci sige so samo v plasti 2, predvsem v njenem zgornjem delu. Z globino postopno poidejo. Drobcev oglja je največ v plasti 2, 4 in 6. Najbolj zanimivi so nedvomno fosfatni agregati. Vsebujejo več kot 10 % fosforja in precej kalija. Rentgenska difrakcija peščenomeljaste frakcije fosfatne plasti v ozadju jame je poleg dolomita kot večinskega minerala ugotovila še francolit in kremen (sl. 3.5) (anal. N. Zupan Hajna). Ker je frakcija vsebovala skoraj samo fosfatne agregate, lahko sklepamo, da fosfat nastopa v obliki francolita. Kremečeva zrna smo ugotovili tudi v zbruskih fosfatnih agregatov. Njihov izvor ni pojasnjen. Vsi fosfatni in drugi agregati do vključno plasti 7 so zaobljeni in rjavkaste barve. V plasti 8 se prvič pojavijo fosfatni agregati v obliki cvetače poleg običajnih zaobljenih. Eni in drugi se ločijo tudi barvno: zaobljeni agregati so svetlejši, cvetačasti pa temnejši (*sl. 3.6*). Agregati v obliki cvetače so verjetno nastali kot samostojne tvorbe v času cementiranja plasti 8. Po nastanku in obliki so podobni sigi, ki se še vedno tvori v

aggregates in the shape of cauliflowers were probably formed at the time of the cementing of layer 8 as an independent formation, on the basis of the formation and shape of similar flowstone, which is still being created in the interior of the cave. The rounded aggregates sometimes have deep cracks. On the surface of these aggregates, and in the surface cracks, are visible vivianite dendrites. The cracks are evidence of the original plasticity of the aggregates, and the dendrites in them of the fossil age of the cracks. The cracks were created by coagulation at the time of formation, or phosphatogenesis. The rounding may be of mechanical origin, or it may be connected with the melting of the ice that formed under past periglacial conditions.

We systematically traced the content of the phosphate aggregates from layer to layer on the basis of the volumetric weight primarily of the sand and silt fraction of the matrix. This ranged from 84 to 149 g/100 ml. Variability among layers is greater than within them. So the data is more useful for dividing layers than as a quantity of the matrix. Layer 8, which has practically no dolomite clasts, has the most aggregates. Layer 2 has the least aggregates. There are almost entirely dolomite

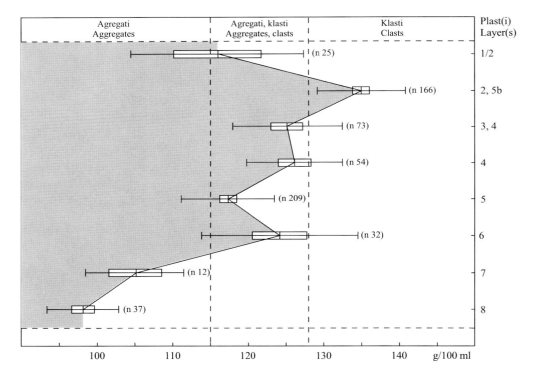

Sl. 3.9: Divje babe I. Standardne statistike prostorninske teže osnove kot merilo vsebnosti fosfatnih agregatov in stopnje fosfatogeneze v področnih vzorcih usedlin iz množice kvadratov in režnjev, ki je bila opredeljena po nagubanih plasteh 2 do 5 s pomočjo klasterske analize tipa *k-means*. Legenda: - pokončna črtica je srednja vrednost (M), - vodoravna črta je standardna deviacija (1 SD), - okvirček je interval zaupanja (CL 99 % za plasti 1 - 5 in 95 % za plasti 6 - 8).
Fig. 3.9: Divje babe I. Standard statistics of volumetric weight of matrix as a measure of the content of phosphate aggregates and levels of phosphogenesis in random samples of sediment from all quadrats and spits, determined for the folded layers 2 to 5 with the aid of *k-means* cluster analysis. Legend: - vertical bar is mean (M), - horizontal bar is standard deviation (1 SD), - box is confidence level (CL 99% in layers 1 - 5 and 95% in layers 6 - 8).

notranjosti jame. Zaobljeni agregati imajo včasih globoke razpoke. Na površini teh agregatov in v ploskvah razpok so vidni vivianitovi dendriti. Razpoke so dokaz za prvotno plastičnost agregatov, dendriti v njih pa za fosilno starost razpok. Razpoke so nastale pri strjevanju v času nastanka ali fosfatogeneze. Zaobljenost je lahko mehanskega izvora, lahko pa je povezana tudi s topljenjem ledu, ki je nastal v preteklih periglacialnih razmerah.

Vsebnost fosfatnih agregatov smo sistematsko zasledovali od plasti do plasti na podlagi prostorninske teže predvsem peščenomeljaste frakcije osnove. Ta se giblje v razponu od 84 do 149 g/100 ml. Variabilnost med plastmi je večja kot znotraj njih. Zato je podatek uporabnejši za ločevanje plasti kot količina osnove. Največ agregatov ima plast 8, ki v osnovi praktično nima dolomitnih klastov. Najmanj agregatov ima plast 2. V njeni osnovi so skoraj samo dolomitni klasti. Takšna je tudi osnova "fosilnega" melišča v bližini jame. Delež fosfatnih agregatov v osnovi smo primerjali po plasteh na podoben način kot količino osnove. Izsledki različnih metod se med seboj zelo dobro ujemajo *(sl. 3.7 - 3.9)*. Zato so podatki verodostojni in nam dajo dober vpogled v diagenezo usedlin. Kako je diaganeza potekala, kaj je bil njen glavni vzrok, je tema, ki je tu ne moremo obdelati. Vsekakor diageneza ni nujno povezana z določeno obliko klime, ampak je lahko potekala precej neodvisno od klimatskih razmer.

Meritve kalcijevega karbonata po plasteh so pokazale vrhunec v plasteh 2 do 4 in padec v plasti 8. To ni toliko povezano z izluževanjem in izpiranjem kot z agregati in fosfatogenezo. Plast 8 je izrazito bazična. Povprečna vrednost pH je 8,29 (n = 8).

clasts in its matrix. This is also the matrix of the "fossil" talus in the vicinity of the cave. We compared the proportion of phosphate aggregates in the matrix by layers in a similar way as the quantity of the matrix. The results of the various methods corresponded well *(Figs. 3.7 - 3.9)*. So the data are reliable and give us a good view into the diagenesis of sediments. How the diagenesis occurred, what was its main cause, is a theme with which we cannot deal here. In any case, diagenesis is not necessarily linked with specific forms of climate, but can take place fairly independently of climatic conditions.

Measurements of calcium carbonate by layers showed a peak in layers 2 - 4 and a fall in layer 8. This is not so much connected with leaching and eluviation as with aggregates and phosphatogenesis. Layer 8 is explicitly basic. The average pH value is 8.29 (n = 8).

4. Radiokarbonsko datiranje kosti in oglja iz Divjih bab I

4. Radiocarbon dating of bone and charcoal from Divje babe I cave

D. Erle Nelson

Datiranje kostnih vzorcev iz jame Divje babe I z uranovim nizom (Dodatek)

Uranium series dating of bone samples from Divje babe I cave (Appendix)

Teh-Lung Ku

Izvleček

Številne radiokarbonske meritve, opravljene z akceleratorsko masno spektrometrijo (AMS) na vzorcih kosti in oglja iz usedlin v jami Divje babe I, kažejo, da je bila jama obiskovana v moustérienski dobi v času od več kot 50.000 let do pred okrog 35.000 let.

Po nekaj poskusnih datiranjih z metodo U/Th na kosteh je mogoče sklepati, da so najstarejše plasti stare vsaj okrog 80.000 let.

Abstract

Numerous AMS radiocarbon measurements of bone and charcoal samples from the deposits at Divje babe I indicate that there was Mousterian-age occupation of this site from a time before 50,000 years until about 35,000 years ago.

A few trial U/Th dates on bone suggest that the earliest measured deposits have a minimum age of about 80,000 years.

4.1. Uvod

Članek poroča o izsledkih obsežnega projekta radiokarbonskega datiranja, ki smo ga opravili na izbranih najdbah z izkopavanj najdišča Divje babe I v zahodni Sloveniji. Kot podrobno obravnavajo drugi prispevki v tem zborniku, so v jami Divje babe I obsežne usedline, ki vsebujejo obilo dokazov o nekdanji navzočnosti tako ljudi moustérienske dobe kot tudi danes izumrlega jamskega medveda (*Ursus spelaeus*). Zelo težko je dobiti zanesljiva kronološka zaporedja za tako stare najdbe. Razen radiokarbonske metode ni nobenih drugih splošno uporabnih datirnih tehnik, ki bi rutinsko zagotavljale zanesljive podatke o starostih v tem obdobju, celo radiokarbonska metoda ima v tem območju velike omejitve. Njena zgornja starostna meja je okrog 50.000 let in kaže tako na občutljivost merilne metode kot na izjemne težave pri čiščenju vzorcev za meritve. Zlasti zaradi onesnaženja vzorcev so meritve v obdobju od 40.000 do 50.000 let pred sedanjostjo (p. s.) zelo težke.

Ta raziskava se je začela pred nekaj več kot desetletjem, ko so tedaj še razvijajočo se metodo

4.1. Introduction

This paper reports the results of an extensive radiocarbon dating project undertaken on materials from excavations at the Divje babe I site of Western Slovenia. As discussed in detail in other papers in this volume, Divje babe I cave has extensive deposits containing abundant evidence of the past presence of both Mousterian-age humans and the now-extinct cave bear (*Ursus spelaeus)*. It is especially difficult to obtain reliable chronologies for materials of this age. Other than the radiocarbon method, there are no generally-applicable dating techniques that can routinely provide reliable age information for this time period and the radiocarbon method itself is very pressed within this range. It has an upper age limit of about 50 ka, which reflects both the sensitivity of the measurement method and the extreme difficulty in purifying the samples to be measured. In particular, the problem of contaminants makes measurement within the 40 - 50 ka BP time span very difficult.

This present study was begun a little more than a decade ago, when the then developing method of ac-

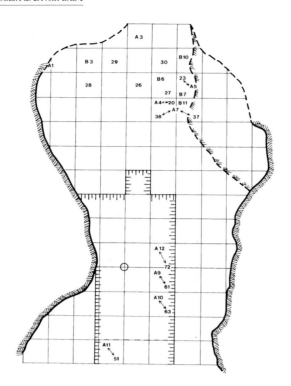

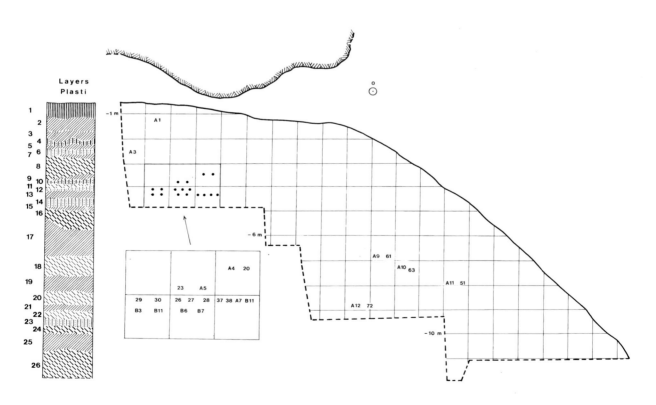

Sl. 4.1: Divje babe I: Lokacije radiokarbonskih in U/Th vzorcev v tlorisu in vzdolžnem prerezu. Vzorci kosti in oglja iz istih izkopov so označeni s puščico. Risba: Ivan Turk in Dragica Knific Lunder.

Fig. 4.1: Divje babe I. Lay-out of radiocarbon and U/Th samples in groundplan and longitudinal section. Samples of bone and charcoal from the same spits are indicated by arrows. Drawing: Ivan Turk and Dragica Knific Lunder.

akceleratorske masne spektrometrije (AMS) začeli resno uporabljati za radiokarbonsko datiranje. S projektom smo hoteli preveriti novo metodo AMS, hkrati pa smo poskušali dobiti zanesljive podatke o absolutni starosti najdišča.

Večino dela smo opravili z napravami AMS na Univerzi Simona Fraserja (zdaj razpuščena Skupina RIDDL), ki se je nahajala na Univerzi McMaster v Ontariu v Kanadi. Nekaj vzorcev je bilo pozneje ponovno izmerjenih na Centru za akceleratorsko masno spektrometrijo državnega laboratorija Lawrence-Livermore v Kaliforniji v ZDA.

Ko so bile radiokarbonske meritve opravljene, se je dr. Teh-Lung Ku (Vede o Zemlji, Univerza južne Kalifornije) ponudil, da štiri vzorce kosti preveri z metodo U/Th datiranja. Čeprav je datiranje kosti z metodo U/Th vprašljivo zaradi načina vključevanja U v kost, lahko doseže mnogo starejša obdobja kot metoda ^{14}C. Torej lahko ponudi uporaben preizkus. Rezultate datiranja z metodo U/Th podaja dr. Ku v dodatku k temu prispevku.

Radiokarbonska metoda zagotavlja torej najbolj zanesljive podatke o starostih za mlajše najdbe, medtem ko daje pri najstarejših najdbah metoda U/Th verjetno najboljše ocene. Toda nobena od obeh metod ne zagotavlja kronologije, ki bi bila sama po sebi dovolj zanesljiva za podrobno arheološko razlago. Dobljene rezultate moramo torej obravnavati skladno s stratigrafijo najdišča (glej Turk, ta zbornik).

4.2. VZORCI IN PRIPRAVA VZORCEV

Vzorci, ki so bili izbrani za meritve, so zajemali posamezne primere številnih medvedjih kosti, najdenih v različnih plasteh, in majhne koščke oglja iz več kurišč (*sl. 4.1*). Večina vzorcev kosti in vsi vzorci oglja so bili veliko premajhni za tradicionalno metodo radiokarbonskega datiranja s spektroskopijo beta (β), v celoti pa so ustrezali zahtevam AMS po vzorcih z miligramsko maso. Spisek in opis podajamo v *razpredelnici 4.1*.

Kemična priprava vzorcev tako velikih starosti je kritična, saj lahko celo majhne stopnje kontaminiranosti z materiali, ki vsebujejo sodobni ogljik, izdatno spremenijo starost merjenega vzorca. *Sl. 4.2* kaže navidezno starost vzorcev kot funkcijo stopnje kontaminiranosti s sodobnim ekvivalentom ogljika. (S sodobnim ekvivalentom mislimo na ogljik z radiokarbonsko starostjo nič ali večjo količino starejšega ogljika, ki bi imel enak učinek). Že kontaminiranost z nekaj promili sodobnega ogljika zadostuje, da pri vzorcih, ki so v resnici stari od 70.000 do 80.000 let, izmerimo starost v razponu od 40.000 do 50.000 let. Ta primer pa je neposredno pomemben za našo raziskavo. Nasprotno pa je kontaminiranost z zelo starim ("mrtvim") ogljikom

celerator mass spectrometry (AMS) was just beginning to be seriously applied to radiocarbon dating. The project was conceived both to test the new AMS method and to attempt to obtain reliable archaeological age information for the site.

Most work was done at the Simon Fraser University AMS facility (the now-disbanded RIDDL Group) located at McMaster University in Ontario, Canada. A few samples were later re-measured at the Center for Accelerator Mass Spectrometry at the Lawrence-Livermore National Laboratory in California, USA.

After this radiocarbon work was completed, Dr. T.-L. Ku (Earth Sciences, University of Southern California) offered to test four of the bones using the U/Th dating method. While U/Th dating of bone is problematic due to the nature of U uptake in the bone, it can reach ages much older than the ^{14}C method, and thus it can provide a useful check. The U/Th results are given by Dr. Ku in an Appendix to this paper.

For the younger material then, radiocarbon provides the most reliable age information, while for the oldest samples, the U/Th method probably gives the best estimate. However, neither method provides a chronology which is in itself of sufficient reliability for detailed archaeologic interpretation. These results must then be considered in the context of the site stratigraphy (see Turk, in this volume).

4.2. THE SAMPLES AND SAMPLE PREPARATION

The samples chosen for measurement included individual examples of the numerous bear bones found throughout the deposits and small pieces of charcoal from several hearths (*Fig. 4.1*). Most bone and all charcoal samples were far too small for the traditional β-counting method of radiocarbon dating, but they were entirely adequate for the mg-sized AMS requirements. A list and description is given in *Table 4.1*.

Chemical preparation of samples of these great ages is critical, as even small amounts of contamination by materials containing recent carbon can drastically alter the measured sample age. *Fig. 4.2* shows the apparent age of samples as a function of the amount of contamination by Modern-equivalent carbon. (By Modern-equivalent we mean carbon with a radiocarbon age of zero, or a greater amount of older carbon which would produce the same effect.) As an example of direct relevance to this study, contamination by only a few parts per thousand of Modern carbon is sufficient to result in measured ages in the 40 - 50 ka range for samples of true age 70 to 80 ka. In contrast, contamination by very old ("dead") carbon is a much smaller problem for old

Razpredelnica 4.1: Radiokarbonsko datirani vzorci.
Table 4.1: Radiocarbon samples dated.

Plast Layer	Izkop Spit	Kvadrat Square	Globina Depth	Št. vzorca Sample no.	Tip vzorca Sample type	Opis vzorca * Sample description*
2	II-III	186+187	0.80-1.40	A1	kost, j. medved - bone, cave bear	lobanja, juvenilna - cranium, juvenile
6	VII	203	2.40-2.70	A3	kost, j. medved - bone, cave bear	femur, juvenilen - femur, juvenile
8	X	172	3.40-3.70	A4	kost, j. medved - bone, cave bear	fibula, adultna - fibula, adult
8	X	172	3.40-3.70	20/84	oglje - charcoal	*Pinus* cf. *sylvestris (mugo)*
8	XI	183	3.70-3.90	23/85	oglje/charcoal	iglavec - conifer (*Abies*)
8	XI	183	3.70-3.90	A5	kost, j. medved - bone, cave bear	lobanja, adultna - cranium, adult
10	XII	191	3.90-4.20	A6	kost, j. medved - bone, cave bear	radius, adulten - radius, adult
10	XII	181	3.90-4.20	26/85	oglje - charcoal	*Pinus*
10	XII	182	3.90-4.20	27/85	oglje - charcoal	*Pinus*
10	XII	179	3.90-4.20	28/85	oglje - charcoal	*Pinus*
10	XII	189	3.90-4.20	29/85	oglje - charcoal	*Pinus*
10	XII	191	3.90-4.20	30/85	oglje - charcoal	*Pinus*
13	XIII	172	4.20-4.45	A7	kost, j. medved - bone, cave bear	femur, subadulten - femur, sub-adult
13	XII	173	4.20-4.45	37/85	oglje - charcoal	*Pinus/Picea - Larix*
13	XII	172	4.20-4.45	38/85	oglje - charcoal	*Pinus/Picea - Larix*
13	XII	173	4.20-4.45	B11	kost, j. medved - bone, cave bear	tibija, adultna - tibia, adult
13	XII	182	4.20-4.45	B6	kost, j. medved - bone, cave bear	tibija, subadultna - tibia, sub-adult
13	XII	183	4.20-4.45	B7	kost, j. medved - bone, cave bear	tibija, adultna - tibia, adult
13	XII	188	4.20-4.45	B3	kost, j. medved - bone, cave bear	tibija, enoletna - tibia, yearling
13	XII	192	4.20-4.45	B10	kost, j. medved - bone, cave bear	tibija, adultna - tibia, adult
17a	XIX	143	5.80-6.00	A8	kost, j. medved - bone, cave bear	metakarpus, adulten - metacarpus, adult
17a	XXIII	115	6.85	61/86	oglje - charcoal	*Picea - Larix*
17a	XXIII	115	6.70-7.05	A9	kost, j. medved - bone, cave bear	humerus, juvenilen - humerus, juvenile
18	XXIV	109	7.13	63/86	oglje - charcoal	*Pinus - Abies*
18	XXIV	109	7.05-7.35	A10a	kost - bone	nedoločen odlomek - unidentif. fragment
18	XXIV	109	7.05-7.35	A10b	kost - bone	nedoločen odlomek - unidentif. fragment
19	-	92	7.75-8.30	A11	kost - bone	odlomek rebra - rib fragment
19	-	92	7.90	51/85	oglje - charcoal	iglavec -conifer (*Pinus/Picea - Larix*)
20	XXIX	122	8.60-8.90	A12	kost, j. medved - bone, cave bear	nedoločen odlomek - unidentif. fragment
20	XXIX	122+115	8.75	72/86	oglje - charcoal	*Picea/Abies*

* Kosti je določil Ivan Turk. - Bone determination by Ivan Turk.
  Oglje je določil Alojz Šercelj. - Charcoal determination by Alojz Šercelj.

pri starih vzorcih precej manj problematična, saj dodatek 1 % mrtvega ogljika poveča navidezno starost le za 80 let. V tem delu bodo torej problemi s kontaminiranostjo lahko spremenili časovno lestvico v smeri proti manjšim starostim.

Odpravljanje kontaminiranosti v tako majhnih količinah je zelo težavno. V preteklosti so v ta namen razvili različne kemijske postopke. Vendar učinkovitosti teh metod v vsakem posameznem primeru ni mogoče

samples, as addition of 1 % of dead carbon increases the apparent age by only 80 years. In this study, then, problems with contamination will tend to compress the time scale towards younger ages.

Eliminating contamination at such low levels is very difficult, and various chemical procedures have been developed in the past. However, one cannot predict the efficacy of these methods in any given case, as circumstances vary from site to site and even from sam-

Sl. 4.2: Navidezna radiokarbonska starost (navpično) glede na količino onesnaženosti (vodoravno).
Fig. 4.2: Apparent radiocarbon age vs. contaminant amount.

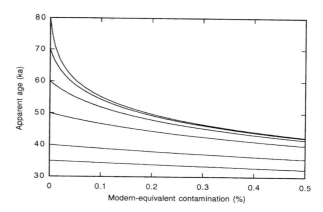

predvideti, saj se okoliščine od najdišča do najdišča - in celo od vzorca do vzorca na enem najdišču - spreminjajo. Priporočljivo je, da datiramo najdbe iz različnih organskih snovi iz vsake plasti, katere starost nas zanima, saj bodo problemi pri različnih vrstah snovi verjetno različni. Skladni rezultati bodo torej nakazovali zanesljive starosti, medtem ko bodo razhajajoči se rezultati pomenili nerešene probleme. Datiranje oglja in kosti bi moralo zagotoviti uporaben preizkus metode. Podrobnosti priprave vzorcev so sledeče:

4.2.1. Oglje Oglje je primeren material za radiokarbonsko datiranje, saj se je pokazalo, da je oglje z veliko ogljika zelo stabilna snov in da je torej mogoče uporabiti natančne čistilne postopke. V tej raziskavi smo vzorce oglja obdelali z Gohovo in Malloyevo metodo kislina - lug - kislina (Goh in Malloy 1972). Vsak vzorec smo najprej pregledali pod mikroskopom z majhno povečavo in izbrali lepe koščke za nadaljnje delo. Te koščke smo potem zavreli v 2N HCl, da bi odstranili morebitne karbonate in druge v kislini topljive kontaminante. Po ohladitvi in spiranju z destilirano vodo smo preostali material čez noč namakali v raztopini NaOH in natrijevega pirofosfata, da bi odstranili v lugu topljive humusne snovi. To lužno kopel smo ponavljali, dokler raztopina ni bila čista. Vzorce smo potem znova sprali z destilirano vodo, nato okisali s HCl, da smo odstranili morebitne usedle karbonate, spet sprali in posušili v peči pri nizki temperaturi. Preostanke smo ponovno pregledali pod mikroskopom.

4.2.2. Kosti Radiokarbonske meritve kosti so pogosto vprašljive, saj so pretekle izkušnje s tem materialom zelo različne. Kljub temu smo večino naših meritev opravili na kosteh, in sicer iz več razlogov. Prvič, zelo majhne velikosti vzorcev, ki jih zahteva datiranje z metodo AMS, nam dovoljujejo, da uporabimo kemične obdelave, ki bi bile pri tradicionalni radiokarbonski metodi nemogoče. Drugič, pri meritvah kosti smo prepričani, kaj datiramo: smrt določene, identificirane živali. Nadalje, kosti na najdišču Divje babe I so bile videti izredno dobro ohranjene za tako zelo stare vzorce. Mnoge od njih kažejo malo ali nobenih znakov degradacije. Končno, razvili smo modifikacijo starejše metode priprave kosti, ki smo jo hoteli preizkusiti v teh zahtevnih okoliščinah.

ple to sample within a site. It is advisable to date different materials from each level of interest, as the problems with each type are likely to be different. Concordant results will thus suggest reliable ages, while discordant results will indicate unresolved problems. Dating both charcoal and bone should provide a useful cross-check. Preparation details of samples are as follows:

4.2.1. Charcoal Charcoal is a favoured radiocarbon dating material, as it has been found that well-carbonized charcoal is a very stable material, and it is thus possible to apply rigourous cleansing procedures. In this study, we used the acid-base-acid method of Goh and Malloy (1972) to treat the charcoal samples. Each sample was first examined under a low-power microscope to select good-looking pieces for further work. These pieces were then boiled in 2N HCl to remove any carbonates and other acid-soluble contaminants. After cooling and washing in distilled water, the remaining material was soaked overnight in a solution of NaOH and sodium pyrophosphate to remove base-soluble humic material. This base soak was repeated until the solution was clear. The samples were then washed again in distilled water, acidified with HCl to remove any precipitated carbonates, washed once more and dried in a low-temperature oven. The residues were examined again under the microscope.

4.2.2 Bone Radiocarbon measurements on bone are often suspect, as past experience with this material has been very varied. Even so, most of our measurements have been made on bone, for several reasons. First, the very small sample size requirements of AMS dating allows us to apply chemical treatments which would be impossible with the traditional radiocarbon method. Next, we are certain of what we are dating in measuring bone; the death of a specific, identified animal. Further, the bones at the Divje babe I site seemed to be extremely well preserved for samples of this great age. Many show little or no sign of degradation. Last, we had developed a modification of an older bone preparation method which we wanted to test in these stringent conditions.

S to modificirano metodo obdelave poskušamo izločiti iz kosti le tiste molekule, ki so morale biti del originalne kosti, vse preostale pa zavreči. Ta pristop je ravno nasproten tistemu, ki ga uporabljamo pri oglju: namesto da bi odstranili nedoločene kontaminante, poskušamo v tem primeru izločiti le tiste materiale, ki so morali biti del prvotnega vzorca. Kost tvorita mineralna sestavina (kalcijev hidroksiapatit) in proteinska sestavina, ki je predvsem kolagen. Molekularni kolagen tvorijo tri peptidne verige, vsaka z molekularno težo okrog 110 kDaltonov (kD), ki so povezane v celoto. Te molekule so potem naprej zvezane tako, da oblikujejo vlakna, ki predstavljajo proteinsko tkivo kosti. Niti vlakna niti molekule se ne raztapljajo, posamične peptidne verige pa se raztapljajo.

Ta dejstva izkoristimo v našem postopku ekstrakcije kosti na naslednji način:

1) Površino kosti očistimo s strganjem s čistim nožem ali skalpelom. Potem uporabimo očiščen sveder za kovino (premera 4 - 5 mm) in z električnim vrtalnikom pri nizkih obratih zvrtamo luknjo v kost tam, kjer je kostna skorja najgostejša. Izvrtine, ki jih dobimo, predstavljajo vzorec, iz katerega izločimo kostni kolagen. Ta postopek vzorčenja nam ponuja prve znake o ohranjenosti kosti. Dobro ohranjena kost bo med vrtanjem oddajala rahel vonj, spirale pa bodo trdne, izrazite in bele. Tak material bo dajal veliko ekstrakta. Slabo ohranjena kost daje prah namesto spiral. To sicer vedno ne pomeni, da bo malo proteinskega ekstrakta, a pogosto je tako.

2) Izvrtine namočimo v 0,25 N HCl za dan ali dva, tako da se izloči proteinska usedlina, ki jo s pomočjo filtra iz steklenih vlaken speremo z vodo. Tako odstranimo mineralni del kosti in morebitne druge v kislini topljive materiale skupaj z vsem degradiranim kostnim proteinom.

3) Ta preostanek damo nato v 0,01 N HCl in v peč s stalno temperaturo 57° C. S tem postopkom dosežemo, da postane kolagen topljiv, veliki peptidni nizi pa ostanejo v bistvu nedotaknjeni. (Gre za izpeljavo starih metod izdelovanja lepila in želatine iz kosti.)

4) Raztopino filtriramo enako kot prej, toda netopljivi material, ki ostane na filtru, tokrat zavržemo. Tako odstranimo vse v kislini netopljive materiale. Material, ki je zdaj v raztopini, mora imeti značilnosti kostnega kolagena. Količina tega raztopljenega materiala predstavlja informacijo o ohranjenosti kosti. Kostni kolagen tvori okrog 15 - 17 % kostne mase. V dobro ohranjenih starih kosteh se velik del kolagena ohrani. Izkušnje kažejo, da kosti z manj kot 2 - 3 % tega ekstrakta lahko dajo napačne rezultate, in ta delež uporabimo kot splošno merilo zanesljivosti.

5) Odločilni nadaljnji korak našega postopka v procesu ločevanja je, da to raztopino spustimo skozi ultra-

This modified treatment method attempts to select from the bone only those molecules which must have been part of the original bone, discarding all else. This is the opposite approach from that used for the charcoal; instead of removing unspecified contaminants, in this case we attempt to select only those materials which must be from the original sample. Bone is made of a mineral component (calcium hydroxy-apatite) and a proteinaceous component which is primarily collagen. Molecular collagen is made of three peptide chains, each of molecular weight about 110 kDaltons (kD), bound together to form the whole. These molecules are then further bonded together to form the fibrils that constitute the bone protein tissue. Neither the fibrils nor the molecule are soluble, while the individual peptide chains are.

We take advantage of these facts in our bone extraction procedure, as follows:

1) The surface of the bone is cleaned by scraping with a clean knife or scalpel. Then, a cleaned machinist's twist drill (of 4 - 5 mm diameter) is used in a slow-speed electric drill to bore a hole in the most dense part of the bone cortex. The drillings obtained constitute the sample from which the bone collagen is extracted. This sampling procedure provides the first clues on bone preservation. Well-preserved bone will give a faint odour when drilled and the turnings will be firm, crisp and white. Such material will yield an abundant extract. Poorly-preserved bone yields a powder instead of turnings. This does not necessarily mean that there will be a poor yield of protein extract, but that is often the case.

2) The drillings are soaked in 0.25 N HCl for a day or two, after which the proteinaceous residue is extracted and washed with water using a glass-fibre filter. This removes the mineral part of the bone and any other acid-soluble material, including any degraded bone protein.

3) This residue is then placed in 0.01 N HCl under reflux in an oven maintained at 57° C. This procedure renders the collagen soluble, but leaves the large peptide strands substantially intact. (This is a derivation of the old methods for making glue and gelatin from bones.)

4) The solution is filtered as before, but this time the insoluble material remaining on the filter is discarded. This removes any acid-insoluble materials. The material now in solution must have the characteristics of bone collagen. The amount of this solubilized material provides an indication of bone preservation. Bone collagen makes up about 15 - 17 % of bone mass, and in well-preserved ancient bone much of this remains. Experience has shown that bones with less than about 2 - 3 % of this extract may give erroneous results, and this measure is used as a general indicator of reliability.

filter (npr. Centricon korporacije Amicon), da bi izločili le molekule z molekularno težo >30 kD. Ta izločeni material z visoko molekularno težo znova speremo in nato posušimo z liofilizacijo. Dobljeni ekstrakt iz sodobne kosti je suha bela pena; pri dobro ohranjeni kosti opazimo, da dobimo material s prav takimi značilnostmi.

Lastnosti ekstrakta lahko nadalje preverimo z izmerami koncentracije ogljika in dušika, saj naj bi bilo razmerje C/N (po teži) v kolagenu približno 2,9. Odstopanja kažejo precejšnjo vključenost nekega drugega materiala. In spet, delež ogljikovega izotopa ^{13}C (podajamo vrednost δ ^{13}C, ki je odstopanje deleža ^{13}C od povprečne vrednosti) v ekstraktu bi se moral skladati s prehrano živali. Pri medvedih, ki uživajo kopensko hrano, bi pričakovali vrednosti od -20 do -21 ‰ (glej Bocherens 1991). Odstopanja bi spet kazala na probleme. Čeprav morata biti ta dva preizkusa za kostni kolagen nujno izpolnjena, pa po drugi strani ne zadostujeta za prikaz absolutne čistosti vzorca, saj nista ustrezno občutljiva za odkrivanje kontaminiranosti z ogljikom v promilnih vrednostih, ki vplivajo na vzorce v razponu starosti, ki nas zanima v tem prikazu.

Enega od vzorcev, za katerega smo pričakovali, da bo najstarejši (A12), smo pozneje uporabili za preizkus po drugi novejši metodi za pripravo vzorcev, ki je dosti selektivnejša od tiste, o kateri smo govorili prej. Pri tej t. i. ninhidrinski metodi (Nelson 1991) smo liofilizirani proizvod >30 kD, ki smo ga dobili enako kot zgoraj, hidrolizirali v 6N HCl, da bi ga zreducirali na njegove sestavne aminokisline. Te aminokisline smo nato podvrgli reakciji z ninhidrinom. To je zelo specifična reakcija, v kateri se le tisti ogljikovi atomi, ki se nahajajo v karboksilni skupini neokrnjenih aminokislin, sprostijo kot CO_2. Ta CO_2 nato zberemo, kriogensko prečistimo in uporabimo za datiranje. Ogljik v končnem proizvodu je torej moral priti iz izvirnih peptidnih vezi, ki vežejo aminokisline v kolagensko molekulo. To bi torej moralo zagotavljati zanesljivo izmero starosti vzorca. Vendar pa ta metoda še ni dobro raziskana in rezultat, ki smo ga dobili tukaj, moramo obravnavati kot prvi poskus.

5) In our procedure, we take the selection process a definitive step further by passing this solution through an ultra-filter (e. g. Amicon Corporation's Centricon) to extract only molecules of molecular weight >30 kD. This extracted high-molecular weight material is washed again and then dried by lyophilization. The resulting extract from modern bone is a dry white foam; in well-preserved bone, we find we obtain material with exactly these characteristics.

The nature of the extract can be further tested by carbon and nitrogen concentration measures, as collagen should have a C/N ratio (by weight) of about 2.9. Deviations indicate substantial inclusions of some other material. In addition, the carbon isotope ratio (the δ ^{13}C value) of the extract should match the animal's diet. For these terrestrial food eating bears, we would expect values of -20 to -21 ‰ (cf. Bocherens 1991). Again, deviations would indicate problems. However, while these two tests must necessarily be satisfied for bone collagen, they are not sufficient to indicate absolute purity of sample, as they are not adequately sensitive to detect carbon contamination at the levels of parts per thousand that affect samples in the age range of interest in this study.

One of the samples that was expected to be the oldest (A12) was later used in a test of a second new preparation method that is much more selective than that discussed above. In this so-called ninhydrin method (Nelson 1991), the lyophilized >30 kD product obtained as above was hydrolyzed in 6N HCl to reduce it to its constituent amino-acids, and these amino-acids were in turn reacted with ninhydrin. This is a very specific reaction, in which only the carbon atoms present in the carboxyl group of intact amino acids are released as CO_2. This CO_2 is then collected, purified cryogenically, and used for dating. The carbon in the final product must then have come from the original peptide bonds linking the amino-acids to form the collagen molecule. It should thus provide a reliable measure of the sample age. However, this method is not yet well-studied, and the result obtained here must be treated as a first trial.

4.3. RADIOKARBONSKE DOLOČITVE

Meritve radiokarbonskih starosti pripravljenih vzorcev so pri obeh sistemih AMS, ki smo ju uporabili, potekale po istem splošnem postopku. Prvič, del (nekaj mg) vsakega vzorca smo vložili v kremenovo cev skupaj s pol grama CuO, izčrpali zrak, nepredušno zaprli in nato žgali v peči pri 900° C. Dobljeni CO_2 smo kriogensko prečistili in po metodi Vogla in dr. (1984) zreducirali na grafit na železnem katalizatorju. Ta katalizator, prekrit z grafitom, smo nato vtisnili v 2 - 3

4.3. RADIOCARBON DETERMINATIONS

Measurement of the radiocarbon ages of the prepared samples followed the same general procedure for both AMS systems used. First, a portion (a few mg) of each sample was placed in a quartz tube together with a half gram of CuO, evacuated, sealed and then burned in an oven at 900° C. The resultant CO_2 was cryogenically purified and reduced to graphite on an iron catalyst using the method of Vogel et al. (1984). This graphite-coated catalyst was then packed into a 1 mm diameter

mm globoko luknjo s premerom 1 mm v aluminijastem nosilcu, ki smo ga potem položili v ionski izvor na napravah AMS, skupaj z 20 do 30 drugimi neznanimi vzorci, primarnimi in sekundarnimi standardi in vzorci ozadja, ki smo jih pripravili na enake načine kot neznane vzorce.

Naprave za AMS neposredno določajo razmerja med koncentracijami radioaktivnega ogljika in stabilnega ogljika, iz katerih izračunamo radiokarbonske starosti. Podrobne opise instrumentov in merilnih postopkov na obeh uporabljenih napravah (RIDDL in CAMS) najdemo v knjigah Nelsona in dr. (1986) ter Proctorja in dr. (1990). Tukaj moramo le omeniti, da se

by 2 - 3 mm deep hole in an Al button which was then placed in the ion source of the AMS machines, along with 20 - 30 other unknowns, primary and secondary standards and background samples which had been prepared in the same ways as the unknowns.

These AMS devices directly determine the ratios of the radiocarbon to stable carbon concentrations from which the radiocarbon ages are derived. Detailed descriptions of the instruments and the measurement procedures for the two facilities (RIDDL and CAMS) are given by Nelson *et al.* (1986) and Proctor *et al.* (1990). Here, we need only mention that the measurements of the unknowns are made in a rotating sequence

Sl. 4.3: Divje babe I. Vkop, v katerem so bili pobrani vzorci A9 - A12, 51, 61 in 72 za radiometrične meritve. Številke so oznake plasti. Foto: Carmen Narobe.
Fig. 4.3: Divje babe I. Trench where were sampled samples for radiometric measurements A9 - A12, 51, 61, 63 and 72. Numbers correspond to the lables of layers. Photo: Carmen Narobe.

meritve neznanih vzorcev opravijo z meritvami primarnih in sekundarnih standardov in vzorcev iz ozadja v krožnem zaporedju, kar zagotavlja sprotno preverjanje delovanja instrumentov in kakovosti rezultatov. Nezanesljivosti, značilne za oba laboratorija, so najboljše ocene za celotno variiranje izsledkov pri eni standardni deviaciji. Za oba sistema velja, da najmanjše radiokarbonske koncentracije, ki jih lahko določimo, ustrezajo radiokarbonskim starostim 50.000 - 53.000 let p. s. Zanesljivost radiokarbonskih določitev do te starosti torej določa predvsem čistost vzorca.

V času, ko smo opravljali te meritve, nismo imeli rutinskega dostopa do masnega spektrometra stabilnih izotopov. Zato nismo naredili nobenih meritve δ ¹³C na oglju. Starosti smo izračunali ob predpostavki, da so vrednosti za oglje -24 ‰. Morebitne napake, ki so posledica te ocene, so pri vzorcih teh starostih nepomembne.

Mnogo važneje je bilo, da določimo vrednosti δ ¹³C, pa tudi razmerja C/N pri ekstraktih iz kosti. Pri precej vzorcih je bilo to možno z uporabo naprave za masno spektrometrijo na Oceanografskem oddelku Univerze v Britanski Kolumbiji.

4.4. REZULTATI IN RAZPRAVA

4.4.1. PRIPRAVA VZORCEV

Vsi vzorci ogljika razen enega so prestali postopek priprave vzorcev brez vidnejših problemov. Pri prvi preiskavi so bili vsi videti kot temno črno oglje s prilepljenimi drobci sivega pepela. Prvo namakanje v kislini ni povzročilo velikih sprememb. Pri vseh vzorcih je naslednje namakanje v lužni raztopini odstranilo nekaj materiala, saj se je lužna raztopina obarvala. Drugo namakanje v lugu je materiale, ki so topljivi v lugu, izločilo pri vseh vzorcih, razen pri enem, ki je potreboval več nadaljnjih namakanj, po katerih je ostalo le malo prvotnega materiala. Razen tega vzorca je končni posušeni material obdržal videz oglja.

Močno odstopajoči vzorec (št. 61/86 v *razpredelnici 4.1*) je bil videti kot mikroskopsko tkana tkanina. Ugibamo, da je bil ta vzorec ostanek koščka lesa ali drugega rastlinskega materiala, ki ni bil dobro karboniziran. Kakorkoli že, ta vzorec je sumljiv, saj nismo prepričani o njegovi identiteti. Njegovo odzivanje pri kemični obdelavi ni bilo tako, kakršnega pričakujemo pri oglju. Razen te izjeme ni razloga, da bi dvomili v vzorce oglja.

Na splošno velja, da so analizirane medvedje kosti - glede na veliko starost vzorcev - zelo dobro ohranjene. Pri večini je celotna količina dobljene proteinske snovi predstavljala nekaj odstotkov teže kosti. Od tega je imela precejšna količina molekularno težo >30kD, kar kaže, da je bil velik del prvotne molekularne sestave še vedno nedotaknjen.

with measurements of the primary and secondary standards and the background samples, providing an on-going control of instrument performance and result quality. The uncertainties for both laboratories are the best estimates of the over-all measurement variability at one standard deviation. For both systems used, the lowest radiocarbon concentrations that can be determined correspond to radiocarbon ages of 50 - 53 ka BP. The reliability of radiocarbon determinations up to this age is thus determined primarily by sample purity.

At the time during which we made these determinations, we had no routine access to a stable isotope mass spectrometer and we made no δ ¹³C measurements on the charcoal. Ages were calculated assuming charcoal values of -24 ‰. Any errors caused by this estimate are of trivial size for samples of these ages.

It was much more important to determine the δ ¹³C values as well as the C/N ratios for the bone extracts. It was possible to do this for many of them using the mass spectrometer facility at the Oceanography Dept. of the University of British Columbia.

4.4. RESULTS AND DISCUSSION

4.4.1. SAMPLE PREPARATION

All charcoal samples with the exception of one went through the sample preparation procedure with no perceptible problems. On first examination, all appeared to be dark black charcoal with adhering flecks of gray ash. The first acid soak caused little change. For all samples, the subsequent soaking in the base solution removed some material, as the base solution was coloured. This base-soluble material was removed by the second base soak for all but one of the samples, which required several subsequent soakings, after which little of the original material remained. With the exception of this one sample, the final dried material retained the appearance of charcoal.

The exceptional sample (number 61/86 in *Table 4.1*) had the appearance of a microscopic woven cloth. We speculate that this sample was the remnant of a piece of wood or other plant material that had not been well carbonized. In any case, this sample is suspect, as we are not certain of its identity and its behaviour in the chemical treatment was not that expected for charcoal. With this exception, there is no reason to suspect the charcoal samples.

In general, the bones were found to be very well preserved for such old samples. For most, the total yield of proteinaceous material was several percent of bone weight. Of this, a substantial amount was of molecular weight >30 kD, indicating that much of the original molecular structure was still intact.

Tipična razmerja C/N v merjenih kosteh so bila 2,8, in vrednosti δ ^{13}C so bile od -20 do -21 ‰ - oboje v mejah pričakovanja za dobro ohranjeni kostni protein teh živali. Pri teh vzorcih lahko torej pričakujemo, da bodo edini kontaminanti morebitni molekularni delci, ki so se "prilepili" na prvotne kolagenske molekule, in morebitne manjše količine ogljikovih materialov, ki smo jih slučajno vnesli med predelavo.

Ker se je vzorec oglja (61/86) v plasti 17a (*sl. 4.3*) izkazal za nezanesljivega in ker je izkopavalec (I. Turk v zasebnem pogovoru) omenil, da so bile kosti iz te plasti videti nenavadne, ker so bile močno počrnele, kot da bi ležale v zelo vlažnem okolju in razmerah brez kisika, smo se odločili, da proteinsko frakcijo kosti A9 z >30 kD in frakcijo te kosti z <30 kD datiramo ločeno. Če bi vzorec vseboval velike količine kontaminantov, bi bilo mogoče pričakovati, da bodo prevladovali v frakciji z manjšo molekularno težo.

Nadalje, pri vzorcih A10 in A11 smo ekstrakte datirali z uporabo masnih spektrometrov RIDDL in CAMS, da bi tako preverili ponovljivost. Pri vzorcu A12, ki je najgloblji, kar smo jih izmerili, smo uporabili tudi ninhidrinsko metodo priprave, ki smo jo omenili zgoraj, da bi si tako zagotovili povsem drugačen preizkus tega pomembnega vzorca in zmogljivosti merilnih naprav.

4.4.2 PODATKI O STAROSTI VZORCEV

Vsi dobljeni podatki so prikazani v *razpredelnici 4.2*. Dobljene starosti segajo od okrog 35.000 do >54.000 let p. š.. Postavljajo se naslednja vprašanja: V kakšni meri te datacije pomenijo resnične starosti vzorca? Kakšne so instrumentalne omejitve? Kakšne so omejitve zaradi priprave vzorcev?

Sovpadajoči rezultati za vzorec A12 - ob uporabi dveh zelo različnih metod priprave in dveh različnih naprav AMS - izrazito kažejo, da je starostna meja, ki smo jo dosegli okrog 53.000 do 54.000 let. Instrumenti so torej lahko segli nazaj do ok. 50.000 let, in vsaj za ta vzorec velja isto tudi za metodo priprave vzorca.

Če vzorci iz drugih plasti niso drugačni, moramo preostale starosti obravnavati kot prave, dokler nimamo dobrega razloga, da jih ovržemo. Starosti nenavadnega vzorca "oglja" 61/86 nam gotovo ni treba upoštevati, saj ne vemo, kaj datiramo.[1] Rezultat pri eni od kosti (A8) iz tiste plasti ni prepričljiv, medtem ko je druga kost (A9) dala skladna rezultata za obe merjeni frakciji, kar kaže na to, da kontaminiranost ni bila problematična. A vendar, pripomba izkopavalca o stanju vzorca (glej zgoraj) dopušča dvom: morda je bil ta vzorec nenavaden zaradi lastnosti morebitnih navzočih kontaminantov.

Podrobni statistični preskusi sočasnosti vzorcev iz istega kvadrata in režnja, ali samo režnja ali horizonta,

The C/N ratios of the bones measured were typically 2.8, and the δ ^{13}C values were -20 to -21 ‰ ; both as expected for well preserved bone protein from these animals. For these samples, we can thus expect that the only contaminants will be any molecular fragments which have attached themselves to the original collagen molecules, and any minor amounts of carbonaceous materials introduced adventitiously during processing.

As the charcoal sample (61/86) for layer 17a (*Fig. 4.3*) turned out to be unreliable, and as the excavator (I. Turk, private communication) commented that the bones from this same layer were unusual in that they were very blackened as if from lying in very wet and anoxic conditions, we decided to date separately the >30 kD fraction and the <30 kD fraction for bone A9. If there were large amounts of contaminants in the sample, one would expect that they be more prevalent in the lower molecular-weight fraction.

Further, for samples A10 and A11 we dated the extracts using both the RIDDL and the CAMS AMS instruments to test reproducibility. For sample A12, the deepest one measured, we also used the ninhydrin preparation method mentioned above to provide a very different test of this important sample and of the age limits of the machines.

4.4.2. AGE RESULTS

All data obtained are given in *Table 4.2*. The ages obtained range from about 35 ka to >54 ka. The questions are - to what extent do these dates represent the real ages for the sample? What are the instrumental limitations? What are the limitations due to sample preparation?

The concordant results for sample A12, using two very different preparation methods and two different AMS facilities strongly indicate that the age limit reached was about 53 to 54 ka. The instruments were then capable of reaching back to ~ 50 ka, and for at least that sample, so was the sample preparation method.

Unless the samples from other levels are different, the remaining ages must be treated as real until there is good reason to reject them. The age for the anomalous "charcoal" sample 61/86 can certainly be removed from consideration, as we do not know what we were dating.[1] The result from one of the bones (A8) from that layer is inconclusive, while the other (A9) gave concordant results on the two fractions measured, suggesting that contamination was not a major problem. However, the excavator's note on the sample condition (see above) leaves room for doubt: Perhaps this sample was anomalous in the nature of any contaminants present.

Detailed statistical tests of the contemporaneity

---

[1] Oglje je dr. A. Šercelj določil kot *Picea - Larix*.

[1] Charcoal that is pertaining to *Picea - Larix* was determined by A. Šercelj.

Razpredelnica 4.2: Radiokarbonske datacije vseh vzorcev.
Table 4.2: Radiocarbon data for all samples.

Plast Layer	Reženj Spit	Št.vzorca Sample no.	Tip vzorca Sample type	Lab. štev. Lab. number	δ¹³C*	D¹⁴C	±	¹⁴C starost** ¹⁴C age**	Nezanesljivost Uncertainty
2	II-III	A1	kost - bone	RIDDL-734	-21.5	-987.7	1.0	35300	±700
6	VII	A3	kost - bone	RIDDL-735	-21.3	-995.5	0.7	43400	-1400 +1200
8	X	A4	kost - bone	RIDDL-745	-20.4	-993.4	0.7	40300	±1000
8	X	20/84	oglje - charcoal	RIDDL-739	-24	-996.7	0.8	45800	-2400 +1800
8	XI	23/85	oglje - charcoal	RIDDL-750	-24	-997.8	0.7	49200	-3200 +2300
8	XI	A5	kost - bone	RIDDL-736	-21.0	-993.6	0.7	40600	±1000
10	XII	A6	kost - bone	CAMS-562	-21	-995.3	1.3	43000	-3000 +2500
10	XII	26/85	oglje - charcoal	RIDDL-740	-24	-998.1	0.7	50000	-3800 +2600
10	XII	27/85	oglje - charcoal	RIDDL-741	-24	-996.4	0.7	45100	-1800 +1500
10	XII	28/85	oglje - charcoal	RIDDL-758	-24	-997.5	0.7	48200	-2800 +2100
10	XII	29/85	oglje - charcoal	RIDDL-751	-24	-997.4	0.7	47600	-2600 +2000
10	XII	30/85	oglje - charcoal	RIDDL-752	-24	-996.9	0.7	46400	-2200 +1800
13	XIII	A7	kost - bone	RIDDL-746	-19.9	-998.1	0.8	50400	-4300 +2800
13	XIII	37/85	oglje - charcoal	RIDDL-759	-24	-998.3	0.7	51200	-4400 +2800
13	XIII	38/85	oglje - charcoal	RIDDL-753	-24	-997.4	0.7	47900	-2600 +2000
13	XIII	B11	kost - bone	RIDDL-756	-20.6	-996.7	0.8	45900	-2300 +1800
13	XIII	B6	kost - bone	RIDDL-755	-20.7	-997.0	0.7	46600	-2200 +1800
13	XIII	B7	kost - bone	RIDDL-735	-21.0	-997.3	0.8	47500	-3000 +2200
13	XIII	B3	kost - bone	RIDDL-757	-21.6	-997.2	0.7	47200	-2400 +1900
13	XIII	B10	kost - bone	RIDDL-749	-20.1	-997.7	0.7	48700	-3100 +2200
17a	XIX	A8	kost - bone	CAMS-563	-20.1	-1000.0	5.5	>36000	
17a	XXIII	61/86	oglje - charcoal	RIDDL-742	-24	-968.1	1.3	27700	±400
17a	XXIII	A9a	kost - bone >30 kD	RIDDL-737	-20.1	-993.0	1.3	39900	-1700 +1400
17a	XXIII	A9b	kost - bone <30 kD	RIDDL-738	-20	-991.1	0.8	37900	±800
18	XXIV	63/86	oglje - charcoal	RIDDL-760	-24	-997.7	0.7	48700	-3000 +2200
18	XXIV	A10a	kost - bone	RIDDL-747	-21	-996.4	0.8	45200	-1900 +1500
18	XXIV	A10b	kost - bone	CAMS-564	-20.5	-997.6	1.5	48400	-2000 +1300
19	-	A11a	kost - bone	RIDDL-748	-20	-996.3	0.7	44900	-1800 +1500
19	-	A11b	kost - bone	CAMS-565	-19.9	-997.6	5.6	>36000	
19	-	51/85	oglje - charcoal	RIDDL-754	-24	-997.9	0.8	49500	-3800 +2600
20	XXIX	A12a	kost - bone	RIDDL-744	-21.4	1000.0	1.3	>53000	
20	XXIX	A12b	kost - bone	CAMS-403	-21	1000.0	0.5	>54000	
20	XIX	72/86	oglje - charcoal	RIDDL-743	-24	-997.5	0.7	48000	-2700 +2000

* Izmerjene vrednosti δ ¹³C so podane z enim decimalnim mestom; privzete za cela števila. - Measured δ ¹³C values are given to one decimal place; those assumed are integers.

** Vse radiokarbonske starosti so navedene po mednarodni konvenciji, opisani v delu Stuiverja in Polacha (1977). - All radiocarbon ages are reported following the international convention as described in Stuiver and Polach (1977)

v teh okoliščinah niso zelo pomembni, saj vzorci niso enakovredni. Vsak posamezni horizont predstavlja verjetno nekaj tisoč let odlaganja. Celo zelo majhne količine kontaminantov (glej *sl. 4.2*) imajo lahko velik učinek na starost. Navedene nezanesljivosti se nanašajo le na meritve in merilne naprave pri vsakem pripravljenem vzorcu in ne upoštevajo niti dejanskih razlik v starosti niti kontaminiranosti.

Pa vendar, če so datacije približno pravilne in če plasti niso med seboj premešane, potem bi se morala starost posameznih datiranih plasti povečevati z globino. (Pri datiranju tako starih vzorcev moramo najprej izračunati z napakami uteženo koncentracijsko povprečje (vrednost $D^{14}C$) in ga nato preračunati v radiokarbonsko starost).

Razpredelnica 4.3 nam kaže izračunane povprečne starosti ^{14}C za vsako datirano plast. Na splošno so rezultati smiselni, saj je vrhnja plast najmlajša, najglobja pa daleč najstarejša. V okviru nezanesljivosti meritev sta plast 6 in plast 8 navidez enako stari. Isto velja tudi za plasti 18 in 19. V plasti 17a imamo velik starostni obrat (*sl. 4.3*). Žal nimamo podatkov, ki bi kazali, ali je ta obrat resničen ali je rezultat meritev. Zelo mlado datacijo vzorca "oglja" 17a smo zavrnili zato, ker ni ustrezal merilom priprave. Na različnih frakcijah istega kostnega vzorca smo dobili dve malo starejši dataciji, ki vidno sovpadata. Čeprav ne vidimo nobenega razloga, da bi zavrnili te meritve le zaradi podatkov o pripravi, nas izkopavalci opozarjajo na nenavadne lastnosti kosti iz te plasti. Rešitev te dozdevne neskladnosti bo torej zahtevala še druge podatke.

Razpredelnica 4.3: Povprečne starosti po plasteh.
Table 4.3: Average ages by layer.

Plast Layer	Povprečna starost ^{14}C / Average ^{14}C (v tisoč letih) / (ka)
2	35.3 ±0.7
6	43.4 ±1.4
8	43.1 ±0.7
10	47.1 ±0.9
13	47.3 ±0.8
17a	38.4 ±0.7
18	47.0 ±1.5
19	46.7 ±1.6
20	>53

Razen te nepravilnosti in najgloblje plasti se zdi, da starosti v plasti 10 dosegajo starostno raven okrog 47.000 let pred sedanjostjo. To pomeni bodisi to, da predstavlja starost pribl. 47.000 let starostno mejo metode čiščenja in da bi bile lahko prave starosti dosti večje, ali pa so te plasti nastale v razmeroma kratkem časovnem razponu. Čeprav se zdi razlaga s kontaminacijsko mejo najbolj smiselna, pa lahko dve dataciji

of samples within a level are not very meaningful in these circumstances, as the samples are not equivalent. Each level itself likely represents some thousands of years of deposition, and even very small amounts of contaminants (see *Fig. 4.2*) can have a large effect on the age. The uncertainties quoted are only the measurement variability for each prepared sample and do not take either real age differences or contamination into account.

Even so, if the dates are approximately correct, and if the strata are not disturbed, then the average age for each layer should increase with depth. (For dates this old, one must average the uncertainty-weighted concentrations ($D^{14}C$ values) and then re-calculate the radiocarbon ages for the result.)

Table 4.3 gives these calculated average ^{14}C ages for each dated layer. In general, the results make sense, in that the uppermost layer has the youngest age and the lowest is by far the oldest. Within measurement uncertainty, layers 6 and 8 have the same apparent ages, as do 18 and 19. There is a major age reversal at layer 17a (*Fig. 4.3*). Unfortunately, we do not have the data to determine whether this reversal is real or an artifact of the measurements. The very young date for the 'charcoal' sample from 17a was rejected on the grounds that it did not meet preparation criteria. The two slightly older bone dates were made on different fractions of the same sample and are clearly concordant. While we see no reason to reject these measures from the preparation data alone, the excavators call our attention to the unusual nature of the bones from this level. Resolving this seeming discrepancy will thus require other information.

With the exception of this anomaly and the very deepest layer, the ages seem to reach an age plateau of about 47 ka BP at layer 10. This either means that ~ 47 ka represents the age limit of the purification method and the true ages could be much older, or that these levels were formed over a relatively short time span. While the contamination-limit explanation seems most logical, the two dates on the bone obtained from the deepest stratum do tend to indicate the opposite. Both are clearly older (>53 ka and >54 ka), and these were done using very different preparation methods and different AMS instruments. Either bone A12 was unusually well-preserved, or the materials above are truly younger.

How do these results compare with those obtained by the U/Th method (Appendix) on four of the same samples? The U/Th and ^{14}C ages for bone A1 are in broad general agreement, as the U/Th result is a minimum age. The ^{14}C age is likely the more accurate, as problems of contamination will tend to make ^{14}C ages too young, not too old. The same argument can be applied to the results for bone A7, with a great amount of added support for the ^{14}C result provided by the 7 other dates for this layer.

In contrast, the U/Th age for bone A9 is much

kosti (vzorec A 12 a in b), ki so jo našli v najgloblji datirani plasti, kažeta prav nasprotno. Obe sta očitno starejši (>53.000 in >54.000 let), dobili pa smo ju z uporabo zelo različnih metod priprave in z različnima napravama AMS. Kost A12 je bila bodisi nenavadno dobro ohranjena, ali pa so višje najdene najdbe dejansko mlajše zaradi presedimentiranja.

Kako lahko te rezultate primerjamo s tistimi, ki jih na štirih istih vzorcih daje metoda U/Th (Dodatek) Starosti, določene z metodo U/Th in ^{14}C, za kost A1 se v splošnem dobro ujemata, saj podaja rezultat U/Th najmanjšo starost. Starost ^{14}C je verjetno bolj natančna, saj problemi s kontaminiranostjo lahko povzročijo, da so starosti ^{14}C prej premajhne kot prevelike. Isto trditev lahko uporabimo za rezultate pri kosti A7, pri čemer nam veliko dodatno podporo tega rezultata ^{14}C daje sedem drugih datacij iz iste plasti.

Nasprotno pa je starost U/Th za kost A9 mnogo večja od rezultatov ^{14}C. V tem primeru gre za resno kontaminiranost, morebiti zaradi prepojitve usedlin z vodo, kot sumi Ivan Turk. Morda, a tedaj bi lahko pričakovali, da bi "talnica" vplivala tudi na rezultate U/Th (glej Dodatek). Ta plast ostaja problematična. Za rešitev tega vprašanja nam primanjkuje podatkov. Obravnavati ga je treba v luči drugih podatkov iz analiz plasti in usedlin.

Podatka o starosti za najgloblo plast, ki jih dajeta obe metodi, spet v grobem sovpadata: najmanjša starost ^{14}C je >54.000 let, izmerjeni rezultat U/Th pa je 80.500 ± 9.700 let. V tem primeru nam drugi rezultat daje boljšo oceno.

4.5. SKLEPI

Radiokarbonsko datiranje vzorcev kosti in oglja z najdišča Divje babe I daje trdne dokaze o tem, da so bile plasti, ki nas zanimajo, naložene v časovnem razponu, ki sega od okrog 35.000 let do več kot 54.000 let pred sedanjostjo. Vsako nadaljnje širjenje tega starostnega razpona v bolj oddaljeno preteklost presega meritveno zmogljivost metod ^{14}C, ki smo jih uporabili, in verjetno tudi zmogljivost metode ^{14}C nasploh.

Datacije U/Th štirih od teh vzorcev na splošno podpirajo radiokarbonske rezultate in kažejo, da so najstarejše plasti nastale okrog 80.000 let pred sedanjostjo.

Omejitve obeh metod zahtevajo, da nadaljnje podrobnosti v zvezi s kronologijo tega pomembnega najdišča dobimo s kombiniranjem podatkov o starosti z drugimi kronološkimi kazalci.

older than the ^{14}C results. Was there serious contamination, perhaps due to groundwater movement as suspected by the excavator? Perhaps, but then one would expect that such groundwater might also affect the U/Th results (see Appendix). This layer remains problematic and we have not the data to resolve this question. It must be considered in the light of other information from the analyses of the strata.

The age data from both methods for the deepest stratum are again in broad agreement, with a minimum ^{14}C age of >54 ka, and a measured U/Th result of 80.5 ±9.7 ka. In this case, this latter gives the best estimate.

4.5. CONCLUSIONS

Radiocarbon dating of bone and charcoal samples from this cave site provides strong evidence that the layers of interest were deposited during the age range extending from about 35 ka BP to earlier than 54 ka. Any further extension of this age range into the more distant past is beyond the measurement capacity of the ^{14}C methods employed and likely beyond those of the ^{14}C method in general.

The U/Th dates on four of these same samples provide general support for these radiocarbon results and indicate that the oldest layers were formed about 80 ka BP.

The limitations of both methods require that any further details on the chronology of this fascinating site must be obtained by combining this age data with other chronological indicators.

ZAHVALA

Ta razprava se v marsičem naslanja na pionirsko delo dr. Johna Southona in dr. Johna Vogla, ki sta načrtovala in upravljala eno prvih naprav AMS, svoje delo pa sta nadaljevala na instrumentu naslednje generacije. Dr. Tom Brown je razvil in uporabil metodo ekstrakcije kolagena, ki je še vedno osnova metode, ki jo uporabljamo danes. Hvaležno moram omeniti tudi kasnejšo podporo kolegov v laboratoriju CAMS. Dr. Shangde Luo mi je prijazno pomagal pri analizah U/Th.

Finančno podporo za to študijo o datiranju je zagotovil predvsem Kanadski svet za naravoslovne in tehnično-inžinirske raziskave.

ACKNOWLEDGEMENTS

This study owes much to the pioneering work of Drs. John Southon and John Vogel in designing and running one of the first AMS facilities, and carrying this work on farther to the next generation instrument. In addition, Dr. Tom Brown developed and applied the collagen extraction method which still forms the basis of the one we use today. The later support of colleagues at the CAMS laboratory is gratefully acknowledged. Dr. Shangde Luo kindly assisted in the U/Th analyses.

Funding for this dating study was supplied primarily by the Natural Science and Engineering Research Council of Canada.

DODATEK
DATIRANJE KOSTNIH VZORCEV IZ JAME DIVJE BABE I Z URANOVIM NIZOM

APPENDIX
URANIUM SERIES DATING OF BONE SAMPLES FROM DIVJE BABE I CAVE

TEH-LUNG KU

Datiranje štirih kostnih vzorcev iz jame Divje babe z uranovim nizom smo izvedli na Univerzi južne Kalifornije. Rezultati so predstavljeni v *razpredelnici 4.A1*. V razpredelnici so navedene koncentracije urana (izražene kot specifična aktivnost ^{238}U, to je število razpadov na gram vzorca na minuto), razmerja aktivnosti $^{234}U/^{238}U$, $^{230}Th/^{234}U$ in $^{230}Th/^{232}Th$, pa tudi starosti, dobljene na podlagi razmerij $^{234}U/^{238}U$ in $^{230}Th/^{234}U$. Nezanesljivost predstavlja ena standardna deviacija, ki izhaja le iz statistike štetja. Meritve smo opravili s spektrometrijo alfa, za umeritev pridelkov pa smo uporabili ^{232}U in ^{228}Th. Radiokemijski postopki, ki smo jih uporabili za ločitev izotopov U in Th iz kosti, so ustrezali opisanim v knjigi Luoa in dr. (1987), a z nekaterimi modifikacijami. Te se nanašajo na ukrepe, ki smo jih privzeli, da bi še pred postopki čiščenja z ionsko izmenjavo kar najbolj odstranili fosfatne ione, saj ti v postopku ionske izmenjave motijo pridobivanje Th. Kot posebnost smo večkratno skupno obarjanje U in Th z železovim hidroksidom izvedli pri vrednosti pH 3,5 - 4 namesto običajnega območja vrednosti pH 9 - 10.

Metoda datiranja temelji na prirastku ^{230}Th zaradi razpadanja ^{234}U v vzorcih (Ku 1976), izračunane starosti pa se nanašajo na čas vključitve urana iz usedlinske vlage v kost, saj je večina urana v fosilnih kosteh sekundarnega izvora. Ta metoda predpostavlja: 1. vključitev sekundarnega U se zgodi kmalu po smrti živali; 2. kostni vzorci se vedejo za U in Th izotope kot zaprt sistem; 3. v kosti so v začetku zanemarljive količine ^{230}Th, ki spremljajo tudi sekundarno vključevanje U v kost. To zadnjo predpostavko podpira opažanje, da so izmerjena

Uranium-series dating of four bone samples from Divje babe I was carried out at the University of Southern California. The results are presented in *Table 4.A1*. In the table are listed the uranium concentrations (expressed as disintegrations per minute of ^{238}U per gram of sample), the activity ratios of $^{234}U/^{238}U$, $^{230}Th/^{234}U$ and $^{230}Th/^{232}Th$, as well as the ages derived from the $^{234}U/^{238}U$ and $^{230}Th/^{234}U$ ratios. The quoted uncertainties are one standard deviation derived from counting statistics only. The measurements were made by alpha spectrometry, using ^{232}U and ^{228}Th as yield tracers. The radiochemical procedures used to separate the U and Th isotopes from the bones followed those described in Luo *et al.* (1987) with some modifications. The latter refer to the measures taken to eliminate as much as possible the phosphate ions prior to the ion exchange purification steps, since phosphate ions interfere with the Th recovery during the ion exchange process. Specifically, repeated co-precipitation of U and Th with iron hydroxide was carried out at pH of 3.5 - 4, instead of the usual pH range of 9 - 10.

The dating method is based on the ingrowth of ^{230}Th from the decay of ^{234}U in the samples (Ku 1976) and the ages calculated refer to the time of incorporation of uranium from groundwater into the bones, as the majority of uranium in fossil bones is of secondary origin. The assumptions of the method are: (1) uptake of the secondary U takes place soon after the death of the animals, (2) the bone samples act as a closed system for U and Th isotopes, and (3) negligible amounts of ^{230}Th are present initially in the bones, or accompany the sec-

razmerja ^{230}Th/^{232}Th v teh vzorcih - v primerjavi z razmerjem aktivnosti ^{230}Th/^{232}Th v zemeljski skorji, ki je 1 - 3 - mnogo večje (*razpredelnica 4.A1*). Po prvi predpostavki bi lahko imeli starosti, o katerih poročamo, za najnižje ocene starosti kosti.

ondary U entry. The last assumption is supported by the observation that, compared to the crustal ^{230}Th/^{232}Th activity ratios of 1 - 3, the measured ^{230}Th / ^{232}Th ratios in the samples are much higher (*Table 4.A1*). From assumption (1), one may consider the ages reported here as minimum estimates for the bone ages.

Razpredelnica 4.A1: U/Th datacije.
Table 4.A1: The U/Th dates.

Štev. vzorca Sample no.	U(dpm/g)	^{234}U/^{238}U	^{230}Th/^{234}U	^{230}Th/^{232}Th	Starost ^{230}Th ^{230}Th age
A1	0.459 ±0.016	1.00 ±0.04	0.215 ±0.011	31 ±3	26.2 ±5.3 ka
A7	0.391 ±0.014	1.08 ±0.04	0.202 ±0.011	18 ±3	24.5 ±4.5 ka
A9	1.84 ±0.05	1.07 ±0.03	0.541 ±0.022	33 ±3	83.7 ±7.2 ka
A12	0.184 ±0.007	1.06 ±0.05	0.527 ±0.027	163 ±32	80.5 ±9.7 ka

5. KRONOLOGIJA

5. CHRONOLOGY

IVAN TURK

Izvleček

Podlaga za kronološke sklepe so sedimentološki podatki, podatki o favni in flori ter radiometrične datacije (^{14}C, ESR[1] in Th-230). Plasti 2 do 8 pripadajo drugi polovici interpleniglaciala. Del plasti se da natančneje opredeliti v interstadial Potočke zijalke, ki je kronološko primerljiv z interstadialom Hengelo. Del plasti nedvomno pripada tudi *interfazi* Hengelo - Arcy.

Abstract

The basis for chronological conclusions are sedimentation data, data on flora and fauna and radiometric dating (^{14}C, ESR,[1] Th-230). Layers 2 - 8 belong to the second half of the würmian Interpleniglacial. Some of the layers can be more precisely classified into the regional Potočka zijalka interstadial, which is chronologically comparable to the Hengelo interstadial. Some of the layers undoubtedly belong to the Hengelo - Arcy *interphase*.

Kronologija plasti 2 do 8 je podprta s stratigrafijo, analizami usedlin, sesalske favne (mikro in makro) in flore (pelod in oglje) ter radiometričnimi meritvami. Večina tega je bilo doslej narejeno tudi za starejše plasti, ki so bolj ali manj na skrajnem dosega radiokarbonskega datiranja (Turk in dr. 1989a, b; Šercelj in Culiberg 1991; Nelson, ta zbornik; Turk in Dirjec, v pripravi). Zato smo te plasti datirali tudi z metodo ESR in uranovega niza (Th-230) (Lau in dr. 1997; Ku, ta zbornik). Ker so v tem zborniku radiometrično obdelane tudi starejše plasti, ki jih mi ne obravnavamo, na kratko povzemamo njihovo kronologijo (Turk in dr. 1989b). Pomemben zarezo v stratigrafiji predstavljata krioturbatno nagubani plasti 16 in 17a. Krioturbaciji je sledilo cementiranje plasti 16 s karbonat-fosfatom. Dogajanje lahko predvsem na podlagi razpoložljivih datacij uranovega niza in datacij z metodo ESR povežemo s prvim pleniglacialom (Nelson, ta zbornik; Lau in dr. 1997). Usedline od vključno plasti 17 navzdol vsebujejo občutno več peloda termofilne vegetacije in bi tako lahko kronološko pripadale zgodnjemu glacialu (Šercelj in Culiberg 1991). Moramo poudariti, da so bile plasti 16 do 26 raziskane samo sondažno. Zato imamo za to najstarejše obdobje na voljo zelo skromne podatke. Pregled vseh radiometričnih meritev plasti 2 do 8 je podan v *razpredelnici 5.1.*

Stratigrafija in analiza usedlin dopuščata naslednjo razlago, podprto z radiometričnimi meritvami (glej Nelson, ta zbornik).

Plasti 8 je sledil izrazitejši interstadial, v katerem

The chronology of layers 2 - 8 relies on the stratigraphy, analyses of sediments, mammal fauna (micro and macro) and flora (pollen and charcoal) and radiometric determinations. The majority of this has to date also been performed for older layers, which are more or less at the extreme range of radiocarbon dating (Turk *et al.* 1989a, b; Šercelj & Culiberg 1991; Nelson, in this volume; Turk & Dirjec, in preparation). So we also dated these layers by the methods of ESR and uranium series (Th-230) (Lau *et al.* 1997; Ku, in this volume). Since older layers which we do not discuss are also dealt with radiometrically in this volume, we have briefly summarised their chronology (Turk *et al.* 1989). Layers 16 and 17a, folding by cryoturbation, make an important stratigraphic marker. The cryoturbation was followed by cementing of layer 16 with carbophosphates. Primarily on the basis of available uranium series and ESR dating, we belief the event may be connected with the first Pleniglacial (Lau *et al.* 1997; Nelson, in this volum). Sediments below layer 17 inclusive contain appreciably more pollen of thermophyle vegetation and could chronologically belong to the Early Würm (Šercelj & Culiberg 1991). It must be stressed that layers 16 to 26 have only had exploratory work done on them, so we have very modest data available for this earliest period. A review of all radiometric measurements of layers 2 - 8 is given in *Table 5.1.*

The stratigraphy and analysis of sediments and its contents allow the following chronological explana-

---

[1] ESR = electron spin resonance.

[1] ESR = electron spin resonance.

Razpredelnica 5.1: Divje babe I. Izsledki radiometričnih meritev starosti plasti 2 do 8.
Table 5.1: Divje babe I. Results of radiometric age measurements of layers 2 to 8.

Plast Layer	[14]C (RIDDL - Canada)	[14]C (Z - Croatia)	[14]C (Wk - New Zeleand)	[230]Th (Ku - USA)
2	35.300 ±700*	-	-	26.200 ±5.300*
3	-	-	-	-
4**	-	28.000 ±1.300	-	-
5 ***	-	-	30.840 ±300	-
6	43.400 +1.000/-1.400	-	-	-
7	-	-	-	-
8 ****	45.800 +1.800/-2.400	-	-	-
8 *****	45.100 +1.500/-1.800	>38.000	-	-
8******	40.600 ±1.00 49.200 +2.300/-3.200	-	-	-

*	Isti vzorec kosti. -The same bone sample.
**	Kosti iz kvadratov 181, 189 in 190 (Brodarjeva izkopavanja), globina -1,40 do -2,00m. - Bones from quadrats 181, 189 and 190 (Brodar's excavation), depth -1.40 to -2.00 m.
***	Ognjišče v kvadratih 28, 39 in 40. - Fireplace within quadrats 28, 39 and 40.
****	Dvojno? kurišče v vhodnem predelu. - Double? hearth in the entrance area.
*****	Kost ob kurišču v vhodnem predelu (RIDDL) in oglje (Z). - Bone associated with hearth in the entrance area (RIDDL) and charcoal (Z).
******	Kost in oglje v spodnjem delu plasti. - Bone and charcoal in the lower part of layer.

RIDDL = Radio Isotope Direct Detection Lab. Simon Fraser University.
Z = Institut Ruđer Bošković, Zagreb.
Wk = Radiocarbon Dating Laboratory, University of Waikato.
Ku = glej Nelson, ta zbornik - see Nelson, in this volume.

so se lahko usedline cementirale v trdno do slabše vezano brečo. Tega dogajanja zaenkrat ne moremo identificirati z doslej poznanimi interstadiali v Evropi. Opredeljeno je z radiokarbonsko datacijo plasti 6 in datacijo spodnjega dela plasti 8. V začasni objavi koščene piščalke smo pomotoma navedli, da je datiran zgornji del plasti 8, namesto spodnji (Turk in dr. 1995b). Za plast 6 imamo eno datacijo AMS [2] kosti jamskega medveda, ki je 43.400 (-1.400/+1.000) let pred sedanjostjo (p. s.) (RIDDL 735). Za spodnji del plasti 8 imamo po eno končno datacijo AMS vzorca oglja 45.800 (-2.400/+1.800) let p. s. (RIDDL 739) in kosti 45.100 (-1.800/+1.500) let p. s. (RIDDL 745) iz zaključene prostorske enote (kvadrat, reženj) in eno neskončno datacijo oglja na podlagi tradicionalnega postopka: >38.000 let p. s. (Z - 1033).[3] Povprečje vseh datacij AMS za plast 8 je 43.100 ±700 let (glej Nelson, ta zbornik), kar pomeni, da sta lahko obe plasti enako stari. To si glede na očitno vrzel med plastjo 8 in 7 težko

tion, supported by radiometric measurements (see Nelson, in this volume).

Layer 8 followed a more pronounced interstadial, in which sediments adhered into hard breccia. We cannot for the moment identify this event with known interstadials of würmian age in Europe. It is classified by radiocarbon, with dating of layer 6 and dating of the lower part of layer 8. In a preliminary report on the bone flute, we mistakenly stated that the upper part of layer 8 is dated, instead of the lower (Turk *et al.* 1995b). For layer 6, we have one radiocarbon accelerator (AMS)[2] dating of the bone of a cave bear, which is 43,400 (-1,400/ +1,000) BP (RIDDL 735). For the lower part of layer 8, we have two finite AMS-dates of a sample of charcoal 45,800 (-2,400/ +1,800) BP(RIDDL 739) and a bone 45,100 (-1,800/ +1,500) BP (RIDDL 745) from the same quadrat and the same spit, and one unfinite date of charcoal on the basis of traditional procedures; >38,000 BP (Z-1033).[3] The averrage of all AMS dates

[2] AMS = accelerator mass spectrometry (akceleratorska masna spektrometrija). Glej Nelson, ta zbornik.
[3] Za meritev, ki jo je naredil Institut R. Bošković v Zagrebu, ni podatkov.

[2] AMS = accelerator mass spectrometry. See Nelson, in this volume.
[3] For measurements which were performed by the Institute of Ruđer Bošković in Zagreb there is no data.

predstavljamo, čeprav se je plast 8, zaradi podora, zelo hitro odložila. Kronološko mesto vrzeli bo mogoče preveriti z datacijami oglja in kosti v kurišču med obema plastema. Pravilna opredelitev interstadiala je ključnega pomena za najdbo t. i. koščene piščalke.

Toplemu in vlažnemu interstadilu je sledilo krajše hladnejše obdobje, ki se je končalo s periglacialno klimo. V periglacialnih pogojih so se tenke nesprijete plasti nad sprimkom nagubale. Pri tem je lahko prišlo do mešanja različno starih najdb v okviru plasti 7 (ki je lahko necementiran ostanek plasti 8) in plasti 6. Obdobju pred periglacialno klimo pripada tudi radiokarbonsko opredeljeno ognjišče v plasti 5b. Njegova starost je bila na podlagi oglja s tradicionalnim postopkom ^{14}C ocenjena na 30.840 ±300 let p. s. (Wk - 3152, RDL)[4]. Ocena ne ustreza stanju paleolitskih najdb v najdišču in drugim podatkom. V zvezi s to datacijo moramo omeniti še datacijo kosti v plasti 4 z enakim postopkom. Starost plasti 4 je bila ocenjena na 28.000 ±1.300 let p. s. (Z - 1466)[5]. Obe letnici sta po našem mnenju prenizki (glej Nelson, ta zbornik).

Po odložitvi krioklastičnega grušča v plasti 6 in 5b ter krioturbaciji plasti 6 do 7 so se razmere ponovno izboljšale. Jamska tla so bila nekaj časa stabilna (glinene obloge v plasti 5 spodaj), sledilo je ponovno odlaganje usedlin (plast 5) in še enkrat umirjanje tal (močno preperel grušč v plasteh 4a in 5a). Plasti 8 do 4a lahko predstavljajo tudi en sam interstadialni kompleks, ki ga prekinja kratka mrzla faza (glej *razpredelnico 5.2*). V tem primeru bi bil to (dvodelni?) interstadial Hengelo. V nadaljevanju je bilo vse več krioklastičnega grušča, diagenetsko spremenjenega in nespremenjenega, ki doseže vrhunec v plasti 2. Plast 2 edina vsebuje zanesljive aurignacienske najdbe v obliki koščenih konic, tudi take z razcepljeno bazo, če zanemarimo dva koščenim konicam podobna medialna odlomka v plasteh 10 do 13 in 20 (neobjavljeno, izkopavanja M. Brodarja), ki kronostratigrafsko močno odstopata od dosedanjega poznavanja razvoja tovrstnih koščenih izdelkov.

Radiokarbonska starost kosti jamskega medveda iz plasti 2 je bila s postopkom AMS ocenjena na 35.300 ±700 let p. s. (RIDDL 734). Vzorcu iste kosti je bila z

for layer 8 is 43.100 ±700 BP (see Nelson, in this volume), which means that the two layers may be the same age. In view of the clear gap between layers 8 and 7 or 6, this is difficult to explain, although layer 8, because of rock fall, was deposited very quickly. The chronological place of the gap will be possible to verify with the dating of charcoal and bones in the hearth between the two layers. A proper determination of the interstadial is of crucial importance for the find of the so-called bone flute.

Brief cold periods followed the temperate and damper interstadial, which ended with a periglacial climate. In the periglacial conditions, the thin unconsolidated layers above the breccia folded. A mixing of various old finds in the framework of layer 7 (which could be uncemented part of layer 8) and layer 6 may have occurred at this time. Radiocarbon classification of the fireplace in layer 5b also belongs to the period prior to the periglacial climate. On the basis of charcoal, by the traditional ^{14}C procedure, its age was assessed at 30,840 ±300 years BP (Wk - 3152, RDL).[4] The assessment does not match the state of palaeolithic tools at the site and other data. In connection with this dating, it should be mentioned that the bones in layer 4 were dated by the same procedure. The age of layer 4 was assessed at 28,000 ±1,300 years BP (Z-1466).[5] Both datings in our opinion are too low (see Nelson, in this volume).

After the deposition of the cryoclastic rubble in layers 6 and 5b, and the cryoturbation of layers 6 - 7, conditions again improved. The cave floor was stable for some time (clay coating in layer 5 down), a fresh deposition of sediment followed (layer 5) and again settling of the floor (thoroughly weathered rubble in layers 4a and 5a). Layers 8 - 4a may also represent a single interstadial complex, which is broken by a short cold phase (see *Table 5.2*). In that case, this would be the (two-part?) Hengelo interstadial. Above, there was an increasing amount of cryoclastic rubble, diagenetically changed and unchanged, which reaches a peak in layer 2. Layer 2 is the only one to contain reliable Aurignacian

---

[4] Starost je določil Radicarbon Dating Laboratory, University of Waikato, Hamilton, New Zealand. Rezultat je prikazan na način, ki je v rabi v reviji *Radiocarbon*. Parametri so naslednji: D^{14}C: -978,5 ±0,8 ‰; δ^{13}C = -22,5 ‰; raztopina = 100,0 %; nova starost = 31.740 ±300; % modernega = 2,2 ±0,1, čas štetja = 3516 min. Izračunana konvencionalna (Libbyjeva) starost je 30.840 ±300. Napaka je izračunana za ±1 standardno odstopanje pomnoženo z eksperimentalno ugotovljenim laboratorijskim množiteljem napake, ki je 1,217. Nova starost je izračunana na podlagi nove razpolovne dobe 5730 let. Vsebnost ^{14}C (D^{14}C) je izražena v promilih wrt 95 % NBS oksalne kisline. Popravek izotopske frakcije (δ^{13}C) je izražen v promilih wrt PDB.
[5] Za meritev, ki jo je opravil Institut R. Bošković, ni podatkov.

[4] Radiocarbon age was performed by Radiocarbon Dating Laboratory, University of Waikato, Hamilton, New Zealand. The results are laid out in the style utilised by the journal *Radiocarbon*. The parameters are as follows: D^{14}C = -978.5 ±0.8 ‰; δ^{13}C = -22.5 ‰; dilution = 100.0 % sample; new age = 31,740 ±300; % Modern = 2.2 ±0.1; count time = 3516 mins. The conventional age (or Libby age) is 30,840 ±300. Quoted errors are based upon ±1 standard deviation multiplied by an experimentally determined Lab Error Muiltiplier of 1.217. The new age is calculated from the new half life 5730 years. The ^{14}C depletion (D^{14}C) is expressed in ‰ wrt 95 % NBS oxalic acid. The isotopic fractionation correction (δ^{13}C) is expressed in ‰ wrt PDB.
[5] For measurements which were performed by the Institute of Ruđer Bošković in Zagreb there is no data.

metodo uranovega niza (Th-230) določena starost 26.200 ±5.300 let (Ku, ta zbornik). Na podlagi vseh razpoložljivih podatkov so aurignacienske najdbe zanesljivo absolutno datirane v interval od 35.000 do 25.000 let, v katerem je večina evropskega aurignaciena s povprečno starostjo (mediano) 31.000 let p. s. (Allsworth-Jones 1990, 213). Glede na razpoložljive paleoekološke podatke v plasti 2 se sami nagibamo bolj k večji kot manjši starosti naših najdb. To potrjujejo tudi visoke radiokarbonske datacije plasti z najdbami koščenih konic z razcepljeno bazo v najdišču Fumane pri Veroni (Broglio in Improta 1994 - 1995, 10) pa tudi drugod po Evropi (Hahn 1977). Odložitvi plasti 2 so sledile ponovno periglacialne razmere, ki so se odrazile izključno v močnem gubanju plasti 2 do 5a. Sledi zelo dolg zastoj v odlaganju usedlin, ki obsega ves mlajši glacial, kasni glacial in zgodnji postglacial.

V plasteh 2 do 8 imamo verjetno zastopana dva ločena krioturbacijska kompleksa, od katerih je mlajši dovolj izrazit. Mogoče vzporednice zanj lahko iščemo v nagubanih usedlinah v Parski golobini (plast 3 do nedoločene plasti), Betalovem spodmolu (kompleks IV A), Mornovi zijalki in širom po Evropi. Krioturbacija plasti 2 do 5a je odraz izrazitih periglacialnih razmer, ki so nastopile pred glacialnim vrhuncem in po interstadialnem kompleksu Arcy - Denekamp - Stillfried B. Okvirno jo lahko postavimo v čas med 20.000 in 30.000 let p. s. Z njo se zaključuje dolgo interpleniglacialno obdobje

finds in the form of bone points, including a split-based bone point, if we ignore two bone points of similar medial fragments in layers 10 - 13 and 20 (unpublished, excavated M. Brodar), which vary greatly chronostratigraphically from current knowledge of the development of this kind of bone artefact.

The radiocarbon age of the cave bear bone from layer 2 was assessed by the AMS procedure at 35,300 ±700 BP (RIDDL 734). A sample of the same bone was dated at 26,200 ±5,300 by the uranium series method (Th-230) (Ku, in this volume). On the basis of all the available data, the Aurignacian finds are reliably dated absolutely in the interval from 35,000 to 25,000 BP, which corresponds to the age of the majority of European Aurignacian finds, with an average (median) dating of 31,000 BP (Allsworth-Jones 1990, p. 213). In relation to available paleoecological data in layer 2, we would ourselves be more inclined to an older age of these finds. This is also confirmed by the high radiocarbon dating of the layer with finds of split-based bone points at Fumane by Verona (Broglio & Improta 1994 - 1995, p.10), as well as elsewhere in Europe (Hahn 1977). The deposition of layer 2 was followed by new periglacial conditions, which are reflected exclusively in the powerful folding of layers 2 - 5a. A very long gap in the deposition of sediment follows, which embraces the entire Upper and Late Glacial and Early Post-glacial.

Razpredelnica 5.2: Divje babe I. Pomembnejša dogajanja v sedimentaciji in njihova kronološka razlaga.
Table 5.2: Divje babe I. Major events in sedimentation and their chronological classification.

Mrzlo in (vlažno ?) - Cold and (humid ?) →   ←Toplo in vlažno - Temperate and humid

Plast Layer	Klimatokronologija Climatochronology	Vrzel Gap	Oster grušč Angular rubble	Krioturbacija Cryoturbation	Fantomski grušč *Phantome éboulis*	Cement Cement	Glinene obloge Clay coating	Fosfatne obloge Phosphate coating
1	Postglacial ~ 4.000					⇓⇓⇓	⇓⇓⇓⇓⇓⇓	
-	Tardiglacial	hiatus	-	-	-	-	-	-
-	Pleniglacial	hiatus	-	⇓⇓⇓⇓⇓⇓⇓⇓	-	-	-	-
2	Stadial ~ 35.000				⇓⇓⇓⇓⇓⇓⇓⇓⇓			
3	?							
4	?		????????????					
-	Interstadial ?	?????	-	-	⇓⇓⇓	-	-	⇓⇓⇓
4a, 5a	?							
-	Interstadial Hengelo	?????	-	-	⇓⇓⇓⇓⇓⇓⇓⇓⇓	-	⇓⇓⇓⇓⇓⇓⇓⇓	⇓⇓⇓⇓⇓⇓⇓⇓
5	Interstadial Hengelo							⇓⇓⇓⇓⇓⇓
5b, 6	Stadial ~ 43.000		⇓⇓⇓⇓⇓⇓⇓	⇓⇓⇓⇓⇓⇓⇓⇓⇓				
7	?							
-	XY interstadial	hiatus	-	-	⇓⇓⇓⇓⇓⇓⇓⇓⇓	⇓⇓⇓⇓	-	⇓⇓⇓⇓⇓⇓⇓⇓⇓
8	Stadial ~ 43.000							

? Dogajanje je vprašljivo. - Event is uncertain.
⇓ Začetek dogajanja, ki je vplivalo na starejše usedline. - Start of event which affected older sediments.

in začenja pleniglacial zadnje poledenitve (Turk in Verbič 1993).

Analize favne, predvsem mikrofavne in analize flore v plasteh 2 do 5 dokazujejo postopno ohlajevanje globalno hladne klime od plasti 5 navzgor. Vendar ekstremnega mraza, značilnega za oba pleniglaciala, ni bilo. To potrjujejo popolna odsotnost stepsko-tundrskih, t. j. borealnih vrst in predstavnikov kontinentalne stepe na seznamu mikrofavne. V plasti 4, ki je poleg plasti 5 edina dala nekaj več peloda, prevladuje zeliščna vegetacija nad drevesno. Med zelišči je največ košarnic (Copositae), pa tudi nekaj pelina (Artemisia) in alpske drežice (Selaginella selaginoides). Drevesne vrste so zastopane izključno z borom (Pinus) in smreko (Picea). V plasti 5 je delež zelišč manjši. Med drevesnimi vrstami nastopajo poleg bora in smreke tudi redki listavci (Alnus, Tilia, Ostrya) (Šercelj in Culiberg 1991). Ognjišče v plasti 5b je vsebovalo izključno oglje iglavcev v zelo pestrem sestavu. Plasti 6 - 8 vsebujejo zelo redke ostanke malih sesalcev ter nekaj oglja in peloda, ki kaže zmerno hladno podnebje. Znamenje večje ohladitve je lahko pelod alpske drežice v plasti 8.

Prav tako ni bilo nekih izrazito toplih inter-stadialov, ki bi jih potrdile najdbe izrazito termofilne flore in malih sesalcev. Takih najdb ni, razen zelo redkih izjem v plasteh 4, 5 in 5a. Predstavljajo jih pelod in oglje gabra (Carpinus) ter ostanki malega podkovnjaka (Rhinolophus hipposideros) in ostrouhega netopirja (Miotys blithy). Vsekakor te najdbe opozarjajo na manjša klimatska nihanja v okviru interpleniglaciala, ki jih lahko dobro povežemo z domnevnimi ostanki stabilnih jamskih tal. Delno cementirano ognjišče na meji plasti 8 in 7 je vsebovalo skoraj izključno oglje različnih iglavcev in samo sled listavcev.

Zaenkrat najtoplejša plast je plast 5. Povezujemo jo z interstadialoma Hengelo in Les Cottes v zahodni Evropi na podlagi radiokarbonskih datacij starejših in mlajših plasti. V Sloveniji je to interstadial Potočke zijalke, ki ga posebej dobro predstavlja plast 7 v istoimenskem najdišču (M. Brodar 1971; 1979; S. Brodar in M. Brodar 1983). Najboljše dokumentirana stadialna plast je plast 4. V plasti 2 se mešajo pleistocenske in holocenske najdbe. Na splošno pa je za večino plasti značilna (občasna?) prisotnost alpinskih in borealnih elementov, kot so: kozorog (Capra ibex), gams (Rupicapra rupicapra), alpski svizec (Marmota marmota), kuna (Martes sp.), snežna sova (Nyctea sp.), belka (Lagopus mutus) med favno in alpska drežica (Selaginella selaginoides), macesen (Larix decidua) ter cemprin (Pinus cembra) med floro. Te plasti lahko brez pomislekov opredelimo v mrzlo obdobje med interstadialoma Hengelo in Arcy (inter-Hengelo/Arcy) ter med njune korelate širom Evrope. Interstadial Arcy je morda zabeležen v pogostejšem oglju listavcev in mešani favni v plasti 2 (glej Kryštufek in Culiberg in Šercelj, ta zbornik). Interpleniglacialna favna našega najdišča ima

In layers 2 - 8, we probably have the appearance of two separate cryoturbation complexes, of which the younger is sufficiently pronounced. It is perhaps possible to find parallels in the folded sediments in Parska golobina (layer 3 to unknown layer), Betalov spodmol (complex IV A), Mornova zijalka and throughout Europe. The cryoturbation of layers 2 - 5a is a reflection of the pronounced periglacial conditions that appeared prior to the glacial maximum and after the interstadial complex Arcy - Denekamp - Stillfried B. We can set it in a time frame between 20,000 and 30,000 BP. This terminated the long Interpleniglacial period and marked the beginning of the Pleniglacial of the Last Glacial (Turk & Verbič 1993).

Available analyses of the fauna, above all micro-fauna and analysis of the flora in layers 2 - 5 show a gradual cooling of the global cold climate from layer 5 upwards. However, there was none of the extreme cold associated with the two Pleniglacials. This is confirmed by the complete absence of steppe-tundra, i. e., boreal species and representatives of the continental steppe on the list of microfauna. In layer 4, which was the only one apart from layer 5 to give rather more pollen, herbaceous vegetation predominates over woody. Of the herbaceous, there was most Compositae, as well as some Artemisia and Selaginella selaginoides. Woody species are represented exclusively by pine (Pinus) and spruce (Picea). In layer 5, the proportion of herbaceous species is smaller. Among woody species, in addition to pine and spruce, occasional deciduous trees also appear (Alnus, Tilia, Ostrya) (Šercelj & Culiberg 1991). The fireplace in layer 5b contained exclusively charcoal of conifers of a very wide range. Layers 6 - 8 contain very occasional remains of small mammals and some charcoal and pollen, which indicates a relatively cold climate. The pollen of Selaginella selaginoides in layer 8 may be a sign of major cooling.

Equally, there was no pronounced warm interstadial, which would be confirmed by the finding of explicitly thermophyle flora and small mammals. There are no such finds, except for very occasional exceptions in layers 4, 5 and 5a. They are represented by charcoal of hornbeam (Carpinus) and remains of the lesser horseshoe bat (Rhinolophus hipposideros) and the lesser mouse-eared bat (Miotys blithy). In any case, these finds draw attention to the minor climatic oscillation in the framework of the Interpleniglacial, which might well be linked to the suspected remains of stable cave floor. The partially cemented fireplace on the limit of layers 8 and 7 contained almost exclusively charcoal from various conifers, and only traces of deciduous trees.

For the moment, the warmest climate indicates layer 5. This is connected with the Hengelo and Les Cottes interstadials in western Europe, on the basis of radiocarbon dating of the oldest and youngest layers. In Slovenia, this is the Potočka zijalka interstadial, which

zelo dobre vzporednice v najdišču Fumane pri Veroni, ki se nahaja v podobnem okolju, vsebuje podobne paleolitske najdbe in je podobno radiokarbonsko datirano (Bartolomei in dr. 1992a, b; Broglio in Improta 1994 - 1995). Enako zaporedje kronoklimatskih faz, kot v obeh najdiščih in v zahodni Evropi poznamo tudi v pelodnih profilih v severnem Jadranu (Bartolami in dr. 1977).

is particularly well presented in layer 7 of the site of the same name (M. Brodar 1971; 1979; S. Brodar & M. Brodar 1983). The best documented stadial layer is layer 4. Pleistocene and Holocene finds are mixed in layer 2. In general, most of the layers are characterised by the (occasional?) presence of alpine and boreal elements, such as: ibex (*Capra ibex*), chamois (*Rupicapra rupicapra*), marmot (*Marmota marmota*), marten (*Martes* sp.), snowy owl (*Nyctea* sp.), ptarmigan (*Lagopus mutus*) among the fauna, and *Selaginella selaginoides*, larch (*Larix decidua*) and Arolla pine (*Pinus cembra*) among the flora. These layers may unreservedly be classified into the cold period between the Hengelo/Arcy interstadial (inter-Hengelo/Arcy) and among its correlates elsewhere in Europe. The Arcy interstadial is perhaps recorded in the charcoal of deciduous trees and mixed fauna of layer 2 (see Kryštufek and Culiberg & Šercelj, in this volume). The Interpleniglacial fauna of this site has very good parallels at the Fumane by Verona site, which is found in a similar environment, contains similar palaeolithic tools and has a similar radiocarbon dating (Bartolomeio *et al.* 1992a, b; Broglio & Improta 1994 - 1995). The same sequence of chronoclimatic phases are familiar in pollen profiles in the northern Adriatic as at the two sites and in western Europe (Bartolami *et al.* 1977).

6. PALEOBOTANIČNE RAZISKAVE V JAMI DIVJE BABE I

6. PALAEOBOTANIC RESEARCH OF THE DIVJE BABE I CAVE

METKA CULIBERG & ALOJZ ŠERCELJ

Izvleček

Paleobotanične raziskave sedimentov iz paleolitskega najdišča Divje babe I vključujejo: 1. palinološke analize in 2. antrakotomske analize. Večina oglja je iz ognjišč in kurišča v plasteh 5, 6 in 8.

Abstract

Palaeobotanical investigations of the sediments from palaeolithic site Divje babe I include: 1. Palynological analyses and 2. Anthracotomical analyses. Most of the charcoal derives from the fireplaces and hearth from the strata 5, 6 and 8.

6.1. UVOD

Paleobotanične raziskave kulturnih plasti v jami Divje babe opravljamo paralelno z arheološkimi izkopavanji že od leta 1980. Predmet raziskav so fragmenti lesnega oglja in pelod. Zoglenelih semen in plodov razen semena trave in nedozorelega plodu hrasta doslej še nismo našli. S temi raziskavami se želimo seznaniti z vegetacijo okolja, v kakršnem je živel človek, ko je občasno (zaradi lova) bival v jami.

Dokazi človekove prisotnosti so zanj značilne najdbe - orodja, kurišča, ožgane živalske kosti in podobno. Lesno oglje iz teh ognjišč razkriva vegetacijo neposredne okolice človekovih bivališč, kajti lesa, zlasti za kurjavo in za izdelavo orodja, tedanji človek gotovo ni prinašal od daleč. Pelod v sedimentih pa predoča vegetacijsko sliko širše okolice. Včasih ga dobimo v jamskih plasteh skupaj z najdbami arheološke narave. Kajti pelod drevja in drugih anemofilov vetrovi raznašajo daleč naokoli, ob ugodnih zračnih tokovih v jamah pa ga zanese tudi v notranjost.

Rezultati pelodnih raziskav sedimentov v jami Divje babe I (Turk in dr. 1988 - 1989, 1989a; Šercelj in Culiberg 1991) in podobnih raziskav v jami Vindija na Hrvaškem (Draxler 1986) so pokazali, da je prišel pelod v jamske sedimente ne le z vetrom, temveč tudi s posredovanjem živali in človeka. Izredno visoke vrednosti praprotnih spor morda pomenijo, da je človek prinašal praprot v jamo za ležišča. Večje količine peloda zeliščnih entomofilov (Compositae, Caryophyllaceae, Umbelliferae), ki ga veter ne raznaša v tolikšni meri, pa naj bi prinesli v jamo medvedi. Medvedi so se namreč spomladi pasli po planoti nad jamo (danes Šebrelje), ki je bila porasla predvsem z zelnatim rastlinjem in borovci. Zeliščni pelod je prišel skozi medvedja prebavila bolj

6.1. INTRODUCTION

Palaeobotanic research of the cultural layers in Divje babe I cave has been carried out in parallel to archaeological excavations since 1980. The objects of investigation were pollen and fragments of wood charcoal. Charred seed and fruits, with the exception of an unripe acorn and grass seed, have not to date been found. The aim of the research was to obtain a picture of the vegetation of the environment in which man lived when he occasionally occupied the cave (for hunting purposes).

The evidence of man's presence is provided by cultural remains - tools, hearths, burnt animal bones and similar. The wood charcoal from these hearths reveals the vegetation in the direct vicinity of people's dwellings, since they certainly did not at that time bring wood from a distance, especially for burning or making tools. The pollen in the sediments depicts the vegetation picture of the wider environment. We sometimes obtain it in cave layers, together with the cultural remains. Since the wind carries the pollen of trees and other anemophilous plants far around, it also carries it into caves when the air currents are favourable.

The results of pollen research of sediments in Divje babe I cave (Turk *et al.* 1988 - 1989, 1989a; Šercelj & Culiberg 1991), and similar research in the Vindija cave in Croatia (Draxler, 1986) have shown that pollen was carried into the cave sediments not only by the wind, but also indirectly by animals and man. The extremely high values of fern spores perhaps mean that man brought ferns into the cave as bedding. The large quantities of pollen of herbaceous entomophilous species (Compositae, Caryophyllaceae, Umbelliferae), which the wind does not carry to such an extent, would have

73

ali manj nepoškodovan ter se je v jamskih sedimentih ohranil kot se ohrani v koprolitih.

been brought by cave bear. In spring, namely, the bears grazed the mountain plateau above the cave (today Šebrelje), which was mainly overgrown with herbaceous plants and pine. Herbaceous pollen passed through the bears' digestive tract more or less undamaged, and was preserved in the cave sediments, as it is preserved in coprolites.

6.2. PALINOLOŠKE IN ANTRAKOTOMSKE RAZISKAVE V PLASTEH IZ VHODNEGA PREDELA JAME

Predvsem velja omeniti rezultate palinoloških raziskav plasti 8 - 14 (Turk in dr. 1988 - 1989). Tu smo dobili zvezni pelodni diagram, v katerem prevladujejo zelišče rastline in praproti. Od drevesnih vrst sta zastopana predvsem bor (*Pinus*) in smreka (*Picea*), dobili pa smo tudi posamezna zrna lipe (*Tilia*), jesena (*Fraxinus*), jelše (*Alnus*), vrbe (*Salix*) in breze (*Betula*).

V drugem pelodnem diagramu, ki zajema plasti 3 do 26 (Šercelj in Culiberg 1991) vidimo v odseku A$_1$ podobno pelodno vsebino. Tudi tu prevladuje pelod iglavcev (*Pinus* in *Picea*), sporadično pa se pojavlja še pelod nekaterih listavcev: breze (*Betula*), jelše (*Alnus*), leske (*Corylus*), lipe (*Tilia*), jesena (*Fraxinus*), bukve (*Fagus*), gabra (*Carpinus*), črnega gabra (*Ostrya*) in bršljana (*Hedera*).

Od zelišč je tudi tu največ peloda entomofilov: nebinovk (Compositae), trav (Gramineae), klinčnic (Caryophyllaceae), kobulnic (Umbelliferae) in značilno, veliko število monoletnih praprotnih spor (*Athyrium sp.* in *Dryopteris sp.*).

Rezultati antrakotomskih analiz kažejo, da tudi med lesnim ogljem prevladujeta bor in smreka. Ugotovljeno je tudi oglje jelke (*Abies*), vendar ga je malo. Od listavcev so zastopani isti taksoni kot pri pelodu, poleg teh pa sta tu še panešplja (*Cotoneaster*) in šmarna hrušica (*Amelanchier*). Oglje bukve in jesena v plasti 1 (Šercelj in Culiberg 1991) utegne biti kontaminacija mlajše starosti, medtem ko je oglje listavcev v globljih plasteh zelo verjetno sinhrono in dokaz toplejšega podnebja.

6.2. PALYNOLOGICAL AND ANTHRACOTOMICAL RESEARCH OF LAYERS FROM THE ENTRANCE PART OF THE CAVE

It is above all worth mentioning the results of palynological and anthracotomical research of layers 8-14 (Turk *et al.* 1988 - 1989). Here we obtained an uninterrupted palynological diagram in which herbaceous plants and ferns predominate. Of trees, mainly pine (*Pinus*) and spruce (*Picea*) are present, although we also obtained individual pollen grains of lime (*Tilia*), ash (*Fraxinus*), alder (*Alnus*), willow (*Salix*) and birch (*Betula*).

In another pollen diagram that includes strata 3 to 26 in section A$_1$ similar pollen content is evident (Šercelj & Culiberg 1991). Here too, pollen of conifers (*Pinus* and *Picea*) dominates but sporadically also pollen of some deciduous trees appears such as: birch (*Betula*), alder (*Alnus*), hazel (*Corylus*), lime (*Tilia*), ash (*Fraxinus*), beech (*Fagus*), hornbeam (*Carpinus*), hop hornbeam (*Ostrya*) and ivy (*Hedera*).

Of herbs, there was again most pollen of entomophilous plants of the families of Compositae, Gramineae, Caryophyllaceae, Umbelliferae and typically large numbers of monolete fern spores (*Athyrium* sp. and *Dryopteris* sp.).

Pine and spruce also predominated among the charcoal. There was markedly less charcoal of fir (*Abies*). The same deciduous taxa are represented as by pollen, with the addition of cotoneaster (*Cotoneaster*) and mespilus (*Amelanchier*). The charcoal of beech and ash in layer 1 (Šercelj & Culiberg 1991) may be contamination of more recent age, while the charcoal of deciduous trees in the deep layers is certainly synchronous and evidence of a fairly warm climate.

6.3 PALINOLOŠKE IN ANTRAKOTOMSKE RAZISKAVE V PLASTEH IZ OSREDNJEGA PREDELA JAME

Izkopavanja segajajo sedaj že več kot 20 m daleč v jamo. V plasteh znotraj jame smo našli bistveno manj peloda, zato pa je bilo veliko več lesnega oglja, posebno ob kuriščih. Pri enem od teh kurišč je bila v plasti 8

6.3. PALYNOLOGICAL AND ANTHRACOTOMICAL RESEARCH OF LAYERS FROM THE CENTRAL PART OF THE CAVE

The excavations already extend more than 20 metres into the cave. We found essentially less pollen in layers within the cave, and there was thus a great deal more charcoal, especially beside the hearths. A suspected

najdena tudi piščal, narejena iz diafiznega dela stegnenice mladega jamskega medveda.

V zadnjih letih izkopavanj, to je po letu 1989, je bilo vzorčenje oglja intenzivnejše, material iz kurišč pa je bil v celoti flotiran. Tako je bilo zajetega veliko več oglja. Posebnost pri večjem številu lesnega oglja, posebno tistega iz kurišč in ognjišč v plasteh 5, 6 in 8 pa je ta, da je bilo cevje (traheide) bodisi v celoti zapolnjeno ali močno inkrustirano z belkasto ali rumeno-rjavo snovjo. Takšno oglje se ni dalo ne lomiti, ne rezati, zato je bilo določanje izredno težko in delno nezanesljivo, kajti celotna notranja struktura je bila prekrita s snovjo, podobno tisti, ki je zlepila sediment v "karbonatno-fosfatno brečo". To je splošna značilnost plasti 8. Po ugotovitvah mineralogov (glej Turk in Dirjec, 3. poglavje v tem zborniku) so to fosfatni minerali kot npr. dahlit in francolit in so očitno tudi polnilo in inkrust oglja. To pa je povzročilo uničenje strukture oglja. Ker je bila tako popolna impregnacija mogoča le z izjemno tekočo raztopino, da je lahko prodirala v traheide, ki imajo premer lumna od 10 - 30 tisočink milimetra, to hkrati govori tudi o precejšnji množini padavin v tistem času. Voda je morala pronicati v jamo vse leto.

Inkrustacija in impregnacija sta povzročili velike težave pri determinaciji oglja. Kolikor toliko zanesljivo je namreč mogoče generično opredeliti le vzorce, na katerih so dobro vidni vsi trije anatomski prerezi: transverzalni, tangencialni (po mejah letnic) in radialni (po lesnih žarkih). Pri inkrustiranih ali v celoti impregniranih vzorcih pa je razpoznaven le transverzalni prerez. Prav zato je veliko vzorcev označenih zgolj kot iglavci.

Impregnirani primerki pa so trdi kot kamen in se ne dajo prelomiti, če so le delno inkrustirani. Inkrust prekriva prelomne ploskve zato je le slučajno mogoče najti diagnostično pomembne parametre.

Večje primerke brez smolnih kanalov, kar je mogoče opaziti že na prečnem prerezu, se da ločiti po razporeditvi in tipu traheid. Pri jelki (*Abies*) npr., so traheide zelo različne. V spomladnem lesu so široke, pravokotnega prereza in s tenkimi stenami. Prehod v poletni les je oster, tangencialno sploščene traheide poletnega lesa pa imajo debele stene. Primerki, tudi brez smolnih kanalov, pri katerih so traheide razporejene enakomerno in s postopnim prehodom spomladnega v poletni les, so lahko tisa (*Taxus*) ali brinje (*Juniperus*), le da ima brinje med traheidami pomešane posamezne parenhimske celice, zapolnjene z rjavo vsebino, za tiso pa so značilne špiralne odebelitve po traheidah. Vendar ima lahko tudi smreka - posebno v poletnem lesu - včasih špiralne odebelitve in enako razporeditev traheid kot tisa. Pri številnih vzorcih oglja iz kurišč pa je še dodatna težava: sekundarne stene traheid so večkrat uničene in ostale so le primarne stene. Te pa kažejo značilno zgradbo špiralno potekajočih mikrofibril. Pri slabi ohranjenosti in zaradi inkrustacije je takšno mikro-

flute, made from the diaphysis of the femur of a juvenile cave bear was also found beside one of these hearths, in layer 8.In recent years of excavations, that is since 1989, sampling of charcoal has been more intensive, and the material from the fireplaces was floated in entirety. A great deal more charcoal was thus captured. A peculiarity of a great deal of the charcoal, especially that from the hearths and fireplaces in layers 5, 6 and 8, was that the tracheids were either completely filled, or heavily encrusted with a white or yellowy-brown substance. Such charcoal could not be broken, nor cut, so identifying it was extremely difficult and partially unreliable, since the entire internal structure was covered. The substance is similar to that which cemented the sediment in the "carbonate-phosphate breccia". This is a general characteristic of layer 8. According to the findings of mineralologists (see Turk & Dirjec, Chapter 3 in this volume) these are phosphate minerals such as dahlite and francolite, and they clearly also filled and coated the charcoal, causing the destruction of its structure. Since such complete impregnation would only have been possible with an exceptionally liquid solution for it to penetrate the tracheids, which have an internal diameter of 10 - 30 thousandths of a millimetre, this simultaneously points to fairly heavy rainfall at that time. Water must have trickled into the cave throughout the year.

The encrustation and impregnation caused great difficulties in the identification of the charcoal. It is only possible, namely, to identify samples generically on which all three anatomic sections are clearly visible: transversal, tangential (by annual rings) and radial (by xylem rays). With encrusted or totally impregnated samples only the transversal section is recognisable. For that reason, many samples were marked only as conifers.

Larger samples without resin canals, which can be observed in transverse section, can be distinguished by the disposition and type of tracheids. With fir (*Abies*) for example, the tracheids vary greatly. In early wood, they are wide, rectangular in cross section and have thin walls. The transition to late wood is sharp, and the tangentially flattened tracheids of the late wood have thick walls. Specimens also lacking resin canals, in which the tracheids are disposed uniformly and which show a gradual transition from early to late wood, may be yew (*Taxus*) or juniper (*Juniperus*), except that juniper has individual parenchymal cells filled with a brown substance mixed among the tracheids, and yew is characterised by spiral thickening along the tracheids. However, spruce - especially in late wood - sometimes also has spiral thickening, and otherwise the same distribution of tracheids as yew. In a number of charcoal samples from hearths, there is an additional difficulty: the secondary walls of the tracheids are either "burnt out" or "leached", and only the primary walls remain. The primary walls typically show the construction of the spirally terminating microfibrils. With poor preserva-

fibrilarno strukturo mogoče zamenjati s špiralnimi odebelitvami. Zato so bili morda nekateri drobnejši koščki napačno določeni kot tisa v resnici pa to niso bili.

Primerki s smolnimi kanali lahko pripadajo borovcu (*Pinus*), smreki (*Picea*) ali macesnu (*Larix*). Za njihovo ločitev pa je nujno treba videti križišča lesnih žarkov in traheid. Kajti prav po obliki teh porov na križiščih se ločijo med seboj.

tion and because of encrustation, such microfibrilar structures can be mistaken for spiral thickening. So some of the smaller fragments may have been identified as yew when in fact they are not.

Samples with resin canals may belong to pine (*Pinus*), spruce (*Picea*) or larch (*Larix*). In order to distinguish them, it is crucial to be able to see the intersections of the xylem rays and the tracheids, since precisely by the shape of these pores on the intersections are they distinguished from each other.

6.3.1. LESNO OGLJE

Število primerkov posameznega taksona je razvidno iz *razpredelnice 6.1*. Vsega skupaj smo preiskali 607 primerkov oglja, od tega je bilo iglavskega 452 koščkov in listavskega 155 koščkov. Po dendrološki pripadnosti v zgornjih, mlajših plasteh 2 do 4, delno še v peti, prevladuje oglje listavcev. To je za čas würmskega glaciala malce nenavadno, res pa je, da leži jama pod domnevno würmsko gozdno, oziroma drevesno mejo.

V plasteh 5 do 8 prevladuje oglje iglavcev in tudi po številu primerkov jih je tu mnogo več. V vseh teh plasteh, razen v plasti 7, je bilo namreč najdenih več kurišč.

Ker število samo ne pove veliko o frekvenci posameznega taksona, ne bomo navajali njihovega števila za vsako plast posebej. Veliko bolj povedna glede ekologije in klimatskih razmer je sicer le v grobih obrisih ugotovljena fitocenoza v posameznih plasteh.

6.3.1. CHARCOAL

The number of examples of individual taxa is evident from *Table 6.1*. Altogether, we studied 607 specimens of charcoal, of which there were 452 coniferous fragments and 155 deciduous ones. In terms of dendrology, charcoal of deciduous species predominates in the upper, younger layers 2 to 4, and partially also in layer 5. This is unusual for the period of the Würm glacial but the truth is that this area was below the presumed Würm tree-line.

In layers 5 to 8 charcoal of conifers predominates and there is also a much larger number of samples of them. Hearth and fireplaces, namely, were found in all layers, except in the layer 7.

Since the numbers themselves do not tell a great deal about the frequency of individual taxa, we will not cite their numbers individually for each layer. Although only in rough outlines, the phytocoenosis ascertained in individual layers is much more revealing in relation to the ecology and climatic conditions.

Plast 2 do 3 ([14]C 35.300 ±700 let p. s., aurignacien)[1]

V združenih plasteh 2 in 3 smo ugotovili le nekaj koščkov iglavskega oglja borovca in smreke ter košček oglja jelke. Mnogo več jih pripada listavskim predstavnikom, med katerimi izstopata jesen in bukev, skromno se jima pridružujejo še gaber, črni gaber, javor, lipa ter hrast.

Podobno, sicer bolj rudimentarno sliko z listavci imamo tudi v globljih in starejših moustérienskih plasteh (3, 3 - 4, 4, 4 - 5).

Layer 2 to 3 ([14]C 35,300 ±700 years BP, Aurignacian)[1]

In the combined layers 2 and 3, we identified only a few fragments of coniferous charcoal of pine and spruce, and a piece of charcoal of fir. Many more belong to deciduous species, of which ash and beech stand out, and they are modestly joined by hornbeam, hop hornbeam, sycamore, lime and oak.

There is a similar, although more rudimentary picture of deciduous species in the deeper, older, Mousterian layers (3, 3 - 4, 4, 4 - 5).

Plast 3

V plasti 3 je bilo najdenega le nekaj koščkov oglja, ki pripada listavcema jesenu in bukvi.

Layer 3

Only a few pieces of charcoal were found in layer 3, belonging to the deciduous species, ash and beech.

Plast 3 do 4

V združenih plasteh 3 - 4 sta bila najdena dva koščka oglja borovca in en košček jelke. Več je bilo

Layer 3 to 4

Two pieces of charcoal of pine and one piece of fir were found in the combined layers 3 - 4. There were

---

[1] Vse ^{14}C datacije Nelson, ta zbornik, razen v plasti 5. P. s. pomeni pred sedanjostjo.

[1] All radiocarbon datings by Nelson, in this volume, except layer 5.

primerkov jesena in bukve. Poleg teh smo našli še oglje javorja in črnega gabra.

Plast 4 (moustérien)

Tudi ta plast ima zelo malo ostankov oglja. Večina oglja pripada bukvi in jelki.

Plast 4 do 5

V teh združenih plasteh je bilo še najmanj oglja. Dva primerka pripadata jelki in eden jesenu.

Plast 4 do 5a

Poleg koščka oglja borovca je bilo v teh združenih plasteh najdeno še oglje bukve in gabra.

V plasteh 2 do 5a je bilo oglje nabrano difuzno. V plasteh 5 do 8 pa je bilo nabrano oglje v glavnem v ognjiščih in v njihovi neposredni bližini. To je tudi vzrok,

more samples of ash and beech. In addition, we also found charcoal of maple and hop hornbeam.

Layer 4 (Mousterian)

This layer was also very poor in remains of charcoal. The majority of the charcoal belongs to beech and fir.

Layer 4 to 5

There was the least charcoal in these combined layers. Two samples belong to fir, and one to ash.

Layer 4 to 5a

In addition to a piece of pine charcoal, charcoal of beech and hornbeam was found in these combined layers.

In layers 2 - 5a, the charcoal was gathered diffusely. In layers 5 to 8, it was gathered mainly in fireplaces or in the vicinity of hearth and fireplaces. This

Razpredelnica 6.1: Pregled oglja po plasteh.
Table 6.1: Survey of charcoal by layers.

Plast / Layer	2 - 3	3	3 - 4	4	4 - 5	4 - 5a	5*	6*	6 - 7	7	7 - 8	8*
Pinus	4	-	2	-	-	1	20	33	6	4	3	77
Picea	2	-	-	1	-	-	14	23	-	-	-	13
Abies	1	-	1	6	2	-	6	48	2	1 ?	-	8
Taxus	-	-	-	-	-	-	8	56	8	4	1	9
Juniperus	-	-	-	-	-	-	6	3	-	-	-	-
igl., nedol. undet. con.	-	-	-	-	-	-	6	27	-	6	4	36
Fraxinus	28	4	45	-	1	-	-	1	-	-	-	-
Fagus	21	2 ?	9	5	-	1	8	-	-	-	-	-
Ostrya	3	-	1 ?	-	-	-	-	-	-	-	-	-
Carpinus	2	-	-	-	-	3	-	-	-	-	-	-
Acer	2	-	1	-	-	-	-	2	-	-	-	-
Tilia	3	-	-	-	-	-	-	-	-	-	-	-
Ulmus	-	-	-	-	-	-	-	3				
Quercus	plod fruit	-	-	-	-	-	-	-	-	-	-	-
Clematis	-	-	-	-	-	-	-	1				
Lonicera	-	-	-	-	-	-	-	-	1	-	-	-
listav., nedol. undet.decid.	1	-	-	-	-	skorja bark	2	4	-	-	-	-
kosti - bones	x	x	-	-	-	-	-	x	x	x	xx	xxx
smola - pitch	-	-	-	-	-	-	-	xxx	-	-	-	x

* Plasti z ognjišči in kuriščem. - Layers with fireplaces and hearth.

da imamo iz teh plasti veliko več oglja in da je bolj selekcionirano. Prevladujejo namreč iglavci. Vendar se v plasteh 5, 6 in 7 dobijo še tudi posamezni primerki listavcev.

Plast 5 (¹⁴C 30.840 ±300 let p. s., moustérien)
Oglje v tej plasti, v glavnem iz ognjišča, je inkrustirano. Največ primerkov pripada iglavcema boru in smreki. Poleg teh dveh in nedoločljivih primerkov iglavskega oglja je bilo tu najdeno še oglje jelke, tise ter brinja. Od listavcev je bilo v tej plasti osem koščkov bukovega oglja in en nedoločljiv primerek listavca.

Plast 6 (¹⁴C 43.400 ±1400 let p. s., moustérien)
Tudi v tej plasti je bilo kurišče, zato je tudi tu precej oglja. Za kurjavo je služil predvsem les iglavcev. Vendar je bil vmes tudi po en primerek oglja jesena in javorja.
Prevladuje oglje tise in jelke, precej pa je tudi oglja bora in smreke ter brinja. Zaradi inkrustacije oziroma popolne impregnacije s fosfokarbonati ni bilo mogoče natančneje določiti večjega števila primerkov iglavskega oglja.

Plast 6 do 7
Združeni plasti sta bolj gruščnati in tudi manj sledov o prisotnosti človeka je v njej. Tu ni bilo nobenega kurišča, zato je bilo najdenega tudi precej manj oglja. Med vsega skupaj nekaj primerki prevladuje oglje iglavcev - bora, tise in jelke. Od listavskih predstavnikov je bilo najdeno le oglje grmičastega kosteničevja, *Lonicera (alpina?)*, ki je tudi danes razširjeno od nižin do alpskega pasu.

Plasti 7 in 7 do 8
Tudi v teh združenih plasteh je bilo razmeroma malo oglja in to izključno iglavskega. V plasteh so tudi fragmenti ožganih kosti.

Plast 8 (povprečna starost ¹⁴C 43.100 ±700 let p. s., moustérien)
V tej plasti je bilo zopet več kurišč in ognjišče in ob njem je bila najdena tudi koščena piščal. Iz ognjišča in okoli njega je bilo nabranega veliko oglja, ki je tudi delno ali v celoti inkrustirano. Zato je ostalo veliko število primerkov oglja izključno iglavskega porekla nedeterminiranega. Sicer pa med determiniranimi primerki daleč prevladuje oglje borovca, nekoliko manj je oglja smreke, še manj pa jelke in tise. Zelo pogosti so ožgani fragmenti kosti.

helps explain why we have a great deal more charcoal and a better selection in these layers. Conifers predominate. However, in layers 5, 6 and 7, individual samples of deciduous species were also obtained.

Layer 5 (¹⁴C 30,840 ±300 years BP, Mousterian)
The charcoal in this layer, mainly from a fireplace, is encrusted. Most specimens are coniferous - pine and spruce. In addition to these two, and unidentified specimens of coniferous charcoal, charcoal of fir, yew and juniper was also found here. Of deciduous species, eight pieces of charcoal of beech and one unidentified, were found.

Layer 6 (¹⁴C 43,400 ±1400 years BP, Mousterian)
There was also a hearth in this layer, so a considerable amount of charcoal. Coniferous wood was primarily used as fuel. However, there was also one sample each of the charcoal of ash and beech.
Charcoal of yew and fir predominates, but there is also a fair amount of pine, spruce and juniper. Because of encrustation or complete impregnation with carbophosphates, it was not possible to identify a large number of specimens of coniferous charcoal more exactly.

Layer 6 to 7
The combined layers are more rubbly and there are also fewer traces of human presence in it. There was no hearth here, so considerably less charcoal was found. Among the small total number of samples, charcoal of conifers predominates - pine, yew and fir. Of deciduous species, only charcoal of honeysuckle, *Lonicera (alpina?)*, which is also today widespread from the lowlands to the alpine belt.

Layers 7 and 7 to 8
There was relatively little charcoal in these combined layers, too, and exclusively coniferous. There were also fragments of charred bones in the layers.

Layer 8 (average age ¹⁴C 43,100 ±700 years BP, Mousterian)
There were again a number of hearths and fireplaces in this layer and the suspected bone flute was found beside one of them. A great deal of charcoal was collected from the fireplace with bone flute and around it, which is also partially or completely encrusted. So a large number of specimens of charcoal of exclusively coniferous origin remained undetermined. However, of the identified samples of charcoal, pine absolutely predominates, there is rather less spruce charcoal, and still less fir and yew. Charred fragments of bones are very frequent.

6.3.1.1. Poskus interpretacije nekaterih navideznih anomalij

V zgornjih nagubanih plasteh, 2 do 5a, popolnoma prevladuje oglje listavcev in jelke (*razpredelnica 6.1*). Nasprotno pa je razmeroma neznatno število oglja borovca in smreke. To je za ledenodobni würmski čas nenavadno, toda vedeti moramo, da so tedanji ljudje uporabljali za kurjavo predvsem les, ki jim je bil najbližji v okolici jame.

Pojavlja se tudi sum na kontaminacijo plasti 2 z ogljem iz mlajšega časa, vendar pa imamo približno enako vsebino oglja tudi v spodnjih starejših plasteh vse do plasti 5a.

Na videz nenavadno je tudi izredno veliko število primerkov oglja bukve in jesena v združenih plasteh 2 - 3 in 3 - 4. Zelo malo je verjetno, da to ustreza dejanskemu številčnemu razmerju drevja v tedanjem gozdu. Mogoče in tudi verjetno je, da je šlo za kakšen večji kos zoglenelega bukovega in jesenovega oglja, ki pa se je kasneje razdrobil v več manjših koščkov.

V zvezi s kompleksom plasti od 5 do 8 pa je še več vprašanj, ki jih je treba racionalno razložiti. V nasprotju s prevladovanjem listavcev v zgornjem kompleksu, tu skoraj popolnoma prevladujejo iglavci. Najbolj naravna razlaga je ta, da je pač v okolici jame tedaj prevladoval klimatsko pogojeni iglavski gozd. Vendar pa najdbe listavskega oglja kažejo, da je tu pa tam moralo biti tudi kakšno listavsko drevo ali grm.

Najbolj neobičajno pa je veliko število primerkov tise, kar prav gotovo ne pomeni tako množične razširjenosti te vrste v bližnji okolici. Tisa sicer ni termofilna vrsta, je pa bolj higrofilna in je imela ugodne rastne pogoje pod vlažnim ostenjem. Tisovine gotovo tudi niso prvenstveno uporabljali kot kurivo. Verjetno so iz nje izdelovali orodje ali orožje, pokurili pa so le "odpadni les". Toliko primerkov oglja tise v plasti 6 bi bilo mogoče pojasniti enako kot v primeru bukve v združenih plasteh 2 - 3: en večji kos zoglenele tisovine se je kasneje razdrobil. Mogoče bi bila lahko vzrok toliki množini oglja tise tudi negotova determinacija. Kot smo že omenili, je večina primerkov iz teh plasti inkrustiranih, kar močno otežuje determinacijo. Poleg tega so se pri večjem številu vzorcev sekundarne stene traheid, ki imajo pri tisi špiralne odebelitve, "odluščile", kar bi lahko povzročilo napačno determinacijo.

Iz opisanega sledi, da število primerkov oglja posameznih taksonov v kulturnih plasteh ni in ne more biti v nikakršni korelaciji s pogostnostjo dreves teh taksonov.

6.3.1.1. Attempt to interpret some apparent anomalies

In the upper folded layers, 2 to 5a, charcoal of deciduous species and fir absolutely predominates (*Table 6.1*), in contrast to the relative paucity of charcoal of pine and spruce. This is unusual for the time of the Würm Glacial, although it must be recognised that people then used wood which was closest to the vicinity of the cave for fuel.

The suspicion is raised that layer 2 may have been contaminated with charcoal from more recent periods. However there is approximately the same content of charcoal in the lower, older layers, as far as layer 5a.

The markedly large number of specimens of charcoal of beech and ash in the combined layers 2 - 3 and 3 - 4 is also clearly unusual. It is highly unlikely that it corresponds to the actual frequency of trees in the then forest. It is possible, even probable, that these were larger pieces of charred beech and ash which were later fragmented into a number of smaller pieces.

In connection with the complex of layers from 5 to 8, there are a number of questions which require rational explanation. In contrast with the domination of deciduous species in the upper complexes, there is here an almost complete predominance of conifers. The most natural explanation is that the climatically conditioned coniferous forest then prevailed in the vicinity of the cave. However, the finds of charcoal of deciduous species show that there must here and there have been some deciduous trees or shrubs.

The most unusual thing is the large number of samples of yew, which certainly did not mean such a large extent of this species in the near vicinity. Yew is not a thermophilous species, it is more hygrophilous, and had favourable growth conditions below the damp walls. Yew branches were also certainly not used primarily as fuel. Palaeolithic man probably made tools and weapons from it, and burnt only the "waste wood". It is possible to explain so many specimens of yew charcoal in layer 6 as in the case of beech in combined layers 2 - 3: one larger piece of charred yew that was subsequently fragmented. Uncertain determination may also have been a reason for such a quantity of yew. As we have already mentioned, the majority of samples from these layers were encrusted, which greatly hindered identification. In addition, with a large number of samples, the secondary walls of the tracheids, which have spiral thickening in yew, were "leached". With such samples, the spiral microfibrilar structure of the primary wall can be seen, which can lead to mistaken identification.

From the above, it follows that a number of samples of charcoal of individual taxa in cultural layers is not, and cannot be, in any kind of correlation to the frequency of trees of these taxa.

6.3.2. Pelodne analize

Glede na razmeroma ugodne in dovolj povédne rezultate pelodnih analiz vzorcev iz vhodnega predela jame smo opravili tudi pelodne analize ekvivalentnih plasti iz osrednjega predela jame. Vzorce smo nabrali v istih plasteh kot v vhodnem predelu jame in to po več vzorcev v eni plasti, a na različnih mestih v profilih.

Ekstrakcijo peloda smo opravili po splošno uporabljeni metodi in v normalnem volumnu sedimenta (ca 3 cm^3).

Preparirali in analizirali smo 30 vzorcev, toda le v dvanajstih smo ugotovili skromno vsebino peloda, v ostalih 18 pa ga sploh ni bilo. Od vsakega vzorca smo preiskali najmanj dva do največ šest mikroskopskih preparatov. Rezultati so naslednji:

Plast 2 do 3

V 4 vzorcih, vzetih na različnih mestih teh združenih plasti so bili ugotovljeni pelod in spore naslednjih rastlinskih vrst:

AP (drevesne vrste): *Pinus* 9 pelodnih zrn, *Picea* 3, *Tilia* 1.

NAP (zelišča): Compositae 9, Gramineae 3, Dipsacaceae 3, Caryophyllaceae 2, Filices 64, *Selaginella selaginoides* 2, Musci 2.

Plast 3

V plasti 3 so bili vzeti vzorci za pelodno analizo na petih različnih mestih. Pelod pa je bil le v treh vzorcih in sicer naslednje vrste:

AP: *Pinus* 3, *Picea* 2.

NAP: Compositae 5, Dipsacaceae 1, *Artemisia* 1, Filices 6.

Plast 4

V tej plasti so bili vzeti vzorci na osmih mestih. Pelod smo dobili le v štirih vzorcih in sicer naslednje vrste:

AP: *Pinus* 5, *Picea* 2.

NAP: Compositae 5, Gramineae 1, *Artemisia* 1, *Stachys* 1, Filices 9.

Plast 5

V plasti 5 so bili vzeti vzorci na šestih različnih mestih, pelod pa smo dobili le v enem vzorcu in sicer naslednje vrste:

AP: *Carpinus* 1.

NAP: Compositae 1, Filices 3.

V ostalih vzorcih ni bilo peloda.

6.3.2. Pollen analyses

In view of the relatively favourable and sufficiently revealing results of pollen analyses of samples from the entrance part of the cave, we also carried out pollen analyses of equivalent layers from the central part of the cave. Samples were collected in the same layers as in the entrance part of the cave, on the basis of a number of samples in one layer, and in various places in profiles.

The extraction of pollen was carried out according to the generally used method and in a normal volume of sediment (cca. 3 cm^3).

We prepared and analysed 30 samples, but only in twelve did we find modest pollen content, in the other 18 there was none. We tested at least two and a maximum of 6 microscopic slides from each sample. The results are the following:

Layer 2 to 3

The pollen or spores of the following plant species were found in 4 samples, taken in different places of these combined layers:

AP (woody species): *Pinus* 9 pollen grains, *Picea* 3, *Tilia* 1.

NAP (herbaceous): Compositae 9, Gramineae 3, Dipsacaceae 3, Caryophyllaceae 2, Filices 64, *Selaginella selaginoides* 2, Musci 2.

Layer 3

Samples for pollen analysis were taken at five different places in layer 3. There was only pollen in three samples, of the following species:

AP: *Pinus* 3, *Picea* 2.

NAP: Compositae 5, Dipsacaceae 1, *Artemisia* 1, Filices 6.

Layer 4

Samples were taken in 8 places in this layer. Pollen was only obtained in four samples, of the following species:

AP: *Pinus* 5, *Picea* 2.

NAP: Compositae 5, Gramineae 1, *Artemisia* 1, *Stachys* 1, Filices 9.

Layer 5

Samples were taken in 6 different places in layer 5, and pollen obtained in one sample, of the following species:

AP: *Carpinus* 1.

NAP: Compositae 1, Filices 3.

In all other samples there was no pollen found.

6.4. SKLEP

Prva faza izkopavanj v paleolitskem najdišču Divje babe I, ki je potekala v letih 1980 - 1986 pretežno v vhodnem delu jame, je bila uspešna po rezultatih palinoloških raziskav, manj uspešna pa, kar zadeva antrakotomske raziskave. Rezultati so bili objavljeni že v nekaj člankih (Culiberg 1984; Turk in dr. 1988 - 1989; Turk in dr. 1989a; Šercelj in Culiberg 1991).

V tem prispevku so prvič predstavljeni rezultati antrakotomskih in palinoloških raziskav sedimentov druge faze izkopavanj, ki so potekala od leta 1990 - 1995. Tu pa so pomembnejši rezultati antrakotomskih raziskav. Analiziranih je bilo 607 primerkov lesnega oglja (po velikosti od 2 do 10 mm), od katerega jih 452 primerkov pripada iglavcem in 155 listavcem. V plasteh 5, 6 in 8 so namreč arheologi našli več ognjišč, zato je tu tudi precej večja koncentracija oglja, ki je hkrati tudi bolj avtentično.

Iz istih plasti je bilo tudi palinološko preiskanih 30 vzorcev. Dvanajst jih je vsebovalo le malo peloda, v osemnajstih pa ga sploh ni bilo.

Ker hočemo spremljati dogajanja v vegetaciji razvojno, to je po časovnem zaporedju, moramo izhajati od najstarejših plasti. Na podlagi rastlinskih ostankov bomo sledili in ocenjevali paleoekološke in paleo-klimatske razmere v času med 45.000 in 35.500 leti pred sedanjostjo, to je v srednjem würmu. Tolikšen časovni diapazon (najmanj 10.000 let) namreč obsega serija na novo izkopanih in paleobotanično preiskanih plasti v jami. Opirali se bomo predvsem na rezultate analiz lesnega oglja, ki odslikava drevesno sestavo gozda v neposredni okolici jame.

Peloda je namreč v teh sedimentih tako malo, da ne daje določne vegetacijske slike ne bližnje in ne daljnje okolice. Edino, kar iz rezultatov palinoloških raziskav razberemo je, da tudi ti sedimenti vsebujejo pelod v glavnem entomofilnih rastlin iz družin nebinovk (Compositae), ščetičevk (Dipsacaceae), klinčnic (Caryophyllaceae) in trav (Gramineae). V prvi fazi raziskav pa je bil tu še pelod družin lobodovk (Chenopodiaceae), zvončičevk (Campanulaceae), dresnovk (Polygonaceae), broščevk (Rubiaceae), kobulnic (Umbelliferae) ter rodov pelina (*Artemisia*) in popona (*Helianthemum*). To pa pomeni, da je pelod prišel v jamske sedimente na kožuhih ljudi in medvedov ali skozi njihova prebavila. Drevesnega peloda je minimalno, le nekaj zrnc bora (*Pinus*), smreke (*Picea*) ter po eno zrno lipe (*Tilia*) in gabra (*Carpinus*).

Generična sestava lesnega oglja, začenši pri najstarejši spodnji plasti 8 in nadaljujoč navzgor do plasti 5 kaže prav zanimivo sliko (*razpredelnica 6.1*). Popolnoma prevladuje oglje iglavcev. Vmes je le nekaj primerkov listavskega oglja. Nasprotno pa je od pete plasti navzgor zelo malo oglja iglavcev in prevladuje oglje listavcev. To oboje gotovo kaže na prevladujočo

6.4. CONCLUSION

The first phase of excavation at the palaeolithic site Divje babe I, which took place between 1980 and 1986 predominantly in the entrance part of the cave, was successful in terms of palynological research, but less successful as far as anthracotomical research. The results have already been published in a number of articles (Culiberg 1984; Turk *et al.* 1988 - 1989; Turk *et al.* 1989a; Šercelj & Culiberg, 1991).

The above contribution presents for the first time the results of anthracotomical and palynological research of sediments from the second phase of the excavations, which took place from 1990 - 1995. The results of anthracotomical research are more important here. Six hundred and seven specimens of wood charcoal were analysed (ranging in size from 2 to 10 mm), of which 452 belong to coniferous and 155 to deciduous species. In layers 5, 6 and 8, namely, archeologists found a number of fireplaces, so there was also a fairly considerable concentration of charcoal, which is also more authentic.

From the same layers, 30 samples were also palynologically studied. Twelve contained a little pollen only, and 18 none at all.

Since we wanted to monitor the events in vegetational development, that is according to the time succession, we must start from the oldest layers. On the basis of plant remains, we will trace and assess palaeoecologically and palaeoclimatically conditions in the period from 45,000 to 35,500 years BP, i. e., the Middle Würm. Such a temporal range (at least 10,000 years), namely, embraces the range of the new excavations and palaeobotanical study of layers in the cave. We relied mainly on the results of analysis of wood charcoal which depicts the tree composition of forests in the direct vicinity of the cave.

There is so little pollen in these sediments that it does not provide a specific vegetational picture of either the near or more distant surroundings. The only conclusion we can draw from the results of palynological research is that these sediments also contain pollen of mainly entomophilous plants from the families Compositae, Dipsacaceae, Caryphyllaceae, and Gramineae. In the first phase of the research, there was additionally pollen of the families Chenopodiaceae, Campanulaceae, Polygonaceae, Rubiaceae, Umbelliferae and the genera *Artemisia* and *Helianthenum*. This means that the pollen was carried into the cave on the skins of people or animals, or via their digestive tracts. Pollen of tree species is minimal, only a few grains of pine (*Pinus*), spruce (*Picea*) and one grain each of lime (*Tilia*) and hornbeam (*Carpinus*).

The generic composition of the wood charcoal, starting with the oldest, lower layer 8 upwards to layer 5 shows a very interesting picture (*Table 6.1*). Charcoal

sestavo bližnjega gozda v času odlaganja ustreznih (najdbe vsebujočih) plasti.

Taksonomsko pripada iglavsko oglje spodnjih plasti naslednjim rodovom: na prvem mestu sta bor (*Pinus*) in smreka (*Picea*). Ta dva bi lahko bila indikatorja hladnih razmer. Sem štejemo še zaradi inkrusta nedeterminirane primerke iglavcev.

Vendar pa sta tu še dva iglavska taksona, ki pa nista kriofilna, to sta jelka (*Abies*) in tisa (*Taxus*). Glede toplote sta manj, glede vlažnosti pa bolj zahtevna. Jelka namreč seže danes precej visoko v Alpe, areal tise pa se disjunktno razteza od balkanskih ter srednjeevropskih gorstev do Norveške. Tisa je namreč "higrofilna" in skiafilna in zato bi ji rastišče pod jamo povsem ustrezalo. Za tako veliko število primerkov oglja tise smo že skušali razložiti vzroke.

V tej "iglavski" fazi smo našli le nekaj primerkov listavskega oglja.

Kar zadeva klimatske razmere, lahko taka sestava iglavskega gozda govori za zmerno hladno in vlažno podnebje. Glede na zahtevnost jelke in tise ne gre pričakovati izrazito hladnih, temveč bolj temperirane razmere v tistem času.

Ne smemo pa tudi prezreti dejstva, da jama leži pod domnevno pleistocensko gozdno mejo. Govorili bi torej lahko o nekakšnem subalpskem iglavskem gozdu. Vedeti je treba, da je to bilo v času srednjega würma in da je najhladnejše podnebje nastopilo šele kasneje. Zato ne moremo primerjati tukajšnjih razmer s sočasnimi v Alpah. Dopuščamo lahko šibkejši morski vpliv, saj se tedaj morje še ni umaknilo tako daleč proti jugu kot v višku würma (Woldstedt 1962).

Precej drugačna pa je taksonomska sestava mlajšega kompleksa plasti od 5 do 2, kjer so arheologi dobili maloštevilne, po različnih kvadratih in režnjih disperzno raztresene koščke oglja. Med ogljem iglavcev je bilo največ jelovega, manj borovega in še manj smrekovega oglja. V celoti pa prevladuje oglje listavcev. Največ koščkov oglja pripada jesenu (*Fraxinus*) in bukvi (*Fagus*).

V vrhnji plasti (2 do 3) so, kot kažejo najdbe oglja, zastopani tudi črni gaber (*Ostrya*), beli gaber (*Carpinus*), javor (*Acer*), lipa (*Tilia*), hrast (*Quercus*), kosteničevje (*Lonicera*).

Domneva, da je v plasti 2 do 3 mogoča kontaminacija iz mlajšega časa, je sicer upravičena. Vendar pa so vsi ti listavci bili tudi v plasteh 3, 4 in 5. Če je v času usedanja teh plasti dejansko obstajal listavski gozd predalpskega tipa, bi to pomenilo interstadialno podnebje.

Po mnenju Ivana Turka pa je bolj verjetna razlaga, da se je to oglje odložilo na plasti 2 kasneje. Kajti plasti 2 lahko kronološko sledi interstadial (Arcy - Denecamp), katerega sedimentov ni. Lahko pa so v tem času (aurignacien) ljudje v jami kurili. S kasnejšo krioturbacijo v začetku drugega pleniglaciala se je

of conifers completely predominates. There are only a few samples of charcoal of deciduous species mixed in. In contrast, there is very little charcoal of conifers from layer 5 upwards, and charcoal of deciduous species predominates. This undoubtedly depicts the prevailing composition of the nearby forest at the time of deposition of the appropriate (cultural) layers.

Taxonomically, the coniferous charcoal of the lower layers belongs to pine (*Pinus*) and spruce (*Picea*). These two may be indications of cold conditions.

However, there are two further coniferous taxa here that are not cryophilic, fir (*Abies*) and yew (*Taxus*). They are less demanding of warmth, but more so of moisture. Fir, today, extends fairly high into the Alps, but the area of yew extends disjointedly from the Balkans through the Central European mountains to Norway. Yew, namely, is hygrophilous and sciaphilic, and so well suited to growing below the cave. However, such a large number of samples of yew charcoal may have originated from a single large charred piece, which subsequently fragmented. In any case, yew was certainly not originally gathered for fuel; tools and weapons were made from it because it is exceptionally hard and tough.

In this "coniferous" phase, we found only a few samples of charcoal of deciduous trees.

As far as the climatic conditions are concerned, such a composition of coniferous forest may mean a fairly cold and damp climate. In view of the requirements of fir and yew, explicitly cold conditions are not to be expected at that time, but temperate conditions.

We cannot ignore, too, the fact that the cave lies below the assumed pleistocene tree-line. We could therefore talk about a kind of sub-alpine coniferous forest. This was at the time of the middle Würm, and the coldest climate only appeared later in Würm. So such conditions cannot be compared with contemporary ones in the Alps. A mild maritime influence might be allowed for, since the sea had not shifted so far south toward the end of Würm (Woldstedt 1962).

The taxonomic composition of the younger complex of layers 5 to 2 is considerably different. In these layers, archeologists retrieved small numbers of dispersed, scattered, pieces of charcoal from various quadrats and spits. It is characteristic that of conifers there was most fir, less pine and still less spruce charcoal. And deciduous charcoal predominated. The largest number of charcoal pieces belong to ash (*Fraxinus*) and beech (*Fagus*).

In the topmost layers (2-3), as finds of charcoal demonstrate, hop hornbeam (*Ostrya*), hornbeam (*Carpinus*), maple (*Acer*), lime (*Tilia*), oak (*Quercus*), honeysuckle (*Lonicera*) are also represented.

The suspicion that layers 2 and 3 may be contaminated from more recent times is justified. However, the charcoal of these deciduous species was also found in layers 3, 4 and 5. The existence of deciduous forest

pomešalo oglje v plasteh 2 do 5a. Po krioturbaciji v pleniglacialu pa se je dodatno kontaminirala predvsem plast 2. Vsekakor pa bi to vprašanje lahko razrešili le z izmerjeno radiokarbonsko starostjo oglja iz teh plasti.

of a sub-alpine type indicates that the climate of this temporal section was interstadial.

According to opinion of Ivan Turk, the layer 2 may be followed chronologically by the interstadial (Arcy - Denekamp) of which there is no sediment. However, people could have sheltered in the cave at this time (Aurignacian). With later cryoturbation at the beginning of the second pleniglacial, the charcoal in layers 2 to 5a was mixed up. After the cryoturbation in the pleniglacial, mainly layer 2 was additionally contaminated. Anyway, this question could be solved only by radiocarbon dating of charcoal from these layers.

7. MALI SESALCI (INSECTIVORA, CHIROPTERA, RODENTIA)

7. SMALL MAMMALS (INSECTIVORA, CHIROPTERA, RODENTIA)

BORIS KRYŠTUFEK

Izvleček

V interpleniglacialnih plasteh iz zadnjega glaciala paleolitskega nahajališča Divje babe I smo našli ostanke najmanj 515 primerkov malih sesalcev, ki pripadajo vsaj 20 različnim vrstam: *Crocidura leucodon, Sorex alpinus, S. araneus, S. minutus, Talpa europaea, Rhinolophus hipposideros, Barbastella* cfr. *barbastellus, Eptesicus nilssoni, Myotis bechsteini, Miniopterus schreibersi, Sciurus vulgaris, Arvicola terrestris, Chionomys nivalis, Clethrionomys glareolus, Microtus agrestis/arvalis, Microtus multiplex/subterraneus, Apodemus flavicollis/sylvaticus, Muscardinus avellanarius* in *Myoxus glis*. Na osnovi tedanjih združb malih sesalcev domnevamo, da je prevladoval mozaični tip habitata z mešanimi, pretežno iglastimi gozdovi in travniki s kamnišči. Primerjava med favno iz mlajšega odseka interpleniglaciala würmske poledenitve (pribl. 30.000 do 40.000 let pred sedanjostjo) in recentno favno iz okolice Divjih bab I kaže na majhne razlike v vrstni sestavi.

Abstract

A minimum of 515 specimens belonging to at least 20 species of small mammals were identified from the Interpleniglacial of Upper Pleistocene cave deposits from Divje babe I (western Slovenia). These were: *Crocidura leucodon, Sorex alpinus, S. araneus, S. minutus, Talpa europaea, Rhinolophus hipposideros, Barbastella* cfr. *barbastellus, Eptesicus nilssoni, Myotis bechsteini, Miniopterus schreibersi, Sciurus vulgaris, Arvicola terrestris, Chionomys nivalis, Clethrionomys glareolus, Microtus agrestis/arvalis, Microtus multiplex/subterraneus, Apodemus flavicollis/sylvaticus, Muscardinus avellanarius*, and *Myoxus glis*. On the basis of the small mammal assemblages, the habitat indicated was presumably a mosaic of mixed, predominantly coniferous forest, with meadows and accumulations of rocky boulders. A comparison of the faunas from the würmian Interpleniglacial layers (age approx. 30,000 to 40,000 BP) and recent material from near the locality suggests very little change in species composition.

7.1. UVOD

Med obsežnimi izkopavanji na paleolitskem nahajališču Divje babe I se je, poleg ostalega, nabralo tudi veliko gradiva malih sesalcev. Čeprav so mali sesalci boljši kazalec preteklih habitatov, kot so veliki sesalci (Andrews 1990), smo v Sloveniji pri izkopavanjih pleistocenskih nahajališč tej skupini posvečali le malo pozornosti (pregled dosedanjega znanja podaja Rakovec 1973). Material iz Divjih bab I nam tako nudi izvrstno priložnost, da dobimo boljši vpogled v favno malih sesalcev z južnega roba alpske poledenitve ob koncu pleistocena. V tem članku so obdelani ostanki žužkojedov, netopirjev in glodalcev.

7.1. INTRODUCTION

Extensive archaeological excavations at the palaeolithic site of Divje Babe I revealed a rich small mammal fauna. Although small mammals are much more indicative of past habitats than are larger mammals (Andrews 1990), this group has been nearly always ignored during excavations of Pleistocene sites in Slovenia (for a review of previous work see Rakovec 1973). The material from Divje babe I thus provides a good opportunity to obtain deeper insights into Late Quaternary small mammal faunas from the southern border of the Alpine glacier. The remains elaborated in this article are those of Insectivora, Chiroptera, and Rodentia.

7.2. GRADIVO IN METODE

Jama Divje babe I se nahaja v predalpskem območju zahodne Slovenije na nadmorski višini 450 m (koordinate, 1:5.000, x = 5416570, y = 5108190). V

7.2. MATERAIL AND METHODS

The cave Divje babe I is situated in the pre-Alpine area of western Slovenia (coordinates, 1:5,000, x = 5416570, y = 5108190), at an altitude of 450 m a. s. l.

pleistocenskih glacijacijah je ležala v periglacialnem pasu takoj pod južnim robom alpske poledenitve.

Izkopavanja je opravil Inštitut za arheologijo Znanstveno raziskovalnega centra Slovenske akademije znanosti in umetnosti. Pri izkopavanju je bila osnovna enota kvadrat 1 x 1 m in režen debeline 12 cm. V plasteh 2 - 8 je bilo izkopanih približno 1500 takšnih enot. Zaradi krioturbacije se vseh enot ni dalo stratigrafsko uvrstiti v plasti (glej Turk, poglavje 2 tega zbornika). Prostorninsko enake enote usedlin predstavljajo standardne vzorce za vse analize (glej predhodno poglavje). Iz njih je bilo med izkopavanji odvzete okrog 3 dm^3 frakcije usedlin velikosti 0,5 - 3,0 mm. Ta je bila kasneje pregledana pri enkratni povečavi. Pri tem so bili pobrani ostanki malih sesalcev. Vsi vzorci malih sesalcev so označeni s številko kvadrata in režnja na način kvadrat/reženj. Režnji so označeni od površja navzdol.

V gradivo so vključeni vsi vzorci iz kvadratov 1 - 68 po plasteh, kot so navedene v tem zborniku. Obdelali smo tudi material iz kvadratov 69 - 116, katerih Turk s sod. (ta zbornik) ne obravnava. Slednji vzorci zato še niso stratigrafsko uvrščeni.

Male sesalce smo določali in merili pod stereomikroskopom pri različnih povečavah. Primerjalni material recentnih vrst izvira pretežno iz Slovenije. Za kvantitativne primerjave smo določili minimalno število osebkov, ki pri vsakem taksonu temelji na isti morfološki strukturi.

During Pleistocene glacial periods, it lay just to the south of the southern margin of the Alpine glacier.

Excavations were performed by the Institute of Archeology of the Centre of Scientific Research of the Slovene Academy of Sciences and Arts. The basic sample during excavations was a 1 x 1 m square with a depth of 12 cm. Approximately 1500 such samples were removed from layers 2 to 8, but all could not be classified into layers because of cryoperturbations (see chapter 2 in this volume by Turk). Samples of similar volumes of sediments represented the standard units of all analyses (see other chapters in this volume). During the excavations, approximately 3 dm^3 fractions of the sediment (particles 0.5 - 3.0 mm) were removed. Small mammal remnants were extracted under the dissecting microscope at two fold magnification. All samples of small mammals are labeled with the number of their square and 12 cm spit expressed as square/spit. The spits are labelled from the surface downwards.

The material presented contains all samples from squares 1 to 68 according to their layers as presented in this volume. We also studied small mammals from squares 59 to 116 which Turk *et al.* (this volume) do not discuss here and they are thus not stratigraphically allocated.

Small mammal material was determined and measured under a dissecting microscope at different magnitudes. Recent comparative material mainly originated from within Slovenia. The minimum number of specimens of a particular taxon is based on the same morphological structure.

7.3. TAKSONOMIJA

Red Insectivora Gray, 1827
Družina Soricidae Fischer von Waldheim, 1817

Crocidura leucodon (Hermann, 1780)
Poljski rovki pripada 9 spodnjih čeljustnic in rostrum. Slednji je vseboval večino zob, zato smo na osnovi oblike 4. zgornjega predmeljaka lahko izključili prisotnost vrst *C. suaveolens* in *C. russula*. Oblika jezične strani kotnega podaljška edine popolne spodnje čeljustnice (*sl. 7.1*) ustreza vrsti *C. leucodon*, ne pa *C. suaveolens* (primerjaj s slikami v Niethammer & Krapp 1990, in Spitzenberger 1985). Kljub temu pa fosilni material iz Divjih bab I morfološko ni identičen z recentno vrsto *C. leucodon* iz Slovenije. Kavljasti podaljšek je v fosilnem materialu nižji, tako da koronoidna višina dosega celo manjše vrednosti kot pri majhni recentni podvrsti *C. leucodon narentae* Bolkay, 1925 iz Bosne in Hercegovina, Črne Gore in zahodne Makedonije. V skupni dolžini spodnjih meljakov ležijo fosilni primerki med obema recentnima vzorcema (*razpredelnica 7.1*). Dvodimenzionalni diagram med

7.3. TAXONOMY

Order Insectivora Gray, 1827
Family Soricidae Fischer von Waldheim, 1817

Crocidura leucodon (Hermann, 1780)
Nine mandibles and one rostrum of white toothed-shrews are ascribed to this species. The rostrum contained the majority of the teeth, which makes possible exclusion of the presence of *C. suaveolens* and *C. russula* because of the shape of the 4th upper premolar. The peculiarities of the lingual side of the angular processus seen in the only complete mandible (*Fig. 7.1*) correspond with *C. leucodon* rather than with *C. suaveolens* (cf. figures in Niethammer & Krapp 1990, and Spitzenberger 1985). Despite this, fossil material from Divje babe I is not identical morphologically with recent *C. leucodon* from Slovenia. The coronoid process is significantly lower in fossil material, attaining even lower values than seen in the small, recent subspecies *C. leucodon narentae* Bolkay, 1925 from Bosnia and Herzegovina, Montenegro and western Macedonia. On the other hand, fossil specimens occupy an intermedi-

koronoidno višino in skupno dolžino spodnjih meljakov omogoča tudi razdvajanje med sedmimi primerki vrste *C. russula* (material iz Nemčije in Francije) in petimi fosilnimi primerki iz Divjih bab I (*sl. 7.2*).

Razpredelnica 7.1: Opisna statistika za koronoidno višino in skupno dolžino spodnjih meljakov v treh vzorcih poljske rovke *Crocidura leucodon*. Homogeni seti so povezani z navpičnimi črtami. Oba F - testa sta signifikantna pri p < 0,05. Številke vzorcev: 1 - recentna *C. leucodon*, Slovenija; 2 -recentna *C. l. narentae*, Bosna in Hercegovina, Črna Gora, Makedonija; 3 - fosilni vzorec iz Divjih bab I. Podani so velikost vzorca (N), povprečje (M), standardna deviacija (SD) in variacijska širina (min-max).

Table 7.1: Descriptive statistics for coronoid height and combined length of lower molars in three samples of *Crocidura leucodon*. Homogeneous sets are connected by a verticale line. Both F-tests were significant at p < 0.05. Identifying numbers of samples: 1 - recent *C. leucodon*, Slovenia; 2 - recent *C. l. narentae*, Bosnia and Herzegovina, Montenegro, Macedonia; 3 -fossil sample from Divje babe I. Also given are sample size (N), mean (M), standard error (SD) and range (min - max).

Koronoidna višina (F - test = 5,220) Coronoid height (F - ratio = 5.220)					
Vzorec Sample	N	M	SD	min - max	Homogeni seti Homogeneous sets
1	13	5.17	0.195	4.80 - 5.55	X
2	13	4.98	0.172	4.70 - 5.30	X
3	5	4.91	0.124	4.75 - 5.00	X

Skupna dolžina spodnjih meljakov (F - test = 4.463) Combined length of lower molars (F - ratio = 4.463)					
Vzorec Sample	N	M	SD	min - max	Homogeni seti Homogeneous sets
1	13	4.50	0.134	4.24 - 4.77	X
3	9	4.46	0.091	4.33 - 4.58	XX
2	13	4.34	0.180	3.99 - 4.56	X

Sorex alpinus Schinz, 1837

Ostanke gorske rovke (dva rostruma in pet fragmentov spodnje čeljustnice) smo našli v sedmih vzorcih. Koronoidna višina dveh spodnjih čeljustnic iz plasti 5 znaša 4,3 in 4,35 mm, tako da je znotraj variacijske širine za recentno vrsto *S. alpinus* iz Slovenije (Kryštufek 1991).

Sorex araneus Linnaeus, 1758

Gozdni rovki pripadajo štiri spodnje čeljustnice (vzorci 103/7, 110/3, 111/4, 112/8). Koronoidna višina dveh primerkov znaša 4,7 in 4,9 mm, tako da se nahaja v okviru variacijske širine recentne vrste *S. araneus* iz Slovenije (Kryštufek 1991).

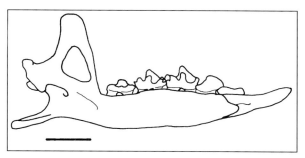

Sl. 7.1: Jezična stran spodnje čeljustnice poljske rovke *Crocidura leucodon* (vzorec 104/8) iz Divjih bab I. Distalni del kotnega podaljška je značilen za to vrsto. Črta ustreza dolžini 2 mm.
Fig. 7.1: Lingual side of a mandible of *Crocidura leucodon* (sample 104/8) from Divje babe I. Note the distal part of *processus angularis*, which is characteristic of *C. leucodon*. Scale bar = 2 mm.

ate position between recent Slovenian *C. leucodon* and ssp. *narentae* in the combined length of lower molars (*Table 7.1*). A bivariate plot of coronoid height against the combined length of the lower molars also separated seven recent *C. russula* (material from Germany and France) from five specimens from Divje babe I (*Fig. 7.2*).

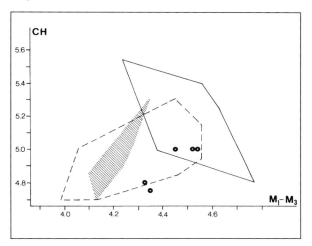

Sl. 7.2: Odnos med koronoidno višino (CH) in skupno dolžino spodnjih meljakov (M_1 - M_3) pri vrstah *Crocidura leucodon* in *C. russula*. Poligoni obkrožajo vrednosti za 13 recentnih primerkov *C. leucodon* iz Slovenije (sklenjena črta), 13 recentnih primerkov *C. leucodon narentae* iz Bosne in Hercegovine, Črne Gore in Makedonije (prekinjena črta), in 7 recentnih primerkov *Crocidura russula* iz Nemčije in Francije (senčena površina). Krogi označujejo fosilne primerke *C. leucodon* iz Divjih bab I.
Fig. 7.2: Scatter diagram plot of coronoid height (CH) against combined length of lower molars (M_1 - M_3) in *Crocidura leucodon* and *C. russula*. Polygons enclose scores for thirteen recent *C. leucodon* from Slovenia (straight line), thirteen recent *C. leucodon narentae* from Bosnia & Herzegovina, Montenegro, and Macedonia (broken line), and seven recent *Crocidura russula* from Germany and France (shaded). Circles indicate fossil *C. leucodon* from Divje babe I.

Sorex minutus Linnaeus, 1766

Malo rovko smo našli v desetih vzorcih, od katerih sta bila dva iz plasti 2. Variacijska širina koronoidne višine šestih primerkov (2,8 - 3,4 mm; povprečje 3,14 mm) se sklada z vrednostmi za recentno vrsto *S. minutus* iz Evrope (Hutterer 1990).

Družina Talpidae Fischer von Waldheim, 1817

Talpa europaea Linnaeus, 1758

Ostanki krtov (v glavnem nadlahtnice pa tudi fragmenti podlahtnic, rostralni deli lobanje, spodnje čeljustnice, okolčja in posamezni kočniki) so bili zastopani v 20 vzorcih. Krt je bil prisoten že v najstarejši plasti 5. Edini dve okolčji kažeta značilnosti europa-eoidalnega tipa (v smislu Grulicha 1971); koščeni most povezuje križnico s črevnico in s tem posteriorno zapira 4. križnično odprtino (*sl. 7.3*). Takšen tip okolčja je značilen tudi za recentno vrsto *T. europaea*. Relativna širina rostruma (100 x širina rostruma prek meljakov / dolžina zgornjega niza zob) je manjša kot pri recentnih krtih iz Slovenije, dolžina zgornjega niza zob pa kaže na to, da so bili fosilni krti nekoliko večji od recentnih (*razpredelnica 7.2*).

Razpredelnica 7.2: Variacijska širina dolžine zgornjega niza zob (C - M³), spodnjega niza zob (P₁ - M₃) in relativne širine rostruma (Ro % = 100 x širina rostruma prek meljakov / C - M³) pri recentnih krtih *Talpa europaea* iz Slovenije in fossilnih *T. europaea* iz Divjih bab I. Zaradi izraženega spolnega dimorfizma ostali statistični parametri niso podani.

Table 7.2: Ranges for maxillary tooth-row (C - M³), mandibular tooth-row (P₁ - M₃), and relative rostral breadth (Ro % = 100 x rostral breadth across molars / C - M³) for recent *Talpa europaea* from Slovenia and fossil *T. europaea* from Divje babe I. Statistics were not calculated because of the marked sexual dimorphism seen in moles.

	Slovenija (recentni) Slovenia (recent)			Divje babe I (fosilni) Divje babe I (fossil)	
	N	min	max	N	
C - M³	18	11.3 -	12.9	2	12.9/13.2
P₁ - M₃	18	10.2 -	11.8	2	11.4/11.4
Ro %	18	62.8 -	69.6	2	63.6/62.0

Red Chiroptera Blumenbach, 1779

Ostanke netopirjev smo našli v 51 vzorcih, od katerih pa smo jih samo 30 (= 58,8 %) določili do vrste.

Družina Rhinolophidae Gray, 1825

Rhinolophus hipposideros (Bechstein, 1800)

Mali podkovnjak je najpogostejši netopir v fosilnem materialu iz Divjih bab I. Ostanke moramo

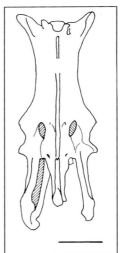

Sl. 7.3: Okolčje (hrbtna stran) krta *Talpa europaea* iz Divjih bab I (vzorec 116/3). Viden je močan koščeni most med križnico in črevnico, ki posteriorno zapira 4. križnično odprtino. Črta ustreza dolžini 5 mm.

Fig. 7.3: Hip-bone (dorsal view) of *Talpa europaea* from Divje babe I (sample 116/3). Note heavy bone anastomosis between *os sacrum* and *ossa ischii* closing the 4th *foramen sacrale* posteriorly. Scale bar = 5 mm.

Sorex alpinus Schinz, 1837

Seven samples contained remains of the Alpine shrew (two rostral portions of skulls and five mandibular fragments). Two mandibles from layer 5 had coronoid heights of 4.3 and 4.35 mm, respectively. This lies within the range seen in recent *S. alpinus* from Slovenia (Kryštufek 1991).

Sorex araneus Linnaeus, 1758

Four mandibles were those of the common shrew (samples 103/7, 110/3, 111/4, 112/8). The coronoid height of two of the specimens was 4.7 and 4.9 mm, respectively, which lies within the range of recent *S. araneus* from Slovenia (Kryštufek 1991).

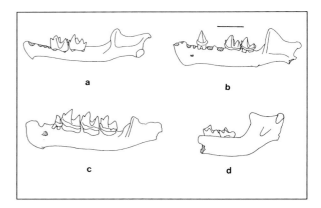

Sl. 7.4: Spodnje čeljustnice nekaterih netopirjev iz Divjih bab I. (a) *Rhinolophus hipposideros*, leva stran (vzorec 109/6); (b) *Barbastella* cfr. *barbastellus*, leva stran (vzorec 23/14); (c) *Eptesicus nilssoni*, leva stran (vzorec 49/3); (d) *Miniopterus schreibersi*, desna stran (sample 109/6). Črta ustreza dolžini 2 mm.

Fig. 7.4: Remains of some fossil bats from Divje babe I. (a) *Rhinolophus hipposideros*, left mandible (sample 109/6); (b) *Barbastella* cfr. *barbastellus*, left mandible (sample 23/14); (c) *Eptesicus nilssoni*, left mandible (sample 49/3); (d) *Miniopterus schreibersi*, right mandible (sample 109/6). Scale bar = 2 mm.

verjetno pripisati smrtnosti med prezimovanjem. Pozimi je ta vrsta še vedno pogosta v slovenskih jamah; najdena je bila do nadmorske višine 1000 m.

Družina Vespertilionidae Gray, 1821

Barbastella cfr. *barbastellus* (Schreber, 1774)
Ostanke širokouhega netopirja smo našli samo v dveh vzorcih: leva spodnja čeljustnica (vzorec 23/14) in rostrum brez zob (vzorec 9/8). Spodnja čeljustnica je iz globoke plasti in morda sodi v plast 5. Rostrum je nekoliko širši kot pri devetih recentnih širokouhih netopirjih iz Slovenije (*sl. 7.5; razpredelnica 7.3*). Po drugi strani pa dvodimenzionalni diagram med dolžino in širino 3. spodnjega meljaka ne pokaže nobenih razlik med recentnim in fosilnim materialom (*sl. 7.6; razpredelnica 7.3*). Zato se zdi, da so širokouhi netopirji iz Divjih bab I bližji recentni vrsti *B. barbastellus* kot pa fosilni vrsti *B. shadleri* Wettestein, 1923 (Rabeder 1974).

Razpredelnica 7.3: Opisna statistika za dimenzije rostruma in zob pri recentnem širokouhem netopirju *Barbastella barbastellus* iz Slovenije in pri fosilnem materialu iz Divjih bab I. Podani so velikost vzorca (v oklepaju), povprečje (± standardna deviacija) in variacijska širina (spodnja vrsta).
Table 7.3: Descriptive statistics for rostral and dental measurements in recent *Barbastella barbastellus* from Slovenia and fossil material from Divje babe I. Also given are sample size (in parentheses), mean (± standard error), and range (lower row).

	Slovenija (recentni) Slovenia (recent)	Divje babe I Divje babe I
$C - M^3$	(9) 4.594 ± 0.174 4.25 - 4.85	4.4
$M^3 - M^3$	(9) 5.283 ± 0.173 5.0 - 5.5	5.5
M_1 dolžina M_1 length	(9) 1.027 ± 0.038 0.98 - 1.11	1.09
M_1 širina M_1 breadth	(9) 0.462 ± 0.051 0.42 - 0.55	0.45

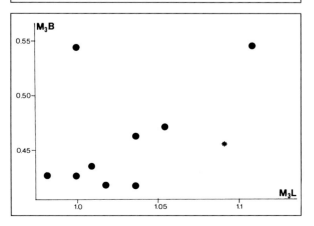

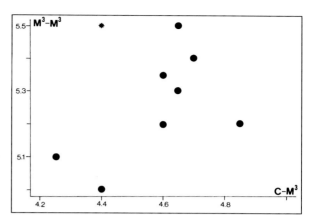

Sl. 7.5: Odnos med širino rostruma prek meljakov ($M^3 - M^3$) in razdaljo od podočnika do 3. zgornjega meljaka ($C - M^3$) pri širokouhih netopirjih. Pike prestavljajo recentne primerke *Barbastella barbastellus* iz Slovenije, zvezda pa označuje fosilni primerek iz Divjih bab I.
Fig. 7.5: Scatter diagram plot of rostral breadth across molars ($M^3 - M^3$) against the distance from the upper canine to the 3rd upper molar ($C - M^3$) in barbastelles. Dots represent recent *Barbastella barbastellus* from Slovenia, while asterisk indicates fossil specimen from Divje babe I.

Sorex minutus Linnaeus, 1766
The pygmy shrew was found in 10 samples, two of which came from layer 2. The range of coronoid heights in six specimens (2.8 - 3.4 mm; mean 3.14 mm) corresponds with recent specimens of *S. minutus* from Europe (Hutterer 1990).

Family Talpidae Fischer von Waldheim, 1817

Talpa europaea Linnaeus, 1758
Mole remains (mainly humeri, but also fragments of ulnae, rostral portions of skulls, mandibles, hip bones and isolated cheek teeth) were extracted from 20 samples. The mole was already present in the oldest layer (layer 5). The two hip bones in the assemblage are of the europaeoidal type (sensu Grulich 1971), i. e. with bone anastomosis between the *os sacrum* and the *ossa ischii* closing the 4th *foramen sacrale*, posteriorly (*Fig. 7.3*). Such a pelvic constitution is characteristic of *T. europaea*. The relative rostral breadth (100 x rostral breadth across molars / maxillary tooth-row) is narrow compared to that of recent moles from Slovenia, while

Sl. 7.6: Odnos med širino 3. spodnjega meljaka (M_3B) in njegovo dolžino (M_3L) pri širokouhih netopirjih. Pike prestavljajo recentne primerke *Barbastella barbastellus* iz Slovenije, zvezda pa označuje fosilni primerek iz Divjih bab I.
Fig. 7.6: Scatter diagram plot of breadth of the 3rd lower molar (M_3B) against its length (M_3L) in barbastelles. Dots represent recent *Barbastella barbastellus* from Slovenia, while asterisk indicates fossil specimen from Divje babe I.

Eptesicus nilssoni (Keyserling and Blasius, 1839)
Severnega netopirja smo našli v petih vzorcih (10/8, 41C/4, 49/3, 65/10, 83/14). Od teh leži en vzorec blizu združenih plasti 2 + 5b, drugi pa morda sodi v plast 4 ali 5. Ta netopir še vedno živi v slovenskih Alpah (Červeny in Kryštufek 1991).

Myotis bechsteini (Kuhl, 1817)
Velikemu navadnemu netopirju pripada desna spodnja čeljustnica iz vzorca 113/5. Vrsta je vezana na gozdove (Schober & Grimmberger 1989).

Myotis blythi (Tomes, 1857)
Ostrouhi netopir je zastopan z dvema desnima spodnjima čeljustnicama iz vzorcev 9/11 in 23/2. Ta netopir živi v toplih območjih, ki niso gosto porasla z drevjem in grmičevjem (Schober in Grimmberger 1989). V Sloveniji je v glavnem vezan na submediteransko območje, nedavno pa smo ga zabeležili tudi na južnih pobočjih Julijskih Alp, nedaleč od Divjih bab I (neobjavljeni podatek).

Miniopterus schreibersi (Kuhl, 1817)
Posteriorni del desne spodnje čeljustnice (vzorec 109/6) kaže vse značilnosti dolgokrilega netopirja (sl. 7.4.d).

Red Rodentia Griffith, 1827
Družina Sciuridae Gray, 1821

Alpskega svizca *Marmota marmota* (Linnaeus, 1758), ki je v plasteh iz Divjih bab I pogost, obravnavata Turk in Dirjec (ta zbornik).

Sciurus vulgaris Linnaeus, 1758
En sam 1. levi zgornji meljak iz vzorca 113/7 se v ničemer ne razlikuje od recentne navadne veverice iz Slovenije.

Družina Muridae Illiger, 1815
Poddružina Arvicolinae Gray, 1821

Arvicola terrestris (Linnaeus, 1758)
Veliki voluhar je zastopan že v najstarejših plasteh 5 in 4. Prvi spodnji meljaki iz najgloblje plasti 5 nimajo odebeljene posteriorne plasti emajla in tanke anteriorne plasti, zato uvrščamo vse primerke k recentni vrsti *A. terrestris*. V dolžini 1. spodnjega meljaka se fosilni primerki iz Divjih bab I ne razlikujejo od recentnega materiala z istega nahajališča (*razpredelnica 7.4*), ki pripadajo majhni fosorialni obliki. Vsi štirje pregledani 3. zgornji meljaki pripadajo morfotipu "simplex" (*sl. 7.7.b*).

the mandibular tooth-row length suggests a slightly larger size in fossil moles when compared with recent ones (*Table 7.2*).

Order Chiroptera Blumenbach, 1779

Of the 51 samples containing bat fragments, only 30 (i. e. 58.8 %) could be determined to species.

Family Rhinolophidae Gray, 1825

Rhinolophus hipposideros (Bechstein, 1800)
The lesser horseshoe bat was the most common bat found in the fossil assemblages of Divje babe I - this is most probably due to mortality during hibernation. The species is still a common winter dweller in Slovenian caves, being found up to 1,000 m a. s .l.

Family Vespertilionidae Gray, 1821

Barbastella cfr. *barbastellus* (Schreber, 1774)
Two samples contained fragments of the barbastelle: a left mandible in sample 23/14 and a rostrum (without teeth) in sample 9/8. The mandible is from a deep layer, probably close to layer 5. The rostrum is slightly broader than of nine recent barbastells from Slovenia (*Fig. 7.5; Table 7.3*). On the other hand, a bivariate plot of the width of the 3rd lower molar against its length placed the fossil specimen close to recent Slovenian material (*Fig. 7.6; Table 7.3*). For that reason barbastelles from Divje babe I seem closer to recent *B. barbastellus* than to the fossil *B. shadleri* Wettestein, 1923 (Rabeder 1974).

Eptesicus nilssoni (Keyserling and Blasius, 1839)
The northern bat was identified in five samples (10/8, 41C/4, 49/3, 65/10, 83/14), two of which are probably referable to layers 2 + 5b and 4 or 5, respectively. This species still populates the Slovenian Alps (Červeny & Kryštufek 1991).

Myotis bechsteini (Kuhl, 1817)
A single right mandible (sample 113/5) is referable to Bechstein's bat, a species generally considered to be associated with wooded areas (Schober & Grimmberger 1989).

Myotis blythi (Tomes, 1857)
Two right mandibles (samples 9/11 and 23/2) belong to the lesser mouse-eared bat. The species inhabits warm areas with not too-dense tree and scrub cover (Schober & Grimmberger 1989). In Slovenia it is restricted mainly to sub-Mediterranean region, but it was recently recorded also from the southern slopes of the Julian Alps, not far from Divje babe I (unpublished data).

Razpredelnica 7.4: Opisna statistika za dolžino 1. spodnjega meljaka (M$_1$) pri recentnih in fosilnih voluharjih *Arvicola terrestris* iz Divjih bab I. F - test (F = 0.065) ni statistično značilen (p > 0.05). Podani so velikost vzorca (N), povprečje (M), standardna deviacija (SD) in variacijska širina (min - max).

Table 7.4: Descriptive statistics for length of the 1st lower molar (M$_1$) in recent and fossil *Arvicola terrestris* from Divje babe I. F - ratio (F = 0.065) was not significant (p > 0.05). Also given are sample size (N), mean (M), standard error (SD) and range (min - max).

	N	M	SD	min - max
recentni - recent	7	3.88	0.293	3.59 - 4.40
fosilni - fossil	10	3.84	0.307	3.21 - 4.29

Chionomys nivalis (Martins, 1842)

Snežna voluharica je pogosta v vseh plasteh iz Divjih bab I. Povprečna dolžina 1. spodnjega meljaka (M$_1$) 75 primerkov znaša 2,99 mm (variacijska širina 2,51 - 3,35 mm, standardna deviacija 0,161). V materialu iz Divjih bab I so zastopani vsi štirje morfotipi M$_1$, prevladuje pa nivalidni morfotip (*sl. 7.7; razpredelnica 7.5*). Snežna voluharica v okolici Divjih bab I ne živi več; južni rob areala alpske populacije poteka približno 10 km severneje (Kryštufek 1991).

Razpredelnica 7.5: Frekvence zastopanosti posameznih morfotipov 1. spodnjega meljaka pri fosilnih snežnih voluharicah *Chionomys nivalis* iz Divjih bab I in dveh recentnih populacijah iz Slovenije (Julijske Alpe in Snežnik). Podatki za recentne populacije so povzeti iz Kryštufka (1990).

Table 7.5: Frequencies of morphotypes of the 1st lower molar in fossil *Chionomys nivalis* from Divje babe I and two recent populations from Slovenia: the Julian Alps and Mt. Snežnik. Values for recent material are from Kryštufek (1990).

	Divje babe I fosilni Divje babe I fossil (n = 109)	Julijske Alpe recentni Julian Alps recent (n = 53)	Snežnik recentni Mt. Snežnik recent (n = 26)
"nivalid"	62.4	71.0	65.4
"nivalid/ratticepid"	33.9	17.0	15.4
"advanced nivalid"	2.8	7.5	15.4
"gud"	0.9	4.5	3.8

Clethrionomys glareolus (Schreber, 1780)

Gozdna voluharica je v fosilnem materialu iz Divjih bab I najpogostejši mali sesalec. Zastopana je v vseh plasteh. Prvi spodnji meljak je pri fosilnih voluharicah daljši kot pa pri recentnih živalih istega nahajališča (*razpredelnica 7.6*). Recentne gozdne voluharice iz Slovenije in sosednjih območij kažejo

Miniopterus schreibersi (Kuhl, 1817)
A posterior fragment of a right mandible (sample 109/6) displays all the peculiarities of this bat (*Fig. 7.4.d*).

Order Rodentia Griffith, 1827
Family Sciuridae Gray, 1821
The Alpine marmot *Marmota marmota* (Linnaeus, 1758), an abundant species in sediments from Divje babe I, is prelliminary discussed by Turk and Dirjec (this volume).

Sciurus vulgaris Linnaeus, 1758
A single 1st left upper molar from sample 113/7 appears not to differ from recent red squirrels from Slovenia.

Family Muridae Illiger, 1815
Subfamily Arvicolinae Gray, 1821

Arvicola terrestris (Linnaeus, 1758)
Water vole was found in the oldest layers, layers 5 and 4. First lower molars from the deepest layer (5) do not show thick posterior vs. thin anterior enamel, thus all specimens are referable to the recent *A. terrestris*. The lengths of the 1st lower molar of fossil water voles from Divje babe I do not differ from that of recent material from the same locality (*Table 7.4*) which belongs to a small, fossorial form. All the 3rd upper molars examined (n = 4) are of the "simplex" morphotype (Fig. 7.7 b).

Chionomys nivalis (Martins, 1842)
The snow vole is abundant in all sediment layers from Divje babe I. The average length of the 1st lower molar (M$_1$) in 75 specimens was 2.99 mm (range = 2.51 - 3.35 mm, standard error = 0.161). All four basic M$_1$ morphotypes are represented in the Divje babe I material, with the "nivalid" morphotype (*Fig. 7.7*) being the most common (*Table 7.5*). Snow voles no longer occur in the vicinity of Divje babe I, with the southern border of the Alpine population now lying approximately 10 km to the north (Kryštufek 1991).

Clethrionomys glareolus (Schreber, 1780)
Bank voles were the most common small mammals in the fossil fauna of Divje babe I, and were represented in all layers. Fossil voles from Divje babe I display a significantly longer first lower molar than recent counterparts from the same locality (*Table 7.6*). Since recent bank voles from Slovenia and adjacent regions follow Bermann's rule (Janžekovič 1996), larger fossil specimens could be ascribed to colder climatic regimes associated with more pronounced seasonality in the Upper Pleistocene.

pozitiven Bergmannov odziv (Janžekovič 1996), zato lahko večje fosilne voluharice razložimo s hladnejšo klimo in bolj izraženimi razlikami med toplim in hladnim delom leta v zgornjem pleistocenu.

Razpredelnica 7.6: Opisna statistika za dolžino 1. spodnjega meljaka pri recentnih in fosilnih gozdnih voluharicah *Clethrionomys glareolus* iz Divjih bab I. F - test (F = 7.371) je statistično značilen pri p < 0.05. Podani so velikost vzorca (N), povprečje (M), standardna deviacija (SD) in variacijska širina (min - max).

Table 7.6: Descriptive statistics for length of the 1st lower molar in recent and fossil *Clethrionomys glareolus* from Divje babe I. F - ratio (F = 7.371) was significant at p < 0.05. Also given are sample size (N), mean (M), standard error (SD) and range (min - max).

	N	M	SD	min - max
recentni - recent	73	2.38	0.117	2.09 - 2.58
fosilni - fossil	85	2.43	0.141	2.06 - 2.74

Microtus agrestis/arvalis

Prve spodnje meljake (M_1) z ločenima dentinskima poljema 3. in 4. trikotnika (T4 and T5) smo našli v plasteh 2, 2 + 5b, 4 in 5. Na osnovi oblike anterokonidnega kompleksa (*sl. 7.7*) jih lahko vse pripišemo vrstama *Microtus arvalis* (Pallas, 1779) in/ali *M. agrestis* (Linnaeus, 1761). Vrsti smo poskušali razlikovati po metodi, ki jo je predlagal Nadachowski (1984). V recentnem materialu iz osrednje Slovenije ima vrsta *M. agrestis* daljši M_1 (povprečje 3,02 mm; variacijska širina 2,76 - 3,45 mm; n = 45) kot vrsta *M. arvalis* (povprečje 2,66 mm; variacijska širina 2,41 - 2,93 mm; n = 45). Variacijska širina fosilnih primerkov iz Divjih bab I (2,37 - 3,24 mm; n = 49) kaže na prisotnost obeh vrst (glej razpršenost fosilnih primerkov vzdolž abscise; *sl. 7.8*). Pri vrsti *M. arvalis* sta trikotnika T4 in T5 bolj ali manj enako velika, pri vrsti *M. agrestis* pa je T5 večji od T4. Če nanesemo na ordinato količnik T4 s T5 kot imenovalcem (T4/T5), na absciso pa dolžino M_1, lahko recentni material z veliko mero gotovosti pripišemo ustrezni vrsti (*sl. 7.8*). Fosilni primerki, ki ležijo v poligonu recentnih osebkov vrste *M. arvalis* ne dosegajo visokih vrednosti količnika T4/T5. Tako imajo, kljub kratkemu M_1, dejansko zob tipa "agrestis". Med posameznimi stratigrafskimi plastmi ni nobenih značilnih razlik v dolžini M_1 (F = 0,756; p > 0,05), ki bi kazale na morebitne trende v spremembi njegove dolžine. To je seveda lahko tudi posledica majhnih vzorcev v posameznih plasteh.

Prisotnost vrste *M. agrestis* v fosilnih plasteh potrjujejo trije 2. zgornji meljaki (M^2) z dodatnim posterolingvalnim trikotnikom (sl. 7.7.l); primerki so iz združenih plasti 2 + 5b in iz plasti 4. Tako zaenkrat lahko

Microtus agrestis/arvalis

First lower molars (M_1) with separated dental fields of the 4th and 5th triangles (T4 and T5) were identified from layers 2, 2 + 5b, 4, and 5. By the shape of the anteroconid complex (Fig. 7.7), these are all referable to *Microtus arvalis* (Pallas, 1779) or *M. agrestis* (Linnaeus, 1761). A method first proposed by Nadachowski (1984) was applied to ascribe first lower molars to one or other of the two species. In recent material from central Slovenia, the M_1 is longer in *M. agrestis* (mean = 3.02 mm; range = 2.76 - 3.45 mm; n = 45) than in M. arvalis (mean = 2.66 mm; range = 2.41 - 2.93 mm; n = 45). The range of the fossil specimens from Divje babe I (2.37 to 3.24 mm; n = 49) suggests that both *M.*

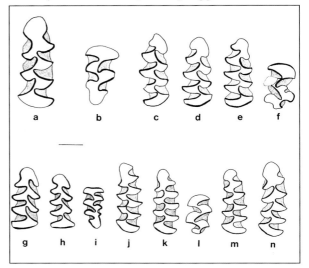

Sl. 7.7: Meljaki fosilnih voluharic iz Divjih bab I. (a) *Arvicola terrestris:* (a) 1. spodnji meljak (vzorec 27/11, plast 5); (b) 3. zgornji meljak, "simplex" morfotip (vzorec 61/7). *Chionomys nivalis:* 1. spodnji meljaki: (c) "nivalid" morfotip (vzorec 114/8); (d) "nivalid-ratticepid" morfotip (vzorec 34C/7); (e) "nivalid-ratticepid" morfotip (vzorec 34A/5); (f) 2. zgornji meljak, "radnensis" morfotip (vzorec 62B/6). *Clethrionomys glareolus:* 1. spodnja meljaka iz vzorcev 116/4 (g) in 36/6 (h); (i) 3. zgornji meljak, "complex" morfotip (vzorec 7/14, plast 5). *Microtus agrestis* (vsi iz plasti 4): 1. spodnja meljaka iz vzorcev 12/9 (j) in 48C/3 (k); (l) 2. zgornji meljak (vzorec 8/11). *Microtus subterraneus/multiplex:* 1. spodnja meljaka iz vzorcev 55B/7 (m) in 115/7 (n). Črta odgovarja dolžini 1 mm.

Fig. 7.7: Molar patterns in fossil voles from Divje babe I. (a) *Arvicola terrestris:* (a) 1st lower molar (sample 27/11, layer 5); (b) 3rd upper molar, "simplex" morphotype (sample 61/7). *Chionomys nivalis:* 1st lower molars: (c) "nivalid" morphotype (sample 114/8); (d) "nivalid-ratticepid" morphotype (sample 34C/7); (e) "nivalid-ratticepid" morphotype (sample 34A/5); (f) 2nd upper molar, "radnensis" morphotype (sample 62B/6). *Clethrionomys glareolus:* 1st lower molars from samples 116/4 (g) and 36/6 (h); (i) 3rd upper molar, "complex" morphotype (sample 7/14, layer 5). *Microtus agrestis* (all from layer 4): 1st lower molars from samples 12/9 (j) and 48C/3 (k); (l) 2nd upper molar (sample 8/11). *Microtus subterraneus/multiplex:* 1st lower molars from samples 55B/7 (m) and 115/7 (n). Scale bar = 1 mm.

z gotovostjo rečemo samo to, da prisotnost vrste *M. agrestis* v Divjih babah I ni sporna.

Microtus multiplex/subterraneus

Pri determinaciji fosilnih pitymoidnih prvih spodnjih meljakov (M_1) smo upoštevali dve recentni vrsti: *M. subterraneus* (de Selys-Longchamps, 1836) in *M. multiplex* (Fatio, 1905). Čeprav se razlikujeta v velikosti (*M. multiplex* je večji), se vrednosti dolžine M_1 med obema vrstama na veliko prekrivajo (*razpredelnica 7.7*). Fosilni material kaže vmesne vrednosti tega znaka, tako da tvori homogena seta z obema recentnima vrstama *(razpredelnica 7.7)*. Vseeno pa visoke maksimalne vrednosti dolžine M_1, ki jih dosegajo fosilni primerki, nakazujejo, da so ti dejansko bližji vrsti *M. multiplex*. Današnja razširjenost vrst *M. multiplex* in *M. subterraneus* v Sloveniji je pretežno alopatrična (Kryštufek 1991).

Razpredelnica 7.7: Opisna statistika za dolžino 1. spodnjega meljaka (M_1) v treh vzorcih voluharic s pitymoidnim M_1. Homogeni seti so povezani z navpično črto. F - test je statistično značilen pri p < 0.05 (F = 3.298). Številke vzorcev: 1 - recentni *Microtus subterraneus*, osrednja Slovenija; 2 - recentni *M. multiplex*, Slovenija; 3 - fosilni vzorec iz Divjih bab I. Podani so velikost vzorca (N), povprečje (M), standardna deviacija (SD) in variacijska širina (min - max).

Table 7.7: Descriptive statistics for length of the 1st lower molar (M_1) in three samples of voles with pitymoid M_1. Homogeneous sets are connected by a verticale line. F - ratio was significant at p < 0.05 (F = 3.298). Identifying numbers of samples: 1 - recent *Microtus subterraneus*, central Slovenia; 2 - recent *M. multiplex*, Slovenia; 3 - fossil sample from Divje babe I. Also given are sample size (N), mean (M), standard error (SD) and range (min - max).

Vzorec Sample	N	M	SD	min - max	Homogeni seti Homogeneous sets
1	30	2.65	0.129	2.23 - 2.86	X
3	22	2.69	0.164	2.37 - 3.14	X X
2	33	2.75	0.153	2.48 - 3.14	X

Poddružina Murinae Illinger, 1815

Apodemus flavicollis/sylvaticus

Ker je mesiolabialna grbica (t3) prisotna pri vseh 3. zgornjih meljakih, smo v fosilnem materialu iz Divjih bab I izključili prisotnost vrste *Apodemus agrarius* (Pallas, 1771). Pri determinaciji smo zato upoštevali samo dve recentni vrsti: *Apodemus flavicollis* (Melchior, 1834) in *A. sylvaticus* (Linnaeus, 1758). Dimenzije 1. zgornjega meljaka so omogočale boljše razlikovanje med recentnima vrstama (*sl. 7.9*), kot dimenzije 1. spodnjega meljaka (*sl. 7.10*). Prisotnost rumenogrle miši *A. flavicollis* v fosilnih plasteh ni vprašljiva, čeudi noben

arvalis and *M. agrestis* are present in the samples (see the distribution of fossil specimens along the x-axis on *Fig. 7.8*). Furthermore, in *M. arvalis* triangles T4 and T5 are subequal, whilst in *M. agrestis* T5 is larger than T4. A bivariate plot of the quotient of T4 with T5 as the denominator (T4/T5) against M_1 length successfully separated recent voles (*Fig. 7.8*). However, fossil specimens within the polygon of recent *M. arvalis* do not attain the higher values of the quotient T4/T5 and, despite a shorter molar, actually have the agrestis M_1 morphotype. No significant differences in the lengths of M_1 between different layers can be demonstrated which could explain, for example temporal size shifts (F = 0.756, p > 0.05), However, this could also be an artefact of small sample size amongst stratigraphically allocated material.

Further evidence of the presence of *M. agrestis* amongst the fossil material comes from three second upper molars (M^2) with an additional postero-lingual triangle (*Fig. 7.7.1*); these specimens are from layers 2 + 5b and 4. For the time being, we can only say that the presence of *M. agrestis* in Divje babe I is beyond doubt.

Microtus multiplex/subterraneus

Two recent species were considered when determining fossil pitymoid 1st lower molars (M_1): *M. subterraneus* (de Selys-Longchamps, 1836) and *M. multiplex* (Fatio, 1905). Although the two differ in size (*M. multiplex* being larger), there is great overlap in M_1 length between them *(Table 7.7)*. Fossil material shows

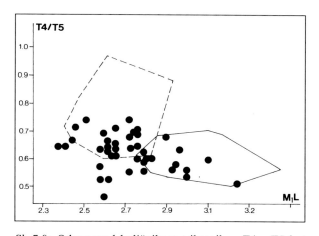

Sl. 7.8: Odnos med količnikom trikotnikov T4 s T5 kot imenovalcem (T4/T5) in dolžino 1. spodnjega meljaka (M_1L) pri *Microtus agrestis/arvalis*. Poligona obkrožata vrednosti za 45 recentnih *M. agrestis* (sklenjena črta) in 45 recentnih *M. arvalis* (prekinjena črta) iz osrednje Slovenije. Pike označujejo fosilne primerke *Microtus agrestis/arvalis* iz Divjih bab I.
Fig. 7.8: Scatter diagram plot of the quotient of triangles T4 with T5 as denominator (T4/T5) against the length of the first lower molar (M_1L) in *Microtus agrestis/arvalis*. Polygons enclose scores for 45 recent *M. agrestis* (straight line) and 45 recent *M. arvalis* (broken line), both from central Slovenia. Dots indicate fossil *Microtus agrestis/arvalis* from Divje babe I.

od 2. zgornjih meljakov ne kaže zlitih grbic t6 in t9, kar se, sicer v različnih frekvencah, pojavlja samo pri tej vrsti (Tvrtković 1979). V materialu je verjetno prisotna tudi navadna belonoga miš *A. sylvaticus*, je pa na vsak način veliko redkejša. Takšno številčno razmerje med dvema vrstama belonogih miši je še danes značilno za gozdnata območja Slovenije.

Družina Myoxidae Gray, 1821

Muscardinus avellanarius (Linnaeus, 1758)
Podlesek je zastopan v šestih fosilnih vzorcih (99/5, 100/5, 100/6, 110/3, 110/6, 115/3) z najmanj štirimi primerki. Sodeč po dimenzijah 1. spodnjega meljaka so fosilni primerki večji od recentnih podleskov iz Slovenije (*sl. 7.11; razpredelnica 7.8*).

Razpredelnica 7.8: Opisna statistika za dolžino in širino prvega spodnjega meljaka (M_1) pri recentnih podleskih *Muscardinus avellanarius* iz Slovenije in fosilnem materialu iz Divjih bab I. V obeh primerih je F - test statistično značilen pri $p < 0.05$. Podani so velikost vzorca (v oklepaju), povprečje in variacijska širina (spodnja vrsta).
Table 7.8: Descriptive statistics for length and breadth of the first lower molar (M_1) in recent *Muscardinus avellanarius* from Slovenia and fossil material from Divjih bab I. In both cases F - ratios were significant at $p < 0.05$. Also given are sample size (in parentheses), mean, and range (lower row).

	Slovenija (recentni) Slovenia (recent)	Divje babe I Divje babe I	F - test F - test
M_1 dolžina M_1 length	(10) 1.605 1.51 - 1.65	(4) 1.667 1.65 - 1.68	5.350
M_1 širina M_1 breadth	(10) 1.168 1.12 - 1.26	(4) 1.246 1.19 - 1.25	5.794

Myoxus glis (Linnaeus, 1766)
Navadni polh je v fosilnem materialu prisoten začenši s plastjo 5, pogost pa je samo v vzorcih, ki so pod površjem. Poleti, v času izkopavanj v Divjih babah I, je I. Turk (ustno sporočilo) približno 20 cm pod

an intermediate position in M_1 length, forming homogeneous sets with both recent species (*Table 7.7*). However, based on the high maximum values for M_1 length, Divje babe I specimens seem to be closest to *M. multiplex*. Today *M. multiplex* and *M. subterraneus* are mainly allopatric in Slovenia (Kryštufek 1991).

Subfamily Murinae Illinger, 1815

Apodemus flavicollis/sylvaticus
Since all 3rd upper molars display a mesio-labial cone (t3) it was possible to exclude the presence of *Apodemus agrarius* (Pallas, 1771) from the Divje babe I material. Consequently, two recent species were considered: *Apodemus flavicollis* (Melchior, 1834) and *A. sylvaticus* (Linnaeus, 1758). The dimensions of the 1st upper molar provided a better separation between the two recent species (*Fig. 7.9*) than do the dimensions of the first lower molar (*Fig. 7.10*). The presence of *A. flavicollis* in fossil assemblages is definite, although none of the 2nd upper molars showed fused cones t6 and t9, a character found only in this species (Tvrtković 1979). *Apodemus sylvaticus* is also likely to be present in the assemblages, but much rarer. This relationship between the two wood mouse species is common still in the wooded regions of central Slovenia.

Family Myoxidae Gray, 1821

Muscardinus avellanarius (Linnaeus, 1758)
The common dormouse is represented in six fossil samples (99/5, 100/5, 100/6, 110/3, 110/6, 115/3) by at least four specimens. Based on dimensions of the 1st lower molar, specimens from Divje babe I appear to be larger than recent material from Slovenia (*Fig. 7.11; Table 7.8*).

Myoxus glis (Linnaeus, 1766)
The edible dormouse was recorded from layer 5 upwards, but it was common only in the surface layer. During summer excavations in Divje babe I, living edible dormice were found twice at a depth of approx. 20

Sl. 7.9: Odnos med širino 1. zgornjega meljaka (M^1B) in njegovo dolžino (M^1L) pri belonogih miših. Poligona obkrožata vrednosti za 35 recentnih *A. flavicollis* (sklenjena črta) in 35 recentnih *A. sylvaticus* (prekinjena črta) iz osrednje Slovenije. Pike predstavljajo fosilne primerke iz Divjih bab I.
Fig. 7.9: Scatter diagram plot of breadth of the first upper molar (M^1B) against its length (M^1L) in wood mice. Polygons enclose scores for 35 recent *A. flavicollis* (straight line) and 35 recent *A. sylvaticus* (broken line), both from central Slovenia. Dots indicate fossil specimens from Divje babe I.

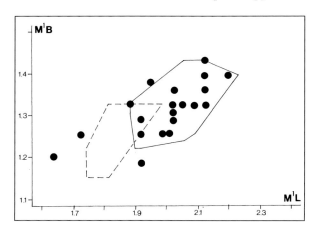

površjem dvakrat našel speče polhe. V obeh primerih so bili pod sigo, ki je holocenskega izvora. Polak (1996) je pokazal, da polhi redno zahajajo globoko v jame, kjer tudi prezimijo. Zato ne moremo povsem izključiti kontaminacije najbolj zgornih pleistocenskih plasti z recentnimi polhi.

cm below the surface (I. Turk, personal communication). In both cases they were found below the flow stone, which is of Holocene origin. Polak (1996) provides evidence that the edible dormouse regularly penetrates deep into the caves, where it also hibernates. Thus, we cannot exclude the contamination of the uppermost Pleistocene layers by intrusive recent dormice.

7.4. SESTAVA FAVNE MALIH SESALCEV

Fosilni material iz Divjih bab I vključuje najmanj 515 primerkov malih sesalcev, ki pripadajo vsaj 20 vrstam. (*Razpredelnica 7.9*) Samo 83 primerkov (= 15,8 %), od katerih jih je 75 glodalcev, smo lahko uvrstili v eno od petih obravnavanih plasti. Dve od teh plasti, 2 + 5b in 3 + 4 (+5a), sta bili združeni, zato si z njima nismo mogli pomagati pri rekonstrukciji favnističnih zaporedij.

Najstarejša plast 5 datira v čas približno 40.000 let pred sedanjostjo (odslej p. s.), plast 2 pa v čas pribl. 30.000 let p.s. Plast 4 leži med plastema 2 in 5 (za diskusijo glede absolutnih datacij glej Nelson v tem zborniku). Primerki z znano starostjo tako izvirajo iz interpleniglaciala würmske poledenitve. Med tremi plastmi ni velikih razlik v sestavi favne glodalcev. Vsega je prisotnih 7 taksonov, od katerih je pet voluharic. Belonoge miši in navadni polh so zastopani v zelo nizkem številu, podlesek pa sploh manjka. Najmanj tri vrste (*C. glareolus*, *A. flavicollis* in *M. glis*) kažejo na obstoj gozdov. Ker sta vrsti *A. flavicollis* in *M. glis*

7.4. COMPOSITION OF SMALL MAMMAL FAUNA

At least 515 specimens of small mammal, belonging to a minimum of 20 species were identified amongst fossil material from Divje babe I (*Table 7.9*). However, only 83 specimens (i. e. 15.8 %), 75 of them rodents, were allocated to one of the five stratigraphic layers. Two of these (2 + 5b and 3 + 4 (+5a)), were mixed, and thus of little help in understanding faunal sequences.

The oldest layer 5 is dated to approx. 40,000 BP, and layer 2 to approx. 30,000 BP. Layer 4 is intermediate (see Nelson, this volume, for discussion on absolute dating). Specimens with known age come thus from the Interpleniglacial of the Würm Glaciation. There is not much variation in the composition of rodent faunas between the three layers: they include 7 taxa, 5 of which are voles. Wood mice and the edible dormouse are very rare, whilst the common dormouse is absent from all of these. At least three species (*C. glareolus*, *A. flavicollis*, *M. glis*) indicate the presence of forests. Since *A.*

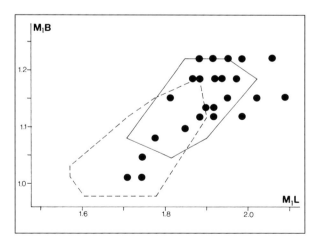

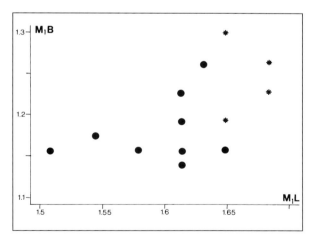

Sl. 7.10: Odnos med širino 1. spodnjega meljaka (M₁B) in njegovo dolžino (M₁L) pri belonogih miših. Poligona obkrožata vrednosti za 35 recentnih *A. flavicollis* (sklenjena črta) in 35 recentnih *A. sylvaticus* (prekinjena črta) iz osrednje Slovenije. Pike predstavljajo fosilne primerke iz Divjih bab I.
Fig. 7.10: Scatter diagram plot of breadth of the first lower molar (M₁B) against its length (M₁L) in wood mice. Polygons enclose scores for 35 recent *A. flavicollis* (straight line) and 35 recent *A. sylvaticus* (broken line), both from Slovenia. Dots indicate fossil specimens from Divje babe I.

Sl. 7.11: Odnos med širino 1. spodnjega meljaka (M₁B) in njegovo dolžino (M₁L) pri podleskih *Muscardinus avellanarius*. Pike predstavljajo recentne živali iz Slovenije, zvezde pa fosilne primerke iz Divjih bab I.
Fig. 7.11: Scatter diagram plot of the breadth of the first lower molar (M₁B) against its length (M₁L) in the common dormouse, *Muscardinus avellanarius*. Dots represent ten recent specimens from Slovenia and asterisks indicate fossil material from Divje babe I.

odvisni od semen, plodov in podobne mehke ter hranljive hrane, ne moreta preživeti v čistih sestojih iglavcev. Zaradi njune nizke številčnosti domnevamo, da so bili prisotni tudi plodonosni listavci, ki pa so bili najbrž redki. Takšen zaključek je v skladu s podatki o paleovegetaciji Divjih bab I. Culiberg in Šercelj (ta zbornik) sta za plasti 4 in 5 potrdila prisotnost bukve. Snežna voluharica *Ch. nivalis* (vezana na kamnišča) in vrste rodu *Microtus* (vezane na travnike) pričajo o tem, da so bili v gozdovih tudi odprti habitati, torej travniki in kamnišča. Verjetno so bili habitati podobni današnjim na zgornjem robu gozdne meje (1.500 do 2.000 m nad morjem), ki pa jih najdemo tudi v nižjih legah, npr. na strmih skalnatih pobočjih.

Izgleda, da je bila klima zmerna. Krt, prisoten v plasteh 4 in 5, pozimi ne prenese globoko zmrznjenih tal. Edina dva netopirja z znanim stratigrafskim položajem (*Rh. hipposideros* in *M. blythi*) sta vezana na topla območja. Po drugi strani pa razmeroma velike gozdne voluharice kažejo na hladnejšo klimo kot je na območju Divjih bab I danes.

Prevladuje mnenje, da je treba večino kostnih akumulacij v jamah pripisati plenilcem, še posebej sovam. To pomeni, da se v sestavi vzorca kažejo preference plenilca do posameznih kategorij plena. V takem primeru vzorci ne kažejo dejanske sestave združbe malih sesalcev (Andrews 1990). Recentno favno, ki smo jo primerjali s fosilno, smo zato raje kot z neposrednim lovom vzorčili s pomočjo izbljuvkov sov. Vzorec izbljuvkov je nabral I. Turk ob vhodu v Spodmol pod Stružnikom, ki leži vsega 3,5 km jugovzhodno od Divjih bab I. Izbljuvki so bili že razkrojeni, zato ne vemo, kateri sovi pripadajo. Sodeč po sestavi plena, pa je bila to najbrž lesna sova *Strix aluco* (D. Tome, ustno).

Recentni vzorec je presenetljivo podoben fosilnim združbam iz Divjih bab I. Za razliko od plasti

flavicollis and *M. glis* depend on seeds, fruits and similar soft, nutritional foods, they cannot survive in pure conifer stands. Because of their low dominance, we may assume that deciduous trees were present, but rare. This conclusion is consistent with palaeovegetational data from Divje babe I, which confirmed the presence of beech trees *Fagus*, in layers 4 and 5 (Culiberg & Šercelj, this volume). Snow vole, *Ch. nivalis*, (a rock dweller) and *Microtus* spp. (inhabitants of meadows) suggest that the forest was intermixed with extensive open places or meadows with rocky boulders. Overall, the habitat was probably similar to that found still in the Alps around the upper tree line (between 1500 and 2000 m a. s. l.), but also on steep, rocky slopes at lower altitudes.

The climate seems to have been fairly moderate. For instance, moles, which are present in layers 4 and 5, cannot tolerate deeply frozen winter soils. The only two bats with certain stratigraphic provenance (*Rh. hipposideros* and *M. blythi*) also both prefer warm places. On the other hand, the large size of bank vole specimens suggests a colder climate than is now present at Divje babe I.

Predators, particularly owls, are considered to be the most important causes of fossil small mammal bone assemblages in caves. Consequently, the composition of bones collected is biased by the predators' prey preference, and does not necessarily reflect the actual structure of the small mammal fauna (Andrews 1990). To compare fossil faunas with the recent one, we surveyed recent small mammals by searching for owl pellets, rather than by trapping. An owl pellet sample was collected by I. Turk 3.5 km SE from Divje babe I, at the entrance to the cave Spodmol pod Stružnikom. Since the pellets were already decomposed, the exact identity of the predator remains unknown, however, judging from prey species composition, it was most likely a tawny owl, *Strix aluco* (D. Tome, personal communication).

The recent sample is surprisingly similar to the fossil assemblages from Divje babe I. However, in comparison with layers 2 to 5, it includes a much higher proportion of dormice and wood mice, but lacks snow vole. This accords with the vegetational changes in Slovenia since the end of the Pleistocene, i.e. with the shifting of the tree line to higher altitudes, and by the spread of beech (Šercelj 1996). Also characteristic is the absence in the fossil samples of the black rat, *R.*

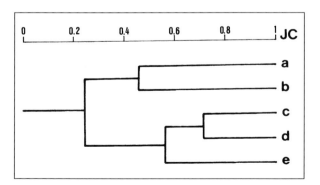

Sl. 7.12: UPGMA dendrogram, ki povzema na Jaccardovem koeficientu (JC) temelječo matriko podobnosti med štirimi fosilnimi in eno recentno združbo malih sesalcev. Kofenetska korelacija znaša r = 0.959. Oznake: (a) - Geissenklösterle 2, Nemčija, pribl. 31 000 let p.s.; b) - Dryas, Nemčija; (c) - Divje babe I, plast 5, pribl. 40 000 let p.s.; (d) - Divje babe I, plast 2, pribl. 30 000 let p.s.; (e) - okolica Divjih bab, recentno. Podatki za vzorca (a) in (b) so povzeti po Storchu (1992).

Fig. 7.12: UPGMA dendrogram summarising similarity matrix of Jaccard coefficients (JC) for four fossil and one recent small mammal assemblages. Cophenetic correlation was r = 0.959. Symbols: a - Geissenklösterle 2, Germany (c. 31,000 BP); b - Dryas, Germany; c - Divje babe I, layer 5 (c. 40,000 BP); d - Divje babe I, layer 2 (c. 30,000 BP); e - vicinity of Divje babe I, recent. Data for samples a and b summarised from Storch (1992).

Razpredelnica 7.9: Najmanjše število osebkov v fosilnih in recentnih združbah sesalcev iz Divjih bab I.
Table 7.9: Minimum number of individuals in fossil and modern small mammal assamblages from Divje babe I.

Plast - Layer*	a	b	c	d	e	f	g
S.araneus						3	3
S.minutus						6	3
S.alpinus		1			2	3	16
C.leucodon						4	9
C.suaveolens							2
N.anomalus							1
T.europaea		1			1	5	14
R.hipposideros	1		1			12	
M.bechsteini						1	
M.blythi					1	2	1
B.barbastellus						1	
E.nilssoni						3	
P.pipistrellus							1
M.schreibersi						1	
S.vulgaris						1	
C.glareolus	1	2	4	1	10	66	57
A.terrestris		2		2	2	11	5
Ch.nivalis		12	5	2	3	64	
M.agrestis/arvalis		8	3	3	5	41	14
M.multiplex/subterr.			3		2	12	25
A.flavicollis/sylv.						23	118
R.rattus							4
M.glis		2	2	1		261	73
M.avellanarius						4	64
Total	2	28	18	9	26	524	410

* Senčena polja označujejo prisotnost taksona v plasti. Oznake: (a) plast 3 + 4 + (5a); (b) plast 2 + 5b; (c) plast 2, pribl. 30.000 let p. s.; (d) plast 4; (e) plast 5, pribl. 40 000 let p. s.; (f) fosilni material skupaj; (g) recentni material iz okolice Divjih bab I.
- Shaded fields indicate the presence of a species in a particular statigraphic layer. Symbols: (a) layer 3 + 4 + (5a); (b) layer 2 + 5b; (c) layer 2, approx. 30,000 BP; (d) layer 4; (e) layer 5, approx. 40,000 BP. (f) total fossil material; (g) vicinity of Divje babe I, recent.

2 do 5 vključuje veliko višji delež polhov in belonogih miši, nima pa snežne voluharice. Opažanja lahko razložimo z vegetacijskimi spremembami v Sloveniji od konca pleistocena, torej s pomikanjem gozdne meje v višje nadmorske lege in s širjenjem bukve (Šercelj 1996). Za fosilne vzorce je značilna tudi odsotnost črne podgane *R. rattus*, ki se je tu pojavila šele recentno in je, vsaj na širšem območju Divjih bab I, izključno sinantropna.

Združba malih sesalcev s severnega roba ledenodobnega refugija izpred 40.000 let se v pogledu *rattus*, which appeared very recently and is, at least in the area of Divje babe I, strictly synanthropic.

From the evidence obtained from small mammals from Divje babe I we can conclude that small mammal faunas present on the northern border of the Ice Age refugium 40,000 years ago, were little different from those found in the area now. In this respect, the situation south of the Alpine glacier seems markedly to differ from that to the north of it. Storch (1992) demonstrates rapid turnover in the rodent assemblages of central Europe (Upper Danube area and the northern fringe

vrstne sestave skoraj ne razlikuje od recentne favne. V tem pogledu je stanje južno od alpske poledenitve bistveno drugačno od razmer severno od nje. Storch (1992) je pokazal na hiter favnistični obrat v združbah glodalcev iz srednje Evrope (območje zgornjega toka Donave in severno obrobje Mittelgebirge v Nemčiji) na meji med pleistocenom in holocenom. Obrat je bil posledica izginotja borealnih in stepskih vrst (*Lemmus, Dicrostonyx, Microtus gregalis, M. oeconomus, Spermophilus superciliosus*), ki so jih ob koncu pleistocena zamenjale recentne gozdne vrste. V tem času je bil refugij južno od Alp že poseljen z vrstami, ki so vezane na gozd. Zato je zgornjepleistocenska favna malih sesalcev iz Divjih bab I bolj podobna recentni favni z istega območja kot pa sočasnim združbam iz srednje Evrope (*sl. 7.12*). Tudi würmske favne malih sesalcev iz severovzhodne Italije se ne razlikujejo od interpleniglacialnega materiala iz Divjih bab I, po drugi strani pa ne kažejo nobene podobnosti s sočasnim stanjem severno od Alp (Bon in dr. 1991).

of the German Mittelgebirge) at the Pleistocene-Holocene boundary. This turnover was mainly due to the replacement of boreal and steppe species (*Lemmus, Dicrostonyx, Microtus gregalis, M. oeconomus, Spermophilus superciliosus*) towards the end of the Pleistocene by recent forest species. The refugium to the south of the Alps was, at this time, already inhabited by forest-associated mammals. For that reason, the Upper Pleistocene mammal fauna of Divje babe I resembles the modern fauna from the same area more than communities from the same period from Central Europe (*Fig. 7.12*). Besides, Upper Pleistocene small mammal assemblages from north-eastern Italy also resemble the Interpleniglacial material from Divje babe I, and show no similarity with the contemporary situation north of the Alps (Bon *et al.* 1991).

ZAHVALE

Zahvaljujem se dr. Ivanu Turku in Janezu Dirjcu, ki sta mi omogočila študij fosilnega materiala. Dr. Turk mi je ves čas dela pomagal s spodbudnimi pogovori, kritično pa je komentiral prvo verzijo rokopisa. Dr. Huw. I. Griffithsu sem hvaležen za popravke in izboljšanja angleške verzije besedila, pa tudi za pripombe k besedilu.

ACKNOWLEDGEMENTS

I am most grateful to Dr. Ivan Turk and Janez Dirjec, who made it possible for me to study the fossil material of Divje babe I. Dr. Turk provided stimulating discussions during all phases of the work. I thank Dr. Huw I. Griffiths who improved the English and style, and provided critical comments on an earlier draft.

8. Taksonomski in tafonomski pregled sesalske makrofavne

8. Taxonomic and taphonomic survey of mammal macrofauna

Ivan Turk & Janez Dirjec

Izvleček

Ostanki velikih in nekaterih večjih malih sesalcev pripadajo najmanj 15 različnim vrstam. Posebej so obdelani množični ostanki jamskega medveda, njihova tafonomija, starostni in spolni sestav ter ostanki druge favne. Ugotovljene ciklične spremembe analiziranih podatkov v stratigrafskem nizu razlagamo z vedenjskim vzorcem medvedov oz. etološkim modelom. Pestrost ostale favne je največja v plasteh, ki vsebujejo največ ostankov jamskega medveda in največ paleolitskih najdb. Največja pestrost se pripisuje ostankom zveri. Pestrost rastlinojedih živalskih vrst je največja v plasteh 2 in 5b, ki vsebujeta zelo malo ostankov jamskega medveda in najdb paleolitskih orodij. Glavna lovna žival paleolitskih lovcev je bil verjetno alpski svizec.

Abstract

The remains of large and some of the larger small mammals belong to at least 15 different species. The large quantity of remains of cave bear, their taphonomy, age and sex composition, and the remains of other fauna, were processed individually. We explain the established cyclical change in the data analysed in the stratigraphic series by the behavioural pattern of bears, or an etological model. Diversity of other fauna is greatest in layers which contain the most remains of cave bear and the most palaeolithic finds. The greatest diversity can be ascribed to the remains of carnivores. Diversity of herbivore fauna is greatest in layers 2 and 5 b, which contain very few cave bear and palaeolithic finds. The main prey of palaeolithic hunters was probably marmot.

8.1. Uvod

Divje babe I so po dostopnih podatkih najbogatejše najdišče mlajše pleistocenske favne v Sloveniji. V vhodnem predelu jame smo našli v plasteh 2 do 8 (ok. 130 m³) brez jamskega medveda okroglo 130 ostankov makro- in 4 ostanke mikrofavne (Turk in Dirjec v pripravi). Najdbe so pripadale 7 vrstam makro- in 3 vrstam mikrofavne. V 150 m³ usedlin plasti 2 do 5 v osrednjem delu jame, ki smo jih sistematsko sprali na treh sitih, smo našli, brez jamskega medveda 587 ostankov makro- in 923 ostankov mikrofavne. Ostanki so pripadali 27 različnim vrstam sesalcev. Med njimi prevladujejo s 16 vrstami mali sesalci (Turk 1996; Kryštufek v tem zborniku).

Ker je večina makrofavne neobjavljene ali je v obdelavi (Turk in Dirjec), smo pregledno obdelali samo del te favne, predvsem v plasteh 2 - 5. Bolj natančno smo obravnavali množične fosilne ostanke jamskega medveda, ki predstavljajo zelo pomemben, vendar doslej slabo izkoriščen vir informacij.

Vsi ostanki makrofavne so dokaj enakomerno razporejeni po plasteh z izjemo plasti 2 in 5 (*razpredelnica 8.1*).[1]

8.1. Introduction

According to available data, Divje babe I is the richest site of Upper Pleistocene faunal remains in Slovenia. In the entrance part of the cave, we found in layers 2 - 8 (cca. 130 m³ of sediment), disregarding cave bear, around 130 remains of macro- and 4 remains of micro-fauna. The finds belonged to 7 species of macro- and 3 species of microfauna (Turk & Dirjec, prepared for print). In 150 m3 of sediment of layers 2 - 5 in the central part of the cave, which we systematically washed on three sieves, we found, again not including cave bear, 587 remains of macro- and 923 remains of microfauna. The remains belonged to 27 different species of mammals. Among them, 16 species of small mammals predominated (Turk 1996; Kryštufek, in this volume).

Since the majority of the macrofauna data is unpublished or in preparation (Turk & Dirjec), we have surveyed only part of the mammal macrofauna, mainly layers 2 - 5. We will deal more precisely with the mass of fossil remains of cave bear, which provide a very important, although to date badly exploited, source of information.

All remains of macrofauna are fairly equally distributed through the layers.[1] The only exceptions are layers 2 and 5 (*Table 8.1*).

---

[1] V plasti 8 je navedena samo favna iz vhodnega dela jame, razen jamskega leva.

---

[1] Only fauna from the entrance part of the cave is determined in layer 8.

Razpredelnica 8.1: Divje babe I. Prisotnost - odsotnost velikih in izbranih malih sesalcev po plasteh.
Table 8.1: Divje babe I. Presence - absence of large and some small mammals by layer.

Plast / Layer	2 in 5b / 2 and 5b	3 in 4 / 3 and 4	4 in 4a / 4 and 4a	5 in 5a / 5 and 5a	6	7	8
P. leo spelaea			▒	▒	▒		▒
P. pardus		▒					
U. spelaeus	▒	▒	▒	▒	▒	▒	▒
U. arctos	▒	▒	▒	▒		▒	▒
U. cf. arctos							
Ursus sp	▒	▒	▒	▒	▒		▒
C. lupus	▒	▒	▒	▒	▒	▒	▒
Canis sp	▒	▒	▒	▒			
Martes sp.	▒	▒	▒	▒	▒	▒	▒
M. putorius				▒			
Mustelinae	▒						
Artiodactyla	▒						
C. elaphus							
C. capreolus				▓			▓
C. ibex	▒			▒			
Capra sp.				▒			
R. rupicapra	▒		▒				▒
Caprinae	▒	▒	▒				
S. scrofa				▓			
Lepus sp.	▒	▒	▒	▒			
M. marmota	▒	▒	▒				

Senčena polja označujejo prisotnost taksona v plasti. Interglacialne vrste so povdarjene. – Shaded fields indicate the presence of a species in layer. Temperate species are specially indicated.

Od navedenih taksonov živijo danes v okolici jame samo še rodovi: *Martes, Mustela, Cervus, Capreolus, Rupicapra* in *Lepus*. Občasno se pojavi rjavi medved (*Ursus arctos*).

Of the taxa cited, today only *Martes, Mustela, Cervus, Capreolus, Rupicapra* and *Lepus* still live in the vicinity of the cave. Brown bear (*Ursus arctos*) occasionally appears.

8.2. Jamski medved

Ta vrsta zasluži posebno pozornost zato, ker je domnevna piščalka izdelana iz kosti jamskega medveda. Tudi nekatere podobno naluknjane kosti iz drugih najdišč v srednji Evropi so medvedje.

Jamski medved absolutno prevladuje med fosilnimi ostanki v našem in podobnih najdiščih. Lahko trdimo, da je gostota najdb med največjimi ugotovljenimi v Sloveniji. Najmanjše število osebkov,[2] preračunano

8.2. Cave bear

This species deserves special attention since the suspected flute was made from the bone of a cave bear. Some similar pierced bones from other sites in Central Europe are also bear.

Cave bear absolutely predominates among fossil remains in this and similar sites. We may claim that the density of finds is among the greatest established in Slovenia. The minimum number of individuals (MNI)[2],

---

[2] Za metodo ugotavljanja NŠO glej Turk in dr. 1988 - 1989.

[2] For method of calculating the MNI see Turk *et al.* 1988 - 1989.

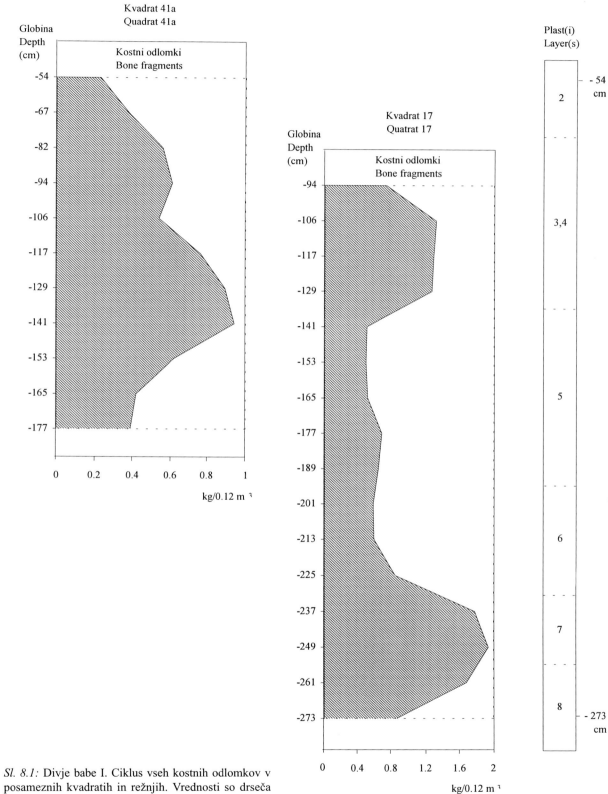

Sl. 8.1: Divje babe I. Ciklus vseh kostnih odlomkov v posameznih kvadratih in režnjih. Vrednosti so drseča povprečja treh režnjev.
Fig. 8.1: Divje babe I. Cycle of all bone fragments in individual quadrats and spits. Values are expressed as an average of three spits.

101

na 1 m³ usedlin, je v obeh vrhuncih v plasteh 3 in 4 in 7 naslednje. Plasti 3 in 4: 4 odrasli, 6 mladičev v obdobju menjave zobovja in 37 mladičev z mlečnim zobovjem. Plast 7: 11 odraslih, 12 mladičev v obdobju menjave zobovja in 65 mladičev z mlečnim zobovjem. Gostota najdb v plasteh in njihovih delih zelo variira. Variabilnost povzroča velike težave pri razlagah izsledkov raziskav fosilnih ostankov jamskega medveda v najdišču.

Fosilne ostanke imamo v vseh plasteh, njihovih delih in različicah. Značilno zanje je, da ciklično nihajo po plasteh in celo v plasteh (sl. 8.1 - 8.3). To potrjuje analiza dveh najbolj zanesljivih podatkov: teža vseh kostnih odlomkov po režnjih in kvadratih in opisne statistike vseh stalnih zob v obdobju izraščanja, preračunanih na 0,12 m³ usedlin po plasteh. Teže kostnih odlomkov so kljub dejstvu, da nismo uspeli pobrati vseh kostnih drobcev - in teh je po številu največ - metodološko zelo stabilne. Stalni zobje v obdobju rasti imajo med vsemi zobmi najmanjše nadzorovane tafonomske izgube. Ciklična nihanja gostote najdb so poznana tudi v drugih najdiščih, vendar so slabo raziskana (M. Brodar 1959; S. Brodar in M. Brodar 1983; Sala 1990). Nihanja verjetno niso slučajna in so lahko posledica sprememb v življenjskem okolju. Vrhunci uporabe nižinskih jamskih brlogov in umiranja v njih so lahko povezani s porajanjem periglacialnih razmer. Manj verjetno se nam zdi, da predstavljajo toplejša interstadialna obdobja kot se običajno misli.

Fosilni ostanki predstavljajo, kljub navidezno velikemu številu, dejansko samo manjši del vseh v jami-brlogu poginulih medvedov. O tem nas prepričajo nadzorovane ali poznane tafonomske izgube stalnih in mlečnih zob v združenih plasteh 2 do 5b (Turk in dr. 1992; Turk 1996). Največje so izgube spodnjih mlečnih zob: povprečno 71 %. Izgube so enake prepustnosti pri pobiranju, ugotovljeni s kontrolnimi pregledi. Najmanjše so izgube stalnih spodnjih zob v obdobju rasti: povprečno samo 3 %. Zelo velike so izgube stalnih podočnikov popolnoma odraslih osebkov: povprečno 65 %. Vendar ne v vseh plasteh. V plasti 6 znaša povprečna izguba samo 22 %. Nekatera najdišča, kot n. pr. Potočka zijalka, slovijo po ogromnem številu najdb podočnikov (S. Brodar in M. Brodar 1983). Pri kosteh lahko ugotovimo nadzorovane tafonomske izgube v plasteh 2 do 5b samo za zgornjo in spodnjo čeljustnico (Turk in dr. 1992). Od najmanj 733 zgornjih čeljustnic sta bili samo 2 celi. Od najmanj 814 spodnjih čeljustnic je bilo samo 11 celih.

Splošno sprejeto mnenje je, da je jamski medved poginjal med zimovanjem v jamskih brlogih. V fosilnih kosteh so se ohranili dokazi za podoben metabolizem pri jamskem medvedu, kot ga poznamo pri današnjih hibernatorjih (Nelson in dr., v pripravi). Pelod žužkocvetk - nekatere med njimi so priljubljena hrana današnjih medvedov - v plasteh z jamskim medvedom dokazuje, da so bili ti prisotni v jamah tudi poleti.

calculated per 1 m³ of sediment, is at a peak in layers 3 and 4, and 7 downwards. Layers 3 and 4: 4 adults, 6 juveniles in the period of teeth change and 37 cubs with lacteal dentition. Layer 7: 11 adults, 12 juveniles in the period of teeth change and 65 cubs with lacteal dentition. The density of finds in layers and their parts is very variable. The variability causes great difficulty in explaining the results of research of fossil remains of cave bear at the site.

There are fossil remains in all layers, their parts and sedimentary variations. It is characteristic of them that they oscillate cyclically by layers and even within layers (Figs. 8.1 - 8.3). This is confirmed by the analysis of the two most reliable data: the weight of all bone fragments by spit and quadrat and the descriptive statistics of all permanent teeth in the eruption phase, calculated per 0.12 m³ of sediment per layer. The weights of bone fragments, despite the fact that we were unable to collect all the finer bone fragments - which are the most numerous - are methodologically very stable. Permanent teeth in the growth period, of all the teeth, have the least identifiable taphonomic loss. The cyclical oscillation of density of finds is also familiar from other sites, although they are poorly researched (M. Brodar 1959; S. Brodar & M. Brodar 1983; Sala 1990). The oscillations are probably not coincidental and may be a result of changes in the habitats. The peaks of use of lowland cave dens, connected with high mortality, may be influenced with the emergence of periglacial conditions. It seems to us less likely that they represent warmer interstadial periods, as is normally thought.

Fossil remains, despite the obviously large number, actually represent only a small proportion of the bears that died in the cave den. The identifiable or known taphonomic loss of all permanent and milk teeth in combined layers 2 - 5b (Turk et al. 1992; Turk 1996) is persuasive evidence of this. Lower milk teeth are lost the most: an average of 71 %. Similar losses were established by on site control examinations. Permanent lower teeth in the period of growth are least lost: an average of only 3 %. There are very great losses of permanent canines of fully grown adult individuals: an average of 65 %. However, not in all layers. In layer 6, the average loss amounts to only 22 %. Some sites, such as Potočka zijalka, are notable for the large number of canines found (S. Brodar & M. Brodar 1983). On bones we can establish controlled taphonomic loss in layers 2 - 5b only for upper and lower jaws (Turk et al. 1992). Of at least 733 upper jaws formerly present, only 2 were whole. Of at least 814 lower jaws, only 11 were whole.

The generally accepted opinion is that cave bears perished during "hibernation" in the cave den. Evidence of a similar metabolism in cave bear as is familiar in today's hibernators has been preserved in the fossil bones (Nelson et al., prepared for print). Entomophilic plants - some of which are favoured food of today's bears - in

Smrtnost se tako lahko raztegne na celo leto. Za ugotavljanje vzrokov smrtnosti je pomemben točen starostni sestav fosilne populacije. Ta je močno odvisen od natančnosti terenske metode oziroma od tega, ali usedline pregledamo na sitih ali ne. O tem smo se sami prepričali. S sejanjem in spiranjem smo ugotovili zelo visok odstotek mladih osebkov s stalnim zobovjem. Ta se po plasteh giblje med 40 in 86 %. Take vrednosti so v najdiščih z jamskim medvedom redkost (Rabeder 1992; Vörös 1984). Vendar so popolnoma normalne za naravno

layers with cave bear remains, show they were also present in the cave during the summer. Mortality could thus be extended to the whole year. In order to establish the cause of death, a precise age composition of the fossil population is required. This greatly depends on the field recovery technique, or on whether the sediment is examined on a sieve or not. We became convinced of this. By sieving and washing we found a very high percentage of juveniles with permanent teeth. This ranged by layer between 40 % and 86 %. Such values are rare

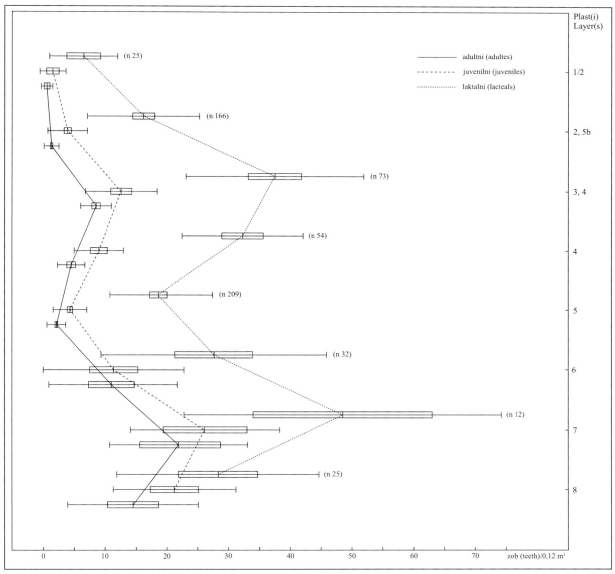

Sl. 8.2: Divje babe I. Standardne statistike mlečnih in stalnih zob jamskega medveda iz množice kvadratov in režnjev, ki je bila opredeljena po nagubanih plasteh 2 do 5 s pomočjo klasterske analize tipa *k-means*. Stalni zobje so razdeljeni na zobe v obodbju izraščanja (juvenilni) in na popolnoma izoblikovane zobe (adultni). Legenda: - pokončna črtica je srednja vrednost (M), - vodoravna črta je standardna deviacija (1 SD), - okvirček je interval zaupanja (CL 99 % za plasti 1 - 5 in 95 % za plasti 6 - 8), - n je število enot (0,12 m³) usedlin z najdbami zob.

Fig. 8.2: Divje babe I. Standard statistics of milk and permanent teeth of cave bear from groups of quadrats and spits, determined for folded layers 2 to 5 with the aid of *k-means* cluster analysis. Permanent teeth are divided into teeth in the irruption phase (juvenile) and fully formed teeth (adult). Legend: - vertical bar is mean (M), - horizontal bar is standard deviation (1 SD), - box is confidence level (CL 99% in layers 1 - 5 and 95% in layers 6 - 8), - n are units of sediment (0.12 m³) containing teeth.

smrtnost. Mlečnih zob je v vseh plasteh daleč največ, kljub največjim tafonomskim izgubam (*sl. 8.2*). Stalni zobje v obdobju izraščanja prevladujejo nad popolnoma izoblikovanimi stalnimi zobmi do vključno plasti 5. V plasteh 6 in 7 sta obe skupini stalnih zob precej izenačeni. Tedaj je moralo priti do bistvene spremembe v starostnem sestavu fosilne populacije. Slika zob v zgornjem delu plasti 8 je lahko posledica stanja usedlin. Zaradi breče smo verjetno spregledali veliko mlečnih zob. Zato so stalni zobje v obdobju izraščanja in mlečni zobje edino v tej plasti precej izenačeni. Druga mogoča razlaga bi bila, da oboji pripadajo predvsem osebkom, ki so poginili v obdobju menjave zobovja, t. j. do starosti enega leta.

Pomembna je statistično značilna korelacija med posamično najdenimi mlečnimi zobmi in stalnimi zobmi v obdobju rasti. Ugotovili smo jo v vseh analiziranih plasteh do vključno plasti 5 (r = 0,359 - 0,567; n = 54 - 209). Korelacija pomeni, da veliko teh zob pripada istim osebkom, ki so menjavali zobovje. Korelacije ni med popolnoma izoblikovanimi stalnimi zobmi in stalnimi zobmi v obdobju rasti ter mlečnimi zobmi. Edino izjemo predstavlja zaenkrat plast 4. Statistično značilni

at sites with cave bear (Rabeder 1992; Vőrős 1984). However, they are entirely normal for natural death. Milk teeth were by far the most numerous, despite the greatest taphonomic loss (*Fig. 8.2*). Permanent teeth in the erruption phase predominate over completely formed permanent teeth inclusive of layer 5. In layers 6 and 7, the two groups of permanent teeth are more or less balanced. There must have then been an essential change in the age profile of the fossil population. The pattern of teeth in the upper part of layer 8 may be a result of the state of the sedimentation. Because of the breccia, we probably overlooked many of the milk teeth. So the permanent teeth in the erruption phase and milk teeth in this layer only are equal. The other possibility is that both belong to individuals which perished in the phase of change of teeth, i.e., up to one year.

The statistically significant positive correlation between individual finds of milk teeth and permanent teeth in the growth phase is important. We established it for all layers analysed, including layer 5 (r = 0.359 to 0.567; n = 54 to 209). The correlation means that many of these teeth belong to the same individuals, who had changed teeth. There is no correlation between com-

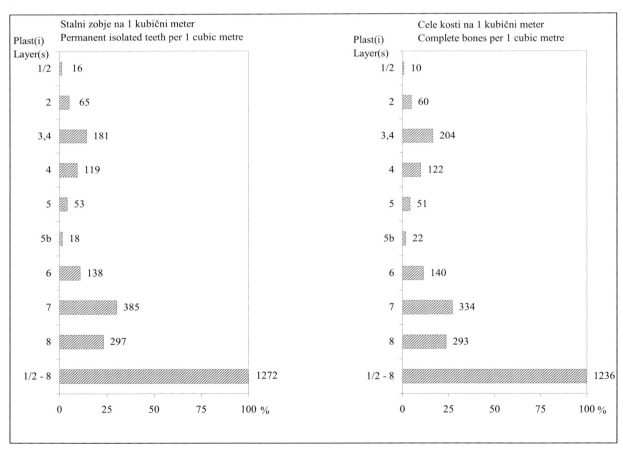

Sl. 8.3: Divje babe I. Ciklus stalnih zob jamskega medveda v primerjavi s ciklusom celih kosti jamskega medveda brez sezamoidnih koščic.

Fig. 8.3: Divje babe I. Cycle of permanent teeth of cave bear in comparison with cycle of whole bones of cave bear without sezamoidic bones.

korelaciji v tej plasti (r = 0,338 in 0,306; n = 54) lahko razložimo z modelom brloga samic z mladiči in pogostejšim skupnim poginom zaradi zaostrenih življenskih pogojev v bližajočih se periglacialnih razmerah. Domnevamo, da se je tedaj v jamskih brlogih povečal tudi delež samotarskih samcev. Pogosti so bili poboji 2- do 3-letnih mladičev, katerih število naenkrat močno naraste. Vse to je bilo ugotovljeno na podlagi analize cementnih letnic in debeline dentina stalnih zob v plasteh 2 do 5 (Debeljak 1996, sl. 13 in 14). V grobem se te spremembe odslikavajo tudi v razmerju stalnih zob v obdobju rasti in popolnoma izoblikovanih stalnih zob (sl. 8.4).

Da so v jami dejansko prezimovale predvsem samice z mladiči, potrjuje najbolj pogosto razmerje 1 : 2 med najmanjšim številom odraslih in mladih osebkov po plasteh na podlagi stalnih zob. Razmerje 1 : 2 ustreza samicam z dvema mladičema. Med stalnimi zobmi je dobra polovica zob od osebkov, ki so poginili v starosti

pletely formed permanent teeth and permanent teeth in the growth phase, and milk teeth. The only exception for the moment is layer 4. The statistically significant correlation in this layer (r = 0.338 and 0.306; n = 54) can be explained by a model of a den of a female with cubs and frequent mass mortality because of a deterioration of living conditions with the approach of periglacial conditions. We assume that the proportion of single males in cave dens also increased at that time. Two to three year old juveniles frequently perished, the number of which suddenly increased greatly. This was all ascertained on the basis of an analysis of the cememtum annuli and the dentine thickness of permanent teeth in layers 2, 4 and 5 (Debeljak 1996, Figs. 13 and 14). These changes are also illustrated in rough in the ratio of permanent teeth in the growth phase to completely formed permanent teeth (Fig. 8.4).

That primarily females with cubs actually hibernated in the cave is confirmed by the most common ratio of 1 : 2 between the minimum number of adults and juveniles by layer on the basis of permanent teeth. The ratio 1 : 2 matches a female with two cubs. Among the permanent teeth, a good half are from individuals that perished at age 6 - 8 months. The same pattern is given by milk teeth without regarding unknown taphonomic loss of teeth belonging to individuals younger than 6 months (Debeljak 1996, Figs. 9 and 12). We assumed that mortality of juveniles was greatest in all layers in the summer months after the first winter, when the juveniles also began to feed themselves, and at the time of pairing, At that time, male juveniles were most threatened by aggressive adult males. This is captured by analyses of pollen, which showed that vegetarian cave bears also sheltered in the cave during the summer months (Šercelj & Culiberg 1991). We even have a positive correlation between entomophilic plants, which probably represent the remains of bear food, and the fossil remains of cave bear by layers. Major irregularities in the age structure among layers appear only in ages more than 15 years (Debeljak 1996, Figs. 13 and 14). The disturbance may be natural, if it is connected with a deterioration in living conditions and intra-species competition - between dominant males and the rest of the population - or artificial, if it was caused by palaeolithic man's hunting. However, there is almost no other evidence of hunting. A good understanding of the

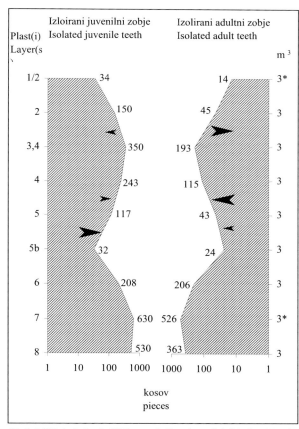

Sl. 8.4: Divje babe I. Ciklus stalnih zob v obdobju izraščanja (juvenilni) in ciklus popolnoma izoblikovanih stalnih zob (adultni) jamskega medveda. Skala je logaritemska. Absolutno število enih in drugih zob po plasteh je posebej označeno. Različno velike puščice pomenijo različno velike spremembe med plastmi, od spodaj navzgor, med številom mladih in odraslih primerkov zob. Razlagamo jih z neravnovesji med različnimi uporabniki brloga, ki se med seboj izključujejo (samotarski samci ali samice z mladiči). Zvezdica pomeni, da so vrednosti utežene.

Fig. 8.4: Divje babe I. Cycle of permanent teeth in the irruption phase (juvenile) and cycle of fully formed permanent teeth (adult) of cave bear. The scale is logarithmic. Absolute numbers of each teeth type by layers is marked individually. The various large arrows mean the different major changes between layers from below upwards, between the number of juvenile and adult examples of teeth. We explain them as an imbalance between various users of the cave lair which are mutually exclusive (single males or females with cubs). The stars mean that values are weighted.

6 do 8 mesecev. Enako sliko kažejo mlečni zobje, če ne upoštevamo neznanih tafonomskih izgub zob, ki so pripadali osebkom mlajšim od 6 mesecev (Debeljak 1996, sl. 9 in 12). Predvidevamo, da je bila smrtnost mladičev v vseh plasteh največja v poletnih mesecih po prvi zimi, ko so se mladiči začeli tudi sami hraniti in ko je nastopil čas parjenja. Tedaj mladiče najbolj ogrožajo napadalni odrasli samci. To se ujema z analizami peloda, ki so pokazale, da so se rastlinojedi jamski medvedi zadrževali v jami tudi v poletnih mesecih (Šercelj in Culiberg 1991). Imamo celo korelacijo med pelodom žužkocvetk, ki verjetno predstavlja ostanke hrane, in fosilnimi ostanki jamskega medveda po plasteh. Večje nepravilnosti v starostni sestavi med plastmi nastopajo samo v starosti več kot 15 let (Debeljak 1996, sl. 13 in 14). Motnja je lahko naravna, če je povezana z zaostrovanjem življenjskih pogojev in tekmovanjem znotraj vrste - med dominantnimi samci in ostalo populacijo - ali umetna, če jo je povzročil človek z lovom. Vendar za lov skoraj ni drugih dokazov. V veliko pomoč pri razreševanju nakazanih vprašanj bo dobro poznavanje spolne sestave fosilne populacije, ki se je, kot kaže, tudi spreminjala (Turk in dr. 1992). Spremembe v starostni in spolni sestavi fosilnih populacij jamskega medveda v času so znane tudi iz nekaterih drugih najdišč (Leonardi in Broglio 1965).

Zastopanost skeletnih delov jamskega medveda, razdeljena na 5 mest, se spreminja od plasti do plasti, vendar je spremembe težko razložiti (Turk in Dirjec 1989). Povprečna zastopanost vseh skeletnih delov osebkov vseh starosti je najboljša v združenih plasteh 3 in 4 (3. mesto) in najslabša v plasti 5b (4. mesto). Zelo slaba je tudi v plasti 2 (med 3. in 4. mestom). Plasti 6 do 8 še niso analizirane. Podatki se dobro ujemajo z nadzorovanimi tafonomskimi izgubami zob v plasteh 2 do 5b. Po posameznih plasteh so najbolje zastopani skeletni deli lobanjske kosti in spodnji čeljustnici (1. mesto). Najslabše zastopana je križnica (5. mesto). Za odrasle primerke je značilna boljša zastopanost kratkih kot dolgih kosti. Pri mladih primerkih so oboje kosti bolj izenačene (sl. 8.5). Zelo dobro zastopana dolga kost je fibula (2. mesto). Femur, iz katerega je izdelana domnevna piščalka, je po zastopanosti na četrtem mestu, skupaj z večino kosti okončin in trupa mladih primerkov. To pomeni, da se relativno veliko teh kosti ni ohranilo. Zastopanost posameznih skupin skeletnih delov iz združenih plasti 2 do 5b je presenetljivo podobna tisti iz horizonta A velikega bivalnega prostora v planem moustérienskem najdišču Érd na Madžarskem (Gábori-Csánk in Kretzoi 1968, 233). Primerjave z drugimi najdišči niso mogoče, ker ni podatkov.

Stopnjo fragmentarnosti fosilnega gradiva lahko zasledujemo tako na zobeh kot na kosteh. Zobni odlomki nedvomno predstavljajo izključno naravno, kosti pa predvsem umetno razpadanje. Kostnih odlomkov vseh velikosti je v vsaki plasti več kot 90 %. Od tega je blizu

sex structure of the fossil population, which appears also to have changed (Turk et al. 1992), will be of great assistance in resolving the questions raised. Changes in the age and sex structure of fossil populations of cave bear at the time are also familiar from some other sites (Leonardi & Broglio 1965).

The relative appearance of skeletal elements of cave bear, measured at 5 places, changes from layer to layer, but it is difficult to explain these pattern (Turk & Dirjec 1989). The average frequency of appearance of all skeletal elements of individuals of all ages is highest in joint layers 3 - 4 (place 3) and lowest in 5b (place 4). It is also very low in layer 2 (between places 3 and 4). Layers 6 - 8 have not yet been analysed. Data match well identified taphonomically lost teeth in layers 2 - 5b. Best represented by individual layers are skeletal elements of craniums and lower jaws (place 1). Worst represented is the backbone (place 5). Adult examples are typically better represented by compact bones (carpals, tarsals, metacarpals, metatarsals and phalanges) than limb bones. In juvenile examples both types of bone are equally represented (Fig. 8.5). The fibula is a very well represented limb bone (place 2). The femur, from which the presumed flute was made, is in fourth place by frequency of appearance, together with mostly bones of extremities and axial bones of juveniles. This means that a relatively large number of these bones have not been preserved. The appearance of individual groups of skeletal elements from combined layers 2 - 5b is surprisingly similar to those from level A of the large living area in the Mousterian open air site of Érd in Hungary (Gábori-Csánk & Kretzoi 1968, p. 233). Comparison with other sites is not possible because of a lack of data.

The degree of fragmentation of fossil material may be traced in both teeth and bones. Teeth fragments undoubtedly represent exclusively natural and bones mainly artificial disintegration. Bone fragments of all sizes make up 90 % in all layers, 40 % of which are fragments smaller than 5 cm. Since we based evaluation on the weight of bones, the quantity of small fragments was huge. A large majority of fragments is smaller than 1 cm. Almost all have rounded edges. The average weight of fragments collected by layer from 2 - 8 ranges from 1 g (layer 5b) to 18 g (layer 6). The actual average weight (size) is still smaller, since in the upper part of unconsolidated layer 8 we managed to collect only half the bone fragments sized between 3 - 10 mm. This was established by a control examination. In Epigravettian layers at the Badanj (Herzegovina) site, where all sediment was washed on a sieve with a hole diameter of 3 mm, the average weight of bone fragments ranged from 0.23 - 1.10 g (Miracle 1995, Table 6.9). The large fragmentation is partially ascribable to the powerful weathering of all bones in the late glacial.

Layers 6 and 7 in Divje babe I differ from other

40 % samo odlomkov, manjših od 5 cm. Ker smo pri oceni izhajali iz teže kosti, so količine majhnih odlomkov ogromne. Velika večina odlomkov je manjših od 1 cm. Skoraj vsi imajo zaobljene robove. Povprečna teža pobranih odlomkov po plasteh 2 do 8 se giblje od 1 g (plast 5b) do 18 g (plast 6). Dejanska povprečna teža (velikost) je še manjša, saj nam je npr. v zgornjem delu nesprijete plasti 8 uspelo pobrati samo polovico kostnih odlomkov, velikih 3 do 10 mm. To smo ugotovili s kontrolnimi pregledi. V eigravetienskih plasteh v najdišču Badanj (Hercegovina), kjer so vse usedline sprali na situ s premerom luknjic 3 mm, se povprečna teža kostnih odlomkov giblje v razponu 0,23 do 1,10 g (Miracle 1995, Table 6.9). Velika fragmentarnost se delno pripisuje močnemu preperevanju vseh kosti v poznem glacialu.

Plasti 6 in 7 po veliki povprečni teži kostnih odlomkov močno odstopata od ostalih plasti. V zgornjem delu nesprijete plasti 8 znaša teža kostnih odlomkov, velikih 3 do 10 mm, povprečno 22 % teže vseh kostnih odlomkov, ki jih vsebuje 1,3 m³ usedlin, ali - od skupno 27,6 kg kostnih odlomkov je 6,2 kg velikih 3 do 10 mm. V najdišču Badanj je bilo v 1 m³ usedlin od 8,7 do 21,5 kg kosti (celih in odlomkov) (Miracle 1995, Table 6.9).

layers in the large average weight of bone fragments. In the upper part of unconsolidated layer 8, bone fragments sized 3 - 10 mm amount to 22 % of the weight of all bone fragments contained in 1.3 m³ of sediment, or - of a total 27.6 kg of bone fragments, 6.2 kg are sized 3 - 10 mm. At the Badanj site, 1 m³ contains 8.7 to 21.5 kg of whole bones and bone fragments (Miracle 1995, Table 6.9). There is no reliable data on the proportion of small fragments. The proportion of bone fragments smaller than 1 cm, of all bone fragments, probably changes from layer to layer, and within the framework of layers. The reason for this is to be found mainly in the varying degrees of weathering of the fossil remains. The ratio between tiny bone fragments and larger pieces is not always in linear proportion. The more rubbly layers 2 and 6 probably differ in this ratio. This may be because of increased mechanical weathering and periglacial conditions.

Larger fragments, which could be ascribed to human kitchen waste by the typical shape and by fractures in the direct vicinity of joints, are very rare (Turk & Dirjec 1991). Unusually, there is an accumulation of normal fragments and whole bones larger than 20 cm, by layers and in individual places in layers. We recorded

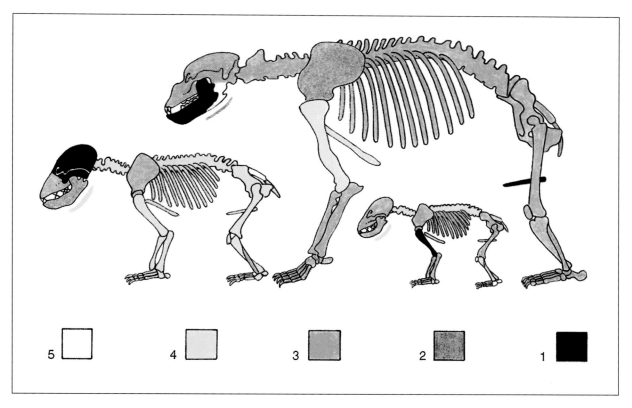

Sl. 8.5: Divje babe I. Zastopanost skeletnih delov novorojenih, mladih in odraslih jamskih medvedov v 150 m³ usedlin združenih plasti 2 do 5. Skeletni deli so po zastopanosti razdeljeni na pet mest, ki ustrezajo razredom po Spennemannu (1985). Zastopanost skeletnih delov se slabša od prvega proti petemu mestu.
Fig. 8.5: Divje babe I. Frequency of appearance of skeletal parts of cubs, juveniles and adult cave bear in 150 m3 sediment of combined layers 2 to 5. Skeletal parts are divided according to the frequency of appearance into 5 places which correspond to classes by Spennemann (1985). The frequency of appearance of skeletal parts reduces from 1st to 5th place.

Za delež majhnih odlomkov ni podatka. Delež kostnih odlomkov, manjših od 1 cm, od vseh odlomkov se verjetno spreminja od plasti do plasti in v okviru plasti. Vzrok temu je iskati predvsem v različno močnem preperevanju fosilnih ostankov. Odnos med majhnimi kostnimi drobci in večjimi odlomki ni vedno linearno premosorazmeren. Od tega odnosa verjetno odstopata bolj gruščnati plasti 2 in 6. Razlaga bi lahko bila povečano mehansko preperevanje v periglacialnih razmerah.

Večji odlomki, ki bi jih po značilni obliki in po prelomih v neposredni bližini sklepov lahko pripisala človeškim kuhinjskim odpadkom, so izjemno redki (Turk in Dirjec 1991). Nenavadno je kopičenje običajnih odlomkov in celih kosti večjih od 20 cm po plasteh in na posameznih mestih v plasteh. Zabeležili smo ga v plasti 4 in njeni bližini ter v plasti 6. Značilno je tudi za ognjišče v plasti 5b in za kurišča v drugih plasteh. Razporeditev večjih kostnih odlomkov v tlorisu se presentljivo dobro ujema z razporeditvijo artefaktov v horizontih A in A/B. Podobno kopičenje večjih kostnih odlomkov smo v vhodnem predelu jame zabeležili v plasteh 13 in 14, ki vsebujeta največ paleolitskih najdb (Turk in Dirjec 1991).

Kosti odraslih primerkov so občutno manj fragmentirane kot kosti mladih primerkov. Pri odraslih primerkih imamo dobrih 50 % odlomkov, pri mladih več kot 90 %. Razliko pojasnjujemo s selektivnim delovanjem zveri. Podatek je pomemben za razlago t. i. koščene piščali. Prispevek zveri k fragmentarnosti kosti se najbolj jasno kaže v zapestno-nartnih, stopalnih in prstnih kosteh (sl. 8.6). Prve in zadnje so tako majhne, da jih lahko večje zveri (hijene, volkovi) požro cele. Ker so te kosti lahko razpoznavne, imajo zelo malo ali nič nedoločljivih odlomkov. Iz slike teh distalnih kosti okončin, ki se bistveno ne spreminja od enega sklopa plasti do drugega in najmanšega števila osebkov, je razvidno, da so kosti mladih primerkov, ki so manjše in krhkejše, veliko bolj zdestkane kot iste kosti odraslih primerkov. Veliko več je odlomkov. Kosti niso enakomerno zastopane, tako kot so v skeletu. Najmanj je zapestno-nartnih kosti, ki so bile zanesljivo požrte skupaj z distalnimi deli juvenilnih tibij, radiusov in uln. Če bi propadle v usedlinah, bi še bolj propadli tretji prstni členki, ki so enako ali še bolj krhki od večine zapestno-nartnih kosti. Vendar se to ni zgodilo. Kosti odraslih primerkov se v zastopanosti približujejo naravni zastopanosti v skeletu. To pomeni, da jih zveri ali kakšne druge sile niso bistveno prizadele. Zato je tudi sorazmerno malo odlomkov. Na vseh analiziranih kosteh dobimo redke odtise zob, ki neposredno dokazujejo udejstvovanje zveri.

Ostane še vprašanje, za katero zver gre. Mislimo, da najverjetneje za volka. Ostankov volka je v najdišču največ za jamskim medvedom. Volk je bil zmožen požreti ali načeti predvsem kosti mladih primerkov, ki

it in layer 4 and its vicinity and in layer 6. It is also characteristic of the fireplace in layer 5b and the hearths in other layers. The distribution of larger bone fragments on the groundplan matches surprisingly well the distribution of artefacts in levels A and A/B. We noted similar accumulations of larger bone fragments in the entrance part of the cave in layers 13 and 14, which contain the most palaeolithic tools (Turk & Dirjec 1991).

Bones of adult individuals are appreciably less fragmented than the bones of juveniles. With adults, a good 50 % are fragments, and with juveniles, more than 90 %. We explain the difference by the selective operation of carnivores. The data is important for explaining the so-called bone flute. The contribution of carnivores to the fragmentation of bones is most clearly shown by the carpal-tarsal, metapodial and finger bones (*Fig. 8.6*). The first and last are so small that the majority of bone eating carnivores (hyenas, wolves) can eat them whole. Since these bones can be easily identified, they have very little or no indeterminable fragments. From the pattern of these distal bone extremities, which does not essentially change from one group of layers to another, and considering a minimum number of individuals, it is clear that the bones of juveniles, which are smaller and more brittle, are a great deal more fragmented than the same bones of adults. There are many more fragments. The bones are not equally represented as they are in the skeleton. There are fewest carpal-tarsal, which would certainly have been devoured together with the distal parts of juvenile tibiae, radia and ulnae. If these had disintegrated in the sediment, the third phalanges, which are as fragile, or even more so, than the majority of carpal-tarsal bones, would have disintegrated even more. However, this had not happened. The bones of adult individuals approach in frequency of appearance the natural frequency of occurrence in the skeleton. This means that carnivores, or other forces (e. g. post-depositional processes) did not essentially affect them. There are also thus relatively few fragments. We get occasional toothmarks on all analysed bones, which directly demonstrate the activity of predators.

The question remains of what carnivore is concerned. We believe it was probably wolf. After cave bear, there are most wolf remains at the site. A wolf was capable of eating or starting mainly the bones of juveniles, which are softer. Hyena must certainly be eliminated. Firstly, hyena remains were not found at the site. Fossil remains of hyena are also very rare in Slovenia (Rakovec 1973). Secondly, a hyena would certainly also start on the carpus-tarsus and other compact distal bones of extremities of adult cave bear, which are a harder task for a wolf, and it leaves behind it a characteristic pattern of the state of these bones (Marean 1991). At least until layer 7 inclusive, there is none of this. It is similar with limb bones.

The polishing and rounding of bone fragments,

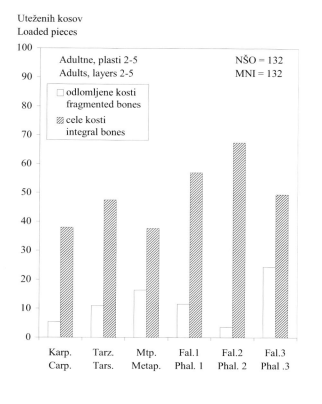

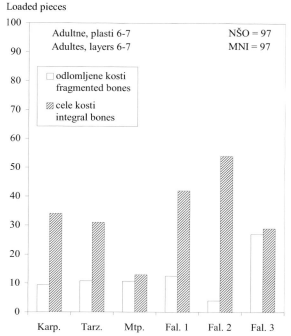

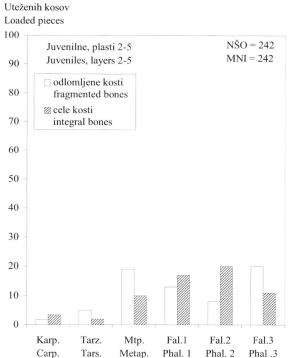

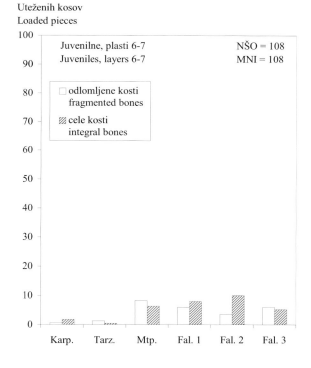

Sl. 8.6: Divje babe I. Zastopanost in fragmentarnost majhnih distalnih kosti okončin mladih in odraslih primerkov jamskega medveda. Najmanjše število osebkov iz združenih plasti je ocenjeno na podlagi izoliranih stalnih zob. Analizirani ostanki so iz usedlin spranih in pregledanih na sitih. Istemu vzorcu usedlin pripadajo ostanki prikazani na *sl. 9.1*

Fig. 8.6: Divje babe I. Frequency of appearance and fragmentation of small distal bones of extremities of juvenile and adult individuals of cave bear. The minimum number of individuals from the combined layers is assessed on the basis of isolated permanent teeth. The analysed remains are from sediments collected and examined on sieves. The remains shown on *Fig. 9.1* belong to the same sample.

so mehkejše. Hijena zanesljivo ne pride v poštev. Prvič, v najdišču ni bila najdena. Njeni fosilni ostanki so tudi sicer zelo redki v Sloveniji (Rakovec 1973). Drugič bi se hijena zanesljivo lotila tudi zapestno-nartnih in drugih distalnih kosti okončin odraslih primerkov jamskega medveda, ki so za volka trši oreh, in pustila za sabo značilno sliko stanja teh kosti (Marean 1991). Tega pa vsaj do vključno plasti 7 ni. Podobno je z dolgimi cevastimi kostmi.

Oglajenost kostnih odlomkov, ki so ji včasih pripisovali umeten izvor, je očitno povezana z maso fosilnih ostankov. To dokazuje med drugim tudi statistično značilne visoke pozitivne korelacije med številom oglajenih, odlomkov večjih od 5 cm, in težo vseh kostnih odlomkov po plasteh 2 do 5 (r = 0,449 do 0,785; n = 54 - 209). Glavni povzročitelj oglajenosti je bil brez dvoma jamski medved, ki je dobro premešal vse, kar je ležalo na jamskih tleh in tik pod njimi.

Ostali pojavi na kosteh, kamor štejemo, patologijo, izluževanje, sledove grizenja in vreze, narejene s sileksom, so zastopani z desetinkami odstotkov. V najdišču Badanj je v izredno bogatih paleolitskih plasteh npr. 1,1 % določljivih kosti obgrizenih (Miracle 1995, Table 6.5). V Divjih babah I manj kot 0,5 %. Med več kot 200.000 kostmi in kostnimi odlomki smo odkrili samo 8 primerkov z vrezi, narejenimi s sileksom (*sl. 10.9*). Vsi primerki pripadajo moustérienskima horizontoma A in A/B. Samo en primerek je iz plasti 4.

8.3. OSTALA FAVNA

Ker se je v vhodnem predelu jame našlo poleg fosilnih ostankov jamskega medveda sorazmerno malo ostankov druge favne, smo obdelali samo bogatejše ostanke iz osrednjega dela jame (Turk in Dirjec v pripravi). Pri tem smo upoštevali le 216 ostankov, ki smo jih lahko ločili po plasteh 2 do 5. Pripadajo 17 taksonom od skupno 27 doslej ugotovljenih. Vsi ostanki iz plasti 6 do 8 in več kot polovica ostankov iz plasti 2 do 5 ni zajetih v tem prikazu.

Med ostanki je 45 % zveri (Ursidae, Canidae, Mustelidae). Takšno stanje je značilno za večino jamskih najdišč s srednjepaleolitskimi najdbami v Evropi (Gamble 1983; 1986). Najbolj pogosta vrsta v najdišču za jamskim medvedom je alpski svizec (*Marmota marmota*), ki predstavlja skoraj tretjino vseh najdb. Med zvermi je treba poudariti velik delež predstavnikov družine psov, predvsem volka. Divje babe I so najdišče z največjim številom fosilnih ostankov volka v Sloveniji. Volk je lahko odigral določeno vlogo pri nastanku koščene piščalke.

Vsi fosilni ostanki so močno fragmentirani. Zastopanost skeletnih delov je slaba in bistveno drugačna kot pri jamskem medvedu. Število opredeljenih kosov favne, preračunano na 0,12 m³ usedline vsake posamezne

which is sometimes ascribed to an artificial origin, is clearly connected with the mass of fossil remains. This is shown by, among other things, the statistically significant high positive correlation between the number of polished and rounded fragments larger than 5 cm, and the weight of all bone fragments by layers from 2 - 5 (r = 0.449 to 0.785; n = 54 to 209). The main cause of polishing and rounding was undoubtedly cave bear, which thoroughly mixed everything which lay on the living floor of the cave and immediately below it.

Other phenomena of the bones, in which we include the pathology, grooving, traces of gnawing and cut marks made by silex, are represented by tenths of a percentage. At the Badanj site, in exceptionally rich palaeolithic layers, there is, e.g., 1.1 % of bones with distinguishable gnawing (Miracle 1995, Table 6.5). In Divje babe I, there is less than 0.5 %. Among more than 200,000 bones and bone fragments, we discovered only 8 cases with cut marks made with silex (*Fig. 10.9*). All examples belong to Mousterian level A or A/B. Only one example is from layer 4.

8.3. REMAINING FAUNA

Since, apart from the fossil remains of cave bear, we found relatively few remains of other fauna in the entrance part of the cave (Turk & Dirjec, prepared for print), we processed only the richer remains from the central part of the cave In this we considered only 216 remains, which we could separate by layers 2 - 5. They belong to 11 taxa of a total of 27 established to date. All remains from layers 6 - 8, and more than half the remains from layers 2 - 5, are not covered by this survey.

Of the remains, 45 % are carnivores (Ursidae, Canidae, Mustelidae). Such a state is typical of the majority of cave sites with middle palaeolithic tools in Europe (Gamble 1983; 1986). The most frequent species at the site after cave bear is the marmot (*Marmota marmota*), which represents almost a third of all finds. Among the carnivores, the high proportion of representatives of the Canis family, mainly wolf, should be stressed. Divje babe I is the site with the highest number of fossil remains of wolf in Slovenia. Wolf may have played a specific role in the creation of the bone flute.

All fossil remains are greatly fragmented. The frequency of representation of skeletal elements is poor and essentially different than for cave bear. The number of identified specimens of fauna, calculated to 0.12 m³

plasti da zanesljiv pregled gostote ostankov po taksonih in sprememb po plasteh (*sl. 8.7*). Dobro se vidi razliko med ostanki zveri (Carnivora) in rastlinojedov, ki obsegajo sodoprste kopitarje (Artiodactyla) in rodova *Lepus* ter *Marmota*. Izhajajoč iz splošne domneve, da so bile zveri, podobno kot ljudje, lahko predvsem uporabniki jame, rastlinojedi pa skoraj izključno njihov plen, smo natančneje preučili pestrost ali diverziteto obeh skupin živalskih ostankov (Bobrowsky in Ball 1989; Leonard in Jones 1989) (*sl. 8.8*). Pestrost je mera, sestavljena iz števila ostankov po taksonih ali gostote in števila taksonov ali bogastva oz. revščine. Pestrost ponuja dober količinski in kakovostni pregled favne in omogoča hitro primerjavo med najdišči in po plasteh. Diverziteto smo izrazili z indeksi, preračunano na 0,12 m³ usedlin vsake plasti. Tako smo omilili, če ne popolnoma odstranili učinek korelacije med velikostjo vzorcev in obema merama diverzitete (Grayson 1984; Meltzer in dr. 1992). Ta ima za posledico, da število

of sediment for each layer individually, gives a reliable survey of the density of remains by taxa and changes by layer (*Fig. 8.7*). The difference between the remains of carnivores (Carnivora) and herbivores, which embrace the Artiodactyla and the genera *Lepus* and *Marmota* is evident. Deriving from the general premise that carnivores, including humans, were probably the primary users of the cave, and herbivores almost exclusively their prey, we studied more precisely the variety or diversity of the two groups of animal remains (Bobrowsky & Ball 1989; Leonard & Jones 1989) (*Fig. 8.8*). Diversity is a measure composed of the number of remains by taxa, or density, and the number of taxa, or richness or paucity. Diversity provides a good quantitative and qualitative survey of the fauna, and enables a speedy comparison among sites and by layers. We expressed diversity with an index, calculated on 0.12 m³ of sediment for each layer. We thus mitigated, if not completely removed, the effect of correlation between size of samples and

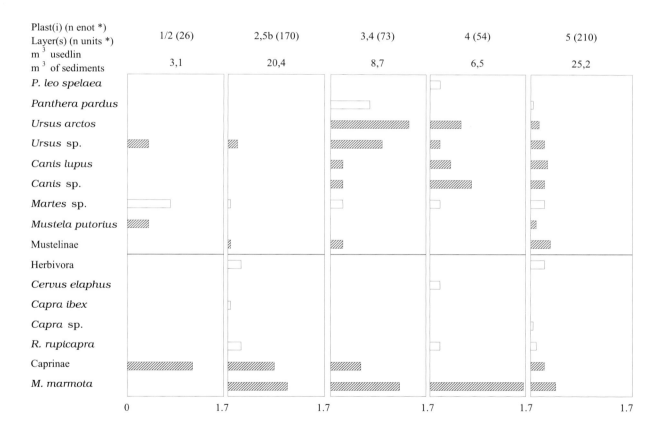

* Ena enota je 0,12 m³ usedline
* One unit is 0.12 m³ of sediment

Sl. 8.7: Divje babe I. Gostota ostankov velikih sesalcev brez jamskega medveda v plasteh 2 do 5. Od malih sesalcev je dodan alpski svizec. Vrednosti so povprečja števila ostankov preračunana na 0,12 m³ usedlin vsake plasti. Plasti so bile opredeljene s klastersko analizo tipa *k-means*.

Fig. 8.7: Divje babe I. Density of remains of large mammals without cave bear in layers 2 to 5. Of small mammals, alpine marmot is shown. The number of identified specimens is calculated on 0.12 m3 of sediment from every layer. Layers were determined by *k-means* cluster analysis.

različnih taksonov v vzorcu običajno narašča z njegovo velikostjo, v našem primeru prostornino usedlin. Prav tako običajno narašča z velikostjo vzorca tudi število predstavnikov posameznega taksona.

Ostanki favne so najbolj pestri v plasti 4 in v plasteh 3 do 4. To se ujema z vrhuncem fosilnih ostankov jamskega medveda in paleolitskih najdb. Najmanj pestri so ostanki v plasteh 2, 5 in 5b, kjer je tudi najmanj fosilnih ostankov jamskega medveda in paleolitskih najdb. K bogastvu vrst prispevajo v vseh plasteh, razen v 2 in 5b, predvsem zveri. Bogastvo vrst je v zgornjem delu plasti 2 skoraj enako kot v plasti 4, kar je razumljivo zaradi njene dolge izpostavljenosti vplivom različnih okolij. Gostota vrst je pri zvereh in rastlinojedih precej izenačena. V vseh plasteh, razen v 2 in 5b, je gostota pri zvereh rahlo večja. Za plasti 2 in 5b je značilna najmanjša gostota zveri in največja gostota rastlino- jedov. Razlika je tako velika in očitna, da zanesljivo nekaj pomeni. V teh plasteh smo ugotovili tudi največ ostankov alpinske favne (*C. ibex, R. rupicapra, M. marmota*). Za plast 2 imamo dobre vzporednice v aurignacienski plasti v najdišču Fumane pri Veroni (Bartolomei in dr. 1992a, b). Naše najdbe alpinske favne bi mogoče lahko razložili kot ostanke lovskega plena aurignacienskih lovcev. Ni pa za to nobenih otipljivih dokazov. Gostoto v plasteh 3 do 4 povečujejo predvsem ostanki alpskega svizca.

Bogastvo zverskih vrst, ki se močno spreminja od plasti do plasti in doseže največjo pestrost v plasteh 3 in 4 na eni strani, ter revščino rastlinojedih vrst, ki se

the two measures of diversity (Grayson 1984; Meltzer *et al.* 1992). This has the effect that the number of dif- ferent taxa in a sample normally increases with its size, in this case the volume of sediment. Equally, the number of representatives of individual taxa also normally in- creases with size of sample.

The remains of fauna are most diverse in layer 4 and in layers 3 - 4. These are embraced by the peak of fossil remains of cave bear and palaeolithic tools. Least varied are remains in layers 2, 5 and 5b, where there are also fewest fossil remains of cave bear and palaeolithic tools. Carnivores, above all, contribute to the species richness in all layers, except 2 and 5b. Species richness is almost the same in the upper part of layer 2 as in layer 4, which is understandable in view of its long exposure to the influences of different environments. The density of species is almost the same between carnivores and herbivores. In all layers except layer 2 and 5b, the den- sity of carnivores is slightly greater. Layers 2 and 5b are characterised by the lowest density of carnivores and highest density of herbivores. The difference is so great and obvious that it certainly means something. In these layers, we also found the most remains of alpine fauna (*C. ibex, R. rupicapra, M. marmota*). There is a good parallel for layer 2 in the Aurignacian layers at the site at Fumane by Verona (Bartolomei *et al.* 1992a, b) Our finds of alpine fauna could be explained as the remains of prey hunted by Aurignacian hunters. But there is no tangible evidence of this. The remains of marmot, above all, increase in density in layers 3 - 4.

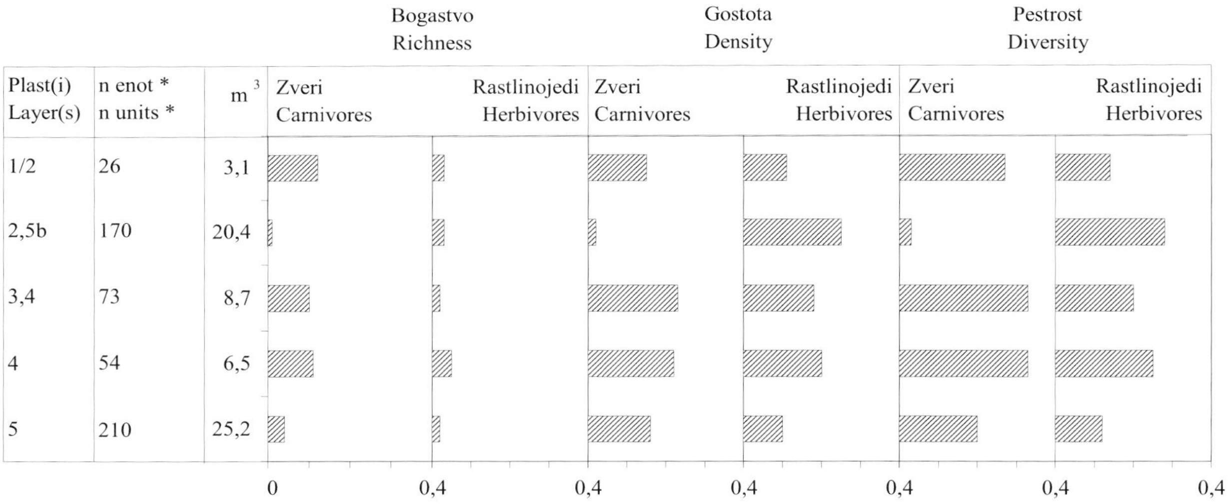

Plast(i) Layer(s)	n enot * n units *	m³	Bogastvo Richness		Gostota Density		Pestrost Diversity	
			Zveri Carnivores	Rastlinojedi Herbivores	Zveri Carnivores	Rastlinojedi Herbivores	Zveri Carnivores	Rastlinojedi Herbivores
1/2	26	3,1						
2,5b	170	20,4						
3,4	73	8,7						
4	54	6,5						
5	210	25,2						
			0 0,4	0,4	0,4	0,4	0,4	0,4

* Ena enota je 0,12 m³ usedline
* One unit is 0.12 m³ of sediment

Sl. 8.8: Divje babe I. Pestrost ostankov velikih sesalcev brez jamskega medveda razdeljenih na plenilce (zveri) in plen (rastlinojedi). Upoštevane so vse vrste navedene v *sl. 8.7.* Vrednosti vseh mer so povprečja preračunana na 0,12 m³ usedlin vsake plasti in njihovih sklopov. Pestrost je seštevek bogastva in gostote.

Fig. 8.8: Divje babe I. Diversity of remains of large mammals without cave bear, divided into carnivores and herbivores. All species cited in *Fig. 8.7* are considered. All values are an average calculated on 0.12 m3 of sediment for each layer and their combinations. Diversity is a product of richness and density.

komaj kaj spreminja od plasti do plasti in doseže največjo pestrost v plasteh 2 in 5b na drugi strani, lahko razlagamo s slabšanjem življenjskih pogojev v času odlaganja plasti 3 do 4 in naravnim poginjanjem. Druga mogoča razlaga je, da so ljudje v paleolitskem horizontu A lovili predvsem zveri v zelo omejenem obsegu.

Razmerje med zvermi in rastlinojedi ne ustreza naravnemu ravnovesju, razen morda v plasteh 2 in 5b. Zveri je povsod preveč. Iz tega lahko sledi, da je bilo najdišče predvsem zverski brlog in/ali vir hrane, ki so jo predstavljali jamski medvedi. Ostankov sodoprstih kopitarjev je v plasteh 3 in 4, ki vsebujeta največ najdb zveri in paleolitskih artefaktov, tako malo, da je vprašanje, ali ti ostanki dejansko predstavljajo ostanke plena zveri in/ali ljudi. Podobno sliko poznamo v Črnem Kalu in v Grotta del Broion (S. Brodar 1958, 315; Sala 1990, 144). Ravno obratno je z alpskim svizcem. Njegovi ostanki v stratigrafskem nizu niso v korelaciji s številom vseh opredeljenih ostankov favne. Zato velikost vzorcev v nobnem primeru ne more vplivati na število opredeljenih ostankov svizca po plasteh (Grayson 1984). Pač pa je gostota svizca v močni pozitivni korelaciji z gostoto zveri, vključno in predvsem z jamskim medvedom, kakor tudi s paleolitskimi najdbami. Ker se obe najbolj številni živalski vrsti v jamskem habitatu izkjučujeta - vemo, da so danes svizcem podobne živali priljubljena medvedja hrana - je treba prisotnost svizca v plasteh 3 do 4 razlagati predvsem kot lovski plen ljudi in/ali zveri, vendar ne medvedov. Svizcu, ki ima sicer rad skalne, vendar tudi sončne habitate, ne ustreza niti senčna lega jame in okolice.

Na ostankih favne nismo odkrili nobenih znakov udejstvovanja ljudi ali zveri. Zato mislimo, da gre, razen pri alpskegem svizcu, bolj ali manj za ostanke naravno poginulih živali.

The richness of carnivore species, which greatly changes from layer to layer and achieves its highest diversity in layers 3 and 4 on the one hand, and the paucity of herbivore species, which barely changes from layer to layer and achieves its greatest diversity in layers 2 and 5b, on the other hand, may be explained by a deterioration in living conditions at the time of deposition of layers 3 - 4, and natural mortality. Another possible reason is that the human inhabitants in the age of palaeolithic level A hunted, mainly carnivores, only to a very limited extent.

The ratio between carnivores and herbivores does not match the natural equilibrium, except perhaps in layers 2 and 5b. There are too many carnivores throughout. It may follow from this that the site was primarily a carnivore lair and/or source of food, represented by deceased cave bear. There are so few remains of Artiodactyla in layers 3 and 4 that it is questionable whether these remains are in fact the remains of the prey of carnivores and/or palaeolithic hunters. There is a similar pattern at Črni Kal and at Grotta del Broion (S. Brodar 1958, p. 315; Sala 1990, p. 144). It is quite the reverse with marmot. Their remains are not in correlation in the stratigraphic series with the number of all identified remains of fauna. So the size of sample cannot in any case influence the number of identified remains of marmot by layer (Grayson 1984). However, the density of marmot is in strong positive correlation with the density of predators, including and above all with cave bear, as well as with palaeolithic tools. Since the two most numerous animal species are mutually exclusive in a cave habitat - we know that today similar animals to marmot are a favorite food of bears - the presence of marmot in layers 3 - 4 must be explained mainly as the prey of palaeolithic hunters and/or beasts other than bears. Moreover, although the marmot likes cliffs, it prefers a sunny habitat, so the shady position of the cave and surroundings would not suit it.

We have not discovered in the remains of fauna, any signs of the activity of humans or predators. So we think that, except for marmot, these are more or less the remains of naturally perishing animals.

9. Tafonomija dolgih cevastih kosti okončin jamskega medveda

9. Taphonomy of limb bones of cave bear

Ivan Turk & Janez Dirjec

Izvleček

Med dolgimi cevastimi kostmi mladih in odraslih primerkov jamskega medveda obstajajo velike razlike v stopnji fragmentarnosti in obgrizenosti. Razlagamo jih z dejavnostjo plenilcev in/ali mrhovinarjev z omejenimi sposobnostmi popolne konzumacije plena ali mrhovine s kostmi vred. Prisotnost jamske hijene je popolnoma izključena na podlagi vsestranske negativne evidence. Nekatere fragmentirane kosti odraslih primerkov so morda tudi posledica dejavnosti človeka v smislu izkoriščanja kostnega mozga in možganov.

Abstract

Major differences exist in the degree of fragmentation and having been gnawed, between limb bones of juvenile and adult individuals of cave bear. We explain this by the activities of predators and/or scavengers with limited capacities completely to consume their prey or carrion. The presence of cave hyenas is entirely excluded on the basis of negative evidence. Some limb bone fragments of adult specimens are also perhaps the result of human activities in the sense of extracting the marrow.

Za razlago najdbe domnevne piščalke so pomembni nekateri tafonomski podatki, ki nam lahko povedo nekaj o morebitnem drugačnem nastanku luknjic v stegnenični kosti. V slovenski strokovni literaturi se namesto pomanjševalnice uporablja izraz luknja za večje in luknjica za manjše primerke (M. Brodar 1985). Mi teh razlik ne delamo, ker so razvidne iz navedenih mer. O luknjicah v fosilnih kosteh jamskega medveda in njihovem nastanku je nazadnje pri nas izčrpno poročal Mitja Brodar (1985). Od starejše literature je s tem v zvezi treba omeniti Frana Kosa (1931). Niti prvi niti drugi ni luknjic obravnaval v širšem tafonomskem sklopu najdišč, v katerih nastopajo kosti z luknjicami. Oba avtorja sta se luknjic lotila selektivno. V najdišču Divje babe I imamo prvič priliko obravnavati pojav luknjic na kosteh na neselektiven način.

V približno 180 m³ na sitih pregledanih usedlin v osrednjem predelu jame je tafonomska podoba dolgih cevastih kosti okončin jamskega medveda, kakor sledi. Vzorec fragmentarnosti odraslih in mladih primerkov, ki jih lahko jasno ločimo na podlagi zaraščenosti epifiz, je močno različen (Turk in Dirjec 1991). Fragmentarnost mladih primerkov je več kot trikrat večja od fragmentarnosti odraslih primerkov (*sl. 9.1*). Pri odraslih primerkih imamo 5 določljivih odlomkov na celo kost. Pri mladih primerkih 19. Velike so tudi razlike v fragmentarnosti med posameznimi dolgimi kostmi. Relativno največ odlomkov ima n. pr. fibula, ki zavzema med dolgimi cevastimi kostmi okončin jamskega medveda posebno mesto. Med odlomki mladih

In order to explain the find of the suspected flute, some taphonomic data are required, which can tell us something about possible other origins of the holes in the femur. In the Slovene professional literature, the expression "luknja" is used for larger and "luknjica" for smaller examples (M. Brodar 1985). We do not apply this distinction where it is evident from the cited measurements. Holes in the fossil bones of cave bear, and their origin, was last exhaustively reported by Mitja Brodar (1985). Of the older literature, Fran Kos (1931) must be mentioned in this connection. Neither dealt with holes in the wider taphonomic context of sites in which bones with holes appear. Both authors touch on holes selectively. At the Divje babe I site, we have the first opportunity to deal with the phenomenon of holes in bones in a non-selective manner.

In approximately 180 m³ of sediment from the central part of the cave examined on sieves, the taphonomic picture of limb bones of cave bear is as follows. The pattern of fragmentation of adult and juvenile bones, which can be clearly distinguished on the basis of epiphysal fusion, is very different (Turk & Dirjec 1991). The fragmentation of juvenile bones is more than three times greater than that of adults (*Fig. 9.1*). In adults, we have five identifiable fragments per whole bone. In juveniles, nineteen. There are also great variations in fragmentation among individual limbs. There are relatively the largest number of fragments of, for example, fibulae, which has a special place among limb bones of cave bear. Among fragments of juveniles, shaft frag-

primerkov prevladujejo diafize, med odlomki odraslih primerkov pa epifize (Turk in Dirjec 1991, 7, sl. 1). Fragmentarnost in diafizni odlomki sta pri mladih primerkih povezani, kot kaže podobnost diagramov (*sl. 9.1*). Pri odraslih primerkih take povezave ni. Na to, ali je povezava ali je ni, lahko vplivajo nenadzorovane (neznane) tafonomske izgube celih kosti, ki so lahko od primera do primera različne. Povzročile so jih lahko tako zveri kot ljudje, če so kosti selektivno odstranili z

ments predominate, while among adults, proximal or distal end fragments (Turk & Dirjec 1991, p. 7, Fig. 1). There is a connection between fragmentation and shaft fragments with juvenile bones, as the similarity of diagrams shows (*Fig. 9.1*). In adult bones, there is no such connection. Whether or not there is a connection may be influenced by unidentified (unknown) taphonomic loss of whole bones, which can differ from case to case. It may be caused by either predators or humans, if the

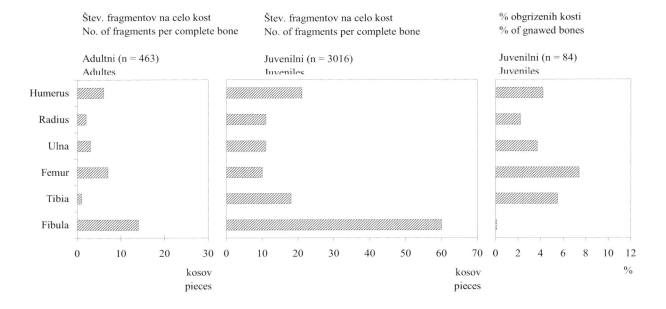

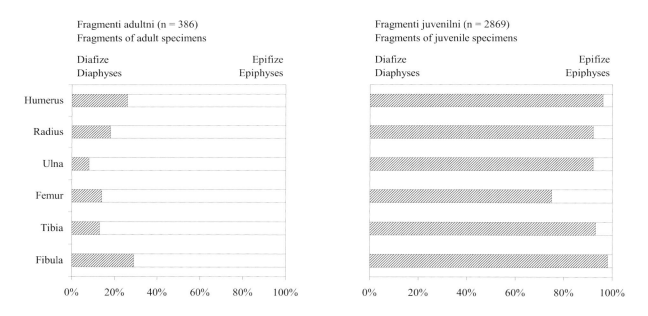

Sl. 9.1: Divje babe I. Tafonomija dolgih proksimalnih kosti okončin mladih (juvenilni) in odraslih (adultni) primerkov jamskega medveda. Analizirani ostanki so iz usedlin spranih in pregledanih na sitih. Istemu vzorcu (plasti 2 do 5) pripadajo ostanki na *sl. 8.6.*

Fig. 9.1: Divje babe I. Taphonomy of proximal limbs of juvenile and adult individuals of cave bear. Analysed remains are from sediments collected and examined on sieves. The remains shown on *Fig. 8.6* (layers 2 - 5) belong to the same sample.

najdišča. Drugi razlog za povezavo so lahko večinski določljivi veliki odlomki diafiz pri mladih primerkih, za nepovezavo pa večinski nedoločljivi majhnih odlomki diafiz pri odraslih primerkih.

Pomemben je odstotek obgrizenih kosti, ki nas opozarja na dejavnost plenilcev in(ali) mrhovinarjev med hranjenejem na plenu ali mrhovini. Z izrazom obgrizen smo zajeli vse sledove zverskih zob, vključno z luknjicami (predrtimi), vdrtinicami in odtiski po M. Brodarju (1985). Odstotek posameznih obgrizenih dolgih kosti okončin je pri mladih primerkih precej večji kot pri odraslih. Največji je pri femurju, t. j. kost, iz katere je narejena domnevna piščalka (*sl. 9.1*). Vseh obgrizenih dolgih kosti okončin je pri mladih primerkih 4,5 %, 2,6 % pa pri odraslih primerkih. Razen dolgih cevastih kosti okončin so obgrizene tudi vse druge kosti v skeletu, najbolj vretenca in rebra (*sl. 9.2*). Največ

bones have been selectively removed from the site. Another reason for the link may be the majority identification of large shaft fragments with juveniles, and for the lack of connection the majority non-identification of small shaft fragments of adults.

The percentage of gnawed bones is important, drawing attention to the activity of predators and/or scavengers during feeding on prey or carrion. Pronounced gnawing provides all the various traces of a carnivore's teeth, including punctured holes and indentations, according to M. Brodar (1985). The percentage of individual gnawed limb bones is considerably greater among juveniles than among adults. The highest is with femurs, i. e., the bone from which the presumed flute was made (*Fig. 9.1*). Among juveniles, 4.5 % of all limb bones are gnawed, and 2.6 % among adults. In addition to limb bones, all other bones in the skeleton are gnawed, most

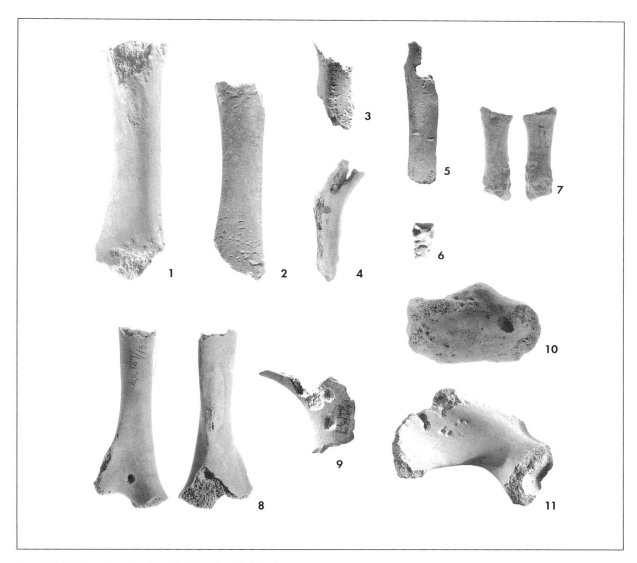

Sl. 9.2: Divje babe I. Primeri različnih skeletnih delov jamskega medveda s sledovi zverskih zob. Različno merilo. Foto: Marko Zaplatil.
Fig. 9.2: Divje babe I. Examples of different skeletal parts of cave bear with tooth marks. Various scales. Photo: Marko Zaplatil.

predrtih luknjic in vdrtinic je na femurju, 3,6 %. Sledita humerus z 2,5 % in ulna z 2,1 %. Ostale dolge kosti jih imajo bistveno manj, 0,1 do 1,6 %. Podoben vzorec je značilen za zbirko kosti z luknjicami, ki jo je objavil M. Brodar (1985). Največ luknjic, vdrtinic in odtiskov je tudi tam na femurju. Na avstrijskih najdiščih se luknjice pojavljajo predvsem na kosteh jamskih medvedov (Ehrenberg 1976a, b; Mottl 1950a, b). Tudi v slovenski zbirki prevladujejo luknjice na kosteh mladih primerkov. Pri tem je zanimiva ugotovitev M. Brodarja (1985), da v drugih najdiščih na območju Alp in v Evropi luknjic v kosteh ni oziroma so zelo redke.

Razlaga navedenih tafonomskih izsledkov je lahko zelo preprosta. Fragmentarnost kosti mladih primerkov je predvsem posledica zverskega žrtja. Zato so skoraj vse epifize odstranjene. Najbolj ogriženi kosti sta femur in tibija. Zakaj? Vse zveri začno žreti pri stegnu zadnje noge, kjer je največ mesa. Fragmentarnost kosti odraslih primerkov je težje razložljiva. Če jo pripišemo človeku, kar je na podlagi tvarnih dokazov edino sprejemljivo, saj je samo on v našem najdišču lahko razbil masivne diafize - potem ko smo iz igre dokazano izključili jamsko hijeno - manjkajo zanj značilno dolgi epifizni odlomki (Turk in Dirjec 1991). Razen tega skoraj ni sledov sileksa (sl. 10.9). Ti nastopajo na skromnih 4 ‰ dolgih cevastih in drugih kosti. Če izločimo še človeka, ostane samo mehansko razpadanje.

Posebno pozornost zasluži tafonomija femurja mladih primerkov, ker je iz njega izdelana domnevna piščalka. Femur je najmanj fragmentirana dolga cevasta kost okončin. Podobno kot ulna in radius. Ima največ epifiznih odlomkov. Protislovno je to, da je najbolj obgrizen. Zato bi pričakovali največjo fragmentarnost in med odlomki najmanj epifiz. Radius in ulna sta najmanj obgrizeni kosti in imata bistveno manj ohranjenih epifiz kot femur. Tudi to ni v skladu z našimi pričakovanji. Razen zveri so morali biti prisotni še drugi tafonomski dejavniki. Morda človek.

of all vertebrae and ribs (*Fig. 9.2*) The most punctured holes and indentations are on the femur, 3.6 %. It is followed by the humerus, with 2.5 % and the ulna, with 2.1 %. Other limbs have essentially less, 0.1 - 1.6 %. A similar pattern is characteristic of the collection of bones with holes which was published by M. Brodar (1985). The most holes and indentations there, too, are in the femur. In Austrian sites, holes appear mostly in the bones of juvenile bears (Ehrenberg 1976a, b; Mottl 1950a, b). Even in the Slovene collection, holes in the bones of juveniles predominate. In this, M. Brodar's (1985) finding is interesting, that there are no holes in bones, or they are very rare, at other sites in the area of the Alps and in Europe.

The reason for the cited taphonomic results may be very simple. The fragmentation of the bones of juveniles is mainly a result of carnivores feeding on bones. So almost all proximal fragments are removed. The most gnawed bones are the femur and the tibia. Why? All carnivores usually start feeding on the upper hind leg, where there is the most meat. The fragmentation of bones of adult individuals is more difficult to explain. If we ascribe it to palaeolithic man, which on the basis of the material evidence is the only acceptable explanation, since only he at this site could have smashed a solid shaft - having excluded the cave hyena, as explained above - the characteristic epiphysal shaft fragments are missing (Turk & Dirjec 1991). In addition, there is almost no trace of silex (*Fig. 10.9*). These appear on a mere 4 ‰ of bones. If we exclude man, only mechanical fragmentation remains.

The taphonomy of femurs of juveniles deserves special attention, because the suspected flute was made from one. The femur is the least fragmented of the limb bones. Similar to the ulna and radius. It has the most shaft fragments. Against this is that it is the most gnawed. So we would expect the greatest fragmentation and among fragments, fewest epiphysal shafts. The radius and ulna are the least gnawed bones and have essentially fewer epiphysal fragments preserved than the femur. This, too, does not accord with expectations. In addition to carnivores, other taphonomic factors must have been present. Perhaps Palaeolithic man.

10. Pregled in opis paleolitskih orodij, kurišč in ognjišč

10. Survey and description of palaeolithic tools, fireplaces and hearths

Ivan Turk & Boris Kavur

Izvleček

Paleolitske najdbe obsegajo artefakte in ostanke kurišč ter dveh ognjišč. Artefakti pripadajo enemu aurignacienskemu in več moustérienskim horizontom. Gostota najdb je majhna. Za moustérienske horizonte je značilen sorazmerno visok odstotek mlajšepaleolitskih orodij, ki povečujejo pestrost zbirke. Ognjišča in kurišča so vsa v moustérienskih plasteh. Večina je radiokarbonsko datiranih. Značilna je povečana fragmentarnost kostnih ostankov ob kuriščih in kaotični skupki večjih kosti jamskega medveda, predvsem lobanj, mandibul in mozgovnih kosti. Kosti z vrezi so zelo redke.

Abstract

Palaeolithic finds embrace artefacts and the remains of hearths and two fireplaces. The artefacts belong to one Aurignacian and a number of Mousterian levels. The density of finds is small. Mousterian levels are characterised by a relatively high percentage of Upper Palaeolithic tools. The fireplaces and hearths are all in Mousterian layers. The majority have been radiocarbon dated. An increase of the fragmentation of bone remains beside the hearths is typical, as well as chaotic heaps of larger cave bear bones, mainly craniums, mandibles and marrow bones. Bones with cutmarks are rare exceptions.

10.1. Uvod

Paleolitske najdbe do vključno plasti 8 so razvrščene v šest horizontov, enega aurignacienskega (horizont 0 v plasti 2) in pet moustérienskih (horizonti A v plasti 4, A/B v plasti 5, B v plasti 6, C v plasti 7 in D v plasti 8). V nobenem primeru ne gre za horizonte v obliki tenkih plasti z najdbami, ki so med seboj ostro ločeni. Najdbe so razpršene po vseh plasteh in na različnih globinah v okviru plasti (*sl. 10.1*). Vzrok je verjetno treba iskati v bio- in krioturbaciji usedlin. V plasteh 2 do 5a, ki jih je močno prizadela krioturbacija, smo najbogatejši horizont A v plasti 4 in horizont nad (= 0) in pod (= A/B) njim, določili v osrednjem predelu jame s klastersko analizo po metodi *k-means*. Ostale horizonte (B, C, D) v plasteh 6, 7 in 8 smo stratigrafsko opredelili na podlagi relativnih globin najdb in dokumentiranih profilov. Po tem postopku smo opredelili tudi vse horizonte v vhodnem predelu jame. Pri obeh postopkih v mnogih primerih ni bila mogoča točna opredelitev najdb v horizonte. Tedaj navajamo samo plasti brez horizontov (*razpredelnice 10.1 - 10.3*). Da gre dejansko za horizonte, v katerih so bile nekatere najdbe sčasoma preložene, potrjujejo ostanki kurišč in dveh ognjišč v plasteh 5, 6, 7 in 8. Vendar ob kuriščih in ognjiščih, proti pričakovanju, ni bilo povečane gostote artefaktov in kuhinjskih odpadkov. Po najdbah sodeč so ljudje enako pogosto uporabljali prostor pri vhodu in

10.1. Introduction

Palaeolithic tools and hearths up to and including layer 8 (Brodar's and Turk & Dirjec's excavations) are classified into six levels, of which one Aurignacian (level 0 in layer 2) and five Mousterian (level A in layer 4, A/B in layer 5, B in layer 6, C in layer 7, and D in layer 8). In no case is the level in the form of a thin bed, with finds which are sharply separated among levels. Finds are scattered throughout all layers and at various depths in the context of layers (*Fig. 10.1*). It is probably necessary to seek the cause in bio- and cryoturbation of the sediment. In layers 2 - 5a, which are powerfully affected by cryoturbation, we identified the richest level, level A in layer 4 and the level above (= 0) and below (= A/B) it, in the central part of the cave with cluster analysis with the *k-means* method. Other horizons (B, C, D) in layers 6, 7 and 8, were stratigraphically determined on the basis of the relative depth of the finds and the documented sections. By this simple procedure, we also identified all the levels in the entrance part of the cave. Even with both procedures, in many cases an exact classification of finds to levels was not possible. In such cases, we cite only the layer, without the level (*Tables 10.1 - 10.3*). That these are actually levels in which some finds were contemporaneously deposited is confirmed by the remains of hearths and two fireplaces in layers 5, 6, 7 and 8. However, next to the hearths and fireplaces,

v osrednjem delu jame (*sl. 10.2*). Vendar je bilo pri vhodu, glede na različne tehnike izkopavanja, verjetno več artefaktov, od katerih smo večino manjših od 1 cm spregledali. Lateralna razporeditev artefaktov vseh horizontov kaže določeno zakonitost v izrabi osrednjega dela jame po ljudeh in/ali posebnosti v odlaganju usedlin. Lokalne različice plasti 2c, 2f in 5b, ki so nastale s preperevanjem skalnih polic, in vse usedline nad njimi, so takorekoč brez paleolitskih najdb.

against expectations, there was no increase in the density of artefacts and kitchen refuse. Judging by the finds, people used the area at the entrance and in the central part of the cave with equal frequency (*Fig. 10.2*). However, at the entrance, in view of the various excavation techniques, there were probably more artefacts, the majority of which smaller than 1 cm were overlooked. The lateral distribution of artefacts of all levels appears to follow a specific rule in the use of the central part of the cave by people and/or particularities in the deposition of sediment. Local variations of layers 2c, 2f and 5b, which were created with the weathering of the rock shelves, and all sediments above them, are virtually without palaeolithic tools.

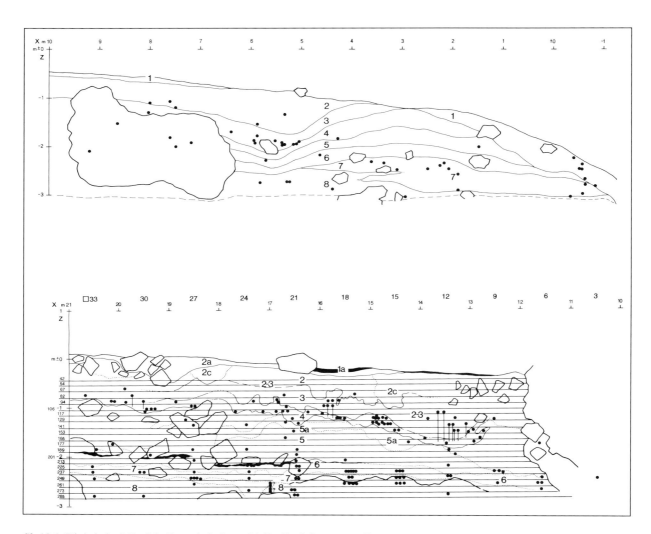

Sl. 10.1: Divje babe I. Projekcija vseh do 3 m oddaljenih sileksov v profil y = 2,00 m. Sileksi, ki zelo verjetno pripadajo plasti 4, čeprav so projecirani nad ali pod njo, so označeni s piko in navpično črto. Označene so meje plasti in režnjev ter globine režnjev. Risba: Ivan Turk in Dragica Knific Lunder.
Fig. 10.1: Divje babe I. Projection of everything up to 3 m distant silexes in section y = 2.00 m. The silexes, which probably belong to layer 4, although they are projected above or below it, are marked with a point and a line. The limits of layers and spits, and the depths of spits are marked. Drawing: Ivan Turk and Dragica Knific Lunder.

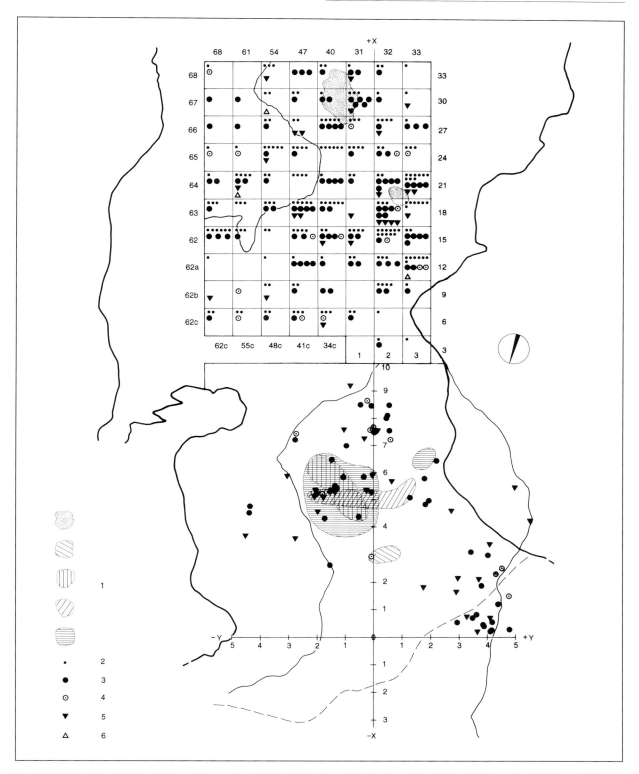

Sl. 10.2: Divje babe I. Paleolitske najdbe v plasteh 2 do 8 (horizont 0 in horizonti A do D) vključno s kurišči in ognjiščem v kvadratih 28, 39 in 40 v tlorisu. Kap je označena črtkano. Jamske stene pred izkopavanji so označene z debelo črto, jamske stene med izkopavanji in meje izkopov pa s tenko črto. Legenda: 1 kurišča in ognjišča, 2 luske, 3 odbitki, 4 jedra in razbitine, 5 orodja, 6 koščene konice. Risba: Janez Dirjec, Ivan Turk in Dragica Knific Lunder.

Fig. 10.2: Divje babe I. Paleolithic finds in layers 2 to 8 (level 0 and levels A to D) including hearths and fireplace in quadrats 28, 39 and 40 on the groundplan. The drip-line is marked underlined. The cave walls before excavation are marked with a thick line, cave walls during excavations and trenches with a thin line. Legend: 1 Hearths, 2 Chips, 3 Flakes, 4 Cores and chunks, 5 Tools, 6 Bone points. Drawing: Janez Dirjec, Ivan Turk and Dragica Knific Lunder.

10.2. Katalog paleolitskih artefaktov

TABLA 10.1

1. Konica z razcepljeno bazo, izdelana iz kostne kompakte neznane sesalske vrste. Terminalni del je fosilno odlomljen, prav tako obe polovici razcepljene baze. Robovi prelomov so zaobljeni. Ena polovica precepljene baze je bila najdena v neposredni bližini konice, druga ne. Konica je bila prelomljena na dva dela tudi pri kopanju. Distalni del je spiralno zavit. V bližini recentnega preloma je več mikroskopskih vzporednih zarez, ki so ene pravokotne in druge vzporedne z robom konice.
   Inv. štev. 407, kvadrat 53, reženj 1 (površje do -0,42 m). Najdbi ni mogoče natančno določiti plasti, vendar je njen stratigrafski položaj zelo verjetno nad plastjo 4.

2. Distalni odlomek konice, izdelane iz kostne kompakte neznane sesalske vrste. Vrh je poševno odlomljen. Oba preloma sta fosilnega izvora in imata zaobljene robove. Ob straneh so dolgi, plitki in široki žlebovi, ki bi lahko nastali pri izdelavi konice.
   Inv. štev. 427, kvadrat in reženj neznana. Odlomek je bil najden v usedlinah, izmetanih izpod sige ob vzhodni jamski steni.

3. Distalni odlomek koščene šivanke ali konice. Vrh je odlomljen. Oba preloma sta fosilnega izvora in imata zaobljene robove.
   Inv. štev. 429, kvadrat 57, reženj 3 (-0,54 m do -0,67 m). Najdbi ni mogoče natančno določiti plasti, vendar je njen stratigrafski položaj nedvomno nad plastjo 4.

4. Medialni odlomek konice, izdelane iz kostne kompakte neznane sesalske vrste. Oba preloma sta fosilna in imata zaobljene robove. Na ohranjenem odlomku ni nobenih prask ali zarez, ki bi nastale pri izdelavi ali uporabi predmeta.
   Inv. štev. 408, kvadrat 12, reženj 2 (-0,42 m do -0,54 m), plast 2.

5. Strgalo na odbitku iz grobozrnavega zelenega tufa. Tipološko podrobneje neopredeljivo (62). Levi rob je v zgornjem delu direktno retuširan, tako da je nastala plitka izjeda. V spodnjem delu ima izmenično retušo. Talon je velik in gladek. Teža 38 g.
   Inv. štev. 414, kvadrat 51, reženj 2 (-0,42 m do -0,54 m), plast 2.

6. Strgalce (strgač) (39) na odbitku iz kvalitetnega črnega rožena. Talon je odbit. Skrajno desno od odbitega dela talona je ostanek preparirane površine jedra. Na spodnjem robu odbitka je direktna, precej strma in neprekinjena retuša, na levem pa izmenična polstrma, verjetno psevdo retuša. Teža 4 g.
   Inv. štev. 412, kvadrat 45, reženj 3 (-0,54 m do -0,67 m), sklop plasti 3, 4 in 5a.

7. Proksimalni odlomek strgalca (39) na (klinastem?)

10.2. Catalogue of palaeolithic artefacts

PLATE 10.1

1. Split-based bone point, produced from the cortical bone of unknown mammal species. The terminal part is fossilly broken, as are both halves of the split base. The edges of the fracture are rounded. One half of the split base was found in the direct vicinity of the point, the other not. The point was also broken into two parts during excavation. The distal part is spirally wrapped. There are a number of microscopic parallel incisions, some of which are at right angles to and others parallel with the edge of the point.
   Inv. no. 407, quadrat 53, spit 1 (surface to -0.42 m). It is not possible to identify exactly the layer for the find, but its stratigraphic position is probably above layer 4.

2. Distal fragment of a bone point, made from the cortical bone of an unknown mammal species. The tip is obliquely fractured. Both fractures are fossil in origin and have rounded edges. Along both sides are long, shallow, wide grooves, which may have been created at the time the point was made.
   Inv. no. 427, quadrat and spit unknown. The fragment was found in sediments removed from below the flowstone of the eastern cave wall.

3. Distal fragment of a bone needle or point. The tip is fractured. Both fractures are fossil in origin and have rounded edges.
   Inv. no. 429, quadrat 57, spit 3 (-0.54 m to -0.67 m). The layer of the find cannot be precisely identified, but its stratigraphic position is undoubtedly above layer 4.

4. Medial fragment of a point, made from the cortical bone of an unknown mammal species. Both fractures are fossil in origin and have rounded edges. There are no scratches or cuts on the preserved fragment which could have been made during the fashioning or use of the artefact.
   Inv. no. 408, quadrat 12, spit 2 (-0.42 m to -0.54 m), layer 2.

5. Side-scraper on a flake blank of course-grained tuff. Not typologically defined in more detail (62). The left edge in the upper part is directly retouched, so that a shallow notch has been created. There is an alternating retouch on the lower part. The butt is large and flat. Weight 38 g.
   Inv. no. 414, quadrat 51, spit 2 (-0.42 m to -0.54), layer 2.

6. Raclette (39) on a flake blank of high-quality black chert. The butt has been knapped. The extreme right of the knapped part of the butt is the remains of the cortex removal or striking platform of the core. On the distal edge of the flake is a direct, fairly abrupt total retouch, and on the left, an alternating semi-

odbitku iz neopredeljene svetlozelene kamnine. Distalni del odbitka je poševno odlomljen. Talon je skoraj gladek, z ostanki korteksa in na desni strani delno odbit. Levi rob ima po vsej dolžini zelo drobno inverzno retušo, ki je lahko nastala tudi z uporabo odbitka. Sled zelo finih retuš je tudi na desnem robu. Teža 3 g.

Inv. štev. 426, kvadrat 16, reženj 6 (-0,94 m do -1,06 m), sklop plasti 3, 4 in 5a.

TABLA 10.2

1. Strgalce (39) na klinastem odbitku iz temnosivega roženca. Talon ni ohranjen. Desni rob je strmo direktno retuširan in ima tudi plitvo izjedo. Levi rob ima visoko direktno strmo retušo, kakršna je značilna za nože s hrbtom. Teža 1 g.
Inv. štev. 420, kvadrat 17, reženj 5 (-0,82 m do 0,94 m), sklop plasti 3, 4 in 5a.

2. Proksimalni odlomek strgalca (39) na širokem odbitku iz črnega roženca. Talon je morda fasetiran. Distalni prečni rob je poškodovan. Teža 3 g.
Inv. štev. 419, kvadrat 17, reženj 5 (-0,82 m do -0,94 m), sklop plasti 3, 4 in 5a.

3. Prečno izbočeno strgalo (23) na odbitku iz zelenega tufa. Talon je odbit. Na levem zgornjem robu je ohranjenega nekaj korteksa. Desni rob je v celoti retuširan, vendar tip retuše ni zanesljivo ugotovljiv. Verjetno gre za školjkovito retušo. Retuširan rob ne kaže znakov intenzivne uporabe, razen posameznih drobnih zobcev. Teža 17 g.
Inv. štev. 463, kvadrat 57, reženj 7 (-1,06 m do -1,17 m), sklop plasti 3, 4 in 5a.

4. Kombinirano nazobčano orodje (43) in sveder (34) na odbitku iz temnosivega roženca. Gladek, nekoliko okrcan (poškodovan) talon, je na desni strani odbit. Bulbus ima izrazit udarni stožec. Nad desnim robom je ohranjen del odstranjenega korteksa. Sam rob ima direktno školjkovito retušo, ki sega prav do preostanka korteksa. Tak, kakršen je, je lahko služil kot strgalo. Levi rob je v celoti direktno polstrmo retuširan in nazobčan. Distalni del orodja je prirejen v sveder. Zaradi vseh naštetih značilnosti orodja, je lahko klasifikacija zelo subjektivna, kar pri srednjepaleolitskih orodjih ni redkost (Mellars 1989, 345 s). Teža 22 g.
Inv. štev. 421, kvadrat 17, reženj 5 (-0,82 m do -0,94 m), sklop plasti 3, 4 in 5a. Odbitek štev. 434, ki je izdelan iz iste surovine, je iz plasti 4.

5. Strgalo s stanjšanim hrbtom (27) na debelem odbitku iz svetlozelenega tufa. Talon in bulbus nista

abrupt retouch, probably a pseudo-retouch. Weight 4 g.

Inv. no. 412, quadrat 45, spit 3 (-0.54 m to -0.67 m), combined layers 3, 4 and 5a.

7. Proximal fragment of raclette (39) on a blade shaped or flake blank of unidentified light green stone. The distal part of the blank is obliquely broken. The butt is almost flat, with the remains of cortex and partially knapped on the right side. The left edge has a very fine inverse retouch all along its length, which may have been created by use of the blank. There is also a trace of very fine retouch on the right edge. Weight 3 g.
Inv. no. 426, quadrat 16, spit 6 (-0.94 m to -1.06 m), combined layers 3, 4 and 5a.

PLATE 10.2

1. Raclette (39) on a blade shaped blank of dark grey chert. The butt has not been preserved. The right edge has an abrupt direct retouch, as well as shallow notch. The left edge has a high direct abrupt retouch, such as is typical of a backed knife. Weight 1 g.
Inv. no. 420, quadrat 17, spit 5 (-0.82 m to -0.94 m), combined layers 3, 4 and 5a.

2. Proximal fragment of a raclette (39) on a wide flake blank of black chert. The butt is perhaps facetted. The distal transverse edge is damaged. Weight 3 g.
Inv no. 419, quadrat 17, spit 5 (-0.82 m to -0.94 m), combined layers 3, 4 and 5a.

3. Convex transversal scraper (23) on a flake blank of green tuff. The butt is knapped. Some cortex has been preserved on the left upper edge. The right edge is retouched in entirety, but the type of removal has not been reliably identified. It is probably a scaled retouch. The retouched edge shows no sign of intensive use, except for individual fine denticulations. Weight 17 g.
Inv. no. 463, quadrat 57, spit 7 (-1.06 m to -1.17 m), combined layers 3, 4 and 5a.

4. Combined denticulated tool (43) and borer (34) on a flake blank of dark grey chert. The flat, slightly damaged butt is knapped on the right side. The bulb has a pronounced lip. Part of the removed cortex has been preserved above the right edge. The edge itself has a direct scaled retouch which extends right up to the remains of the cortex. This, such as it is, may have served as a side-scraper. The left edge is in entirety directly semi-abruptly retouched and denticulated. The distal part of the tool is arranged as a borer. Because of all the enumerated characteristics of the tool, the classification may be very subjective, which is not unusual with middle palaeolithic tools (Mellars 1989, p. 345). Weight 22 g.
Inv. no. 421, quadrat 17, spit 5 (-0.82 m to -0.94 m), combined layers 3, 4 and 5a. Fragment 434, which was made from the same material is from layer 4.

določljiva. Na dorzalni strani so vidni negativi odbitkov. Ventralni del je ob desnem robu stanjšan (ploskovno retuširan) s širokimi, domnevno tenkimi odbitki. Desni rob je direktno rahlo retuširan v izbočeno strgalo. Proksimalno ima nekaj inverznih retuš. Levi rob je distalno strmo retuširan v rahlo izbočeno strgalo. Proksimalno ima izmenično retušo. Teža 127 g.
Inv. štev. 513, kvadrat 48 c, reženj 10 (-1,41 m do -1,53 m), plast 4.

6. Strgalo na debelem odbitku (62) iz svetlozelenega tufa. Talon in bulbus nista določljiva. Odbitek je totalno retuširan. Na levem robu so vidni negativi predhodnih odbitkov. Teža 6 g.
Inv. štev. 65, x = 5,87 m, y = -3,05 m, z = -1,74 m, plast 4.

7. Atipični sveder (35) na klinastem odbitku iz neopredeljene temno- in svetlosive kamnine, verjetno roženca. Talon je majhen in fasetiran. Bulbus je neizrazit in ima jeziček. Levi rob je retuširan z izmenično drobtinčasto retušo. Teža 4,5 g.
Inv. štev. 64, x = 5,91 m, y = 0,08 m, z = -1,86 m, plast 4.

8. Orodje z izjedo (42) na odbitku iz sivega roženca. Talon je gladek. Na desni strani je ostanek korteksa. Na levem robu sta dve plitki izjedi, fino direktno retuširani. Teža 3 g.
Inv. štev. 432, kvadrat 30, reženj 5 (-0,82 m do -0,94 m), plast 4.

9. Strgalce (39) na klinastem odbitku iz prosojnega temnosivega dobrega roženca. Talon je gladek. Bulbus je ploskovno retuširan. Ves desni rob je direktno drobtinčasto retuširan. Levi rob je izmenično retuširan z drobtinčasto retušo. Teža 1 g.
Inv. štev. 443, kvadrat 42, reženj 6 (-0,94 m do -1,06 m), plast 4.

10. Mikrolitsko orodje na odbitku (62) iz neopredeljene črne kamnine. Talon je fasetiran. Bulbus je izrazit. Desni rob je inverzno retuširan. Teža 0,5 g.
Brez inv. štev., kvadrat 34c, reženj 10 (-1,41 m do -1,53 m), plast 4.

11. Nazobčano orodje (43) na širokem, strmo, izmenično retuširanem odbitku iz svetlosivega tufa. Teža 6 g.
Inv. štev. 56, x = 5,41 m, y = 0,36 m, z = -1,81 m, plast 4.

12. (Nohtasto?) praskalo (10 ali 30?) na odbitku iz temnosivega roženca. Fasetiran talon je s fino strmo inverzno retušo predelan v praskalo. Bulbus je izrazit. Ostali robovi so delno retuširani z drobtinčasto retušo. Teža 2 g.
Inv. štev. 62, x = 5,40 m, y = -2,11 m, z = -1,86 m, plast 4.

13. Strgalce (39) iz temnosive kamnine, domnevno roženca. Talon ni določljiv. Bulbus je neizrazit. Robovi so retuširani z izmenično drobtinčasto retušo. Teža 1,5 g.

5. Side-scraper with thinned back (27) on the thick flake blank of light green tuff. The butt and bulb are not distinguishable. On the dorsal side are visible the scars of the flakes. The ventral part was thinned along the right edge (facially retouched ?) with wide, presumed thin flakes or removals. The right edge is directly partialy retouched into a convex side-scraper. It has some proximal inverse retouch. The left edge is distally abruptly retouched into a slightly convex side-scraper. Proximally, it has an alternating retouch. Weight 127 g.
Inv. no. 513, quadrat 48 c, spit 10 (-1.41 m to -1.53 m), layer 4.

6. Side-scraper on a thick flake blank (62) of light green tuff. The butt and bulb are not distinguishable. The flake is totaly retouched. On the left edge are visible the scars of the former flakes. Weight 6 g.
Inv. no. 65, x = 5.87 m, y = 3.05 m, z = 1.74 m, layer 4.

7. Atypical borer (35) on a blade shaped blank of unidentified dark and light grey rock, probably chert. The butt is small and facetted. The bulb is not pronounced and has a scar. The left edge is retouched with alternating fine removal. Weight 4.5 g.
Inv. no. 64, x = 5.91 m, y = 0.08 m, z = -1.86 m, layer 4.

8. Tool with notch (42) on a flake blank of grey chert. The butt is flat. There are the remains of cortex on the right side. There are two shallow notches on the left side, finely directly retouched. Weight 3 g.
Inv. no. 432, quadrat 30, spit 5 (-0.82 m to -0.94 m), layer 4.

9. Raclette (39) on a blade shaped blank of transparent dark grey good chert. The butt is flat. The bulb has many scars. The entire right edge is directly finely retouched. The left edge has alternating fine retouch. Weight 1 g.
Inv. no. 443, quadrat 42, spit 6 (-0.94 m to -1.06 m), layer 4.

10. Microlite tool (62) on a flake blank of unidentified black rock. The butt is facetted. The bulb is pronounced. The right edge is inversely retouched. Weight 0.5 g.
Without inv. no., quadrat 34c, spit 10 (-1.41 m to -1.53 m), layer 4.

11. Denticulate tool (43) on a wide, abrupt, alternatingly retouched flake blank of light grey tuff. Weight 6 g.
Inv. no. 56, x = 5.41 m, y = 0.36 m, z = 1.81 m, layer 4.

12. (Unguiform ?) end-scraper (10 or 30?) on a flake blank of dark grey chert. Facetted butt is worked into a scraper with fine, abrupt, inverse retouch. The bulb is pronounced. Other edges are partially retouched with fine retouch. Weight 2 g.
Inv. no. 62, x = 5.40 m, y = -2.11 m, z = 1.86 m, layer 4.

Inv. štev. 57, x = 5,15 m, y = -2,18 m, z = -1,88 m, plast 4.

14. Izbočeno strgalo (10) na debelem odbitku ali jedru iz plastovitega svetlo- in temnosivega roženca. Talon in bulbus nista določljiva. Retuša je polstrma in školjkovita. Na retuširanem robu je plitva izjeda. Teža 53 g.
Inv. štev. 276, x = 4,65 m, y = 2,70 m, z = -2,16 m, plast 4.

TABLA 10.3

1. Retuširan odbitek (62) iz svetlozelenega tufa. Talon je raven in gladek, ter nekoliko poškodovan. Bulbus je izrazit in ima jeziček. Proksimalni del desnega roba je inverzno retuširan z drobtinčasto retušo. Na robu se vidijo negativi prejšnjih odbitkov. Teža 7 g.
Inv. štev. 88, x = 3,71 m, y = -4,52 m, z = -1,62 m, plast 4.

2. Strgalce (39) na masivnem odbitku iz sivega plastovitega roženca. Talon ni ohranjen. Desni in spodnji rob sta direktno retuširana v strgalce. Levi rob je nazobčan in izmenično retuširan, kar bi govorilo za psevdo- ali krioretušo. Teža 3 g.
Inv. štev. 433, kvadrat 38, reženj 5 (-0,82 m do -0,94 m), plast 4.

3. Strgalce (39) na klinastem odbitku iz temnosivega tufa. Talon je gladek. Levi rob ima zelo fine direktne retuše in majhno izjedo. Terminalni del je raven in ima obliko rezila. Na njem so zelo fine izmenične retuše. Teža 2 g.
Inv. štev. 459, kvadrat 21, reženj 7 (-1,06 m do -1,17 m), plast 4.

4. Retuširan klinast odbitek (62) iz neopredeljene temnosive kamnine, verjetno iz roženca. Talon je majhen in gladek. Bulbus je neizrazit. Oba lateralna robova sta delno retuširana z direktno drobtinčasto retušo. Teža 2 g.
Inv. štev. 292, x = 7,59 m, y = 0,12 m, z = -1,07 m, plast 4.

5. Debel retuširan klinast odbitek (62) iz zelenega tufa. Talon je gladek. Na desnem, rahlo nazobčanem robu, ki je direktno retuširan s totalno retušo, je morda ostanek korteksa. Levi rob je top in inverzno prekinjeno retuširan. Orodje bi lahko z vprašajem označili kot izmenično strgalo (29). Teža 10 g.
Inv. štev. 509, kvadrat 62 b, reženj 12 (-1,65 m do -1,77 m), plast 4.

6. Retuširan odbitek (62) iz zelenega tufa. Talon je delno odbit. Ostanenek talona je fasetiran in retuširan. Na levem, rahlo nazobčanem robu je izmenična psevdo- ali krioretuša. Desni rob je top in brez retuše. Teža 8 g.

13. Raclette (39) on a flake blank of dark grey rock, possibly chert. The butt is not identifiable. The bulb is unpronounced. The edges are retouched with alternating fine retouch. Weight 1.5 g.
Inv. no. 57, x = 5.15 m, y = -2.18 m, z = -1.88 m, layer 4.

14. Single convex side-scraper (10) on a thick flake or core blank of laminated light and dark grey chert. The butt and bulb are not identifiable. The retouch is semi-abrupt and scaled. There is a shallow notch on the retouched edge. Weight 53 g.
Inv. no. 276, x = 4.65 m, y = 2.70 m, z = -2.16 m, layer 4.

PLATE 10.3

1. Retouched flake (62) of light green tuff. The butt is straight and flat, and slightly damaged. The bulb is pronounced and has a scar. The proximal part of the right edge is inversely retouched with a fine retouch. On the edge are visible the scars of the former flakes. Weight 7 g.
Inv. no. 88, x = 3.71 m, y = -4.52 m, z = -1.62 m, layer 4.

2. Raclette (39) on a solid flake blank of grey laminated chert. The butt is not preserved. The right and lower edges are directly retouched into a raclette. The left edge is denticulate with alternating retouch, which could suggest a pseudo- or cryo-retouch. Weight 3 g.
Inv. no. 433, quadrat 38, spit 5 (-0.82 m to -0.94 m), layer 4.

3. Raclette (39) on a blade shaped blank of dark grey laminated tuff. The butt is flat. The left edge has a very fine direct retouch and small notch. The distal edge is straight and sharp. There are very fine alternating retouches on it. Weight 2 g.
Inv. no. 459, quadrat 21, spit 7 (-1.06 m to -1.17 m), layer 4.

4. Retouched blade shaped tool (62) of unidentified dark grey rock, probably chert. The butt is small and flat. The bulb is unpronounced. Both lateral edges are partially retouched with direct fine removals. Weight 2 g.
Inv. no. 292, x = 7.59 m, y = 0.12 m, z = -1.07 m, layer 4.

5. Retouched blade shaped massive tool (62) of green tuff. The butt is flat. On the right, lightly denticulate edge, which is directly retouched with a total retouch, there is perhaps the remains of cortex. The left edge is obtuse and inversely retouched with discontinous removals. The tool may be tentatively classified as an alternate retouched side-scraper (29). Weight 10 g.
Inv. no. 509, quadrat 62 b, spit 12 (-1.65 m to -1.77 m), layer 4.

6. Retouched flake (62) of green tuff. The butt is partially knapped. The remnant of the butt is faceted

Inv. štev. 441, kvadrat 34, reženj 6 (-0,94 m do -1,06 m), plast 4.

7. Nazobčano orodje (43) na odlomku, verjetno klinastega odbitka iz svetlosivega plastovitega tufa. Prvotno zelo majhen talon je bil z retušami popolnoma odstranjen. Distalni del odbitka je odlomljen. Robova prelomne ploskve nista retuširana. Na ostanku levega nazobčanega roba so inverzne polstrme retuše. Na ostanku desnega roba so strme, izmenične retuše, ki so verjetno nastale po naravni poti. Teža 6 g.
Inv. štev. 462, kvadrat 50, reženj 7 (-1,06 m do -1,17 m), verjetno plast 4.

8. Retuširam odbitek (62) iz zelenega tufa. Talon je gladek in nekoliko okrcan (poškodovan). Levi rob je direktno strmo retuširan. Desni rob je od direktne drobne retuše fino nazobčan. Retuša je močnejša v bližini odlomljenega terminalnega dela, ki bi lahko bil konica (kotnega) svedra (34). Ker je orodje poškodovano je to le domneva. Teža 2 g.
Inv. štev. 507, kvadrat 42, reženj 14 (-1,89 m do -2,01 m), plast 5.

9. Atipično praskalo (31) na odbitku iz kvalitetnega črnega roženca. Talon je majhen in gladek. Bulbus je izrazit in ima izrazit jeziček. Na distalnem delu je polovica praskala. Leva polovica je odlomljena ali pa je leva stran ostanek neke fasetirane udarne ploskve, ki je po robovih drobtinčasto retuširana. Na desnem robu je nekaj izmeničnih retuš. Teža 10 g.
Inv. štev. 100, x = 5,76 m, y = 0,60 m, z = -2,25 m, plast 5

10. Izmenično (konvergentno) strgalo (29) na odbitku iz svetlozelenega tufa. Talon je konveksen in domnevno fasetiran. Bulbus je izrazit. Desni rob je bil distalno poškodovan pri izdelavi ali uporabi. Levi rob je inverzno totalno retuširan. Teža 28,5 g.
Inv. štev. 534, kvadrat 54, reženj 16 (-2,13 m do -2,25 m), sklop plasti 5 do 6.

TABLA 10.4

1. Sveder (34) na odbitku iz sivega plastovitega tufa. Talon ni ohranjen. Bulbus je neizrazit. Robovi odbitka so direktno strmo retuširani. Konica svedra je domnevno na ostanku talonu. Narejena je s tremi večjimi retušami na ventralni strani odbitka in z inverzno retušo na robovih. Konica svedra je poškodovana ali/in (kasneje) direktno retuširana. Teža 5 g.
Inv. štev. 277, 5 x = 3,43 m, y = 4,06 m, z = -2,31 m, plast 6.

and probably retouched. On the left, lightly denticulate edge is an alternating pseudo- or cryo-retouch. The right edge is blunt and without retouch. Weight 8 g.
Inv. no. 441, quadrat 34, spit 6 (-0.94 m to -1.06 m), layer 4.

7. Denticulate tool (43) on a blank fragment, probably blade shaped of light grey laminated tuff. The original very small butt has been completely removed. The distal part of the flake is broken. The edges of the fracture faces have not been retouched. On the remnant of the left denticulate edge are inverse semi-abrupt retouches. One the remnant of the right edge are abrupt alternating retouches which were probably created by natural means. Weight 6 g.
Inv. no. 462, quadrat 50, spit 7 (-1.06 m to -1.17 m), probably layer 4.

8. Retouched flake (62) of green tuff. The butt is flat and slightly damaged. The left edge is directly abruptly retouched. The right edge is finely denticulate from a direct fine retouch. The retouch is stronger in the vicinity of the broken distal part, which may have been the point of an (angle) borer (34). Since the tool is broken, this can only be guessed. Weight 2 g.
Inv. no. 507, quadrat 42, spit 14 (-1.89 m to -2.01 m), layer 5.

9. Atypical end-scraper (31) on a flake blank of high quality black chert. The butt is small and flat. The bulb is pronounced and has a pronounced scar. On the distal part is half of an end-scraper. The left half is broken, or on the left side there is the remnant of a facetted striking platform which is finely retouched along the edges. On the right edge there is some alternating retouch. Weight 10 g.
Inv. no. 100, x = 5.76 m, y = 0.60 m, z = -2.25 m, layer 5

10. Alternate retouched (convergent) side-scraper (29) on a flake blank of grey-green tuff. The butt is convex and possibly facetted. The bulb is pronounced. The right edge suffered distal damage in the making or use. The left edge is inversely totally retouched. Weight 28.5 g.
Inv. no. 534, quadrat 54, spit 16 (-2.13 m to -2.25 m), combined layers 5 - 6.

PLATE 10.4

1. Borer (34) on a flake blank of grey laminated tuff. The butt has not been preserved. The bulb is not pronounced. The edges of the flake are directly abruptly retouched. The point of the borer is presumably on the remnant of the butt. It is made with three larger retouches on the ventral side of the flake and with inverse retouch on the edges. The point of the borer was probably broken or/and (later) directly retouched. Weight 5 g.

2. Prečno retuširan odbitek (40) iz črnega roženca. Talon ni ohranjen. Bulbus je neizrazit. Prečna retuša je strma. Oba stranska robova sta nazobčana. Teža 3 g.
    Inv. štev. 35, x = 3,62 m, y = -2,80 m, z = -2,27 m, plast 6.

3. Proksimalni odlomek retuširanega odbitka (62) iz svetlosivega tufa. Talon je raven in fasetiran. Bulbus je neizrazit. Levi rob in distalni del sta strmo totalno retuširana. Teža 3 g.
    Inv. štev. 246, x = 2,22 m, y = 2,93 m, z = -2,29 m, plast 6.

4. Neretuširan (levalloisjski?) odbitek iz svetlosive tufske breče. Talon je na večjem delu vbočen, na manjšem raven in fasetiran. Lepo se vidijo sledovi obdelave jedra. Bulbus je izrazit. Na distalnem delu dorzalne strani je ostanek korteksa. Teža 14 g.
    Inv. štev. 326, x = 9,19 m, y = -0,87 m, z = -2,15 m, plast 6.

5. Levalloisjsko jedro iz svetlosivega tufa. Viden je negativ odbite konice. Teža 72 g.
    Inv. štev. 30a,b, x = 2,97 m, y = -0,01 m, z = -3,02 m, plast 7.

6. Atipično praskalo (31) na odbitku iz zelenega keratofirja. Talon je izbočen in morda fasetiran. Bulbus je neizrazit. Distalni del je površno strmo prečno retuširan. Dorzalno je na proksimalnem delu negativ manjšega odbitka, ki nudi dobro oporo za palec. Teža 15 g.
    Inv. štev. 52, x = 4,41 m, y = -0,54 m, z = -2,86 m, plast 7.

7. Totalno retuširan odbitek (62) iz svetlozelenega tufa. Talon je majhen, raven in fasetiran. Bulbus je izrazit. Os orodja ni ista kot os odbijanja. Levi rob je izmenično retuširan. Distalni del in desni rob sta direktno retuširana. Teža 27 g.
    Inv. štev. 155, x = -0,27 m, y = 3,33 m, z = -3,00 m, plast 7.

8. Proksimalni odlomek retuširanega odbitka (62) iz svetlozelenega tufa. Talon je raven in gladek. Bulbus je izrazit. Oba robova sta inverzno retuširana z drobtinčasto retušo. Teža 1 g.
    Inv. štev. 518, kvadrat 20, režanj 17 (-2,25 do -2,37 m), plast 7.

TABLA 10.5

1. Gobčasto praskalo (13) na širokem, debelem odbitku iz zelenega roženca. Talon je gladek in z ostankom korteksa. Bulbus je izrazit. Na njem sta dva jezička. Os orodja ni ista kot os odbijanja. Distalni rob v osi odbijanja je prečno povsem retuširan. Desni rob ima nekaj plitkih retuš. Teža 10 g.

Inv. no. 277, 5 x = 3.43 m, y = 4.06 m, z = -2.31 m, layer 6.

2. Truncated flake (40) of black chert. The butt has not been preserved. The bulb is not pronounced. The end retouch is abrupt. Both side edges are denticulate. Weight 3 g.
    Inv. no. 35, x = 3.62 m, y = -2.80 m, z = -2.27 m, layer 6.

3. Proximal fragment of a retouched flake (62) of light grey tuff. The butt is straight and facetted. The bulb is not pronounced. The left edge and distal part are abruptly totally retouched. Weight 3 g.
    Inv. no. 246, x = 2.22 m, y = 2.93 m, z = -2.29 m, layer 6.

4. Unretouched (levallois?) flake of light grey tuff breccia. The butt is for the most part concave, a smaller part straight and facetted. Traces of shaping of the core are well visible. The bulb is pronounced. There are the remains of cortex on the distal part of the dorsal side. Weight 14 g.
    Inv. no. 326, x = 9.19 m, y = -0.87 m, z = -2.15 m, layer 6.

5. Levallois core of light grey tuff. The scar of the knapped point is visible. Weight 72 g.
    Inv. no. 30a, b, x = 2.97 m, y = -0.01 m, z = -3.02 m, layer 7.

6. Atypical end-scraper (31) on a flake blank of green keratophyre. The butt is convex and perhaps facetted. The bulb is not pronounced. The distal part has summary abrupt transverse retouch. Dorsally, there is the scar of a smaller flake on the proximal part, which provides good support for the thumb. Weight 15 g.
    Inv. no. 52, x = 4.41 m, y = -0.54 m, z = -2.86 m, layer 7.

7. Totally retouched flake (62) of light grey tuff. The butt is small, straight and facetted. The bulb is pronounced. The morphological axis is not the same as the "débitage" axis. There is alternating retouch on the left edge. The distal part and right edge are directly retouched. Weight 27 g.
    Inv. no. 155, x = -0.27 m, y = 3.33 m, z = -3.00 m, layer 7.

8. Proximal fragment of a retouched flake (62) of light green tuff. The butt is straight and flat. The bulb is pronounced. Both edges are fine inverse retouched. Weight 1 g.
    Inv. no. 518, quadrat 20, spit 17 (-2.25 m to 2.37 m), layer 7.

PLATE 10.5

1. Nosed carinated scraper (13) on a wide, thick flake blank of green chert. The butt is flat, with the remains of cortex. The bulb is pronounced. There are two scars on it. The morphological axis is not the same as the "débitage" axis. The distal edge of the "débitage" axis is transversely retouched all over.

Inv. štev. 101, x = 5,30 m, y = -1,42 m, z = -2,70 m, plast 7.

2. Distalni odlomek retuširanega odbitka (62) iz svetlozelenega tufa (62). Lahko gre za ostanek strgala. Desni rob je polstrmo retuširan. Levi rob je izmenično retuširan. Teža 3 g.
Inv. štev. 519, kvadrat 21, reženj 18 (-2,37 m do -2,49 m), plast 7.

3. Izbočeno strgalo (10) na odbitku iz neopredeljene črne kamnine. Talon je odbit oz. poškodovan. Bulbus je neizrazit. Desni izbočeni rob strgala je polstrmo, levi vbočeni rob pa izmenično povsem retuširan. Teža 7,5 g.
Inv. štev. 70, x = 1,90 m, y = 1,73 m, z = -2,90 m, plast 7.

4. Povsem retuširan (klinast?) odbitek (62) iz svetlozelenega tufa. Talon je konveksen in fasetiran. Bulbus je neizrazit. Levi rob je delno strmo, delno polstrmo inverzno retuširan. Desni rob je izmenično strmo retuširan. Teža 5 g.
Inv. štev. 516, kvadrat 13, reženj 18 (-2,37 m do -2,49 m), sklop plasti 7 do 8.

5. Prečno retuširan odbitek (40) iz svetlozelenega tufa. Talon in bulbus nista določljiva. Prečna retuša je strma. Levi rob je na distalnem delu inverzno retuširan. Teža 3 g.
Inv. štev. 523, kvadrat 26, reženj 18 (-2,37 m do -2,49), sklop plasti 7 do 8.

6. Retuširan odbitek (62), lahko prečno (40), iz svetlozelenega tufa. Talon in bulbus nista določljiva. Retuša je totalna in izmenična. Na desnem robu je strma. Teža 3,5 g.
Inv. štev. 525, kvadrat 31, reženj 17 (-2,25 m do -2,37 m), sklop plasti 7-8.

7. Strgalce (39) na odbitku iz svetlosivega tufa. Talon in bulbus nista določljiva. Odbitek je izmenično retuširan s strmo drobtinčasto retušo. Teža 1,5 g.
Inv. štev. 517, kvadrat 18, reženj 18 (-2,37 m do -2,49 m), sklop plasti 7-8.

8. Distalni odlomek debelega retuširanega odbitka (62) iz temnosivega tufa. Teža 1,5 g.
Brez inv. štev., kvadrat 17, reženj 17 (-2,25 m do -2,37 m), sklop plasti 7-8.

9. Retuširan debel odbitek (62) iz svetlosivega, močno preperelega tufa. Talon in bulbus nista določljiva. Proksimalni del levega roba je retuširan z visoko strmo retušo. Distalni del bi lahko bil nekakšen otopel atipičen sveder (35). Teža 4,5 g.
Inv. štev. 248, x = 2,19 m, y = 3,67 m z = -2,46 m, sklop plasti 7 do 8.

10. Retuširan debel odbitek (62) iz svetlozelenega tufa. Talon je raven in fasetiran. Bulbus je slabo viden. Desni rob je polstrmo retuširan. Na ventralni strani sega z levega roba široka ploskovna retuša. Teža 4 g.

The right edge has some low angle retouch. Weight 10 g.
Inv. no. 101, x = 5.30 m, y = -1.42 m, z = -2.70 m, layer 7.

2. Distal fragment of retouched flake (62) of light green tuff. It may be the remnant of a side-scraper. The right edge has semi-abrupt retouch. The left edge is alternatingly retouched. Weight 3 g.
Inv. no. 519, quadrat 21, spit 18 (-2.37 m to -2.49 m), layer 7.

3. Single convex side-scraper (10) on a flake blank of unidentified black rock. The butt is knapped or damaged. The bulb is not pronounced. The right convex edge of the side-scraper is semi-abrupt retouched, the left concave edge has alternating retouch all over. Weight 7.5 g.
Inv. no. 70, x = 1.90 m, y = 1.73 m, z = -2.90 m, layer 7.

4. Totally retouched flake or blade (62) of light green tuff. The butt is convex and facetted. The bulb is not pronounced. The left edge is partially abrupt, partially semi-abrupt inverse retouched. The right edge has alternating abrupt retouch. Weight 5 g.
Inv. no. 516, quadrat 13, spit 16 (-2.37 m to -2.49 m), combined layers 7-8.

5. End retouched flake (40) of light green tuff. The butt and bulb are not distinguishable. The end retouch is abrupt. The left edge on the distal part is inversely retouched. Weight 3 g.
Inv. no. 523, quadrat 26, spit 18 (-2.37 m to -2.49 m), combined layers 7-8.

6. Retouched flake (62), perhaps end retouched (40), of light green tuff. The butt and bulb are not distinguishable. The retouch is total and alternating. On the right edge it is abrupt. Weight 3.5 g.
Inv. no. 525, quadrat 31, spit 17 (-2.25 m to -2.37 m), combined layers 7-8.

7. Raclette (39) on a flake blank of light green tuff. The butt and bulb are undistinguisable. The flake is retouched with alternating fine abrupt retouch

8. Distal fragment of a thick retouched flake (62) of dark grey tuff. Weight 1.5 g.
Without inv. no., quadrat 17, spit 17 (-2.25 m to -2.37 m), combined layers 7-8.

9. Retouched thick flake (62) of light grey, heavily weathered tuff. The butt and bulb are not distinguishable. The proximal part of the left edge is retouched with an abrupt retouch. The distal part may have been some sort of blunt atypical borer (35). Weight 4.5 g.
Inv. no. 248, x = 2.19 m, y = 3.67 m, z = -2.46 m, combined layers 7-8.

10. Retouched thick flake (62) of light green tuff. The butt is straight and facetted. The bulb is poorly visible. The right edge is semi-abrupt retouched. On the ventral side, a wide facial retouch extends from the left side. Weight 4 g.

Inv. štev. 533, kvadrat 45, reženj 17 (-2,25 m do -2,37 m), sklop plasti 7 do 8.

11. Nazobčano orodje (43) iz svetlozelenega tufa. Talon je raven in gladek. Bulbus je izrazit. Levi rob je nazobčano, desni izmenično retuširan. Teža 12,5 g. Inv. štev. 524, kvadrat 28, reženj 17 (-2,25 m do -2,37 m), sklop plasti 7 do 8.

TABLA 10.6

1. Izbočeno strgalo (10), orodje z izjedo (42) ali nazobčano orodje (43) na odbitku iz temnosive tufske breče. Talon je majhen, raven in gladek. Bulbus je rahlo stanjšan z eno samo ploskovno retušo. Levi rob je polstrmo retuširan s školjkovito retušo v strgalo ali nazobčano orodje. Desni rob je izmenično polstrmo retuširan. Sredi desnega roba je izjeda, narejena z direktno retušo. Teža 13 g. Inv. štev. 335, x = 7,63 m, y = -1,10 m, z = -3,94 m, plast 8.

2. Strgalo na trebušni strani (25) na medialnem odlomku domnevno klinastega odbitka iz temnozelenega tufa. Levi nazobčani rob je inverzno retuširan in top. Desni rob ima samo nekaj retuš. Teža 6,5 g. Inv. štev. 251, x = 1,70 m, y = 2,87 m, z = -3,51 m, plast 8.

3. Atipični sveder (35) na retuširanem odbitku iz črnega roženca. Talon je raven in fasetiran. Bulbus je izrazit in ima jeziček. Levi rob odbitka je izmenično retuširan z drobtinčasto retušo. Desni rob ima nekaj nepravilnih retuš. Sveder je direktno retuširan. Teža 3,5 g. Inv. štev. 333, x = 7,31 m, y = -0,41 m, z = -3,87 m, plast 8.

4. Atipičen levalloisjski odbitek (2) iz svetlosivega tufa. Retuširan talon je izbočenen in fasetiran ("chapeau de gendarme"). Bulbus je izrazit. Na levem robu so ostanki korteksa. Teža 9 g. Inv. štev. 105, x = 5,10 m, y = -1,80 m, z = -3,63 m, plast 8.

5. Tipičen levalloisjski odbitek (1) iz temnosivega plastovitega tufa. Talon je izbočen in fasetiran (morda "chapeau de gendarme"). Bulbus je izrazit. Teža 6 g. Inv. štev. 343, x = 5,50 m, y = 4,94 m, z = -3,99 m, dno plasti 8?.

6. Strgalo s stanjšanim hrbtom (27) na masivnem odbitku iz svetlosivega tufa. Talon in bulbus nista določljiva. Dorzalna stran je pokrita z negativi odbitkov. Ventralni del levega roba je stanjšan z retušo, ki je na distalnem delu levega roba precej strma. Desni rob je direktno precej strmo retuširan v izbočeno strgalo. Teža 91 g. Inv. štev. 157, x = -0,81 m, y = 3,24 m, z = -3,46 m, sredina plasti 8.

Inv. no. 533, quadrat 45, spit 17 (-2.25 m to -2.37 m), combined layers 7-8.

11. Denticulate tool (43) of light green tuff. The butt is straight and flat. The bulb is pronounced. The left edge is denticulate, the right alternating retouched. Weight 12.5 g. Inv. no. 524, quadrat 28, spit 17 (-2.25 m to -2.37 m), combined layers 7-8.

PLATE 10.6

1. Single convex side-scraper (10), notched tool (42) or denticulate tool (43) on a flake blank of dark grey tuff breccia. The butt is small, straight and flat. The bulb is lightly thinned with a single facial retouch. The left edge is semi-abrupt retouched with a scale retouch into a side-scraper or denticulate tool. The right edge has alternating semi-abrupt retouch. In the middle of the edge is a notch, made with a direct retouch. Weight 13 g. Inv. no. 335, x = 7.63 m, y = -1.10 m, z = -3.94 m, layer 8.

2. Side-scraper on the ventral surface (25) of a medial fragment of a suspected blade shaped blank of dark green tuff. The left denticulate edge is inversely retouched and blunt. The right edge has some retouch only. Weight 6.5 g. Inv. no. 251, x = 1.70 m, y = 2.87 m, z = -3.51 m, layer 8.

3. Atypical borer (35) on a retouched flake blank of black chert. The butt is straight and facetted. The bulb is pronounced and has a scar. The left edge has alternating fine retouch. The right edge has some irregular retouch. The borer is directly retouched. Weight 3.5 g. Inv. no. 333, x = 7.31 m, y = -0.41 m, z = -3.87 m, layer 8.

4. Atypical levallois flake (2) of light grey tuff. Unretouched. The butt is convex and facetted "chapeau de gendarme". The bulb is pronounced. On the left edge are the remains of cortex. Weight 9 g. Inv. no. 105, x = 5.10 m, y = -1.80 m, z = -3.63 m, layer 8.

5. Typical levallois flake (1) of dark grey laminated tuff. Without removals. The butt is convex and facetted, probably "chapeau de gendarme". The bulb is pronounced. Weight 6 g. Inv. no. 343, x = 5.50 m, y = 4.94 m, z = -3.99 m, floor of layer 8?.

6. Side-scraper with thinned back (27) on a massive flake blank of light grey tuff. The butt and bulb are not distinguishable. The dorsal side is in entirety covered with scars of previous knapping. The ventral part of the left edge is thinned with removals. Retouch is fairly abrupt on the distal part. The right edge is directly fairly abruptly retouched into a single convex side-scraper. Weight 91 g.

Inv. no. 157, x = -0.81 m, y = 3.24 m, z = -3.46 m, middle of layer 8.

TABLA 10.7

1. Tipično vbadalo (32) v kombinaciji z ravnim strgalom in izjedo, izdelano na debelem odbitku iz svetlozelenega tufa. Talon je raven in fasetiran. Na talonu je ostanek korteksa. Bulbus je izrazit. Na levem robu je s polstrmo stopnjevito retušo izdelano ravno strgalo (9). Na distalnem delu levega roba je narejena izjeda. Na ventralni strani distalnega dela je bil z levega roba odbit vbadalni odbitek. Teža 33 g.
   Inv. štev. 304, x = 4,30 m, y = 5,50 m, z = -3,63 m, plast 8?.

2. Distalni odlomek retuširanega odbitka (62) iz svetlozelenega tufa. Levi rob je strmo, desni drobtinčasto retuširan. Teža 1 g.
   Inv. štev. 543, kvadrati 19, 21 do 24, reženj 19 (-2,49 m do -2,61 m), plast 8.

3. Orodje z izjedo (42) iz temnozelenega tufa. Talon je raven in fasetiran. Bulbus je neizrazit. Na ventralni strani levega roba je proksimalno clactonska izjeda z uporabnimi retušami. Distalno je na levi strani inverzna retuša. Na desnem robu je ostanek korteksa. Teža 6 g.
   Inv. štev. 328, kvadrat 169, reženj 8 (-2,70 m do -3,10 m), plast 8?.

4. Orodje z izjedo (42) na odbitku iz črnega rožženca. Talon je fasetiran. Bulbus je izrazit in ima jeziček. Izjeda je narejena z dvema direktnima retušama. Rob izjede je drobtinčasto retuširan. Distalni del je videti odlomljen, ker je del ohranjenega desnega roba strmo inverzno retuširan. Teža 1 g.
   Inv. štev. 221, x = 0,71 m, y = 4,05 m, z = -3,41 m, plast 8.

5. Proksimalni? odlomek retuširanega odbitka (62) iz svetlozelenega tufa. Domnevni proksimalni rob je direktno retuširan s polstrmo retušo. Teža 1,5 g.
   Inv. štev. 92, x = 4,60 m, y = -2,00 m, z = -3,43 m, plast 8.

6. Jedro ali debel odbitek iz svetlozelenega tufa, predelan(o) v strgalo (62). Retuše se prilagajajo strukturi kamnine. Teža 46 g.
   Inv. štev. 545, kvadrati 19, 21 do 24, reženj 19 (-2,49 m do -2,61 m), plast 8.

7. Nazobčano orodje (43) na debelem klinastem odbitku iz svetlosivega tufa. Talon je raven in gladek. Bulbus je izrazit. Levi rob je grobo retuširan in le na distalnem delu nazobčan. Desni izbočeni rob je izmenično nazobčano retuširan. Teža 12 g.
   Inv. štev. 36, brez koordinat, sklop plasti 2 do 8.

8. Nazobčano orodje (43) na odbitku iz svetlosivega tufa. Talon in bulbus nista določljiva. Retuša je strma in izmenična. Teža 3,5 g.
   Inv. štev. 242, brez koordinat, sklop plasti 2 do 8.

PLATE 10.7

1. Typical burin (32) in combination with a straight side-scraper and notched tool, made on a thick flake blank of light green tuff. The butt is straight and faceted. There is the remains of cortex on the butt. The bulb is pronounced. On the left edge is a single straight side-scraper (9) made with a semi-abrupt stepped retouch. A notch has been made on the distal part of the left edge. On the ventral side of the distal part, a burin spall has been knapped from the left edge. Weight 33 g.
   Inv. no. 304, x = 4.30 m, y = 5.50 m, z = -3.63 m, layer 8?.

2. Distal fragment of retouched flake (62) of light green tuff. The left edge is abruptly, the right finely retouched. Weight 1 g.
   Inv. no. 543, quadrat 19, 21-24, spit 19 (-2.49 m to -2.61 m), layer 8.

3. Notched tool (42) on a flake blank of dark green tuff. The butt is straight and facetted. The bulb is not pronounced. On the ventral side of the left edge is a proximal Clactonian notch with retouch from use. There is inverse retouch distally on the left side. On the right edge, there are the remains of cortex. Weight 6 g.
   Inv. no. 328, quadrat 169, spit 8 (-2.70 m to -3.10 m), layer 8?.

4. Notched tool (42) on a flake blank of black chert. The butt is facetted. The bulb is pronounced and has a scar. The notch is made with two direct retouches. The edge of the notch is finely retouched. The distal part is visibly broken, since part of the retained right edge is abruptly inversely retouched. Weight 1 g.
   Inv. no. 221, x = 0.71 m, y = 4.05 m, z = -3.41 m, layer 8.

5. Proximal? fragment of a retouched flake (62) of light green tuff. The suspected proximal edge is directly retouched with semi-abrupt retouch. Weight 1.5 g.
   Inv. no. 92, x = 4.60 m, y = -2.00 m, z = -3.43 m, layer 8.

6. Core or thick flake of light green tuff, worked into a side-scraper (62). The retouches are adapted to the structure of the stone. Weight 46 g.
   Inv. no. 545, quadrats 19, 21-24, spit 19 (-2.49 m to -2.61 m), layer 8.

7. Denticulate tool (43) on a thick blade shaped blank of light grey tuff. The butt is straight and flat. The bulb is pronounced. The left edge is summary retouched and denticulate only on the distal part. The right convex edge is alternatingly denticulate retouched. Weight 12 g.
   Inv. no. 36, without coordinates, combined layers 2 - 8.

8. Denticulate tool (43) on a flake blank of light grey

9. Orodje z izjedo (42) na odbitku iz sivega roženca. Talon in bulbus nista določljiva. Robovi odbitka so totalno strmo retuširani. Hrbtna stran je ploskovno retuširana. Teža 3 g.

Inv. štev. 241, brez koordinat, sklop plasti 2 do 8.

10. Strgalce (39) na proksimalnem odlomku (klinaste-ga?) odbitka iz sivega roženca. Talon je gladek. Distalni del odbitka je gladko odlomljen. Prelom je brez sledov uporabe. Desni rob je direktno fino retuširan. Teža 1 g.

Inv. štev. 485, kvadrat 48 b, reženj 6 (-0,94 m do -1,06 m) sklop plasti 2 do 5a.

11. Retuširan odbitek (62) iz svetlozelenega tufa. Talon in bulbus nista določljiva. Proksimalni del ima na ventralni strani delno ploskovno retušo. Distalni del je ravno prečno retuširan s polstrmo retušo. Levi rob je inverzno polstrmo retuširan. Teža 3 g.

Inv. štev. 528, kvadrat in reženj neznana, sklop plasti 2 do 8.

10.3. ANALIZA ARTEFAKTOV

Najpomembnejši sklop najdb predstavljajo kameni artefakti. Ti so brez lusk približno enako številni v vhodnem (nezvezne inventarne številke 53 do 326) in v orednjem predelu jame (zvezne inventarne številke 409 do 426, 428, 430 do 547). Ker jih nikjer ni prav veliko, jih bomo obravnavali skupaj. Arheološke stratigrafske korelacije med različnimi predeli jame so mogoče na podlagi izstopajočih plasti 4, 6 in 8 ter na podlagi nekaterih odbitkov iz iste kamnine, ki so bili najdeni v obeh predelih jame v istih plasteh. Ti odbitki imajo naslednje inventarne številke: v horizontu A: 54 in 463, 62 in 469, 63 in 458, 65 in 441, 88 in 487, 292, 319 in 459, 320 in 430; v horizontu C: 153, 156 in 508.

Surovinski sestav najdb je prikazan v *razpredelnici 10.1*. Makroskopsko jih je opredelil mag. Aleksander Horvat (NTF, Katedra za paleontologijo in geologijo). Najpogostejša surovina so tufi (50 %). Med njimi imamo tudi redke tufske breče in kot posebnost plastoviti tuf, ki se le redko pojavlja tudi v drugih srednjepaleolitskih najdiščih v Sloveniji. Na drugem mestu so makroskopsko neopredeljene kamnine z vsebnostjo kremena (27 %). Na tretjem mestu so roženci (19 %), med njimi tudi plastoviti. Tufi in roženci so značilne lokalne kamnine, ki jih dobimo tudi med prodom Idrijce. Zanimiva sta keratofir v horizontu C in neopredeljena surovina v horizontu 0, ki je ni v Sloveniji. Lusk nismo posebej opredeljevali. Med njimi je verjetno

tuff. The butt and bulb are not distinguishable. The retouch is abrupt and alternating. Weight 3.5 g.

Inv. no. 36, without coordinates, combined layers 2 - 8.

9. Notched tool (42) on a flake blank of grey chert. The butt and bulb are not distinguishable. The edges of the flake are totally abruptly retouched. The dorsal side is facially retouched. Weight 3 g.

Inv. no. 241, without coordinates, combined layers 2 - 8.

10. Raclette (39) on the proximal fragment of a blade shaped or flake blank of grey chert. The butt is flat. The distal part of the flake is smoothly broken. The fracture is without trace of use. The right edge is directly, finely retouched. Weight 1 g.

Inv. no. 485, quadrat 48 b, spit 6 (-0.94 m to -1.06 m), combined layers 2 - 5a.

11. Retouched flake (62) of light green tuff. The butt and bulb are not distinguishable. The proximal part has a partial facial retouch on the ventral side. The distal part is straight, end retouched with a semi-abrupt retouch. The left edge is inversely semi-abruptly retouched. Weight 3 g.

Inv. no. 528, quadrat and spit unknown, combined layers 2 - 8.

10.3. ANALYSIS OF ARTEFACTS

The "débitage" products are the most important group of finds. Those without chips are approximately equal in number in the entrance (continuous inventory numbers 53 - 326) and in the central part of the cave (discrete inventory numbers 409 - 426, 428, 430 - 547). Since there is not a large number anywhere, they will be dealt with together. Archaeological stratigraphic correlation among the various parts of the cave are possible on the basis of the pronounced layers 4, 6 and 8, and on the basis of some flakes of the same rock which were found in both parts of the cave at the same layers. These flakes have the following inventory numbers: in level A: 54 and 463, 62 and 469, 63 and 458, 65 and 441, 88 and 487, 292, 319 and 459, 320 and 430; in level C: 153, 156 and 508.

The raw material composition of the finds is shown in *Table 10.1*. They were identified macroscopically by Mag. Aleksander Horvat (NTF Ljubljana, Department of Paleontology and Geology). The most common raw material is tuff (50 %). They include also occasional tuff breccia, and, as a peculiarity, laminated tuff, which has appeared at other Middle Palaeolithic sites in Slovenia, too, but only rarely. In second place are macroscopically unidentified rocks with a quartz content (27 %). In third place are cherts (19 %), including laminated cherts. Tuffs and cherts are typical local rocks, which are also found among the river alluvium of the

največ tufskih. Kosov iz kvalitetnega, večinoma črnega roženca je samo 3,5%. Največ jih je v horizontu A. Večina sileksov je močno preperelih in imajo rahlo zaobljene robove. Preperela površina je drugačne barve od notranjosti.

Približna gostota najdb kamenih artefaktov je podana v razpredelnici 10.2. Približna zato, ker smo kljub sejanju in spiranju vseh odkopanih usedlin našli v

Idrijca. The keratophyre on level C and the unidentified raw material on level 0, are interesting, neither occurring in Slovenia. Chips were not identified individually. They probably contain most tuff. Only 3.5 % of pieces are high quality, for the most part black, chert. There are most on level A. The majority of silex is heavily weathered and has slightly rounded edges. The weathered surface is a different colour to the interior.

Razpredelnica 10.1: Surovinski sestav kamenih najdb brez lusk.
Table 10.1: Raw material composition of stone finds without cships.

Plast Layer	Horizont Level	Tuf Tuff	Roženec Chert	Breča Breccia	Peščenjak Sandstone	Keratofir Keratophyre	Ostalo Other	Skupaj Total
2	0	2	-	-	-	-	1	3
3 - 5a	-	11	5	-	-	-	5	21
4	A	43	20	1	2	-	5	71
5, 5a, 5b	A/B	8	2	-	-	-	4	14
5/ 6	-	1	1	-	-	-	-	2
6	B	10	5	-	-	-	4	19
6/ 7	-	5	1	-	-	-	2	8
7	C	10	5	-	-	1	11	27
7/ 8	-	10	2	-	1	-	1	14
8	D	15	2	-	3	-	10	30
2 - 8	A - D	-	-	-	-	-	19	19
Skupaj	Total	114	43	1	6	1	62	228

osrednjem predelu jame največ 85 % artefaktov, velikih okoli 10 mm, in samo približno 20 % zelo majhnih lusk. Največ najdb je v horizontu A (33 % z luskami in prav toliko brez njih).

Med najdbami prevladujejo v vseh horizontih luske, manjše od 1 cm in lažje od 1g. Skoraj vse luske so bile najdene v osrednjem predelu jame, kjer smo vse odkopane usedline pregledali s sejanjem in spiranjem. Lusk je največ v horizontu A (34 %). V krioturbatno prizadetih plasteh 2 do 5a pride na eno orodje povprečno 5,6 luske, v plasteh 6 do 8 pa samo 1,8 luske. Večina lusk je zelo majhnih in so lažje od 0,5 g. Nedvomno gre za luske, ki so nastale pri retuširanju. Ni izključeno, da je del lusk posledica krioturbacije. Na nekaterih artefaktih bi bile tako lahko tudi psevdoretuše (*t. 10.3: 6*).

Pri klasifikaciji najdb v razpredelnici 10.2 smo se oprli na Osoletove opredelitve kamenega gradiva v Betalovem spodmolu, najbogatejšem srednjepaleolitskem najdišču v Sloveniji (Osole 1991, 8). Te so naslednje: 1. Orodja so vsi namensko oblikovani sileksi po Bordesovi tipologiji. 2. Jedra so kosi sileksa, ki imajo več orientiranih ploskev - negativov, ki so jih zapustili odbitki. 3. Klinasti (lamelarni) odbitki so klinam podobni

The approximate density of finds of stone artefacts is given in Table 10.2. Approximately, because despite sieving and washing of all excavated sediment, we found at most 85 % of artefacts in the central part of the cave of around 10 mm size, and only approximately 20 % of very small flakes < 1 g (e. g. chips). Most finds came from level A (33 % with chips and an equal number without).

Among the finds, chips smaller than 1 cm and lighter than 1 g predominate on all levels. Almost all chips were found in the central part of the cave, where we examined all excavated sediment with sieving and washing. There were most chips in level A (34 %). In the layers affected by cryoturbation, 2 - 5a, there was one tool to an average 5.6 chips, and in layers 6 - 8, to only 1.8 chips. The majority of chips are very small and are lighter than 0.5 g. They are undoubtedly chips made from retouching. It is not impossible that some of the chips are the result of cryoturbation. There could also be some pseudo-retouch on some of the artefacts *(Pl. 10.3: 6)*

In the classification of finds in Table 10.3, we relied on Osole's definitions of stone material in Betalov spodmol, the richest Middle Palaeolithic site in Slovenia

Razpredelnica 10.2: Gostota najd kamenih artefaktov po plasteh.
Table 10.2: Density of finds of stone artefacts by layers.

Plast Layer	Horizont Level	Orodja Tools	Jedra Cores	Prodniki Nodules	Odbitki* Blades*	Odbitki** Flakes**	Razbitine Chunks	Luske Chips	Skupaj Total
2	0	1	0	0	0	2	0	4	7
3 - 5a	-	6	2	3	0	11	4	38	64
4	A	18	3	0	1	46	8	66	142
3, 5a, 5b	A/B	2	1	0	0	8	2	33	46
5/6	-	1	0	0	0	2	0	0	3
6	B	3	1	0	0	12	1	3	20
6/7	-	0	0	0	0	6	1	6	13
7	C	6	1	0	0	16	0	10	33
7/8	-	8	0	0	0	5	1	15	29
8	D	9	1	1	0	14	2	13	40
2 - 8	-	4	0	0	0	14	1	6	25
Skupaj	Total	58	9	4	1	136	20	194	422

* Neretuširani klinasti odbitki. - Unretouched blade shaped blanks.
** Neretuširani in rahlo retuširani odbitki. - Unretouched and lightly retouched flake blanks.

odbitki z bolj ali manj vzporednima stranskima robovoma, z dobro ločljivo hrbtno in trebušno stranjo, kjer je bolje ali slabše izražen bulbus. Brez retuš ali z delnimi retušami, rabljeni. 4. Odbitki so ploščati odlomki sileksa z izrazito hrbtno in trebušno stranjo, kjer je bolje ali slabše izražen bulbus. Neretuširani ali le delno retuširani, rabljeni.[1] 5. Razbitine so odlomki sileksa, kjer so vse dimenzije bolj ali manj izenačene, brez hrbtne in trebušne strani. 6. Luske so majhni ploščati odbitki (<1 cm, <1 g po naši opredelitvi). 7. Prodniki - gomolji so zaobljeni sileksi, v celoti ali delno prekriti s skorjo. Lahko so celi ali načeti. Dele skorje imajo lahko tudi vse kategorije sileksov od 1 do 6.

Talon je ohranjen samo na polovici odbitkov. Poškodovan talon ima 10 % vseh odbitkov. Taloni s korteksom so redke izjeme. Ohranjeni taloni so fasetirani (13 %), gladki (14 %) in neopredeljivi (23 %). Odstotek fasetiranih talonov je največji v horizontu D. Redki levalloisjski odbitki in eno levalloisjsko jedro (*t. 10.4: 4-5; 10.6: 4-5*) govore za nesporno uporabo levalloisjske tehnike za pripravo jeder in odbijanja poleg drugih tehnik. Tehnološko zanimiv kratek (levalloisjski?) odbitek (*t. 10.4: 4*) ima dobro vzporednico v horizontu C Betalovega spodmola (Osole 1991, t. 24:1).

Retuširanih je 47 % vseh odbitkov, vključno z orodji. To kaže na intenzivno uporabo kamenih izdelkov.

(Osole 1991, p. 8). These are the following: 1. Tools are all deliberately formed silexes by Bordesian typology. 2. The cores are pieces of silex which have many oriented scars, that flakes have left behind them. 3. Blades and blade-shaped blanks are products of "débitage" with more or less parallel side edges, with well separated back and undersides, where there is a more or less pronounced bulb. Without retouch or partial retouches, used. 4. Flakes are products of "débitage" with pronounced back and undersides, where there is a more or less pronounced bulb. Unretouched or only partially retouched, used.[1] 5. Chunks are pieces of silex, all of the dimensions of which are more or less the same, without back and undersides. 6. Chips are small, flat flakes (<1 cm, <1 g according to our definition). 7. Pebbles and nodules are rounded silex, wholly or partially covered with cortex. They may be whole or splintered. All categories of silex from 1 to 6 can also have a partial cortex.

The butt has been preserved on only half of the flakes. Ten percent of all flakes have a damaged butt. Butts with cortex are a rare exception. Preserved butts are facetted (13 %), flat (14 %) and undefined (23 %). The percentage of facetted butts is highest on level D. Occasional levallois flakes and one levallois core (*Pl. 10.4: 4-5; 10.6: 4-5*) testify to the unarguable use of the levallois technique for preparing a core and knapping,

---

[1] V prihodnje bi bilo umestno ločiti retuširane in neretuširane odbitke, vključno s klinastimi.

[1] In future, we will artificially divide retouched and unretouched flakes, including with blades and blade-shaped blanks.

Pogosta je strma retuša. Med orodji je 15,5 % polomljenih (*t. 10.1: 7; 10.3: 7; 10.6: 2; 10.7: 4, 10*), kar lahko dokazuje, da so orodja v jami močno rabili. Odstotek neretuširanih odlomljenih odbitkov je bistveno nižji. Največ odlomljenih orodij (30 %) je v horizontu A. Na jedra in razbitine pride vsega 6 odbitkov, vključno z orodji. Samo na redkih odbitkih so rahli sledovi retuš. Vendar jih nismo zgolj na podlagi tega uvrstili med orodja, prikazana na *tablah 10.1 do 10.7.*

Jedra so nepravilne oblike, razen enega levalloisj-skega jedra (*t. 10.4: 5*), najdenega v kurišču horizonta C in enega diskoidnega jedra v sklopu plasti 3 do 4 (neobjavljeno). Od istega jedra sta dva odbitka, ki nam jih je uspelo sestaviti (inv. štev. 153 in 156). Najdena sta bila v vhodnem predelu jame 0,75 m narazen v plasti 7 (horizont C). Razlika v globini je 24 cm in je verjetno nastala zaradi terenske metode. Odbitek štev. 153 je ventralno drugače patiniran kot dorzalno, kar kaže na ponovno uporabo nekoč že obdelovanih kosov. Iz enake surovine kot sestavljiva odbitka sta tudi odbitka štev. 450 in 492, najdena v osrednjem predelu jame v sklopu zgubanih plasti 2 do 5a.

in addition to other techniques. The technologically interesting short (levallois?) flake (*Pl. 10.4: 4*) has a good parallel in level C of Betalov spodmol (Osole 1991, Pl. 24:1).

Forty seven percent of flakes, including tools, are retouched. This indicates the intensity of use of the flakes as tools. The retouch is often abrupt. Among tools, 15.5 % are broken (*Pl. 10.1: 7; 10.3: 7; 10.6: 2; 10.7: 4, 10*), which may also show that the tools in the cave were greatly used. The percentage of unretouched broken flakes is essentially lower. There are most broken tools (30 %) on level A. There are 6 flakes, including tools to each core or chunk. Only occasionally do flakes have slight traces of retouch. However, we considered this inadequate to classify them among tools shown on *Plates 10.1 - 10.7.*

Cores are of irregular form, except for one levallois core (*Pl. 10.4: 5*), found in the hearth on level C and one discoidal core in the combined layers 3 - 4 (unpublished). Two flakes which we succeeded in refitting are from the same core (inv. nos. 153 and 156). They were found in the entrance part of the cave, 0.75

Sl. 10.3: Divje babe I. Gobčasto praskalo (plast 7) in orodje z izjedo (plast 8). Foto: Marko Zaplatil.
Fig. 10.3: Divje babe I. Nosed scraper (layer 7) and notched tool (layer 8). Photo: Marko Zaplatil.

Prodnik je en sam, razbit v dva različno patinirana dela (inv. štev. 334 in 342). Oba dela sta bila najdena v vhodnem predelu jame 3,7 m narazen v dnu plasti 8 (horizont D). Bila sta skoraj na isti globini, če upoštevamo nagib plasti. Prodnik je iz zelenega tufa. Razen njega so bili najdeni še trije prodniki iz temnosivega apnenca, vsi domnevno v horizontu A. Eden je bil razbit. Našli smo tudi odbitke. Ostala dva sta brez sledov uporabe.

Skoraj vsa orodja so na odbitkih, kar znese 29 % vseh odbitkov in 25 % vseh najdb brez lusk. Če upoštevamo še rahlo retuširane odbitke, je odstotek retuširanih odbitkov večji od 30. To so dosti pogoste vrednosti v srednjepaleolitskih najdiščih Evrope (Gamble 1986, 402 s). V Betalovem spodmolu imamo tako visok delež orodij samo v starejših horizontih, A - C (Osole 1991, 11s, 21s). Značilen je tudi za Matjaževe kamre (Osole 1977, 24), Mornovo zijalko (M. Brodar 1996) in tu neobravnavane starejše horizonte v Divjih babah I. V Krapini, kjer ni lusk in prodnikov, je orodij 33 % (Simek 1991).

Kline, retuširane v orodja in neretuširane, so skrajno redke. Imamo jih samo 2,5 %. V nobenem primeru ne gre za značilne mlajšepaleolitske kline. Krhljast odbitek je samo eden, in sicer iz kremenovega peščenjakovega prodnika. Odbitkov in orodij s korteksom je 5 %. Večina odbitkov je bila verjetno drugje odbita od skrbno pripravljenih jeder.

Po vseh znakih sodeč v jami niso izdelali veliko orodij. Vendar niso vanjo prinesli samo gotovih izdelkov. Nekaj orodij je bilo nedvomno narejenih na najdišču, še več pa verjetno popravljenih in preoblikovanih. Pri zadnjem opravilu so lahko nastale številne zelo majhne luske.

Orodja so posebej opisana v katalogu in, kjer je bilo mogoče, tudi opredeljena po Bordesovi tipologiji (*t. 10.1 - 10.7*). Pregled orodij je prikazan v *razpredelnici 10.3*. Pomembna so orodja mlajšepaleolitske skupine (Bordesovi tipi 30 do 37 in 40). Ta orodja v združenih horizontih A do D sicer niso pogosta, vendar so glede na majhno gostoto najdb vseeno 16-odstotno zastopana. To je za slovenske razmere visok odstotek. Pomembno je tudi, da imamo vse glavne tipe mlajšepaleolitske skupine orodij, razen noža s hrbtom. Za atipično praskalo (*t. 10.3: 9*) imamo dobro vzporednico v moustérienskem horizontu B Betalovega spodmola (Osole 1991, t. 33: 6). Popolna novost v tem času pri nas so odbitki in kline s prečno retušo (*t. 10.4: 2; 10.5: 5*). Zelo redko orodje je tudi izmenično konvergentno strgalo (*t. 10.3: 10*). Posebnost sta nohtasto in gobčasto praskalo (Bordesov tip 10 in 13) kot značilni mlajšepaleolitski orodji (*t. 10.2: 12; 10.5: 1*). Vendar sta obe izdelani na širokih odbitkih, sta nepravilnih oblik in kot taki nimata dosti skupnega s podobnima mlajšepaleolitskima orodnima tipoma. Vzporednice za gobčasto praskalo dobimo predvsem v horizontu E našega najdišča (neobjavljeno). Druga

m apart in layer 7 (level C). The difference in depth was 24 cm, and was probably created by the field recovery technique used. Flake no. 153 is patinated differently ventrally than dorsally, which suggests re-use of already worked pieces. Flakes no. 450 and 492, found in the central part of the cave in the combined folded layers 2 - 5a, are knapped of the same raw material. There is a single pebble, broken into two (inv. nos. 334 and 342). Both parts differently patinated were found in the entrance part of the cave, 3.70 m apart on the floor of layer 8 (level D). They were at almost the same depth, bearing in mind the declination of the layer. The pebble is of green tuff. Beside it were found a further three pebbles of dark grey limestone, all presumably in level A. One was broken. We also found flakes. The other two were without any trace of use.

Almost all the tools are on flakes, and they amount to 29 % of all flakes and 25 % of all finds without chips. If we bear in mind slightly retouched flakes, the percentage of retouched flakes is more than 30. These are frequent enough values at Middle Palaeolithic sites in Europe (Gamble 1986, pp. 402 on). In Slovene sites there is only such a high percentage of tools in the older levels, A - C at Betalov spodmol (Osole 1991, pp.11on and 21on). It is also typical of Matjaževe kamre (Osole 1977, p. 24), Mornova zijalka (M. Brodar 1996) and the older levels of Divje babe I not dealt with here. In Krapina, where there are no chips and pebbles, tools amount to 33 % (Simek 1991).

Blades, retouched into tools or unretouched, are extremely rare. There are only 2.5 %, including blade shaped blanks. There is no case of a typical Upper Palaeolithic blade. There is only one pebble segment, and this is made of quartz sandstone. Flakes and tools with cortex amount to 5 %. The majority of flakes were probably knapped from cores carefully prepared elsewhere.

Judging by all the signs, they did not make many tools in the cave. However, they did not bring into it only completed products. Some tools were undoubtedly made at the site, and more probably repaired and reshaped. The last but one task could have created the numerous very small chips.

Tools are described individually in the catalogue and, where possible, also classified by Bordesian typology (*Plates 10.1 - 10.7*). A survey of tools is shown in *Table 10.3*. Tools of the Upper Palaeolithic group (Bordesian types 30 - 37 and 40) are important. These tools are not frequent in combined levels A - D, but in view of the low density of finds, they represent 16 %. This is relatively high for Slovene Middle Palaeolithic sites. It is also important that all main types of the Upper Palaeolithic group of tools are here, except a backed knife. We have a good parallel for the atypical endscraper (*Pl. 10.3: 9*) in Mousterian level B of Betalov spodmol (Osole 1991, Pl. 33: 6). Flakes and blades with

posebnost so kombinirana orodja (*t. 10.2: 4; 10.6: 1; 10.7: 1*). V dveh primerih gre za kombinacijo s skupino mlajšepaleolitskih orodij (*t. 10.2: 4; 10.7: 1*). Vse te posebnosti in novosti, skupaj z nekaterimi estetsko oblikovanimi orodji (*sl. 10.3*), kažejo napreden značaj tvorcev najdenih tvarnih ostankov v Divjih babah I. Zato nas v takem kontekstu konec koncev ne bi smela presenetiti niti najdba domnevne koščene piščali.

Sl. 10.4: Divje babe I. Kostna tvorba s pravilno okroglo luknjico (plast 5). Pogled od zgoraj in spodaj. Foto: Marko Zaplatil.
Fig. 10.4: Divje babe I. Bone material with regular circular hole. View from above and below. Photo: Marko Zaplatil.

end retouch are a complete novelty at that time here (*Pl. 10.4: 2; 10.5: 5*). The alternating convergent side-scraper is also a very rare tool (*Pl. 10.3: 10*). The unguiforme end-scraper and nosed carinated scraper (Bordesian type 10 and 13) are particularities as typical Upper Palaeolithic tools (*Pl. 10.2: 12; 10.5: 1*). However, both are made from flakes, are of irregular shape and, as such, do not have enough in common with similar Upper Palaeolithic tool types. There are parallels to the nosed carinated scraper in level E of this site (unpublished). Combined tools are another peculiarity (*Pl. 10.2: 4; 10.6: 1; 10.7: 1*). In two cases, they are a combination of Upper Palaeolithic tools (*Pl. 10.2: 4; 10.7: 1*). All these peculiarities and novelties, together with some aesthetically shaped tools (*Fig. 10.3*), show the advanced character of the Palaeolithic man who left the material remains found in Divje babe I. So in such a context, we should not really be surprised at the find of the suspected bone flute.

The entire Middle Palaeolithic tools for the moment do not have real comparisons in other Slovene sites, as concerns density and above all richness of tool types. So we propose for the entire group of finds the working name Mousterian "Divje babe I type". The proposal is based on the elaborated chronology of the type of site, which is paleoecologically and radiometrically verified, and supported by Aurignacian finds above the layers with Mousterian, as well as by the general characteristics of the collection of stone tools found. We may additionally ascribe to this type the occasional finds from Matjaževe kamre and Mornova zijalka (Osole 1977; M. Brodar 1996). However Mitja Brodar (1996) identified the finds from Mornova zijalka in his most recent study, on the basis of typology in the Upper Palaeolithic.

The richest level A in Divje babe I matches chronostratigraphically Mousterian level E in Betalov spodmol (Osole 1991). Betalov spodmol has only 10 % of tools of all finds without chips at level E, and level A at Divje babe I 20 %. The two levels are difficult to compare typologically in view of the small number of tools. The density of individual types and richness of types, namely, are very dependent on the size of the collection (Gamble 1986, p. 356, Fig. 8.7). To date, some similar finds in Slovenia have been placed among denticulate Mousterian (Osole 1977; Petru 1989). On the basis of our findings at Divje babe I, it no longer seems appropriate. The denticulate Mousterian in France is poor in tool types, there is a perceptible tendency towards blade knapping, the levallois technique is rare, among tools there are very few points and side-scrapers and a lot of denticulate tools (Draily 1992). These are in no sense the general characteristics of this material, which contains a relatively large variety of tool types, and few denticulates. There seems, therefore, to us the basis for the provisional naming of an independent regional type of artefact assemblage.

Razpredelnica 10.3: Pregled orodij (po Bordesu) po plasteh.
Table 10.3: Survey of tools (Bordesian typology) by layer.

Plast Layer	Horizont Level	10	23	25	27	29	30	31	32	34	35	39	40	42	43	62	Skupaj Total
2	0	-	-	-	-	-	-	-	-	-	-	-	-	-	-	1	1
3 - 5a	-	-	1	-	-	-	-	-	-	-	-	5	-	-	-	-	6
4	A	1	-	-	1	-	1	-	-	1*	1	4	-	1	2	6	18
5, 5a, 5b	-	-	-	-	-	-	-	1	-	-	-	-	-	-	-	1	2
5/6	-	-	-	-	-	1	-	-	-	-	-	-	-	-	-	-	1
6	B	-	-	-	-	-	-	-	-	1	-	-	1	-	-	1	3
6/7	-	-	-	-	-	-	-	-	-	-	-	-	-	-	-	-	-
7	C	1	-	-	-	-	-	1	-	-	-	-	-	-	-	4	6
7/8	-	-	-	-	-	-	-	-	-	-	-	1	1	-	1	5	8
8	D	1	-	1	1	-	-	-	1**	-	1	-	-	2	-	2	9
2 - 8	A - D	-	-	-	-	-	-	-	-	-	-	-	-	1	2	1	4
Skupaj	Total	3	1	1	2	1	1	2	1	2	2	10	2	4	5	21	58

Strgala. – Side-scrapers: 10 - 29.
Praskalo. – Typical end-scraper: 30
Mlajšepaleolitska orodja. – Upper Palaeolithic tools: 31 - 35, 40.
Strgalce. – Raclette: 39.
Orodje z izjedo. – Notched tool: 42.
Nazobčano orodje. – Denticulate: 43.
Razno. – Various: 62.
* Kombinirano orodje: sveder - nazobčano orodje. – Combined tool: borer - denticulate.
** Kombinirano orodje: vbadalo - ravno strgalo. – Combined tool: burin - straight side-scraper.

Vse srednjepaleolitske najdbe zaenkrat nimajo prave primerjave v drugih slovenskih najdiščih, kar zadeva gostoto in predvsem bogastvo orodnih tipov. Zato predlagamo za celotni skupek najdb delovno oznako moustérienski "tip Divje babe I". Predlog utemeljujemo z izdelano kronologijo tipskega najdišča, ki je paleoekološko in radiometrično preverjena in podprta z aurignacienskimi najdbami nad plastmi z moustérienom, kakor tudi s splošnimi značilnostmi zbirke najdenih kamenih orodij. Temu tipu lahko pripišemo še redke najdbe iz Matjaževih kamer in Mornove zijalke (Osole 1977; M. Brodar 1996). Mitja Brodar (1996) je opredelil najdbe iz Mornove zijalke v svoji najnovejši študiji na podlagi tipologije v mlajši paleolitik.

Najbogatejši horizont A v Divjih babah I kronostratigrafsko ustreza moustérienskemu horizontu E v Betalovem spodmolu (Osole 1991). Betalov spodmol ima v horizontu E samo 10 % orodij od vseh najdb brez lusk, horizont A v Divjih babah I pa 20 %. Tipološko sta oba horizonta težko primerljiva glede na majhno število orodij. Gostota posameznih tipov in bogastvo tipov sta namreč zelo odvisni od velikosti zbirke (Gamble 1986, 356, Fig. 8.7). Doslej so se nekatere podobne najdbe v Sloveniji postavljale v nazobčani moustérien (Osole 1977; Petru 1989). Na podlagi naših ugotovitev

In a developmental sense, the type here, as well as all Slovene Mousterian, which is most representatively apparent in Betalov spodmol, is connected with the Mousterian in north-east Italy, where towards the end of the Middle Palaeolithic, there were ever more tools of the Bordesian Upper Palaeolithic group (Palma di Cesnola 1996, pp.146 on).

The other important group of finds is the Aurignacian finds in level 0 in layer 2 and above layer 4. For the most part, these are bone points and only one stone tool (*Pl. 10.1: 1 - 5*). All finds originate from the

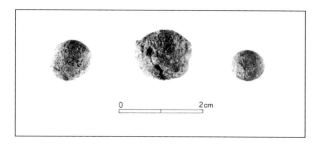

Sl. 10.5: Divje babe I. Kroglice iz peščenih zrn najdene v plasti 4 (moustérien). Foto: Marko Zaplatil.
Fig. 10.5: Divje babe I. Spheres from grains of sand found in layer 4 (Mousterian). Photo: Marko Zaplatil.

v Divjih babah I, se nam to ne zdi več primerno. Nazobčani moustérien v Franciji je reven z orodnimi tipi, zaznavna je težnja h klinastim odbitkom, levalloisjska tehnika je redka, med orodji ima zelo malo konic in strgal ter veliko nazobčanih orodij (Draily 1992). To nikakor niso splošne značilnosti našega gradiva, ki vsebuje sorazmerno veliko različnih orodnih tipov, pa malo nazobčanih orodij. Zato se nam zdi začasno osnovanje samostojnega regionalnega tipa umestno.

Razvojno se naš tip, kakor tudi ves slovenski moustérien, ki je najbolj reprezentativno zastopan v Betalovem spodmolu, povezuje z moustérienom v severovzhodni Italiji, kjer je proti koncu srednjega paleolitika vse več orodij Bordesove mlajšepaleolitske skupine (Palma di Cesnola 1996, 146 ss).

Drugi nadvse pomembni sklop najdb predstavljajo aurignacienske najdbe v horizontu 0 v plasti 2 in nad plastjo 4. V glavnem gre za koščene konice in samo eno kameno orodje (t. 10.1: 1 - 5). Vse najdbe izvirajo iz osrednjega predela jame. Plast 2 je bila v vhodnem predelu namreč precej poškodovana. Tipološko podrobneje neopredeljivo strgalo je za vrednotenje horizonta 0 nepomebno. Koščene konice pripadajo vsaj dvema tipoma, in sicer konici z razcepljeno bazo (t. 10.1: 1) (Delporte in dr. 1988) in konici tipa Potočka zijalka po Mitji Brodarju (1985b). Prva predstavlja vodilni tip v evropskem aurignacienu. Najbližje vzporednice zanjo imamo v Potočki zijalki (S. Brodar in M. Brodar 1983, T. 9: 102) in Mokriški jami (M. Brodar 1959, T. 1). Druga bolj ali manj oddaljena najdišča na južni strani Alp so Fumane pri Veroni (Bartolomei in dr. 1992a, Fig. 9.2; 1992b, Fig. 27 - 28) in Vindija v Hrvatskem Zagorju (Malez 1988, Sl. 2, Tab. 1: 1). Za bogate aurignacienske horizonte Potočke zijalke je značilno sorazmerno majhno število retuširanih klin in sorazmerno veliko strgal (S. Brodar in M. Brodar 1983, 114 ss, T. 1 - 5; Allsworth-Jones 1990, 195). To bi lahko bilo odraz pomanjkanja dobrih surovin za izdelovanje kamenih orodij. Nekaj podobnega je bilo ugotovljeno v Španiji (Strauss 1990). Če sprejmemo tako razlago, lahko sprejmemo kot mogoče tudi nekatere najnovejše Brodarjeve stratigrafske in tipološke opredelitve artefaktov srednjepaleolitskega izgleda v Špehovki in domnevno v Mornovi zijalki v aurignacien (M. Brodar 1993; 1996). Vendar sami sporne najdbe iz obeh najdišč pripisujemo še vedno moustérienu, in sicer tu predlaganemu "tipu Divje babe I". V Špehovki imajo srednjepaleolitski orodni tipi, ki jih je M. Brodar uvrstil v aurignacien (1993, T. 3: 81; 2: 66, 73; 4: 31), pogosto raze, ki so lahko nastale zaradi premikov v usedlinah, nima pa raz noben mlajšepaleolitski tip (1993, T. 1). Zato lahko dvomimo v prvotno stratigrafsko lego omenjenih najd. Stratigrafija pa je Brodarjev glavni dokaz za opredelitev dela bivših moustérienskih najdb iz tega najdišča v aurignacien. Glede na aurignacienske najdbe in klimatske zahteve interstadiala Potočke zijalke (S.

central part of the cave. Layer 2 was fairly damaged in the entrance part. The side-scraper typologically unidentified in more detail is unimportant for assessing level 0. The bone points belong to at least two types: split-based points (Pl. 10.1: 1) (Delporte et al. 1988) and Potočka zijalka point type according to Mitja Brodar (1985b). The first represents the leading type in the European Aurignacian. The closest parallel to it is in Potočka zijalka (S. Brodar & M. Brodar 1983, Pl. 9: 102) and Mokriška jama (M. Brodar 1959, Pl. 1). Other more or less distant sites on the southern side of the Alps are Fumane by Verona (Bartolomei et al. 1992a, Fig. 9.2; 1992b, Figs. 27 - 28) and Vindija in Croatian Zagorje (Malez 1988, Fig. 2, Pl. 1:1). A relatively small number of retouched blades and a relatively large number of side-scrapers is the typical ratio for the rich Aurignacian levels of Potočka zijalka (S. Brodar & M. Brodar 1983, pp. 114 on, Pl. 1 - 5; Allsworth-Jones 1990, p. 195). This could be a reflection of the lack of good raw materials for producing stone tools. Something similar was found in Spain (Strauss 1990). If we accept such reasoning, we can accept as possible also some of the most recent Brodar stratigraphic and typological identification of artefacts of Middle Palaeolithic appearance at Špehovek and possibly at Mornova zijalka into the Aurignacian (M. Brodar 1993; 1996). However, we still prescribe the disputed finds themselves from the two sites to the Mousterian, to the proposed "Divje babe I type". At Špehovka, Middle Palaeolithic tool types which M. Brodar (1993, Pl. 3: 81; 2: 66, 73; 4: 31) classifies into the Aurignacian often show abrasions which have been created because of movement in the sediment, but no Upper Palaeolithic tools have abrasions (M. Brodar 1993, Pl. 1). We may therefore suspect the original stratigraphic position of the finds cited. However, the stratigraphy is Brodar's main evidence for classifying part of former Mousterian finds from this site in the Aurignacian. In view of the Aurignacian finds and climatic demands of the interstadial of Potočka zijalka (S. Brodar & M. Brodar 1983) and today's chronology of the Last Glacial, we may connect this interstadial only with the west European interstadials Hengelo and Arcy and with the interphase Hengelo/Arcy. Radiometric dating, palaeoecological explanations of microfauna and flora and stratigraphic-sedimentological data at Divje babe I allow the probability that mainly layer 5 is from approximately the same time as layer 7 at Potočka zijalka. Both layers are for the moment the most appropriate parallels of the Hengelo interstadial (Turk 1996). If it is actually thus, the apparently disputable classification of the finds as "Divje babe I type" also becomes more understandable from the chronological point of view. At the same time, it means coexistence of the last Neanderthals and the early Cromagnons on the territory of Slovenia.

In addition to the described stone and bone tools,

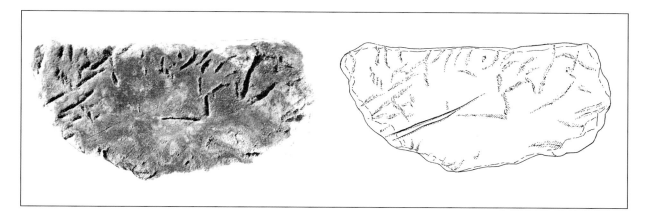

Sl. 10.6: Divje babe I. Neobičajen kos dolomita z zarezo najden v sklopu plasti 3 in 4 (moustérien). Risba: Dragica Knific Lunder, foto: Marko Zaplatil.
Fig. 10.6: Divje babe I. Unusual piece of dolomite with incision, found in combined layers 3 and 4 (Mousterian). Drawing: Dragica Knific Lunder, photo: Marko Zaplatil.

Brodar in M. Brodar 1983) in današnjo kronologijo zadnjega glaciala lahko ta interstadial povežemo samo z zahodnoevropskima interstadialoma Hengelo in Arcy ter z *interfazo* Hengelo/Arcy. Radiometrične datacije, paleoekološke razlage mikrofavne in flore ter stratigrafsko-sedimentološki podatki v najdišču Divje babe I dopuščajo verjetnost, da je predvsem plast 5 iz približno istega časa kot plast 7 v Potočki zijalki. Obe plasti sta zaenkrat najustreznejši različici interstadiala Hengelo (Turk 1996). Če je dejansko tako, postane navidezno sporno opredeljevanje najdb "tipa Divje babe I" bolj razumljivo tudi s kronološkega vidika. Obenem to pomeni sobivanje poslednjih neandertalcev in zgodnjih kromanjoncev na ozemlju Slovenije.

Poleg opisanih kamenih in koščenih orodij smo našli še tri koščke okre: enega v sklopu plasti 3 do 4 (kvadrat 53, reženj 3) in dva v plasti 6 (kvadrat 28, reženj 13; kvadrat 8, reženj 18). Vsi so oker barve. Neobičajna najdba je divje raščena kost diskaste oblike, ki ima v sredini naravno luknjico (*sl. 10.4*). Najdena je bila v plasti 5 (kvadrat 41a, reženj 15). Prav tako neobičajne so tri različno velike pravilne kroglice iz peščenih zrn (*sl. 10.5*). Najdene so bile v sklopu plasti 3 do 4 (kvadrat 41, reženj 6; kvadrat 45, reženj 5) in v plasti 4 (kvadrat 48a, reženj 7).[2] Na naravno globoko razbrazdanem kosu dolomita je na površini umetna zareza (*sl. 10.6*). Najden je bil v sklopu plasti 3 do 4 (kvadrat 55c, reženj 10). Kot brnivko lahko razlagamo obojestransko preluknjano diafizo femurja mladega jamskega medveda (*sl. 11.15*). Najdena je bila v združenih plasteh 4 - 5a (kvadrat 6, reženj 12). Vse omenjene posebne najdbe izvirajo iz osrednjega predela jame. Najzagonetnejša najdba je nedvomno t. i. koščena piščalka iz zgornjega dela plasti 8, ki jo bomo podrobneje opisali posebej. Najdena je bila v kvadratu 17, reženj 21, v neposredni bližini manjšega ognjišča. Sočasnosti najdbe in ognjišča se ne da dokazati.

we also found a further three pieces of ochre: one in the combined layers 3 - 4 (quadrat 53, spit 3) and two in layer 6 (quadrat 28, spit 13; quadrat 8, spit 18). All are ochre colour. A pathological? bone of discus shape, which has a natural hole in the centre is an unusual find (*Fig. 10.4*). It was found in layer 5 (quadrat 41a, spit 15). Equally unusual are three variously sized regular spheres from fine grains of sand (*Fig. 10.5*).[2] They were found in the combined layers 3 - 4 (quadrat 41, spit 6; quadrat 45, spit 5) and in layer 4 (quadrat 48a, spit 7). A naturaly deeply furrowed piece of dolomite is artificially cut on the surface (*Fig. 10.6*). It was found in the combined layers 3 - 4 (quadrat 55c, spit 10). Some kind of a whistle or a pendant may be a diaphysis of young cave bear pierced from both sides (*Fig. 11.15*). It was found in combined layers 4 - 5 (quadrat 6, spit 12). All the cited specific finds originate from the central part of the cave. The most puzzling find is undoubtedly the so-called bone flute from the upper part of layer 8, which we will describe in more detail. It was found in quadrat 17, spit 21, in the direct vicinity of a small fireplace. The contemporaneousness of the find and the hearth cannot be demonstrated.

---

[2] Preiskava ene od kroglic z rtg difrakcijo je dokazala, da sta večinska minerala kalcit in kremen (analizirala Breda Mirtič, NTF, Oddelek za geologijo).

[2] Analysis of one of the spheres by X-ray diffraction showed that the minerals calcite and quartz predominate (analysed by Breda Mirtič, NTF Ljubljana, Department of Geology).

10.4. PALEOLITSKA KURIŠČA IN OGNJIŠČA

Ostanke kurišč in ognjišč smo odkrili v naslednjih plasteh: 4?, 5, 6, 7 in 8. Pripadajo naslednjim horizontom: A?, A/B, B, C in D. Nekatera kurišča v vhodnem predelu jame smo lahko zaradi neustrezne terenske metode napačno opredelili (glej dalje).

Domnevno kurišče v horizontu A (plast 4) je bilo ohranjeno v obliki manjše koncentracije drobcev lesnega oglja smreke in velikega jesena pod večjim blokom v vhodnem predelu jame (kvadrat 186, globina -1,40 m). Oglje je bilo v zelo slabem stanju in je večinoma propadlo. Zaradi slabe ločljivosti plasti na mestu domnevnega kurišča ni izključeno, da pripada namesto horizontu A horizontu 0 (plast 2). V plasti 4 je polno mikroskopskih drobcev oglja, ni pa poogleneлih kostnih odlomkov, značilnih za vsa ostala kurišča/ognjišča in plasti s kurišči/ognjišči. To razlagamo s požarom v bližini jame in s presedimentiranjem ogljenih drobcev.

Ognjišče v horizontu A/B (plast 5b) je bilo v osrednjem predelu jame in je v najdišču najbolje ohranjeno (sl. 2.5 in 10.7). Edino izpolnjuje pogoje za ognjišča oziroma in situ kurišča, ki jih predstavljajo prostorsko omejene koncentracije oglja in/ali pepela z

10.4. PALAEOLITHIC HEARTHS AND FIREPLACES

The remains of hearths and fireplaces were discovered in the following layers: 4?, 5, 6, 7 and 8. They belong to the following levels: A?, A/B, B, C and D. Some hearths in the entrance part of the cave may be misclassified due to the an improper field technique (see below).

The suspected hearth on level A (layer 4) was preserved in the form of a small concentration of fragments of charcoal of spruce and ash under large blocks in the entrance part of the cave (quadrat 186, depth - 1.40 m). The charcoal was in very poor condition, for the most part disintegrated. Because of the difficulty of distinguishing layers at the site of the suspected hearth, it cannot be excluded that it belongs to level 0 (layer 2) rather than level A. Layer 4 is full of microscopic fragments of charcoal, but not charred bone fragments characteristic of all other hearths, including two fireplaces and layers with remains of hearths. We explain this by a fire in the vicinity of the cave and the resedimentation of the charcoal fragments.

The fireplace on level A/B (layer 5b) was in the central part of the cave and is the best preserved at this site (Figs. 2.5 and 10.7). It is the one to meet the conditions for a fireplace or in situ hearth provided by a limited concentration of charcoal and/or ash with visible signs of burning in the form of rubefaction or burnt ground. According to definition a hearth is without a construction, a fireplace may be dug into the ground, paved, surrounded by stones, or built up or walled with earth at one edge (Callow & Cornford 1986, p. 193; Wattez 1988). This fireplace was in a shallow basin. The stones in the vicinity probably do not belong to it. Similarly not the block which covered the fireplace hollow. Between it and the burnt material there was a thin sterile layer, similar to the layers above and below. The several cm thick layer of burnt material is the sharp limit with the neighbouring layer. It contained a large number of fragments of charcoal of spruce, pine, arolla pine, yew, juniper and some deciduouss, and more rarely, pieces of charred bone. The charred material was barely 1.3 % of all bone fragments. A charred grass seed is a peculiarity, as is a white inorganic substance. Its chemical components are magnesium, silicon, aluminium, potassium and calcium (analysed by the Criminal Investigation Laboratory of the Ministry for Internal Affairs in Ljubljana). These elements are in the wood ash of pine (Wattez 1988, pp. 356 on). The substance, which

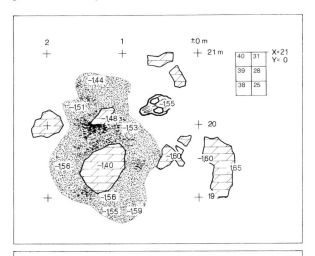

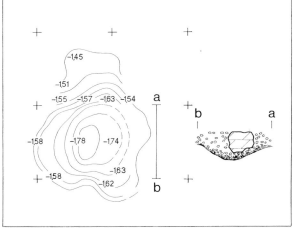

Sl. 10.7: Divje babe I. Poglobljeno ognjišče v plasti 5 b (moustérien). Risba: Ivan Turk in Dragica Knific Lunder.
Fig. 10.7: Divje babe I. Hollowed out fireplace in layer 5b (mousterian). Drawing: Ivan Turk and Dragica Knific Lunder.

vidnimi posledicami kurjenja v obliki ožganih ali zapečenih tal. Kurišče je brez konstrukcije, ognjišče pa je lahko vkopano v tla, tlakovano, obdano s kamni ali obzidano oziroma nasuto na enem koncu (Callow in Cornford 1986, 193; Wattez 1988). Naše ognjišče je bilo v plitki kotanji. Kamni v okolici verjetno ne sodijo zdraven. Prav tako ne blok, ki je pokrival ognjiščno vdolbino. Med njim in žganino je bila tenka sterilna plast, podobna talnini in krovnini. Nekaj cm debela plast žganine je ostro mejila na sosednje plasti. Vsebovala je veliko drobcev oglja smreke, bora, cemprina, tise, brina in nekega listavca ter bolj redke kose zoglenelih kosti. Zoglenelih odlomkov je komaj 1,3 % od vseh kostnih odlomkov. Posebnost je zoglenelo seme trav in bela anorganska snov. Njene kemijske sestavine so magnezij, silicij, aluminij, kalij in kalcij (analiziral Kriminalistični laboratorij Ministrstva za notranje zadeve v Ljubljani). Te sestavine so v lesnem pepelu borovca (Wattez 1988, 356 s). Snov, ki je mehka, lažja od vode in odporna na visoke temperature in močne kemikalije, je v majhnih količinah nastala v ognjišču. To potrjuje najdba iste snovi v ognjišču v zgornjem delu plasti 8 v osrednjem predelu jame. Razen tega je bilo v sami žganini še pet zob in dvanajst kosti jamskega medveda ter 363 nedoločljivih kostnih odlomkov, večinoma manjših od 1 cm. Povprečna teža kostnih odlomkov v plasti žganine je 0,5 g, kar je štirikrat manj od povprečne teže v plasti 5. Celih kosti je samo 0,5 % ali trikrat manj od povprečja za plast 5. V neposredni bližini žganine sta bili na ravni ognjišča dve delno razpadli lobanji odraslih jamskih medvedov, ena v kvadratu 31, druga v kvadratu 38 (sl. 10.8). Potrebno je poudariti, da tako ohranjenih lobanj v plasti 5 ni, in da so bili preostali redki primerki (6 lobanj) odkriti predvsem v plasti 4. Ostali fosilni ostanki iz ognjiščnih kvadratov 25, 28, 31, 38 do 40 in na ravni ognjišča, vendar zunaj žganine, pripadajo prav tako izključno jamskemu medvedu. Prevladujejo lobanjski odlomki, predvsem juvenilnih primerkov, in odlomki vretenc ter reber. Kar 97 % odlomkov je manjših od 5 cm. Poprečna teža odlomka je 2,5 g. Celih kosti je samo 1,5 %. Pripadajo izključno zapestno-nartnim, stopalnim in prstnim kostem. Ožganih ali zoglenelih kosti ni. Številčno stanje osebkov in starostni sestav sta naslednja: 2 adultna, 3 juvenilni primerki in 15 neonatov. Na ravni ognjišča so bili najdeni samo trije nepomembni artefakti. Z dejavnostjo ob ognjišču je lahko povezan popolnoma razpadel kos črnega skrilavca v kvadratu 52, reženj 12.

is soft, lighter than water and resistant to high temperature and strong chemicals, is created in small quantities in a fireplace. This is confirmed by the find of the same substance in the fireplace in the upper part of layer 8, in the central part of the cave. In addition to this, there were 5 teeth and 12 bones of cave bear in the burnt material itself, together with 363 unidentifiable bone fragments, most smaller than 1 cm. The average weight of bone fragments in the layer of the burnt material is 0.5 g, which is four times smaller than the average weight in layer 5. Complete bones make up only 0.5 %, or three times less than the average for layer 5. In the direct vicinity of the burnt material, on a level with the fireplace, were two partially disintegrated skulls of adult cave bear, one in quadrat 31, the other in quadrat 38 (Fig. 10.8). It should be stressed that there are no such preserved skulls in layer 5, and that the few remaining examples (6 skulls) were discovered mainly in layer 4. Other fossil remains from the fireplace quadrats 25, 28, 31, 38 - 40, and on a

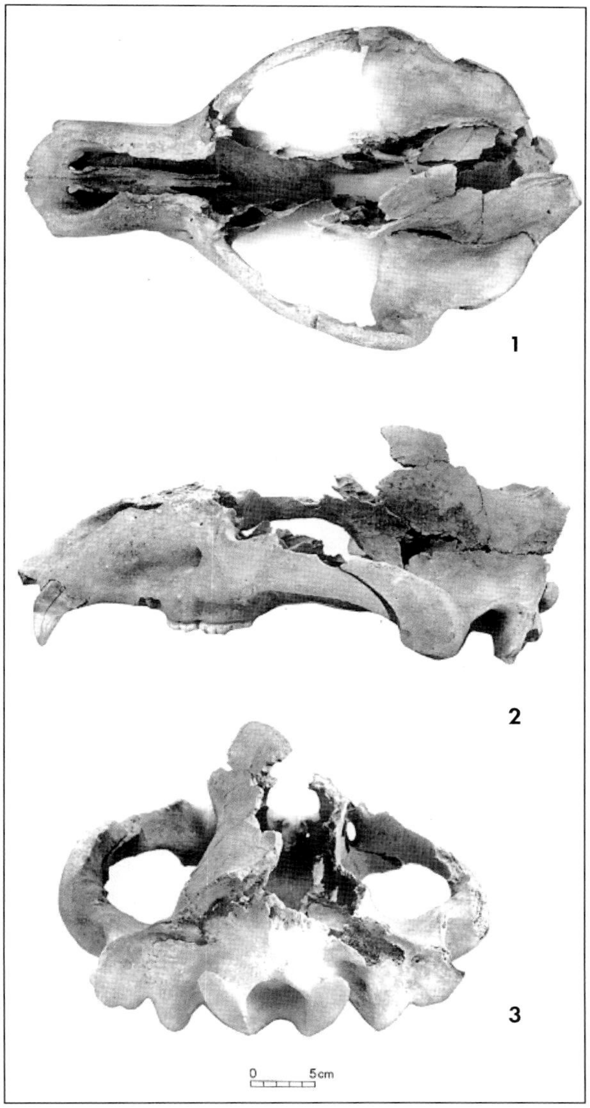

Sl. 10.8: Divje babe I. Ena od dveh fosilno poškodovanih lobanj odraslega jamskega medveda najdena poleg ognjišča v plasti 5b. Sagitalni (1), lateralni (2) in okcipitalni (3) pogled. Foto: Marko Zaplatil.

Fig. 10.8: Divje babe I. One of two fossilly damaged craniums of adult cave bear found beside the fireplace in layer 5b. Sagital (1), lateral (2) and occipital (3) view. Photo: Marko Zaplatil.

Posamezni koščki skrilavcev so bili najdeni tudi v kvadratih 38, 60 in 61 v globini ognjišča. Radiokarbonska starost lesnega oglja iz ognjišča, določena s tradicionalnim postopkom, je 30.840 ±300 let p.s. (B. P. = before present) (Wk - 3152, RDL).

V horizontu B (plast 6) so bili odkriti sledovi večjega kurišča. Lesno oglje in zogleneli kostni drobci so bili raztreseni v več kvadratih v osrednjem predelu jame. Oglje pripada jelki, smreki, boru, brinu, tisi in nedoločenim iglavcem. Kurišče ali več kurišč je obarvalo celotno plast 6 do jamskega vhoda in naprej. Kurišča ni bilo mogoče omejiti v tlorisu, ker je očitno razdejano in preloženo. Tenka plast žganine je razločna le ponekod v profilu y = 2,00 m in x = 21,00 m (*sl. 2.3 in 2.5*). Pri izkopavanju smo verjetno zadeli samo rob večjega kurišča ali ognjišča, ki je bilo nekje ob zahodni jamski steni, precej vstran od vhoda. Temu kurišču pripisujemo redko najdbo zoglenelega rebra z vrezi, najdeno v vhodnem predelu jame (*sl. 10.9*) (Turk in Dirjec 1989, sl. 7). Radiokarbonsko kurišče ni datirano, pač pa je s postopkom AMS datirana kost iz plasti 6. Njena radiokarbonska starost je 43.400 -1.400/+1.000 let p. s. (RIDDL 735).

Kurišče v horizontu C (plast 7) je bilo neznatno in postavljeno takoj za današnji jamski vhod. Podrobnosti niso poznane. V samem kurišču je bilo najdeno levalloisjsko jedro (*t. 10.4: 5*). Temu kurišču verjetno pripadajo tudi posamezni drobci oglja, najdeni v slabo

level with the fireplace but outside the burnt material, similarly belong exclusively to cave bear. Skull fragments predominate, mainly juvenile individuals, and fragments of vertebrae and ribs. Some 97 % of fragments are smaller than 5 cm. The average weight of fragment is 2.5 g. Whole bones account for only 1.5 %. They belong exclusively to carpal-tarsal and metapodial bones. There are no burnt or charred bones. The numerical state of individuals and age composition are the following: 2 adults, 3 juveniles and 15 cubs. Three unimportant artefacts were found on the level of the fireplace. A completely disintegrated piece of black shale in quadrat 52, spit 12 may be linked to activities beside the fireplace. Individual pieces of shale were also found in quadrats 38, 60 and 61 at the depth of the fireplace. The radiocarbon age of the charcoal from the fireplace, determined by traditional procedures, is 30,840 ±300 BP (Wk - 3152, RDL).

Traces of a number of hearths were discovered on level B (layer 6). Wood charcoal and charred bone fragments were scattered into a number of quadrats in

---

Sl. 10.9: Divje babe I. Zoglenelo rebro z vrezi (1) in druge redke kosti jamskega medveda z vrezi. Foto: Marko Zaplatil.
Fig. 10.9: Divje babe I. Charred rib with cut marks (1) and other occasional bones of cave bear with cut marks. Photo: Marko Zaplatil.

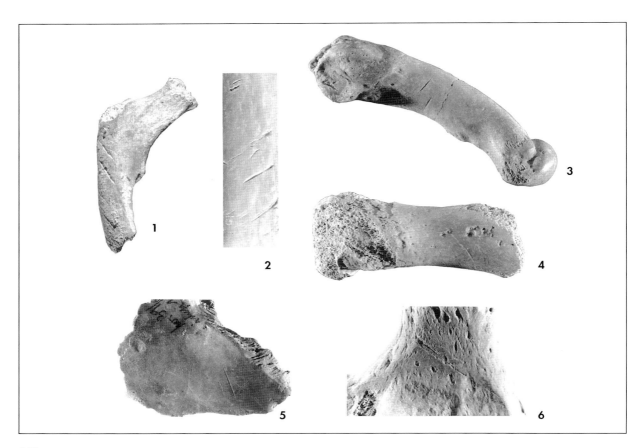

razpoznavni plasti 7 v vhodnem predelu jame, ki so bili pomotoma opredeljeni v plast 8.

V horizontu D (plast 8) je bilo odkritih pet kurišč: štiri v vhodnem in eno v osrednjem predelu jame (*sl. 10.2*). V vhodnem predelu so bila kurišča na treh ravneh. Najzgornejše verjetno dejansko vendar pripada horizontu C v plasti 7. Ker smo v osrednjem predelu odkrili majhno ognjišče na vrhu plasti 8, lahko horizont D od zgoraj navzdol upravičeno razdelimo v tri dele (D1, D2 in D3). Delitev je v praksi težko izvedljiva zaradi majhnega števila paleolitskih najdb in njihove

the central part of the cave. The charcoal belongs to fir, spruce, pine, juniper. yew and unidentified conifers. The hearth, or various hearths, have coloured the entire layer 6 to the cave entrance and beyond. It was not possible to delimit it on the groundplan, since it is clearly been scattered and shifted. The thin layer of burnt material is distinguishable only in places in section y = 2.00 m and x = 21.00 m (*Figs. 2.3* and *2.5*). During excavation, we probably struck the very edge of the hearth or fireplace, which was somewhere by the western cave wall, considerably away from the entrance. We ascribe to this

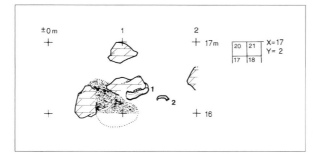

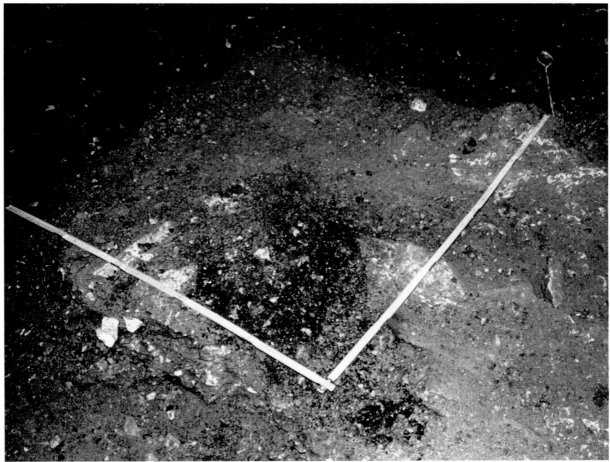

Sl. 10.10: Divje babe I. Ognjišče v zgornjem delu plasti 8 ob katerem je bila najdena koščena piščal. Tloris in presek. Foto: Ivan Turk, risba: Ivan Turk in Dragica Knific Lunder.
Fig. 10.10: Divje babe I. Fireplace in the upper part of layer 8 beside which the bone flute was found. Groundplan and cross section. Photo: Ivan Turk, drawing Ivan Turk and Dragica Knific Lunder.

oddaljenosti od kurišč. Največ najdb je, kot kaže, v horizontu D3. Trenutno je najpomembnejši horizont D1, v katerem je bila najdena t. i. koščena piščalka.

V najzgornejšem delu plasti 8 je bilo kurišče in ognjišče: prvo v vhodnem, drugo v osrednjem predelu jame. Slabo ohranjeno in stratigrafsko problematično kurišče v vhodnem predelu je bilo postavljeno med podorne bloke in je vsebovalo zapestno-nartne in stopalne kosti mladega jamskega medveda v anatomski legi ter oglje bora. Druge podrobnosti niso poznane. Kurišče tudi ni radiometrično datirano. Majhno ognjišče v osrednjem predelu jame (kvadrat 20, reženj 19) je bilo prav tako postavljeno med podorne bloke in verjetno rahlo poglobljeno (*sl. 10.10*). Usedline pod njim in delno ob njem in v njem so bile cementirane v trdno brečo. Tla ognjišča so bila zaglajena (*sl. 10.11*). Vsebovala so pepel in drobce oglja. Ognjišče je nadvse pomembno zaradi bližnje najdbe domnevne koščene piščalke. Ta je bila sicer 12 do 24 cm globlje v breči, vendar to ne izključuje njene morebitne sočasnosti z ognjiščem. V 5 do 10 cm debeli plasti žganine je bilo oglje bora, smreke, jelke, tise in nedoločljivih iglavcev, ogromno zoglenelih in kalciniranih kostnih drobcev, 9 zob in 10 kosti jamskega medveda, ki pripadajo vsaj šestim različnim

---

Sl. 10.11: Divje babe I. Deli tal pod ognjiščem v zgornjem delu plasti 8. Foto: Marko Zaplatil.
Fig. 10.11: Divje babe I. Pieces of the floor of the fireplace in the upper part of layer 8. Photo: Marko Zaplatil.

hearth the occasional find of a charred rib with incisions found in the entrance part of the cave (Fig. 10.9) (Turk & Dirjec 1989, Fig 7). The hearth has not been radiocarbon dated, but a bone from layer 6 has been dated by the AMS procedure. Its radiocarbon age is 43,400 -1,400/+1,000 BP (RIDDL 735).

The hearth on level C (layer 7) was insignificant and sited right inside today's cave entrance. Details are not known. A levallois core was found in the hearth itself (*Pl. 10.4: 5*). Individual fragments of charcoal found in the poorly identifiable layer 7 in the entrance part of the cave, which were mistakenly classified into layer 8, probably also belong to this hearth.

Five hearths were discovered on level D (layer 8): four in the entrance and one in the central part of the cave (*Fig. 10.2*). There were hearths on three levels in the entrance part. The uppermost of them probably in fact belongs to level C in layer 7. Since we discovered a small hearth at the top of layer 8 in the central part of the cave, we can subdivide level D into three superposed sub-levels labelled D1 - D3 from top downwards. The division is difficult in practice to make because of the small number of palaeolithic tools and their distance from the hearths. Most finds, it appears, are in level D3. At the moment, the most important level is D1, in which the suspected bone flute was found.

There were hearth and fireplace in the upper part of layer 8: one in the entrance, the other in the central part of the cave. The badly preserved and stratigraphi-

skeletnim delom, ter 416 nedoločljivih kostnih odlomkov. Povprečna teža kostnih odlomkov je 0,9 g, kar je petkrat manj od povprečja zgornjega dela plasti 8. Celih kosti je samo 1 %, kar je desetkrat manj od povprečja zgornjega dela plasti 8. Polovica vseh kostnih odlomkov je zoglenelih in kalciniranih. Velika večina je manjših od 1 cm. Poleg ognjišča sta bili v višini žganine po ena adultna in ena juvenilna mandibula jamskega medveda (*sl. 10.12*). Tik pod žganino pa je bila že v breči adultna mandibula rjavega medveda (*sl. 10.13*). Ostanki rjavega medveda so v najdišču zelo redki. Znano je, da je bil rjavi medved pogosteje plen neandertalskih lovcev kot njegov jamski vrstnik (Auguste 1992). Celih in skoraj celih spodnjih čeljustnic jamskega medveda je v vseh plasteh od vključno zgornjega dela plasti 8 navzgor veliko. Samo v osrednjem delu jame smo jih našli več kot 50. Zato je prisotnost teh najdb ob ognjišču lahko tudi zgolj naključna. V kvadratih 17, 18, 20 in 21 v globini ognjišča (reženj 19), vendar zunaj območja žganine, so bili samo ostanki jamskega medveda. Pripadajo vsem glavnim skeletnim delom. Bistvenih odstopanj od splošne slike

Sl. 10.12: Divje babe I. Spodnji čeljustnici jamskega medveda poleg ognjišča v zgornjem delu plasti 8, ob katerem je bila najdena koščena piščal. Foto: Ivan Turk.
Fig. 10.12: Divje babe I. Mandibles of cave bear beside the hearth in the upper part of layer 8 beside which the bone flute was found. Photo: Ivan Turk.

cally problematic hearth in the entrance part was erected among rock fall blocks and contained articulated bones from the carpus-tarsus and metatarsus of juvenile cave bear, and charcoal of pine. Other details are unknown. The hearth is also not radiometrically dated. The small fireplace in the central part of the cave (quadrat 20, spit 19) was similarly set among rock fall blocks and probably slightly hollowed out (*Fig. 10.10*). The sediments under it and partially beside and in it were cemented into a hard breccia. The burnt soil was smooth containing ash and pieces of charcoal (*Fig.10.11*). The fireplace is primarily important because of the vicinity of the find of the suspected bone flute. This was 12 - 24 cm deep in the breccia, but that it is contemporary with the fireplace cannot be excluded. In a 5 - 10 cm thick layer of burnt material, there was charcoal of pine, spruce, fir, yew and unidentified conifers, a huge number of charred and calcinated bone fragments, 9 teeth and 10 bones of cave bear, which belong to at least six different skeletal parts, and 416 unidentified bone fragments. The average weight of the bone fragments is 0.9 g, which is five times less than the average of the upper part of layer 8. Half of all the bone fragments are charred and calcinated. The great majority are smaller than 1 cm. In addition to the fireplace, at the height of the burnt material there was one adult and one juvenile mandible of cave bear (*Fig. 10.12*). Right below the burnt material, in the breccia, there was an adult mandible of brown bear (*Fig. 10.13*). Remains of brown bear are very rare at the site.

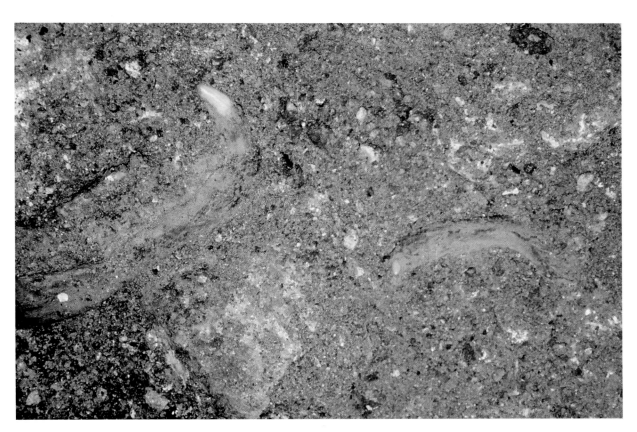

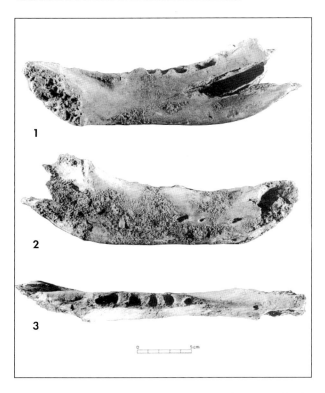

Sl. 10.13: Divje babe I. Spodnja čeljustnica rjavega medveda najdena pod kuriščem (kvadrat 20, reženj 20), ob katerem je bila najdena koščena piščal. Lingvalni, labialni in alveolarni pogled. Foto: Marko Zaplatil.

Fig. 10.13: Divje babe I. Mandible of a brown bear found under the hearth (quadrat 20, spit 20) beside which the bone flute was found. Lingual, labial and alveolar view. Photo: Marko Zaplatil.

ni. Največ ostankov, zlasti odlomkov, je v kvadratu 20. Za ta kvadrat je značilno tudi največ majhnih odlomkov (povprečna teža odlomkov je 2,4 g), najmanj celih kosti (2,7 %) in največ zoglenelih kostnih drobcev (18 %)[3]. Povprečna teža kostnih odlomkov v neposredni bližini žganine je 2,9 g, kar je še vedno manj od povprečja za zgornji del plasti 8 (4,7 g). Celih kosti je 4,6 %, kar je še enkrat manj od povprečja za zgornji del plasti 8. Pripadajo zapestno-nartnim kostem, stopalnim kostem in prstnim členkom. To ni nič posebnega. Zoglenelih in kalciniranih je dobrih 10 % kostnih odlomkov. Po tem se to ognjišče bistveno loči od precej večjega ognjišča v plasti 5b. Precej kosti je izluženih. Številčno stanje in starostna sestava osebkov sta naslednja: 1 adulten, 4 juvenilni primerki in 8 neonatov. Na ravni ognjišča so bili v oddaljenosti več metrov najdeni redki tipološko nepomembni artefakti in več skoraj celih spodnjih čeljustnic in dolgih cevastih kosti okončin jamskega

It is known that brown bear was more common prey of neanderthal man than its cave cousin (Auguste 1992). There were a large number of whole or almost whole lower jaws of cave bear in all layers above the upper part of layer 8 inclusive. In the central part of the cave alone, we found more than 50. So the presence of these finds by the hearth may also be merely coincidental. In quadrats 17, 18, 20 and 21, at the depth of the fireplace (spit 19), but outwith the area of the burnt material, there were only the remains of cave bear. They belong to all skeletal parts. There are no significant deviations from the general pattern of skeletal part representation. The most remains, especially fragments, were in quadrat 20. This quadrat is also characterised by the largest number of small fragments (average weight of fragments is 2.4 g), the fewest whole bones (2.7 %) and the largest number of charred bone fragments (18 %).[3] The average weight of bone fragments in the direct vicinity of the burnt material is 2.9 g, which is still less than the average for the upper part of layer 8 (4.7 g). Whole bones make up 4.6 %, which is half the average for the upper part of layer 8. They are carpal-tarsal bones, metapodia, and phalanges. This is not unusual. Carbonised bones, black and white in colour, make up a good 10 % of bone fragments. In this, this fireplace is essentially distinguished from the considerably larger fireplace in layer 5b. A considerable number of bones are leached. The numerical state and age composition of individuals are the following: 1 adult, 4 juveniles and 8 cubs. On the level of the hearth, more than a metre from it, were found occasional typologically unimportant artefacts and a number of almost whole lower jaws and limbs of cave bear. The only chip found is directly connected with the fireplace. The fireplace has not been radiometrically dated.

In the central or upper part of layer 8, in the entrance part of the cave, under the hearth already described belonging to level 7, a further small hearth was found. In it, in addition to charcoal of fir, we also found a burnt vertebrae and charred first phalange of a cave bear. Other details are not known. The hearth has also not been radiometrically dated.

The most extensive hearths so far are preserved in the lower part of layer 8 in the entrance part of the cave. It is interesting that there were three (two) hearths in layer 8 (or one in layer 7) placed very close together, or superposed. Because of the recovery technique used and rock fall blocks in the layer, the stratigraphic relation between the upper and middle hearths is debatable. The middle (or upper) and lower hearths are stratigraphically well distinguished, as was clear from section x = 6.00 m. Both are indisputably in layer 8. The

---

[3] V epigravettienskih plasteh z ostanki kurišč v najdišču Badanj je 22 % do 43 % ožganih kosti (Miracle 1995, 188, Table 6.9).

[3] E. g.: in Epigravettian layers with the remains of hearths at the Badanj site, there is 22 - 43 % of burnt bones (Miracle 1995, p. 188, Table 6.9).

medveda. V neposredni zvezi z ognjiščem je ena sama najdba luske. Ognjišče radiometrično ni datirano.

V srednjem ali zgornjem delu plasti 8 je bilo v vhodnem predelu jame odkrito pod že opisanim kuriščem, ki lahko pripada plasti 7, še eno majhno kurišče. V njem smo poleg oglja jelke našli tudi ožgano vretence in zogleneli prvi prstni členek jamskega medveda. Druge podrobnosti niso poznane. Kurišče tudi ni radiometrično datirano.

Najobsežnejša kurišča so zaenkrat ohranjena v spodnjem delu plasti 8 v vhodnem predelu jame. Zanimivo je, da so bila tri (dve) kurišča(i) v plasti 8 (in eno v plasti 7) postavljena zelo blizu skupaj drugo pod drugo. Zaradi takratnega načina kopanja in podornih blokov v plasti je lahko stratigrafski odnos med zgornjim in srednjim kuriščem vprašljiv. Stratigrafsko dobro ločeni pa sta srednje (je zgornje) in spodnje kurišče, kot je bilo razvidno iz profila x = 6.00 m. Obe sta nesporno v plasti 8. Najstarejše kurišče je bilo dvodelno (sl. 10.2 in 10.14). V večjem delu kurišča je bilo v 5 cm debeli plasti žganine najdeno veliko oglja smreke ali macesna, smreke, bora in nedoločljivih iglavcev, zogleneli kostni drobci, ožgane lobanjske, stopalne kosti in spodnje čeljustnice jamskega medveda ter stopalne in prstne kosti

oldest hearth was two-part (*Figs. 10.2 and 10.14*). In the larger part of the hearth, in a 5 cm thick layer of burnt material, a great deal of charcoal of spruce or larch, spruce, pine and unidentified conifers, charred bone fragments, burnt craniums, metapodia and lower jaws of cave bear, was found, and articulated metapodial bones. One levallois flake (*Pl. 10.6 : 4*) was found in the hearth. Concentrations of cranial bones of cave bear are common in hearths (*Fig. 10.14*). Charcoal from the hearth was radiocarbon dated by traditional procedures and aged >38,000 BP (Z-1033). The second, smaller part of the hearth or independent fireplace was behind a stone block by the western cave wall at a depth of -3.60 m. The layer of burnt material was up to 10 cm thick. It contained charcoal of pine (dwarf pine?). In both hearth quadrats there were twice as many bone fragments smaller than 5 cm than otherwise at the same depth. There were one broken cranium, five mandibles and two whole limbs of cave bear. The charcoal from the hearth was dated by the AMS procedure and aged 45,800 +1,800/-2,400 BP (RIDDL 739). A bone of a cave bear from the same quadrat and spit as the charcoal was dated in the same way. The age is 45,100 +1,500/-1,800 years BP (RIDDL 745). Since these hearths may at the mo-

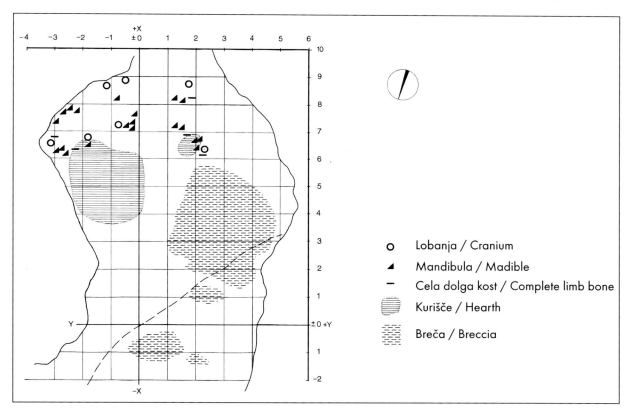

Sl. 10.14: Divje babe I. Dvodelno kurišče v plasti 8 in kaotični skupki kosti jamskega medveda. Zahodna jamska stena je močno nagnjena. Prostor pod zahodno steno je bil v ravni kurišča prenizek za ljudi. Cementirane usedline niso bile sistematično pregledane. Risba: Ivan Turk in Dragica Knific Lunder.

Fig. 10.14: Divje babe I. Two-part hearth in layer 8 and chaotic heap of bones of cave bear. The western cave wall is greatly inclined. The space under the western wall was too low for people at the level of the hearth. The cemented sediments have not been systematically examined. Drawing: Ivan Turk and Dragica Knific Lunder.

v anatomskih legah. V kurišču je bil najden tudi en levalloisjski odbitek (*t. 10.6: 4*). Za kuriščem so pogosti skupki lobanjskih kosti jamskega medveda (*sl. 10.14*). Oglje iz kurišča je bilo radiokarbonsko datirano s konvencionalnim postopkom in je staro >38.000 let p. s. (Z - 1033). Drugi, manjši del kurišča ali samostojno ognjišče je bilo za skalnim blokom ob zahodni jamski steni na globini -3,60 m. Plast žganine je bila debela do 10 cm. Vsebovala je oglje bora (rušja?). V obeh kuriščnih kvadratih je bilo enkrat več kostnih odlomkov manjših od 5 cm kot sicer na isti globini. Ob kurišču je bila ena razbita lobanja, pet mandibul in dve celi dolgi kosti okončin jamskega medveda. Oglje iz kurišča je bilo datirano s postopkom AMS in je staro 45.800 +1.800/- 2.400 let p. s. (RIDDL 739). Iz iste zaključene celote

ment be connected with the stratigraphically not much younger - because of rock fall and folding of layers - hearth in the central part of the cave, in addition to which the presumed flute was found at a depth of -2.73 to -2.85 m, its average radiocarbon age for the moment is 45,450 years BP. Selected fragments of charcoal of pine, spruce or larch, fir and unidentified conifers in quadrats 181 and 183, scattered at a depth of -3.70 to -3.90 m in the entrance part of the cave, gave a radiocarbon age by the AMS procedure of 49,200 +2,300/-3,200 years BP (RIDDL 750).

Further excavations in the central part of the cave may reveal new hearths and/or fireplaces below the breccia in layer 8, and clarify the stratigraphic problem in the entrance part of the cave.

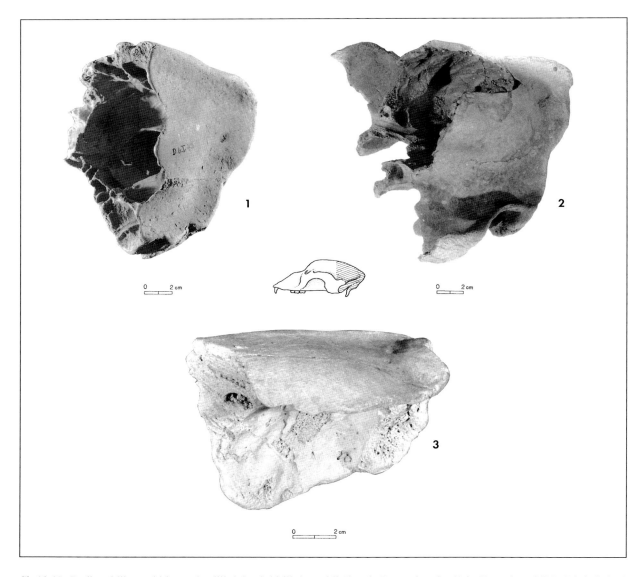

Sl. 10.15: Redke oblike razbitin medvedjih lobanj, ki jih je razbil človek. Dva primerka (1 in 3) sta iz najdišča Divje babe I (moustérienski horizont) en primerek (2) je s kolišča na Ljubljanskem barju. Foto: Marko Zaplatil.
Fig. 10.15: Rarely found shapes of broken bear craniums, smashed by man. Two examples (1 and 3) are from the Divje babe I site (Mousterian level) and one example (2) from pile dwellings on the Ljubljana marshes. Photo: Marko Zaplatil.

kot oglje je bila na enak način datirana še kost jamskega medveda. Stara je 45.100 +1.500/-1.800 let p. s. (RIDDL 745). Ker lahko to kurišče trenutno povežemo s stratigrafsko ne dosti mlajšim - zaradi podora in nagiba plasti - ognjiščem v osrednjem predelu jame, poleg katerega je bila na globini -2,73 do -2,85m najdena domnevna piščalka, je njena poprečna radiokarbonska starost zaenkrat 45.450 let p. s. Izbrani drobec oglja bora, smreke ali macesna, jelke in nedoločenih iglavcev v kvadaratih 181 in 183, razpršenega na globini -3,70 do -3,90 m v vhodnem predelu jame, je dal s postopkom AMS radiokarbonsko starost 49.200 +2.300/-3.200 let p. s. (RIDDL 750).

Nadaljnja izkopavanja v osrednjem predelu jame bodo lahko odkrila nova ognjišča pod brečastim sprimkom v plasti 8 in pojasnila stratigrafske probleme v vhodnem predelu jame.

Za dve ognjišči in eno kurišče, ki smo jih podrobneje preučili, je značilen porast majhnih kostnih odlomkov in uporaba kosti za dodatno kurjavo. Velika fragmentarnost fosilnih ostankov ni samo naraven pojav, povezan s preperevanjem, temveč tudi umeten pojav, povezan z določenimi dejavnostmi ob ognjiščih. Za vsa kurišča in ognjišča so značilni tudi skupki večjih kosti jamskega medveda v njihovi neposredni bližini. Posebej sumljive so vsaj delno cele lobanje z razbitim možganskim delom (sl. 10.15). V najdišču sta bili najdeni samo dve posebni razbitini možganska dela lobanje jamskega medveda, ki imata zelo dobri analogiji v aurignacienski plasti Mokriške jame (M. Brodar 1959) in v koliščih na Ljubljanskem barju (sl. 10.15). Prepričani smo, da so te zelo redke oblike razbitin delo človeških rok. Narediti jih ni mogla nobena zver. Lobanje se tudi niso zdrobile v usedlinah, ker nastopa podobna oblika v arheološki povezavi v dveh popolnoma različnih sedimentnih okoljih. V luči teh posebnih lobanjskih najdb lahko iščemo del odgovora na vprašanje: zakaj je v najdišču toliko lobanjskih odlomkov in samo dve celi lobanji jamskega medveda!?

The two hearths and one fireplace that we have studied in detail are characterised by an increase in bone fragments and the use of bones as additional fuel. The heavy fragmentation of the fossil remains is not simply a natural phenomenon connected with weathering, but also an artificial phenomenon connected with specific activities by the fireplaces. All hearths and fireplace are also characterised by concentrations of larger cave bear bones in their direct vicinity. Particularly dubious are the, at least partially whole, craniums with parts in the vicinity of the brain smashed (Fig. 10.15). Two individually smashed cranial parts of the skull of a cave bear were found at the site, which have a very good analogy in Aurignacian layers of Mokriška jama (M. Brodar 1959) and on eneolithic pile dwellings in the Ljubljana marshes (Fig. 10.15). We are sure that these very rare forms of smashing are the work of mans' hands. No wild animal could do it. The skulls were also not fragmented in the sediments, since similar forms appear in archeological connection in two completely different sedimentary environments. It may be that the answer to the question of why are there so many skull fragments at the site and only two whole skulls of cave bear may be sought in these individual cranium finds.

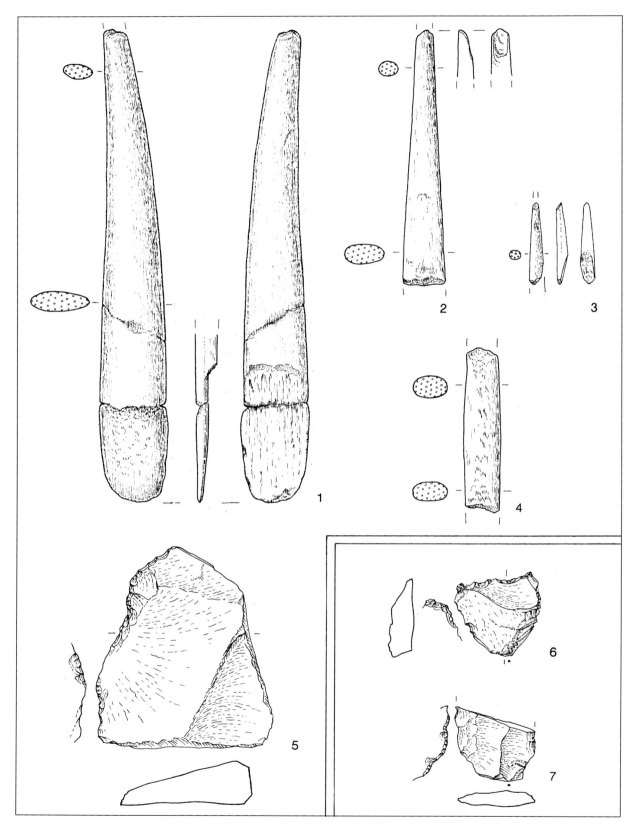

Tabla 10.1: Divje babe I. Aurignacienske (1 do 5) in moustérienske najdbe (6 in 7) iz plasti 2 in sklopa plasti 3 do 5a. Risba Dragica Knific Lunder in vse nadaljnje table.
Plate 10.1: Divje babe I. Aurignacian (1-5) and Mousterian (6-7) finds from layer 2 and combined layers 3 to 5a. Drawing: Dragica Knific Lunder (all tables)

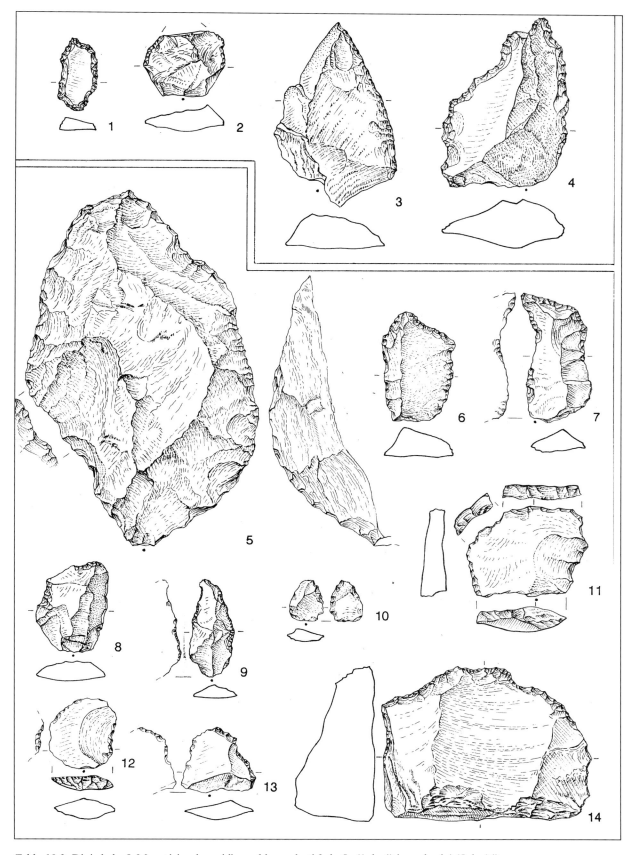

Tabla 10.2: Divje babe I. Moustérienske najdbe v sklopu plasti 3 do 5a (1 do 4) in v plasti 4 (5 do 14).
Plate 10.2: Divje babe I. Mousterian finds in combined layers 3 to 5a (1 - 4) and in layer 4 (5-14).

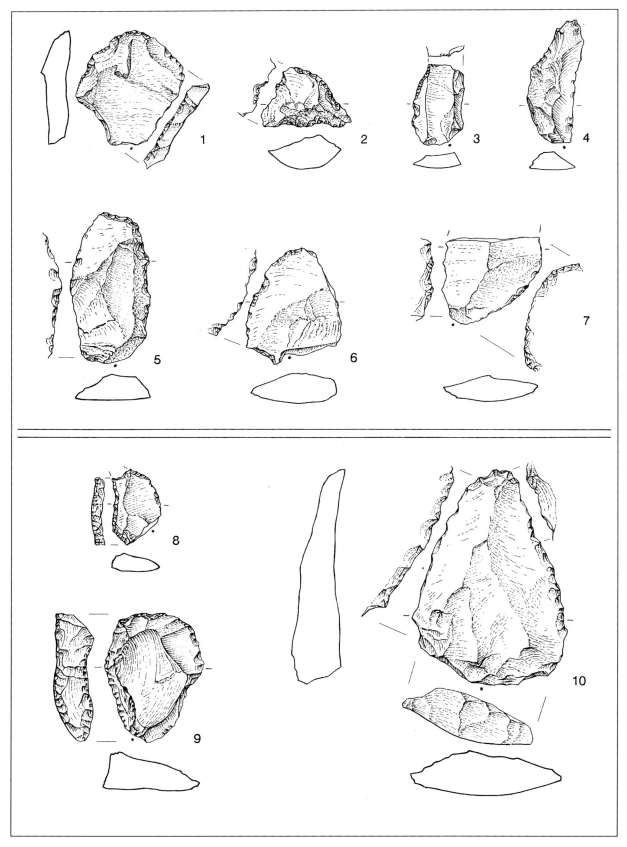

Tabla 10.3: Divje babe I. Moustérienske najdbe v plasti 4 (1 do 7), v plasti 5 (8 in 9) in v sklopu plasti 5 in 6 (10).
Plate 10.3: Divje babe I. Mousterian finds in layer 4 (1 - 7), in layer 5 (8 and 9) and combined layers 5 and 6 (10).

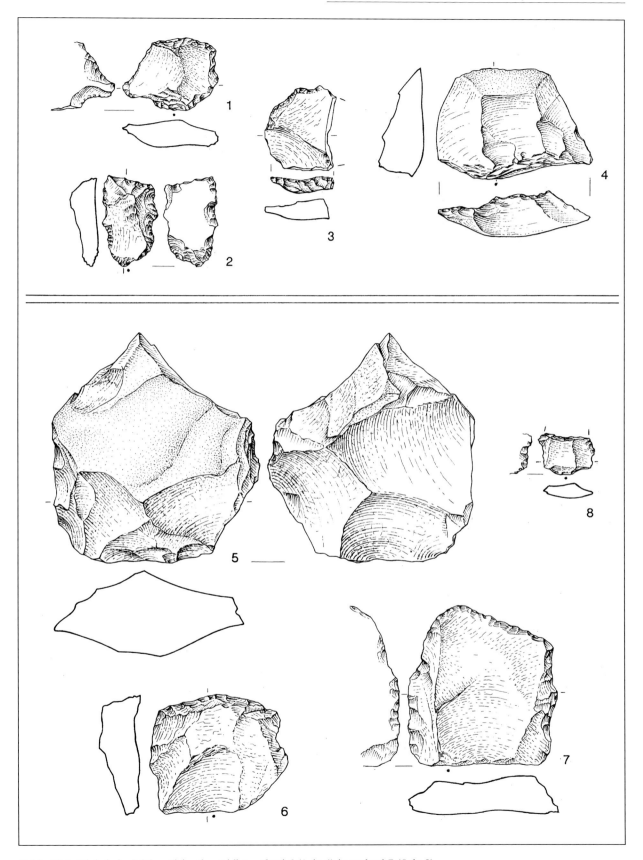

Tabla 10.4: Divje babe I. Moustérienske najdbe v plasti 6 (1 do 4) in v plasti 7 (5 do 8).
Plate 10.4: Divje babe I. Mousterian finds in layer 6 (1 - 4) and layer 7 (5-8).

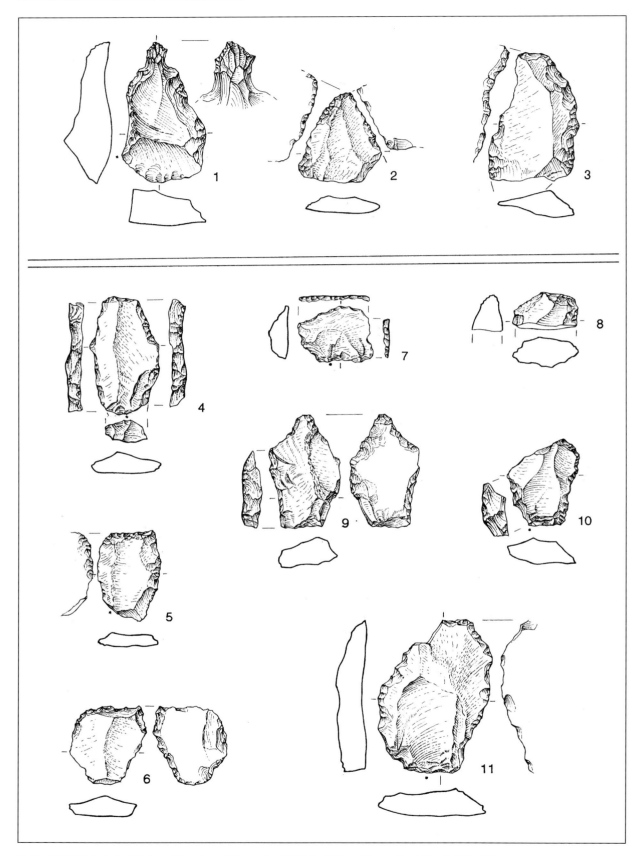

Tabla 10.5: Divje babe I. Moustérienske najdbe v plasti 7 (1 do 3) in v sklopu plasti 7 in 8 (4 do 11).
Plate 10.5: Divje babe I. Mousterian finds in layer 7 (1 - 3) and combined layers 7 and 8 (4 - 11).

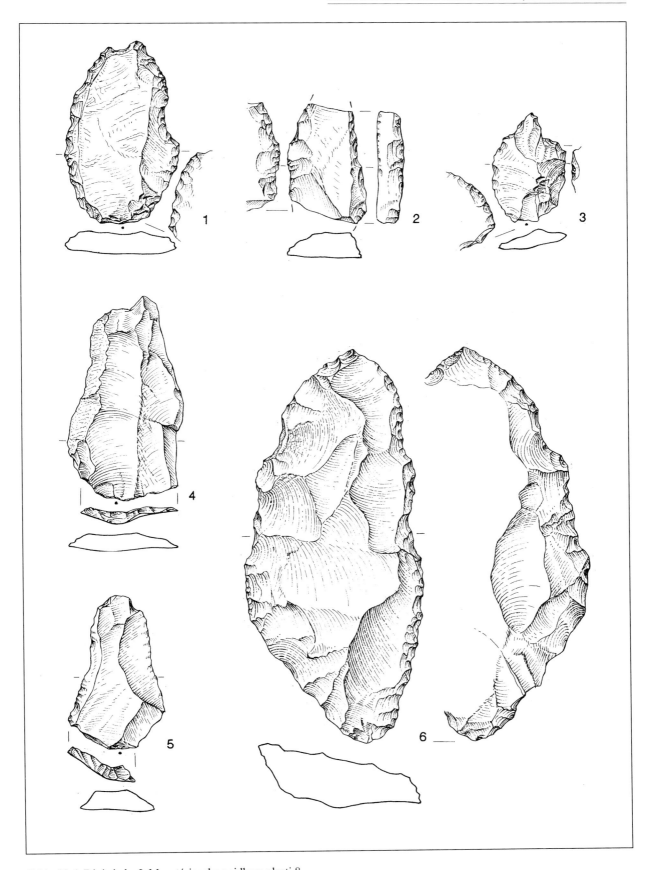

Tabla 10.6: Divje babe I. Moustérienske najdbe v plasti 8.
Plate 10.6: Divje babe I. Mousterian finds in layer 8.

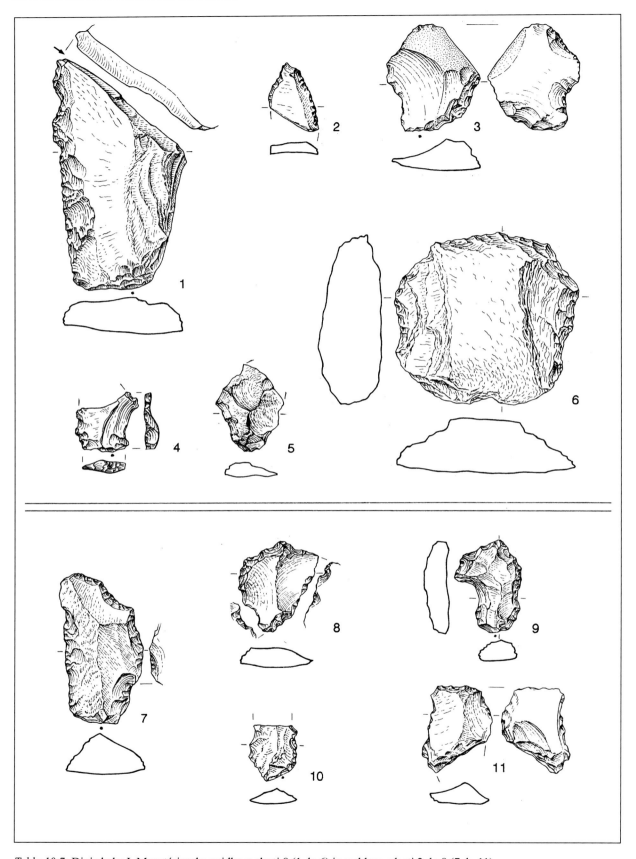

Tabla 10.7: Divje babe I. Moustérienske najdbe v plasti 8 (1 do 6) in v sklopu plasti 2 do 8 (7 do 11).
Plate 10.7: Divje babe I. Mousterian finds in layer 8 (1 - 6) and in combined layers 2 to 8 (7 - 11).

11. OPIS IN RAZLAGA NASTANKA DOMNEVNE KOŠČENE PIŠČALI

11. DESCRIPTION AND EXPLANATION OF THE ORIGIN OF THE SUSPECTED BONE FLUTE

IVAN TURK, JANEZ DIRJEC & BORIS KAVUR

IZSLEDKI POIZKUSOV IZDELAVE KOŠČENE PIŠČALI Z UPORABO KAMNITIH ORODIJ (DODATEK)

EXPERIMENTAL MANUFACTURE OF THE BONE FLUTE WITH STONE TOOLS (APPENDIX)

GIULIANO BASTIANI & IVAN TURK

Izvleček

Tehnološka analiza domnevne koščene piščali je bila narejena s poudarkom na luknjicah. Narejeni so bili poizkusi v smislu obeh najbolj verjetnih hipotez - da je luknjice naredil človek in da so luknjice naredile večje zveri. Dokončno se nismo mogli odločiti za nobeno od njiju.

Abstract

Technological analysis of the suspected bone flute was made with special stress on the holes. Experiments were made along the lines of the two main hypotheses - that the holes are man-made, and that the holes were made by large carnivores. We were unable to reach a final conclusion untill the deciding experiments of Giuliano Bastiani.

11.1. OPIS DOMNEVNE PIŠČALI

11.1. DESCRIPTION OF THE PRESUMED FLUTE

Domnevna piščal je izdelana na diafizi leve stegnenične kosti jamskega medveda, ki je poginil ali je bil ubit v starosti od enega do dveh let (*sl. 11.1*). Kost je površinsko, ne pa tudi globinsko, preperela, kot je del kostnih najdb na stiku plasti 7 in 8. Po izgledu se ne razlikuje od kostnih ostankov, s katerimi je bila najdena. Diafiza je na obeh koncih odlomljena. Vsi prelomi so zglajeni in zaobljeni. Tako je zglajenih in zaobljenih večina kostnih odlomkov v najdišču in v plasti z najdbo. Edina malenkostna poškodba, ki je nastala pri luščenju najdbe iz sprimka, se nahaja poleg proksimalne polovične luknjice.

Anteriorna površina, ki je mestoma močno preperela, ima na več mestih fosilne poškodbe. Poškodbe predstavljajo rahle vdolbinice in vsaj dvoje plitkih raz. Kako so poškodbe nastale, je zaradi slabo ohranjene površine težko reči. Največ poškodb je na proksimalnem delu. Distalni anteriorni del diaifize je globoko zalomljen, tako da se odlom konča pod distalno luknjico na nasprotni strani. To nas nehote privede na misel, da je bila tu še ena luknjica (*sl. 11.1*). Vendar temu ni tako ali pa je bila ta luknjica bolj štirioglate oblike. Vsekakor lahko o njej samo domnevamo. Anteriorna površina je lisasta. Temnejše lise so rjave barve. Lise so nastale med

The suspected flute is made from the diaphysis of the left thigh bone of a cave bear, which perished or was killed in its second year (*Fig. 11.1*). The bone has surface, but not also deep, weathering, as have some other of the bone finds at the limit of layers 7 and 8. The diaphysis is broken at both ends. All breaks are smooth and rounded. The majority of bone fragments at the site, and in the layer with the find, are similarly polished and rounded. The only minor damage, which was caused in peeling the find from the breccia is found beside the proximal half-way hole.

The anterior surface, which is heavily weathered in places, has fossil damage in a number of places. The damage is represented by slight "indentations" and at least two shallow "cuts". In view of the poorly preserved surface, it is difficult to say how the damage was caused. Most damage is to the proximal part. The distal anterior part of the diaphysis is deeply fractured, with the fracture ending under the distal hole on the opposite side. This constantly leads to the idea that there was another hole here (*Fig. 11.1*). However, it is not so, or this hole was more rectangular. In any case, it can only suspected. The anterior surface is speckled. The darker spots are brown. The spots were made during impregnation of

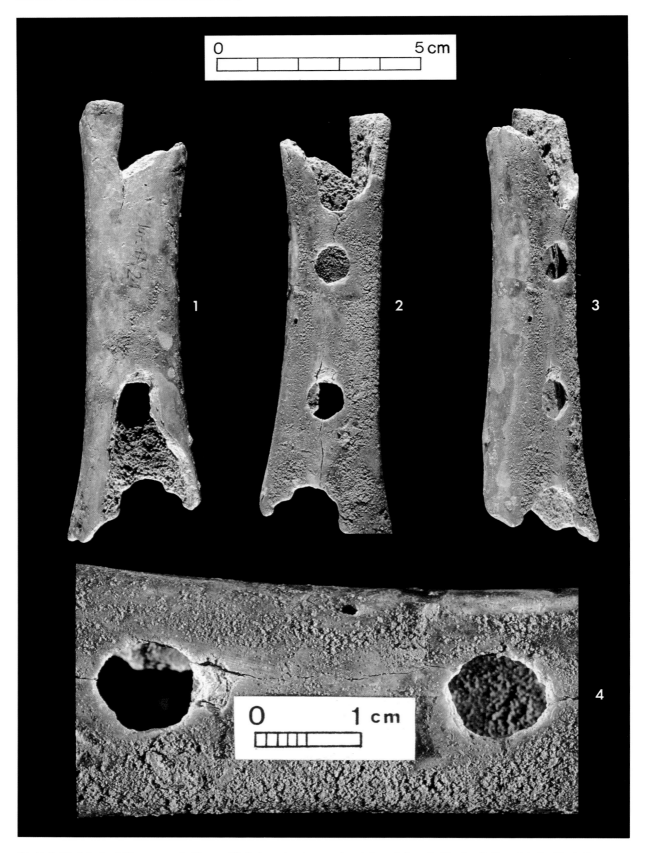

Sl. 11.1: Divje babe I. Domnevna koščena piščal. Anteriorni, posteriorni, lateralni pogled in detajl. Foto: Marko Zaplatil.
Fig. 11.1: Divje babe I. Suspected bone flute. Anterior, posterior, lateral views and detail. Photo: Marko Zaplatil.

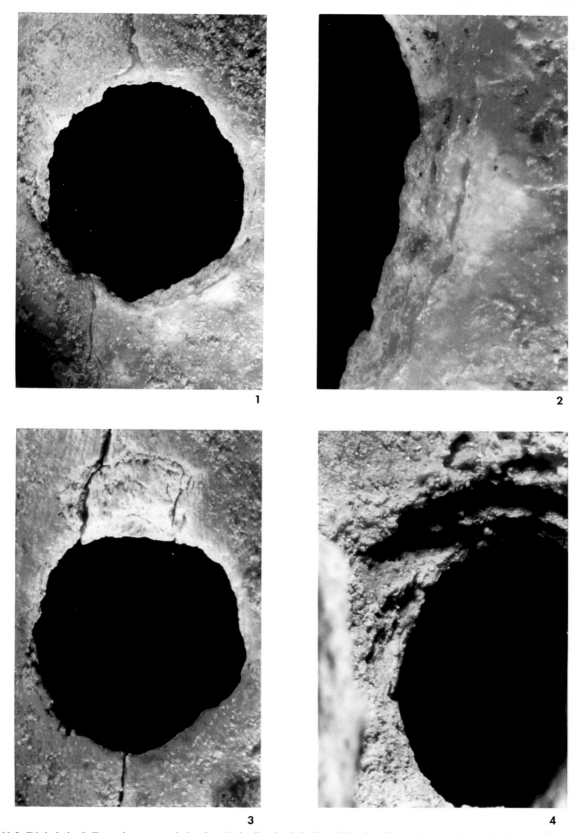

Sl. 11.2: Divje babe I. Zunanja stran proksimalne (1) in distalne luknjice (3) in detajl zunanje strani proksimalne luknjice (2) in notranje strani distalne luknjice (4) na domnevni koščeni piščali. Slikano s pomočjo makroskopa. Foto: Jurij Majdič.

Fig. 11.2: Divje babe I. Exterior of proximal (1) and distal holes (3) and detail of the exterior of the proximal hole (2) and the interior of the distal hole (4) on the suspected bone flute. Photographed with the aid of a macroscope. Photo: Jurij Majdič.

impregnacijo diafize s karbonat-fosfatom. Nekako tedaj so se nanjo prilepile in kasneje fosilizirale medvedje dlake, ki so v sledovih ohranjene na distalnem delu anteriorne površine (Turk in dr. 1995b).

Posteriorna površina je dokaj enotno rjavo obarvana. Mestoma je nanjo prilepljena meljasta usedlinska osnova. Razen luknjic na tej površini ni nobenih vdolbinic in raz. Edini vidni poškodbi sta proksimalno ob distalni luknjici. Del stene diafize je tik ob luknjici nalomljen, za poškodbo pa je delno odstranjena površina kostne kompakte, tako da se vidi njena zgradba. Kako je prišlo do obeh poškodb, je težko reči. Obe celi luknjici sta nepravilne oblike in na notranji strani lijasto razširjeni (*sl. 11.2*). Proksimalna luknjica ima samo delni lijak, in sicer v proksimalni in distalni

1

2

3

the diaphysis with carbo-phosphates. Sometime later, bear fur stuck to it and subsequently fossilised, traces of which have been preserved on the anterior surface (Turk *et al.* 1995b).

The posterior surface is fairly evenly brown. In places, a silty sediment matrix adhered to it. Except for the holes, there are no indentations or cuts on this surface. The only visible damages are proximally beside the distal hole. Part of the wall of the diaphysis is broken right beside the hole, and behind the damage, the surface of the compact bone tissue is partially removed, so that its construction can be seen. It is hard to say how the two injuries occurred. Both complete holes are of irregular shape and widen in a funnel on the interior side (*Fig. 11.2*). The proximal hole has only partial funnels, in the proximal and distal directions. The distal hole has an interior edge broken round and round in a funnel shape. The fracture is widest in the proximal direction. The external edge of the hole is abruptly broken and subsequently rounded naturally, with no sign of working with a stone tool. The stepped edge of the proximal hole was created during its piercing, by the laminated structure of the bone compact. The semicircular notch on the distal part is similarly of irregular shape. In one place, it has an obliquely formed external edge (*Fig. 11.3*). We examined this edge very closely, since it could have been cut, and as such, served as the mouthpiece opening of the presumed flute. However, there are no silex traces on the edge. These were clearly visible on a trial attempt to cut an edge of the same measurements on a fresh bone. The semi-circular notch on the proximal part may be the remains of a third hole, which was additionally slightly damaged during excavation (*Fig. 11.4*). The marrow cavity is basically cleaned of spongiose. The colour of the marrow cavity does not differ from the colour of the external surface of the bone. So we may conclude that the marrow cavity was already open at the time of impregnation with carbophosphates. Otherwise, it would be a darker colour than the surface of the bone, as we know from coloured marrow cavities of whole limb bones. The broken ends of the diaphysis, the rounded edges, weathering and in places surface damage, impregnation with carbo-phosphates, are indications of the turbulent history of the diaphysis with holes. Tiny traces, crucial for

---

Sl. 11.3: Divje babe I. Detajl distalne polkrožne izjede na domnevni koščeni piščali. Del zunanjega roba, levo od razpoke, je poševno oblikovan (3). Slikano s pomočjo makroskopa. Foto: Jurij Majdič.

Fig. 11.3: Divje babe I. Detail of distal, semi-circular notch on the suspected bone flute. Part of the exterior edge, on the left side of the fissure, is bevelled (3). Photographed with the aid of a macroscope. Photo: Jurij Majdič.

smeri. Distalna luknjica ima notranji rob lijasto odlomljen krog in krog. Odlom je najširši v proksimalni smeri. Zunanji rob luknjic je strmo odlomljen in naknadno naravno zaobljen, brez vsakršnih znakov obdelave s kamnitim orodjem. Stopničast rob proksimalne luknjice je nastal zaradi plastovite zgradbe kostne kompakte pri njenem prediranju. Polkrožna izjeda na distalnem delu je prav tako nepravilne oblike. Na enem mestu ima poševno oblikovan zunanji rob (sl. 11.3). Ta rob smo natančno pregledali, ker bi lahko bil odrezan in kot tak služil za ustnik domnevne piščalke. Vendar na robu ni nobenih sledov sileksa. Ti so se lepo videli na poskusno odrezanem robu enakih mer na sveži kosti. Polkrožna izjeda na proksimalnem delu je lahko ostanek tretje luknjice, ki je bila dodatno poškodovana pri izkopu (sl. 11.4). Mozgovni kanal je popolnoma brez spongioze. Ostanki spongioze so vidni samo na obeh koncih diafize, kjer je bilo spongioze največ. Barva mozgovnega kanala se ne razlikuje od barve zunanje površine kosti. Zato lahko sklepamo, da je bil mozgovni kanal v času prepojitve s fosfatkarbonatom že odprt. V nasprotnem primeru bi bil temneje obarvan kot površina kosti kot je razvidno iz barve mozgovnih kanalov celih kosti, razbitih med izkopavanjem. Odlomljena konca diafize, zaobljeni robovi, preperela in mestoma poškodovana površina, impregnacija s karbonat-fosfati, so znaki, ki govore o burni zgodovini diafize z luknjicami. Zato so se lahko zabrisali drobni sledovi, pomembni za presojo, kako so nastale luknjice in oba konca kosti.

Na podlagi najmanjših širin diafize, ki sta: lateralno-medialno 23,5 mm in anteriorno-posteriorno 17,0 mm, lahko sklepamo, da je bila cela diafiza, brez sklepov, dolga približno 210 mm (sl. 12.1:1). Ostale mere so: največja dolžina 113,6 mm, največja lateralno-medialna širina proksimalno 28,0 mm in distalno 34,0 mm. Obe ohranjeni luknjici imata naslednja največja in najmanjša zunanja premera: proksimalna luknjica 9,7 in 8,2 mm, distalna luknjica 9,0 in 8,7 mm. Proksimalna polovična luknjica ima premer 6,5 mm. Distalna polkrožna izjeda ima največji ohranjeni premer 13 mm. Razdalja med središčem obeh celih luknjic je 35 mm. Medsrediščna razdalja med proksimalno luknjico in proksimalno polovično luknjico je 18 mm. Debelina posteriorne stene diafize pri distalni luknjici je 4,0 mm. Največji in najmanjši premer mozgovnega kanala je na najožjem delu okoli 13 in 10 mm.

Sl. 11.4: Divje babe I. Detajl proksimalne polkrožne izjede na domnevni koščeni piščali. Slikano s pomočjo makroskopa. Foto: Jurij Majdič.
Fig. 11.4: Divje babe I. Detail of proximal semi-circular notch on the suspected bone flute. Photographed with the aid of a macroscope. Photo: Jurij Majdič.

judging how the holes and ends of bone were created, may thus have been erased.

On the basis of the smallest widths of the diaphysis, which are: lateral-medial 23.5 mm and anterior-posterior 17.0 mm, we may conclude that the whole diaphysis, without joints, was approximately 210 mm long (*Fig. 12.1: 1*). The other actual measurements are: maximum length 113.6 mm, maximum lateral-medial width proximally 28.0 mm and distally 34.0 mm. The two preserved holes have the following maximum and minimum external measurements: proximal hole 9.7 and 8.1 mm, distal hole 9.0 and 8.7 mm. The proximal half hole has a diameter of 6.5 mm. The distal semicircular notch has a maximum preserved diameter of 13 mm. The distance between the centres of the two complete holes is 35 mm. The centre-centre distance between the proximal hole and the proximal half hole is 18 mm. The thickness of the posterior wall of the diaphysis at the distal hole is 4.0 mm. The maximum and minimum diameters of the marrow cavity at the narrowest part are around 13 mm and 10 mm.

11.2. TEHNOLOŠKA ANALIZA. ALI SO DOMNEVNO PIŠČAL NAREDILI LJUDJE ALI ZVERI?

Kontekst in starost najdbe sta dve toliko jasni zadevi, da o njima nima smisla ponovno razpravljati (Turk in dr. 1995b in v tem zborniku). Sporna je samo razlaga najdbe. Najprej je treba pojasniti, ali gre za

11.2. TECHNICAL ANALYSIS. HUMAN ORIGIN VERSUS CARNIVORE ORIGIN OF THE PRESUMED FLUTE

The context and age of the find are two such clear matters that there is no need to discuss it again (Turk *et al.* 1995b and in this volume). The identification of the find alone is debatable. It is first necessary to make clear

whether it is an artefact or a pseudoartefact, or how the holes were made which would have allowed the shaft of bone to be used as a flute or pipe. For what the object was actually meant, is currently of secondary importance and the subject of further debate, in which musicologists will have a decisive say.

The answer to our first question must first be sought in archeological links: imaginative thinking > tools > technique > raw material > product. We are limited in our premises to the generally known facts about the period of the Middle and Early Upper Palaeolithic, above all the Aurignacian, based on material evidence. An alternative explanation that must be explored is that the holes were made by carnivores, since we cannot avoid the fact that the site was also, and above all, a lair of various large carnivores.

We can only guess about the imaginative thinking of Palaeolithic man. We suspect that many ideas originated in the observation of nature. The notion of holes in bones could equally have been obtained from nature. They were made by beasts and by various natural processes capable of perforating bones (Lyman 1994, p. 394) (*Fig. 11.5*).

Palaeolithic man had the simplest stone and bone tools available for making holes, such as unretouched stone flakes and bone fragments. Specially shaped tools, representing so-called tool types, were not necessarily needed for the majority of tasks for which such tools would have served. A simple experiment at making holes with "débitage" blanks and various techniques is testimony enough of that. In the Mousterian, for the most part only stone tools were specially shaped (retouched). The following types must be considered for the making of holes: points, borers, tongues and burins. They are all present in Divje babe I assemblage. These may be completely new tools, or modified original tools made of ordinary flakes ("débitage" blanks). The purpose of modifying tools was to obtain an improved product. The

artefakt ali psevdoartefakt, oziroma kako so nastale luknjice, ki omogočajo uporabo koščene diafize kot piščalke. Čemu je bil predmet dejansko namenjen, je trenutno drugotnega pomena in stvar nadaljnje razprave, v kateri bodo imeli odločilno besedo paleomuzikologi.

Odgovor na naše prvo vprašanje smo najprej iskali v arheološki povezavi: idejno razmišljanje > orodje > tehnika > surovina > izdelek. Izhodišča smo si omejili s splošno znanimi dejstvi za obdobje srednjega paleolitika in zgodnjega mlajšega paleolitika, predvsem aurignaciena, ki temeljijo na tvarnih dokazih. Alternativno smo odgovor na prvo vprašanje povsem upravičeno iskali pri zvereh, ker ne moremo mimo dejstva, da je bilo najdišče tudi in predvsem brlog večjih zveri.

O idejnem razmišljanju paleolitskega človeka lahko samo ugibamo. Domnevamo, da se je marsikatera zamisel porodila pri opazovanju narave. Predlogo za luknjice v kosteh je prav tako lahko dobil v naravi. Dale so mu jo zveri in različni naravni postopki, ki lahko kosti naluknjajo (Lyman 1994, 394) (*sl. 11.5*).

Za izdelavo luknjic so bila paleolitskim ljudem na voljo kamnita in koščena orodja v najbolj preprosti obliki, kot sta neretuširan kamnit odbitek in koščena iver. Posebej oblikovana orodja, ki jih predstavljajo t. i. orodni tipi, niso nujno potrebna za večino opravil, katerim naj bi ta orodja služila. O tem nas prepriča preprost poizkus izdelave luknjic z navadnimi odbitki in z različnimi tehnikami. V moustérienu so posebej oblikovana (retuširana) v glavnem samo kamnita orodja. Za izdelavo luknjic pridejo v poštev naslednji tipi: konice,

Sl. 11.6: Poizkusno izvrtane luknjice v fosilno medvedjo kost in svežo jelenjo kost z navadnimi odbitki iz tufa, kakršnega so uporabljali v najdišču Divje babe I. Vidi se gladek lijak s krožnimi razami, ki nastanejo pri vrtanju. Zunanji premer lijaka je 17 in 10 mm. Foto: Marko Zaplatil.
Fig. 11.6: Trial holes bored in fossil bear bone and fresh red deer bone with ordinary flakes of tuff, such as was used at the Divje babe I site. The smooth funnel with circular cuts creating by the boring is visible. The external diameter of the funnel is 17 and 10 mm. Photo: Marko Zaplatil.

Sl. 11.6. / Fig. 11.6

svedri, jezički in vbadala. Vsa ta orodja so prisotna v najdišču Divje babe I. To so lahko popolnoma nova orodja ali le izpopolnjena prvotna orodja, ki jih predstavljajo navadni odbitki. Namen izpopolnjevanja orodij so boljši izdelki. Razvijanje novih orodij je potrebno pri uporabi novih surovin in izdelavi novih izdelkov. Meja med novimi in izpopolnjenimi orodji je v paleolitiku največkrat zabrisana.

Luknjice je bilo mogoče delati z navadnimi odbitki ali z izpopolnjenimi orodji v štirih tehnikah, ki so od najnaprednejše do najbolj preproste: 1. vrtanje, 2. izrezovanje (dolbljenje), žaganje, piljenje 3. klesanje in 4. prebijanje. Zadnji dve tehniki sta bili izvedljivi tudi z uporabo koščenih iveri. Zgoraj smo omenili, da za boljše izdelke potrebujemo boljša orodja. Isti cilj lahko dosežemo tudi z boljšo tehniko oziroma tehnologijo. Medtem ko dovolj dobro poznamo kamnita orodja, je naše poznavanje paleolitske tehnologije omejeno in osnovano na modernih poizkusih.

1. Predmetov z izvrtanimi luknjicami v moustérienu in pred njim ne poznamo, čeprav obstaja iz tega obdobja okoli 200 raznih naluknjanih primerkov. Običajno se razlagajo kot obeski (Bednarik 1994, 59). Edino izjemo bi lahko predstavljalo repno vretence volka iz najdišča Bocksteinschmeide v Nemčiji, ki ima z dveh strani lijakasto izvrtano luknjico (Wetzel in Bosinski 1969, T. 162: 6a - d), vendar samo v primeru, če je bilo najdeno v prvotni legi. Tehnika vrtanja v splošnem pred mlajšim paleolitikom ni dokazana. Zato se lahko vprašamo, čemu so služili t. i. srednjepaleolitski svedri, ki jih poznamo tudi iz našega najdišča. Zagotovo ne samo vrtanju luknjic v les in druge mehke tvarine, ki se niso ohranile. Les kot surovina je bil dokazano v rabi že od starejšega paleolitika dalje. Tehniko, ki služi obdelavi lesa, lahko brez večjih težav prenesemo na kost in to bi se slejkoprej zgodilo tudi v paleolitiku. Dejansko je do tega prišlo najkasneje v aurignacienu (Hahn 1977, T. 3: 3, 8: 2, 37: 1, 126: 3 - 4; Dobosi, 1985, Fig. 3: 11). Izvrtane luknjice v kosteh jamskega medveda se omenjajo tudi na med vojno uničenem gradivu iz Potočke zijalke (S. Brodar in M. Brodar 1983, 155 ss). Tehnika vrtanja sodi med najbolj izpopolnjene in učinkovite tehnike izdelovanja luknjic. O tem smo se prepričali s poizkusom, pri katerem smo uporabili običajen odbitek. Lijasta oblika izvrtanih luknjic in sledovi vrtalnega orodja so tako značilni, da luknjice, izdelane s to tehniko, zlahka prepoznamo (sl. 11.6).

2. Tehnika izrezovanja (dolbljenja), žaganja in/ali piljenja se je verjetno razvila na lesu in drugih mehkih tvarinah ter se kasneje prenesla na kosti. Prenos tehnike obdelave z ene na drugo podobno tvarino je dokaj preprost. Različna trdota materialov je pri isti tehniki in orodjih povzročala velike težave. Rešitev zanje je bilo izpopolnjevanje starih in razvijanje novih orodij. Tehnika izrezovanja (dolbljenja) je bila poznana vsaj od srednjega paleolitika naprej, čeprav zanjo v zgodnjem

development of new tools is required for the use of new raw materials and in the production of new products. The boundary between new and modified tools is generally blurred in the palaeolithic.

The holes could have been made with ordinary flakes or with modified tools in four techniques, ranging from the most advanced to the simplest: 1. boring, 2. cutting (chiselling), sawing, filing, 3. knapping or chipping and 4. piercing. The last two techniques were also carried out with the use of bone fragments. We mentioned above that better tools are needed for better products. The same aim can be achieved also with a better technique or technology. While stone tools are familiar enough, our knowledge of stone and other palaeolithic technologies is limited, and based on modern experiments.

1. Objects with bored holes in the Mousterian and prior to it are unknown, although around 200 different examples with holes exist. They are normally explained as pendants (Bednarik 1994, p. 59). The only exception may be a tail vertebrae of a wolf from the Bocksteinschmeide site in Germany, which has funnel shaped bored holes on two sides (Wetzel & Bosinski 1969, Pl. 162: 6a - d), but only if it was found in its original position. The technique of boring is not proven prior to the Upper Palaeolithic. We may therefore ask what the Middle Palaeolithic borers, which are familiar also from this site, were used for. Certainly not just boring holes in wood and other softer materials which have not been preserved. Wood has been shown to have been used as a raw material from the Early Palaeolithic onwards. A technique which was used to process wood, mainly boring, could be transferred without major problems to bone, and this would have happened sooner or later in the Palaeolithic. It actually occurred not later than the Aurignacian (Hahn 1977, Pl. 3: 3, 8: 2, 37: 1, 126: 3 - 4; Dobosi 1985, Fig. 3: 11). Bored holes in bones of cave bear are also mentioned as among the Aurignacian material from Potočka zijalka destroyed during world war 2 (S. Brodar & M. Brodar 1983, pp. 155 on). The technique of boring is among the most complete and effective techniques of making holes. This was made quite clear by experiments in which we used ordinary flakes. The funnel shaped bored holes and the traces of the boring tool are so characteristic that holes made by this technique are easily recognisable (Fig. 11.6).

2. The technique of cutting (chiselling), sawing and filing probably developed on wood and other soft materials and was later transferred to bone. The transfer of a processing technique from one material to another, similar one, is fairly simple. Different hardnesses of material caused major difficulties with the same technique and tools. The solution was to modify the old and to create new tools. The technique of cutting (chiselling) was known at least from the Middle Palaeolithic

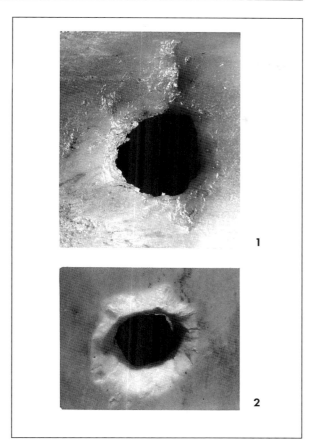

Sl. 11.8: Poizkusno izklesane luknjice v svežo stegnenico enoletnega rjavega medveda (1) in jelenjo kost (2). Vidi se lijak z značilnimi poškodbami, ki nastanejo pri klesanju. Premer luknjic je 6 in 8 mm. Foto: Marko Zaplatil.
Fig. 11.8: Trial chipped hole in a fresh femur of a one year old brown bear (1) and red deer bone (2). The funnel with typical damage made by chipping can be seen. The diameter of the holes is 6 and 8 mm. Photo: Marko Zaplatil.

Sl. 11.7: Aurignacienska koščena konica z izdolbeno luknjico, najdena v Potočki zijalki. Luknjica je bila dolbena z dveh strani in ima značilno lijasto obliko s fasetami, ki nastanejo pri rezanju. Foto: Marko Zaplatil.
Fig. 11.7: Aurignacian bone point with a chiselled out hole, found in Potočka zijalka. The hole was chiselled out from both sides and has a typical funnel shape with the facetting made by cutting. Photo: Marko Zaplatil.

obdobju ni jasnih dokazov. Te imamo šele v aurignacienu in to tudi v Sloveniji (*sl. 11.7*). V zgodnjem mlajšem paleolitiku je bila ta tehnika zelo priljubljena. Omenja se tudi na med vojno uničenem gradivu iz Potočke zijalke (S. Brodar in M. Brodar 1983, 155 ss). Izrezane luknjice imajo navzven široko lijasto obliko. Lepo se vidijo tudi potegi z orodjem, ki lijak fasetirajo.

3. Tehnika klesanja se je v paleolitiku splošno uporabljala za obdelavo kamna. Tehniko so že zelo zgodaj prenesli tudi na koščeno tvarino, za kar je veliko

onwards, although there is no clear proof of this in the early period. This only appears in the Aurignacian, in Slovenia, too (*Fig. 11.7*). This technique was very popular in the Early Upper Palaeolithic. It is also mentioned in the material from Potočka zijalka destroyed during the world war 2 (S. Brodar & M. Brodar 1983, pp. 155 on). Chiselled holes have a wide outward conical shape. The marks of the tool, which facet the funnel, are also clearly visible.

3. The technique of chipping (flaking, knapping) was in general use in the Palaeolithic for working stone. The techniques were also transferred very early to bone materials, for which there is plenty of evidence. There is less evidence of it having been used in the early period for making holes (e. g. Wetzel & Bosinski 1969, Pl. 162: 7a - d). Simple tools suitable for this technique could have been stone or bone. It is important for them to have had a sharp edge. We attempted to make a number

dokazov. Manj dokazov je v zgodnjem obdobju za izklesane luknjice (glej Wetzel in Bosinski 1969, T. 162: 7a - 7d). Preprosta orodja, primerna tej tehniki, so bila lahko kamnita ali koščena. Važno je, da so imela oster rob. S takim orodjem smo poskusno izklesali več luknjic v sveže kosti. Tako narejene luknjice so navzven bolj ali manj lijasto oblikovane in imajo značilno poškodovan (razpraskan) obod (*sl. 11.8*). Izklesano luknjico aurignacienske starosti poznamo iz Mokriške jame (M. Brodar 1985a, T. 5: 2) (*sl. 11.9*). Ponesrečen poizkus klesanja luknjice v kost lahko predstavlja odlomek diafize stegnenice mladega jamskega medveda iz kvadrata 9, reženj 17, plast 5 v Divjih babah I (*sl. 11.9*). Če je človek pri izdelavi luknjic posnemal zveri, je pritisk zob najprej nadomestil z udarci, tako da je luknjico postopno izklesal. Kot nam je znano, so tako narejene luknjice redke.

4. Tehnika prebijanja ali izbijanja se je lahko

of holes in fresh bones with such tools. Holes made in such a way have a more or less conical external shape, and a characteristically damaged (scratched) rim (*Fig. 11.8*). Chipped holes of Aurignacian age are known from Mokriška jama (M. Brodar 1985a, Pl. 5: 2) (*Fig. 11.9*). The fragment of the diaphysis of the femur of a cave bear cub may be an unsuccessful attempt to chip hole in bone. From quadrat 9, spit 19 (combined layers 7 and 8) in Divje babe I (*Fig. 11.9*).

If man copied carnivores in making holes, tooth pressure was first replaced with blows, so that a hole was gradually chipped out. As far is known, characteristic holes made in such a way are rare.

4. The technique of punching or piercing may similarly have developed from a technique of working stone. It was used from the very start for breaking marrow bones. A semi-circular break can thus be created. This technique was known in the Middle Palaeolithic

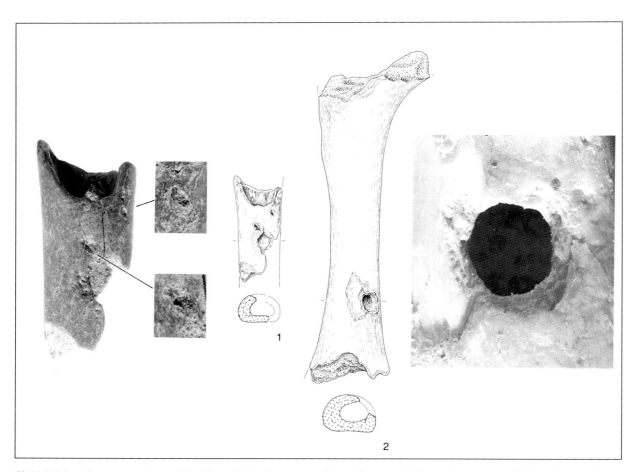

Sl. 11.9: Morebiten ponesrečen poizkus klesanja luknjice premera 7 mm (1) na sprednji strani femurja mladiča jamskega medveda iz Divjih bab I (moustérien). Dve manjši vdolbinici ob prelomljeni luknjici sta nastali z udarjanjem s sileksom in nista odtis zoba. Detajl izklesane luknjice premera 10 mm (2) na medialni sprednji strani femurja jamskega medveda iz Mokriške jame (aurignacien). Foto: Marko Zaplatil, risba: Dragica Knific Lunder.

Fig. 11.9: Possible unsuccessful attempt to chip a hole of diameter 7 mm (1) in the front side of the femur of a young cave bear from Divje babe I (Mousterian). The two smaller hollows beside the broken hole were made with a blow with silex and are not the impressions of teeth. Detail of chipped hole of diameter 10 mm (2) on the medial anterior of the femur of a cave bear from Mokriška jama (Aurignacian). Photo: Marko Zaplatil, drawing Dragica Knific Lunder.

prav tako razvila iz tehnike obdelovanja kamna. Od vsega začetka se je uporabljala za razbijanje mozgovnih kosti. Pri tem lahko nastanejo polkrožni odlomi. Ta tehnika je bila v srednjem paleolitiku poznana in se je tudi uporabljala predvsem pri koščeni tvarini. Vendar ni zanesljivo dokazano, da za izdelavo luknjic, čeprav je večina luknjic v kosteh navidezno predrtih oziroma prebitih. Preprosta orodja, primerna tej tehniki, so lahko kamnita ali koščena. Važno je, da imajo konico. S tako tehniko in preprostimi ter izpopolnjenimi orodji (robovi navadnih odbitkov, koničasto orodje kot sta mousté- rienska konica in konvergentno strgalo) poskusno nismo uspeli narediti nobene luknjice v svežo kost. S težavo nam je uspelo šele z železnim prebijačem (*sl. 11.10*). Tako narejene luknjice se ne razlikujejo od luknjic, ki jih v kost lahko vdrejo zveri z zobmi. Za oboje je značilno, da se lijasto razširijo v smeri delovanja sile. Notranji nepravilni lijak nastane s krušenjem kostne kompakte. Na samem obodu, ki je lahko sestavljen iz lokov, ni vidnih poškodb. Včasih se delček roba odkruši navzgor.

and was also mainly used with bone materials. How- ever, it has not been reliably shown to have been used for making holes, although the majority of holes in bones have been apparently punched or pierced. Simple tools suitable for this technique could be stone or bone. It is important for them to have a point. We did not succeed in making any holes in fresh bones with such a tech- nique and simple or modified tools (edges of ordinary flakes, pointed tools such as Mousterian points and con- vergent side-scrapers). Only with an iron punch were we successful, and that with difficulty (*Fig. 11.10*). Holes made in such a way do not differ from holes which wild animals may have pierced with their teeth. Both are char- acterised by a widening of the cone in the direction of the operation of force. An internal irregular funnel is created by the crumbling of the bone compact. On the rim itself, which can be made in an arc, there is no vis- ible damage. Sometimes a fragment of the edge breaks off outwards.

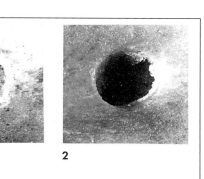

Sl. 11.10: Rezultat poizkusa prebijanja luknjice z železnim prebijačem na posteriorni strani sveže diafize stegnenice enoletnega rjavega medveda. Vidita se vdrta (1) in popolnoma prebita luknjica (2) premera 4,5 mm. Foto: Marko Zaplatil.
Fig. 11.10: Result of attempt to pierce holes with an iron punch on the posterior of a fresh diaphysis of the femur of a one year brown bear. The impressed (1) and completely punched hole (2) of diameter 4.5 mm can be seen. Photo: Marko Zaplatil.

11.3. IZSLEDKI POIZKUSOV NA SVEŽIH MEDVEDJIH KOSTEH IN PRIMERJAVE S PRELUKNJANIMI FOSILNIMI KOSTMI

Izdelek, ki nas zanima, je kost z luknjicami ali domnevna piščalka. Kost kot surovina je bila sicer poznana že v starejšem paleolitiku, vendar se je v moustérienu še vedno zelo redko uporabljala. Pogosteje je lahko služila za izdelavo preprostih orodij, ki jih težko prepoznamo. V večjem obsegu se kost in njej podobne tvarine začno obdelovati in uporabljati šele v mlajšem paleolitiku. V moustérienu so taki izdelki dvomljive narave in v primerjavi z mlajšim paleolitikom zelo redki. Najbolj znani so prstni členki sodoprstarjev z eno ali več luknjicami, ki jih starejši avtorji razlagajo kot piščalke (Reinhard 1906, 153), mlajši pa dvomijo v pravilnost enostranskih razlag (Chase 1990, 165ss; Stepanchuk 1993, 33). Nedvoumni koščeni izdelki z luknjicami se pojavijo šele v aurignacienu. Pri nas je to že omenjena koščena konica z izrezano luknjico v Potočki zijalki (*sl. 11.7*).

11.3. RESULTS OF EXPERIMENTS ON FRESH BEAR BONES IN COMPARISON WITH PERFORATED FOSSIL BONES

The item that interests us is a bone with holes, or a suspected flute. Bone was already known as a raw material in the Early Palaeolithic, although it was still very rarely used in the Mousterian. It may have served more frequently for simple tools which are difficult to recognise. Bone and similar materials began to be worked and used extensivily only in the Upper Palaeolithic. In the Mousterian, such products are sus- pect, and in comparison with the Upper Palaeolithic, very rare. The best known are phalanges of artiodactylae, with one or more holes, which older authors classified as whistles (Reinhard 1906, p. 153), while later authors are dubious of single explanations (Chase 1990, pp.165 on; Stepanchuk 1993, p. 33). Indisputable bone prod- ucts with holes appear only in the Aurignacian. Here, these include a bone point with chiselled hole in Potočka zijalka (*Fig. 11.7*).

Luknjice v naši kosti so tako enostavne, da so bile lahko izdelane z najbolj preprostim orodjem in s tako preprosto tehniko, kot je prebijanje. S poskusom smo ugotovili, da luknjic naše velikosti in oblike v sveži stegnenični kosti mladega rjavega medveda z debelejšo kompakto ni mogoče prebiti niti z navadnim odbitkom niti s kameno (moustériensko) konico, izdelano posebej v ta namen (*sl. 11.11*). Domnevna uporaba kanina jamskega medveda za luknjanje, kot predlagajo nekateri (S. Brodar in M. Brodar 1983), je v praksi neizvedljiva. Zobje so za kaj takega prekrhki.

Druga mogoča tehnika, ki pride v poštev v tem zgodnjem obdobju, je klesanje. V svežo stegnenično kost mladega rjavega medveda smo z odbitkom izklesali nekaj luknjic. Izklesane luknjice imajo na obodu, ne glede na uporabljeno orodje, značilne poškodbe, ki nastanejo pri postopnem odstranjevanju kostne kompakte (*sl. 11.8*). Razen tega so luknjice na zunanji strani rahlo lijasto oblikovane. Naš primerek teh poškodb nima, luknjice pa tudi niso lijasto oblikovane.

Popolnoma enako oblikovane luknjice v dolgih cevastih kosteh jamskega medveda, pretežno mladih primerkov poznamo iz aurignacienskega najdišča v Mokriški jami (*sl. 11.12*) (M. Brodar 1985a, T. 5: 8). Avtor meni, da so delo človeških rok. O tem, kako bi človek luknjice lahko naredil, ne razpravlja. Med vsemi objavljenimi luknjicami se nam zdi pomembna predvsem ena (*sl. 11.9*) (M. Brodar 1985a, T. 5: 2). Ta je edina, kot je videti izklesana, in sicer na izbočeni anteriorni strani distalnega dela femurja mladega jamskega medveda. Pomembno je, da je zunanja odprtina lijasta in pomaknjena proti medialnemu robu. Nobena zver ne more narediti takšne luknjice na mestu, kjer je nosilnost in debelina kostne stene največja. Tudi če bi poskušala, bi se prej vdrla šibkejša posteriorna stena. Zato lahko to luknjico z veliko verjetnostjo pripišemo človeku.

Luknjice je mogoče prebiti samo v zelo tanke kostne stene. Taka je npr. stena nad živčnim kanalom v trupu spodnje čeljustnice na lingvalni strani. Luknjice na tem mestu poznamo predvsem iz Potočke zijalke in Mokriške jame (S. Brodar in M. Brodar 1983, 155 ss, sl. 57 - 58; M. Brodar 1985a). V našem najdišču so zelo redke. Kosti s takimi luknjicami, od katerih naj bi bile nekatere celo vdolbene, se razlagajo kot artefakti. Čeljustnica z vdolbenimi luknjicami iz Potočke zijalke je, žal, izgubljena. Pri pregledu luknjic na spodnjih čeljustnicah smo opazili dvoje podrobnosti, ki se v literaturi ne navajata. Po en primerek iz Potočke zijalke in Mokriške jame imata popolnoma odžrto vejo čeljusti (*ramus mandibulae*), tako da se na trupu razločno vidijo sledovi zob (*sl. 11.13*) (M. Brodar 1983, T. 6: 3). Mandibula iz Potočke zijalke z eno luknjico in razširjeno mandibularno odprtino (*foramen mandibulae*) ter razami zob ima na mestu razširjenega foramna na notranji steni živčnega kanala lepo viden odtis zoba (*sl. 11.14*) (S. Brodar in M. Brodar 1983, sl. 57, druga mandibula od

Sl. 11.11: Konica iz tufa narejena posebej za poizkusno prebijanje sveže medvedje stegnenice. Vrh konice se je pri neuspelem poizkusu poškodoval. Foto: Marko Zaplatil.
Fig. 11.11: Point from tuff made specially for an attempt to puncture a fresh bear femur. The tip of the point was damaged in an unsuccessful attempt. Photo: Marko Zaplatil.

The holes in the thigh bone from Divje babe I site are so simple that they could have been made with the simplest tool, and thus a simple technique like piercing. We ascertained with experiments that holes of this size and form could not be pierced in the fresh thigh bone of a young brown bear with thicker compact tissue, neither with an ordinary flake, nor with a Mousterian point made specially for the purpose (*Fig. 11.11*). The hypothetical use of cave bear canin as a punch, as some authors suggest (S. Brodar & M. Brodar 1983) is in practice impossible. The teeth are too brittle.

The other possible technique which needs to be considered in this early period is chipping. We chipped out some holes in a fresh thigh bone of a young brown bear, using a flake. The holes chipped out, irrespective of the tool used, have characteristic damage caused in the process of removing the compact bone tissue (*Fig. 11.8*). In addition, the holes are slightly conical in shape on the outside. Our find does not have such damage, and the holes are not conical on the outside.

Identically shaped holes in the limbs of cave bear, mainly juveniles, are known from the Aurignacian site in Mokriška jama (*Fig. 11.12*) (M. Brodar 1985a, Pl. 5: 8). The author believes that they are the work of human hands. He does not discuss how they may have made the holes. Of all holes reported, one above all seems important to us (*Fig. 11.9*) (M. Brodar 1985a, Pl. 5: 2). This is the only one chipped out, as can be seen, on the convex anterior of the distal part of the femur of a juvenile cave bear. It is important that the outside of the aperture is conical and withdraws towards the medial edge. No carnivore could make such a hole in a place where

1

2

Sl. 11.12: Mokriška jama (Brodar 1985, T. 5: 8). Povečana luknjica premera 9 mm (1) na posteriorni strani odlomka diafize stegnenice mladiča jamskega medveda in detajl sredine levega roba luknjice (2). Slikano s pomočjo makroskopa. Foto Jurij Majdič.
Fig. 11.12: Mokriška jama (Brodar 1985, Pl. 5: 8). Enlarged hole diameter 9 mm (1) on the posterior of the fragment of the diaphysis of a femur of a juvenile cave bear and detail of the centre of the left edge of the hole (1). Photographed with the aid of a macroscope. Photo: Jurij Majdič.

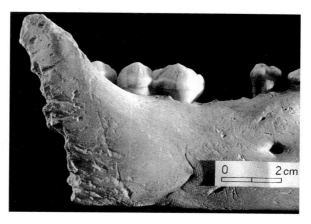

Sl. 11.13: Potočka zijalka. Detajl neobjavljenega primerka spodnje čeljustnice subadultnega jamskega medveda z odgrizeno vejo (*ramus mandibulae*) in jasnimi sledovi zverskih zob. Foto: Marko Zaplatil.
Fig. 11.13: Potočka zijalka. Detail of unpublished example of the mandible of a sub-adult cave bear with gnawed *ramus mandibulae* and clear tooth marks. Photo: Marko Zaplatil.

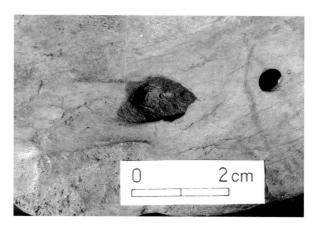

Sl. 11.14: Potočka zijalka. Detajl čeljustnične odprtine (*foramen mandibulae*) na spodnji čeljustnici jamskega medveda. Odprtina je poškodova od zoba, katerega odtisek se je ohranil na labialni strani živčnega kanala. Foto: Marko Zaplatil.
Fig. 11.14: Potočka zijalka. Detail of the *foramen mandibulae* on the mandible of a cave bear. The foramen is damaged by tooth, the impression of which have been retained on the labial side of the nerve cavity. Photo: Marko Zaplatil.

zgoraj). V steno mandibularnega kanala odtisnjeno vdrtinico (luknjico) navajata v enem primeru tudi S. in M. Brodar (1983, 155). Navedeni primeri nakazujejo možnost, da so nekatere luknjice in razširitve mandibularne odprtine naredile zveri in ne ljudje. Skoraj vse naluknjane spodnje čeljustnice pripadajo mladim primerkom, ki so bili najbolj na udaru zveri.

Pri prebijanju ali prediranju se kost na nasprotni strani lijasto odlomi. Take odlome ima tudi naš primerek. Podobno je oblikovana tudi luknjica na koronoidnem odrastku spodnje čeljustnice jamskega medveda iz Potočke zijalke in Divjih bab I (S. Brodar in M. Brodar 1983, sl. 58; M. Brodar 1985a, T. 5: 3). Zelo zanimiv je primerek diafize femurja mladega jamskega medveda iz Divjih bab I (kvadrat 6, reženj 12, plast 4 do 5a), ki ima na distalnem delu vhodno in izhodno luknjico, tako da je diafiza videti, kot da bi bila prestreljena. Posteriorna luknjica (10 mm/9 mm) je vdrta z zunanje strani, nasproti ležeča anteriorna luknjica (11 mm/9 mm) pa z notranje strani, t. j. iz mozgovnega kanala (sl. 11.15). To potrjuje domnevo, da sta bili obe luknjici narejeni hkrati iz ene smeri, česar pa zveri ne morejo storiti. Na sliki se lepo vidi odkrušena oziroma neodkrušena zunanja stena. Poznajo se tudi raze od zob. Tako preluknjana in izvotljena kost bi lahko služila kot obesek ali kot brnivka. Kakšen je spodnji rob značilnih luknjic od zob, ki je pomemben za pravilno presojo nastanka zagonetnih luknjic v kosteh, žal, ne vemo. Predvidevamo, da je prav tako odkrušen.

Luknjice, na las podobne našim, nastanejo lahko tudi s prediranjem kostne kompakte s pritiskom. Tako predrejo kosti zveri predvsem z derači in ne s podočniki,

the strength and thickness of the bone wall is greatest. Even if an attempt were to be made, the weaker, posterior wall would break first. So this hole may in all probability be ascribed to human agency.

Holes may be pierced only in very thin bone wall, such as, for example, the wall above the nerve cavity in the body of the lower jaw on the lingual side. Holes in this place are known mainly from Potočka zijalka and Mokriška jama (S. Brodar & M. Brodar 1983, pp. 155 on, Figs. 57 - 58; M. Brodar 1985a). They are very rare at the Divje babe I site. Bones with such holes, some of which could even have been "hollowed", are classified as artefacts. A jawbone with hollowed holes, from Potočka zijalka, has unfortunately been lost. In examining the holes in lower jaws, we noticed two peculiarities which are not mentioned in the literature. An example each from Potočka zijalka and Mokriška jama have completely gnawed away *ramus mandibulae*, such that traces of teeth are distinctly visible (*Fig. 11.13*) (M. Brodar 1983, Pl. 6: 3). The mandible from Potočka zijalka with one hole and widened *foramen mandibulae* and scratches from teeth, has a clearly visible tooth mark at the place of the extended foramen on the inner wall of the nerve cavity (*Fig. 11.14*) (S. Brodar & M. Brodar 1983, Fig. 57, second mandible from the top). S. Brodar and M. Brodar (1983, p. 155) also mention a puncture (hole) in the wall of the mandibular cavity. The cases cited demonstrate the possibility that some holes and widening of the *foramen mandibulae* were made by carnivores and not humans. Almost all pierced lower jaws belong to juveniles, which were most often attacked by predators.

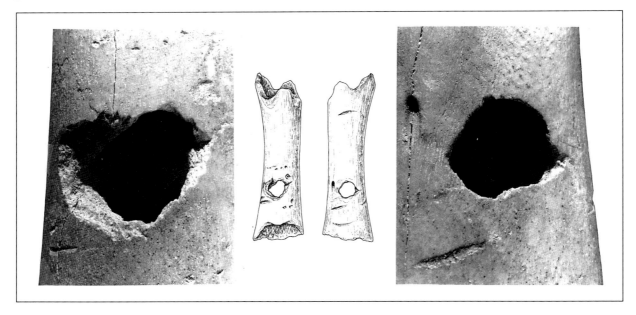

Sl. 11.15: Divje babe I. Stegnenica mladiča jamskega medveda z dvema istočasno prebitima luknjicama nepravilne oblike premera 10 in 11 mm. Povečana anteriorna in posteriorna luknjica. Risba: Dragica Knific Lunder, foto: Marko Zaplatil.
Fig: 11.15: Divje babe I. Femur of a juvenile cave bear with two contemporaneously pierced holes of irregular shape, diameter of 10 and 11 mm. Enlarged anterior and posterior holes. Drawing: Dragica Knific Lunder, photo: Marko Zaplatil.

kot se običajno misli (Kos 1931; Jéquier 1975, 80; M. Brodar 1985a). Čeljust deluje pri tem kot primež. Največjo moč dosežejo zveri z derači in ostalimi kočniki, ne s podočniki. Pritisk teh zob je lahko zelo velik. Pri hijeni tudi do 800 kg/cm². Če vzamemo n. pr. volka kot najverjetnejšega povzročitelja luknjic v kosteh iz Divjih bab I - fosilnih ostankov volka imamo namreč v vseh plasteh največ in tafonomska analiza je pokazala, da je najprimernejši zverski dejavnik - predre kost najprej protokonid spodnjega derača, ki je najvišji in naj-močnejši ali parakon zgornjega derača. Pri nadaljnem stiskanju predre kost še parakonid spodnjega derača, ki je nižji in šibkejši ali konid zgornjega prvega meljaka. Tako so nastali po dve vdrtinici ali luknjici, ki sta zelo blizu skupaj. Razlikujeta se lahko po velikosti in globini (sl. 11.16). V zbirki nagrizenih kosti iz slovenskih jamskih najdišč (M. Brodar 1985a) smo našli vsaj 7 primerkov od 29, ki imajo razdaljo med sredino luknjic v razponu 13 do 14 mm, kar približno ustreza velikosti deračev volka. V Divjih babah I imajo to razdaljo 3 primerki od 26. Na kosteh, ki so jih obdelale zveri, se pogosto poznajo sledovi zgornjih in spodnjih kočnikov. Vendar to ni nujno. Kosti, ki imajo eno steno ravno in drugo obokano, običajno popustijo pritisku zob na ravni ali vbočeni strani. Zato je na ravnih in vbočenih površinah še enkrat več luknjic in vdrtinic kot na izbočenih. Prav tako nastanejo luknjice in vdrtinice predvsem tam, kjer je kostna kompakta najtanjša. Na izbočenih površinah in odebeljenih (stranskih) stenah pa imamo samo rahle odtise, ki se lahko pri močno oglajenih ali preperelih kosteh tudi zabrišejo. Zato ni nujno, da se pri luknjicah, ki so jih naredile zveri, pozna na nasprotni strani sled drugega zoba. Pri dobrem prijemu in pravilno obrnjeni kosti nastanejo samo luknjice v manj odpornih predelih kostne kompakte. Oblika in velikost luknjic se ne razlikujeta od luknjic na domnevni piščalki (sl. 11.2 in 11.17). Luknjice, ki imajo obod sestavljen iz lokov, tako kot luknjice na domnevni piščalki, dobimo tudi na primerkih, ki so jih nedvomno naredile zveri. Poizkus na sveži stegnenici enoletnega mladiča rjavega medveda z uporabo primeža je potrdil domnevo, da je za predrtje debelejše kompakte na sredini diafize potrebna precej večja sila kot za predrtje tanjše kompakte v bližini sklepov (sl. 11.18). Luknjice na sredini diafize so lahko naredile le redke zveri, ki so imele zelo močne čeljusti in zelo koničaste derače. S preizkusom smo tudi ugotovili, da je sveža medvedja kost tako elastična, da lahko vso naluknjamo, ne da bi pri tem počila, kakor poči fosilna kost. Poda oziroma preluknja se samo v točki, na katero deluje večja sila, ali v točki, kjer je kost šibkejša. Na nasprotni izbočeni strani se komaj kaj pozna v točki, na katero deluje enakovredna sila. Ker zveri grizejo predvsem mehkejše sklepne dele dolgih cevastih kosti, je tu največ luknjic od njihovih zob (M. Brodar 1985a). To je splošno znano dejstvo. Luknjice na

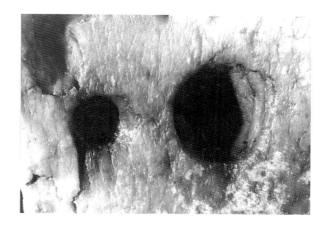

Sl. 11.16: Divje babe I. Povečan odtisek dvodelnega zoba, verjetno derača volka. V večji luknjici se vidi del vdrte zunanje stene kostne kompakte. Premera luknjic sta 11 mm in 5,4 mm. Foto: Marko Zaplatil.
Fig. 11.16: Divje babe I. Enlarged impression of double teeth, probably the carnassial of a wolf. In the larger hole, part of the pierced exterior wall of the compact bone tissue can be seen. The diameter of the holes is 11 mm and 5.4 mm. Photo: Marko Zaplatil.

With punching or piercing, the bone is fractured conically on the opposite side. Our example also has such fractures. The hole in a coronoid extension of a lower jaw of a cave bear from Potočka zijalka is similar to one from Divje babe I (S. Brodar & M. Brodar 1983, Fig. 58; M. Brodar 1985a, Pl. 5: 3). An example of a diaphysis of juvenile cave bear femur from Divje babe I (quadrat 6, spit 12, combined layers 4 - 5a) is very interesting. It has entrance and exit holes on the distal part, so that it appears as if the diaphysis had been pierced by a bullet. The posterior hole (10 mm/9 mm) is broken from the outside, and the opposite anterior hole (11 mm/ 9 mm) from the inside, i. e., from the marrow cavity (*Fig. 11.15*). This confirms the suspicion that the two very irregular holes were pierced together from the same direction, which a carnivore could not do. The crumbled, or uncrumbled, external wall can be well seen on the photography. Tooth marks are also recognisable. Such a pierced bone could have served as a pendant or as a whistle. It is unfortunately not known what sort of lower edge typical holes from teeth have, which is important for properly assessing the creation of puzzling holes in bones. We assume that it would be similarly crumbled.

Holes, very similar to those in question, can also be made by the piercing of the compact bone tissue by pressure. Carnivores primarily pierce bones in such a way with carnassials, and not with canines, as is normally thought (Kos 1931; Jéquier 1975, p. 80; M. Brodar 1985a). The jaw thus operates like a vice. Animals achieve the greatest force with premolar and molar teeth, not with canines. The pressure of these teeth can be very

osrednjem predelu diafiz so zato precej neobičajne za zveri, vendar niso izključene.

Za pravilno presojo nastanka luknjic v domnevni piščalki je pomembna tudi velikost luknjic in razdalja med luknjicami. Premeri nekaterih luknjic iz slovenskih jamskih najdišč, ki so jih po vseh znakih sodeč naredile zveri (M. Brodar 1985a), ustrezajo premeru luknjic na domnevni piščalki. Približki medsrediščni razdalji 35 mm, ki jo ima naš primerek, so pri luknjicah od zob zelo redki. Meritve razdalij med luknjicami in vdrtinami so pokazale, da je najmanša medsrediščna razdalja 4,5 mm in največja 61 mm (n = 49). Samo šest meritev ima večjo medsrediščno razdaljo (povprečno 46 mm). Povprečna medsrediščna razdalja ostalih meritev je 14 mm. Približuje se ji medsrediščna razdalja med proksimalno luknjico in proksimalno polovično luknjico na domnevni piščalki. Večina medsrediščnih razdalj, vključno z medsrediščno razdaljo na domnevni piščalki, ne ustreza medčeljustnemu razmiku zveri, ki so lahko

Sl. 11.17: Mokriška jama (M. Brodar 1985, T. 3: 1a). Povečava luknjice premera 8 mm (1) vdrte z zobom v stegnenico jamskega medveda in druge poškodbe od zob (2). Foto: Marko Zaplatil.
Fig. 11.17: Mokriška jama (M. Brodar 1985, Pl. 3: 1a). Enlargement of hole of diameter 8 mm (1) pierced with teeth in the femur of a cave bear and other demage of teeth (2). Photo: Marko Zaplatil.

great. In the case of hyenas, even up to 800 kg/cm². If we take, e. g., the wolf as the most probably cause of holes in bones from Divje babe I - there are most fossil remains of wolf in all layers, and taphonomic analysis has shown that it is the most suitable predator factor - first the protoconid of the lower carnassial, which is higher and stronger, or the paracon of the upper carnassial pierces the bone wall. With further pressure, the paraconid of the lower carnassial, which is lower and weaker, or the conid of the upper first molar, pierces the bone. So two punctures, or holes, are made very close together. They can vary in size and depth (*Fig. 11.16*). In the collection of gnawed bones from Slovene cave sites (M. Brodar 1985a) we found at least 7 examples out of 29 with a distance between the centre of the holes in the range of 13 - 14 mm, which corresponds approximately to the size of the carnassials of a wolf. In Divje babe I, 3 examples of 26 have this distance. Traces of the upper and lower teeth are often known on bones on which animals have fed. However, this is not necessary. Bones which have one straight wall and the other convex, normally give under pressure on the straight or concave side. So there are twice as many holes and indentations on straight or concave surfaces than on convex ones. Similarly, holes and punctures are created mainly where the bone compact is thinnest. On concave surfaces and thickened (side) walls we have only slight impressions which heavy weathering or polishing of the bones can erase. So it is not crucial for holes which have been made by carnivors to have traces of teeth on the opposite side. With a good grasp and properly inverted bones, holes are only created on the less resistant parts of the bone compact. The form and size of the holes does not differ from the holes on the suspected flute (*Figs. 11.2* and *11.17*). We also get holes with rims composed of arcs, like the holes on the suspected flute, in examples which have undoubtedly been made by carnivores. An attempt on a fresh thigh bone of a one year old young brown bear, using a vice, confirmed the suspicion that to puncture the thicker compact in the middle of the diaphysis requires considerably more force than to puncture the thinner compact in the vicinity of the joints (*Fig. 11.18*). Holes in the centre of the diaphysis could only occasionally have been made by carnivores, and only by those with very strong jaws and very pointed carnassials. We also ascertained by experiment that fresh bear bone is so elastic that we could puncture holes in all of it without it smashing as fossil bone smashes. It gives, or punctures, only at the point at which the greatest force operates, or at the point at which the bone is weakest. The opposite, concave side is hardly ever the point at which equal force operates. Since animals gnaw mainly the softer, knuckle parts of limbs, this is where most holes from their teeth are found (M. Brodar 1985a). This is a generally known fact. Holes in the central part

Sl. 11.18: Luknjice premera 4 in 5 mm poizkusno predrte z železno konico in s pomočjo primeža posteriorno v svežo stegnenico enoletnega rjavega medveda. Foto: Marko Zaplatil.
Fig. 11.18: Holes of diameter 4 and 5 mm from an attempt to pierce the fresh femur of a one year old brown bear posteriorly, with an iron spike and with the aid of a vice. Photo: Marko Zaplatil.

of the diaphysis are thus fairly unusual for an animal origin, though cannot be excluded.

The size of and distance between the holes are also relevant to a proper assessment of the origin of the holes in the suspected flute. Examples of some holes from Slovene cave sites which, judging from all the signs, have been made by carnivores (M. Brodar 1985a), correspond to the diameter of holes on the suspected flute. The approximate centre to centre distance of 35 mm of these holes is very rare with holes from teeth. Measurements have shown that the smallest centre-centre distance of carnivore and other holes is 4.5 mm and the largest 61 mm (n = 49). Only six measurements have a greater centre-centre distance (average 46 mm). The average centre-centre distance of other measurements is 14 mm. The centre-centre distance between the proximal hole and the proximal half hole on the suspected flute approaches it. The majority of the centre-centre distances, including the centre-centre distance on the suspected flute, do not correspond to distances within the jaws of carnivores which could pierce a bone. So there is no doubt that the majority of holes are created in the process of devouring grasped bone. The diameters of holes which are bigger than 5 - 9 mm are too big for wolf. These are, namely, the measurements of the protruding part of the protoconid and paracon of a wolf's carnassials. It is clear from the two measurements that the points of carnassials are of irregular shape, so it is

kosti naluknjale. Zato ni dvoma, da je večina luknjic nastala v postopku žrtja s preprijemanjem kosti. Premeri luknjic, ki so večji od 5 do 9 mm, so za volka preveliki. Takšne so namreč mere štrlečega dela protokonida in parakona volčjih deračev. Iz obeh mer je razvidno, da

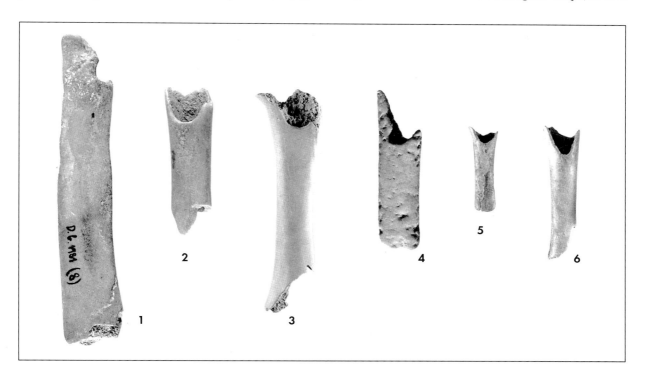

Sl. 11.19: Divje babe I. Diafize dolgih cevastih kosti okončin mladičev jamskega medveda z značilno polkrožno izjedo, ki so jo naredile zveri. Na enem primerku (4) se lepo vidijo sledovi zob. Različna merila. Foto: Carmen Narobe in Marko Zaplatil.
Fig: 11.19: Divje babe I. Diaphysis of the limb bone of a juvenile cave bear with typical semi-circular notches made by carnivores. In one example (4) , the tooth marks can clearly be seen. Various scales. Photo: Carmen Narobe and Marko Zaplatil.

sta konici deračev nepravilne oblike. Zato je vprašanje, ali volk z zobmi lahko naredi tako velike okrogle luknjice. Naredile so jih lahko samo zveri z močnejšim zobovjem, n. pr. hijena s predmeljaki. Spodnji P_4 in zgornji P^3 hijene sta po obliki in velikosti zelo primerna za naši luknjici. Vendar prisotnost hijene na najdišču doslej ni dokazana niti s fosilnimi ostanki niti s fragmentarnostjo in zastopanostjo skeletnih ostankov jamskega medveda. Drug primerni zob je zgornji P^3 leva. Ostanki leva so v najdišču dokaj pogosti. Posamezne najdbe imamo tudi v plasteh 7 in 8. Levi sicer ne žrejo kosti, lahko pa bi vseeno naredili na njih kakšno luknjico.

S poskusi smo ugotovili, da, gledano tehnološko, luknjic, takih, kakršne so, ni mogel narediti človek z razpoložljivimi orodji oziroma je za to potrebna spretnost, ki je mi nimamo. Za artefakt, ki bi imel funkcijo piščalke, morajo biti izpolnjene še druge tehnološke zahteve. Oba konca ali vsaj en konec kosti bi moral biti odžagan ali odrezan. Mozgovni kanal, ki je v tej starosti že zapolnjena s spongiozo, bi moral biti očiščen spongioznega tkiva. Kost-piščalka bi imela zaradi uporabe tudi močno zglajeno površino.

Oba konca femurja sta nepravilno odlomljena. Na proksimalnem koncu je ohranjen morda odrezan rob. V bližini roba niso vidni nikakršni sledovi rezanja ali grizenja. Taka je večina diafiz mladih primerkov. Zelo verjetno so jih odlomile zveri. Odbiti kost na obeh koncih s kamnom, ne da bi se pri tem popolnoma zdrobila, je težje, kot če bi kost odrezali z nazobčanim orodjem, ali če bi kost ena od zveri postopno odgrizla. Ker je bilo odgrizenih odlomkov v najdišču na pretek, to niti ni imelo smisla. Polkrožna izjeda na distalnem delu je redek zverski proizvod, ki nastane pri postopnem žrtju diafize (M. Brodar 1985a, T. 5: 7) (*sl. 11.19*). Zato jo ne moremo pripisati izključno človeku. Takih primerkov je na dolgih kosteh okončin v najdišču kar nekaj.

Spongioza je bila lahko odstranjena naravno zaradi preperevanja ali umetno. Zanesljivo je, da spongize ni bilo več v času impregniranja femurja s fosfatkarbonati. Veliko podobnih kosti v najdišču je popolnoma ali delno brez spongioze. Na njih ni nobenih znakov obdelave.

Morebitna zagladitev površine kosti je bila kemično poškodovana v času cementiranja kosti v fosfatno kostno brečo. Zato danes ni več vidna.

doubtful whether a wolf could have made such large circular holes with its teeth. They could only have been made by carnivores with stronger teeth, e. g., a hyena with premolars. Lower P_4 and upper P^3 of a hyena are very suitable in shape and size for the holes in the suspected flute. However, the presence of hyenas at the site has not so far been shown, neither with fossil remains nor with fragmentation and relative presence of skeletal remains of cave bear. The other suitable tooth is upper P^3 left of cave lion or leopard. Remains of cave lion and leopard are fairly common at the site. We also have individual finds in layers 7 and 8. Although lions and leopards do not devour bones, they could nevertheless have made such holes in them.

We ascertained by experiment that, from the technological point of view, palaeolithic man could not have made the holes such as they are with the available tools, or that he had the necessary dexterity for this that we lack.

For an artefact to have the function of a flute, other technological requirements would have to be met. Both ends, or at least one would have to be sawn or cut off. The marrow cavity, which at that age is already filled with spongiose, would have to be cleansed of spongiose tissue. The bone-flute would also have a highly polished surface from use.

Both ends of the femur are irregularly broken. The majority of diaphysis of juveniles are similar. They were probably broken by beasts. On proximal end short probably cut edge is still preserved. Close to the beveled edge no evident signs of cutting or tooth marks are visible To break a bone at both ends with a stone, without completely shattering it, is more difficult than for the bone to be cut with a denticulate tool and/or to be gnawed gradually by a beast. Since there was an abundance of gnawed fragments at the site, this would also have had no sense. The semicircular notch on the distal part is an occasional carnivore product, which is created in the process of gnawing the diaphysis (M. Brodar 1985a, Pl. 5: 7) (*Fig. 11.19*). So it cannot be ascribed exclusively to palaeolithic man. There are quite a number of such examples on limbs at the site.

The spongiose could have been removed naturally through weathering, or artificially. It is certain that the spongiose was no longer there at the time the femur was impregnated with carbophosphates. A large number of similar bones at the site are completely or partially without spongiose. There is no sign of working on them.

Any possible polish to the surface of the bone was chemically damaged at the time of cementing of the bone into the carbophosphate bone breccia. It is thus no longer visible today.

11.4. ZAKLJUČEK

Najbolj privlačna najdba v najdišču je t. i. koščena piščal, ki ostaja zaenkrat kronološko-tehnološko osamljen primer. Pri razlagi se v tem trenutku ni mogoče z vso verjetnostjo odločiti med možnostjo, da gre za kost z več vgrizi zveri, ki niso pustili sledi protiugriza in možnostjo, da gre za izdelek domnevnega neandertalca, ki v srednjem paleolitiku še ni poznal/uporabljal tehnike vrtanja in dolbljenja, zato je kost obdeloval na podoben način kot kamen - s tolčenjem. S posebno tehniko, ki jo s poskusi nismo uspeli povsem dognati, je morda znal v kosti prebijati tudi luknjice.

V primeru, da gre za drugo možnost, je najdba izjemna, ker jo lahko tedaj bolj prepričljivo razlagamo kot najstarejše glasbilo v Evropi z vsemi posledicami, ki iz tega sledijo.

Prepričljivih tehnoloških dokazov za to, da je luknjice na naši kosti naredil človek, in da imamo pred sabo artefakt namesto psevdoartefakta, očitno ni in jih verjetno ne bo, dokler se ne najde še več podobnih predmetov enake starosti. Dokazi za luknjice, ki jih je naredil človek, so morda prisotni v samem najdišču (*sl. 11.9* in *11.15*). Prav tako ni prepričljivih tafonomskih dokazov za to, da je luknjice naredila z zobmi katera od zveri iz seznama živalskih ostankov v najdišču in drugih najdiščih iz tega obdobja. Tafonomija femurja, predvsem mladih primerkov, odpira nov pogled na nastanek luknjic, ki, bolj kot ne, nasprotuje artefaktni razlagi. Vendar je naluknjan femur edini takšen primerek izmed 600 femurjev mladih jamskih medvedov, ki so bili najdeni med izkopavanji. V poštev prihajata vsekakor obe razlagi: človek in zver, medtem ko so drugi poznani naravni načini nastanka luknjic izključeni (glej Lyman 1994, 394). Naša nemoč pri ugotavljanju nespornega nastanka luknjic pa ne izključuje, da bi nenavadni predmet človek uporabljal, lahko tudi kot piščalko. Zato na kratko podajamo še pregled dosedanjih podobnih najdb, pri katerih način izdelave večinoma ni sporen.

11.4. CONCLUSION

The most attractive find from the site is the suspected flute, which remains for the moment a chronological-technological isolated example. It is not at this moment possible in classifying it to decide with any certainty between the possibilities that it is a bone with a number of bite marks of carnivors, which did not leave any trace of the counter-bite, and the possibility that it is a product of presumably Neanderthal man, who did not know/use the techniques of boring and scooping in the Middle Palaeolithic, so the bone was worked similar to stone - with striking. He perhaps also knew how to pierce holes with a special technique which we did not succeed in grasping in experiments.

If the latter possibility holds, then it is an exceptional find since we can then more certainly classify it as the oldest musical instrument in Europe and we are aware of the consequences.

There apparently is no convincing technological evidence that the holes on the thigh bone from Divje babe I site were made by palaeolithic man, that it is an artefact and not a pseudoartefact, and there will probably not be until further, similar objects of the same age are found. Some evidence of holes made by palaeolithic man may be present at the site itself (*Figs. 11. 9* and *11.15*). Equally, there is no convincing taphonomic evidence that the holes were made with the teeth of any of the predators from the list of animal remains at the site, or other sites from this period. The taphonomy of the femur, above all juvenile examples, opens a new view of the origin of holes which, more than not, conflict with the artefact explanation. Nevertheless, the pierced femur is the only example amongst 600 femurs of juvenile cave bears found at the site in the course of excavations. Both explanations: man and carnivore made, must be considered, while other known natural ways of creating holes are excluded (cf. Lyman 1994, p. 394). Our inability to ascertain the undisputed origin of the holes does not exclude the possibility that an unusual object may have been used by palaeolithic man, even perhaps as a flute or pipe. We therefore present a survey of similar finds to date, in which how they were made is for the most part undisputed.

DODATEK
IZSLEDKI POIZKUSOV IZDELAVE
KOŠČENE PIŠČALI Z UPORABO
KAMNITIH ORODIJ

APPENDIX
RESULTS FROM THE EXPERIMENTAL
MANUFACTURE OF A BONE FLUTE WITH
STONE TOOLS

GIULIANO BASTIANI & IVAN TURK

Potem ko so bili napisani že vsi teksti tega zbornika, je Guiliano Bastiani, strokovnjak za paleolitsko tehnologijo obdelave kamna, na lastno željo ponovil poizkuse Ivana Turka v zvezi z izdelavo luknjic v kosti. Osredotočil se je na poizkus prebijanja luknjic, kajti podobno tehniko je po vseh znakih sodeč uporabil tudi paleolitski človek pri izdelavi domnevne piščali.

Za poizkus smo izdelali podobna kamnita orodja, kot so bila najdena v najdišču, med drugim tudi v plasteh, starejših od plasti s piščaljo (Turk in dr., v tem zborniku in delno neobjavljeno): konvergentno strgalo, konico, sveder, jeziček in gobčasto praskalo. Konice in jezičke (sl. 11.A1) smo nato uporabili pri izdelavi luknjic v svežo golenico odraslega navadnega jelena in v svežo stegnenico enoletnega rjavega medveda. Orodja so služila kot dleta za klesanje in hkrati kot prebijači.

Once the articles in the present volume had been written, Giuliano Bastiani, an expert in the Palaeolithic technology of stone knapping, decided on his own initiative to attempt the same experimental perforation of bone as Ivan Turk had done. He concentrated on the way he punched the holes, and followed a technique apparently similar to that used by Palaeolithic man to make the supposed musical pipe.

For the experiment, he manufactured similar stone tools to those discovered at the site, including tools unearthed in layers older than the one in which the flute was found (Turk et al., in this volume and unpublished texts), viz: a convergent side-scraper, a pointed tool, a borer, a tongue and a nosed carinated scraper. He used the pointed tool and the tongued scraper (Fig. 11A1) to perforate both the fresh shin-bone of an adult red deer and the fresh thigh-bone of a year-old brown bear. He used the tools both as chisels for chipping and as punches. He did not, however, strike them with a stone hammer as Ivan Turk had done, but with a wooden ham-

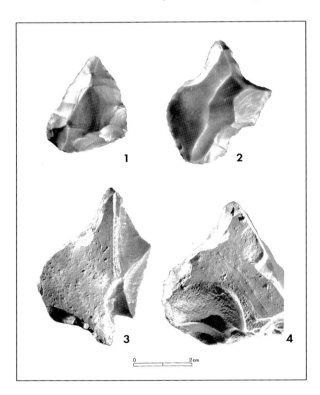

Sl. 11.A1: Poskusno narejena orodja za klesanje lukenj v sveže kosti. Roženec (1 in 2) in lokalni tuf (3 in 4). Foto: Marko Zaplatil.
Fig. 11.A1: Experimentally manufactured stone tools for chipping holes in fresh bones. Chert (1 and 2), tuff (3 and 4). Photo Marko Zaplatil.

Sl. 11.A2: Poskusno izklesana luknja v svežo nadlahtnico rjavega medveda. Uporabili smo koničaste odbitke (glej sl. 11.A1: 3, 4) iz lokalnega tufa, ki se je uporabljal v najdišču Divje babe I. Foto: Marko Zaplatil.
Fig. A11.2: Experimentally chipped hole in fresh bear cub humerus using pointed flakes (see Fig. 11.A1: 3, 4) made of local tuff that was used in Divje babe I site. Photo: Marko Zaplatil.

Vendar po njih nismo udarjali s kamnitim tolkačem, kot je to počel pri svojih prvih poizkusih Ivan Turk, temveč z lesenim tolkačem. Z uporabo lesenega tolkača se kamnito orodje ne poškoduje tako hitro kot z uporabo kamnitega tolkača. Pri uporabi slednjega že en sam močnejši udarec močno poškoduje konico orodja (primerjaj poškodovani konici na *sl. 11.11* in *t. 10.2: 4*). Enako se zgodi lahko z medvedjim kaninom v spodnji čeljustnici, za katerega so že dolgo domnevali, da je pračloveku lahko služil kot luknjač.

Vsaka od poizkusnih luknjic je bila narejena v kombinirani tehniki klesanja in prebijanja v nekaj minutah z obračanjem orodja (konice, konvergentnega strgala ali jezička) in ne preveč močnim udarjanjem po orodju. Pri tem so nastale skoraj okrogle luknjice s premerom 5 mm do 10 mm. Stene luknjic so bile polstrme, robovi so bili močno do rahlo poškodovani, odvisno od natančnosti izdelave luknjice. Izrazitega zunanjega lijaka ni bilo, če je pri širjenju enkrat prebite luknjice kamniti sekač deloval navpično na kost in če kostna stena ni bila predebela. Če smo pri širjenju luknjice uporabili še jezičasto oblikovan sekač, zunanjega lijaka, ki nastane zaradi stožčaste oblike konice ali sekača, ni bilo več (*sl. 11.A2*). Sekundarna

mer. By using the latter rather than a stone hammer, the stone tools did not become damaged so rapidly. A single blow with a stone hammer can cause a great deal of damage to the point of the tool (compare *Fig. 11.11* and *Pl. 10.2: 4*). This would equally apply to the tool that has long been supposed to be the punching tool of palaeolithic man, the canine tooth in a bear's lower jaw, which might well suffer in the same way.

Each of the experimental holes was made in a few minutes with a method that combined both chipping and punching, turning the tool (in this case the pointed tool), all the time taking care not to strike the tool too heavily. In this way, he managed to produce holes that were almost completely round, and five to ten millimetres in diameter. The sides of the holes were steep and the damage to the edges was severe to mild, depending on the accuracy with which the hole had been made. No distinct bevelling of the outer edges could be observed where, in the process of widening an already punched hole, the stone punch was applied vertically and if the core of the bone was not excessively thick. In the process of widening the hole, it was discovered that the perennial problem of bevelling of the outer edges, which almost always occurs due to the conical profile of the point or punch, could be avoided altogether if a tongued tool was used instead (*Fig. 11.A2*). Any minor damage to the outer perimeter, often symptomatic in holes made with stone tools, could be rapidly worn away through constant use or natural abrasion (*charriage à sec*) as the sharp edges of the bone gradually smooth themselves off. No trace was found of any distinct bevelling along the inner edges of the holes, which had been a characteristic of the supposed flute. This bevelling is irrelevant in answering the question by whom the holes

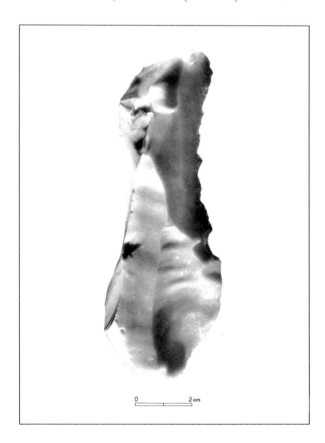

Sl. 11.A4: Detajl poskusno odžaganega distalnega dela sveže stegnenice mlađega rjavega medveda. Uporabili smo nazobčano orodje iz roženca (glej *sl. 11.A3*). Foto: Marko Zaplatil.
Fig. A.11.4: Detail of experimentally sawn off distal end of fresh brown bear cub femur using experimentally made denticulate tool (see *Fig. 11.A3*). Photo: Marko Zaplatil.

Sl. 11.A3: Poskusno narejeno nazobčano orodje iz roženca. Foto: Marko Zaplatil.
Fig. 11.A3: Experimentally manufactured denticulate tool of chert. Photo: Marko Zaplatil.

ogladitev ostrih robov kosti zaradi pogoste rabe ali naravne abrazije (*charriage à sec*) lahko zabriše vse rahlejše poškodbe zunanjega roba luknjic, ki so sicer značilne za luknjice, iztolčene s kamnitimi orodji. Izrazitejšega lijaka na notranji kostni steni, ki je značilen za luknjice na domnevni piščali, ni bilo pri vseh poizkusno iztolčenih luknjicah. Notranji lijak ni bistveno pomemben pri razlagi nastanka luknjic, saj lahko nastane tako pri prebijanju kot pri prediranju.

Naluknjano svežo medvedjo stegnenico smo na proksimalnem delu odžagali z nazobčanim orodjem (*sl. 11.A3*). Z njim smo diafizo najprej po obodu zažagali kakšna dva milimetra globoko in nato odlomili.[1] Na domnevni piščali takšen poseg ni (več) viden. Na proksimalnem delu imamo sicer naravno zaglajen ostanek ravnega roba, vendar je ta prisekan na notranjo namesto na zunanjo stran, vzporedno z robom pa ni nobenih raz. Pri rezanju ali žaganju je rob prisekan vedno na zunanjo stran, vzporedno z robom pa običajno nastanejo raze (*sl. 11A.4*). Če bi hoteli dobiti ostrejši rezilni rob piščali, bi odrezan rob lahko naknadno odkrušili na notranjo stran. Nadaljevanje poskusov bi morda pokazalo, kako je bil narejen proksimalni rezilni rob domnevne piščali, ne da bi se pri tem poznali makroskopski sledovi orodja.

Preprost poizkus je dokazal le, da je luknjice, kakršne so na domnevni piščali, najdeni v moustérienski plasti 8 v Divjih babah I, lahko naredil tudi paleolitski človek s kamnitimi orodji, ki smo jih našli v plasti s piščaljo in pod njo. Dalje je poizkus nakazal, da je oblika luknjic odvisna od vrste uporabljenega orodja (konica, jeziček), oblike delovnega dela orodja (valjasta, stožčasta ali nepravilna oblika) in stanja kosti (popolnoma sveža, manj sveža, stara, fosilna). Prav tako smo ugotovili, da se orodja pri izdelavi luknjic poškodujejo, da jih je treba večkrat popraviti ali narediti nova orodja. Za študij poškodb in primerjavo le-teh z morebitnimi podobnimi poškodbami na originalnih moustérienskih orodjih iz najdišča, ki bi še bolj podkrepile tezo, da je luknje v fosilno kost naredil paleolitski človek, nam je, žal, zmanjkalo časa. Vsekakor nameravamo to storiti kdaj kasneje.

were made. It can occur in punching or piercing the bone tissue with stone tool or tooth.

Once the bear's thigh-bone had been perforated, it was cut with a denticulate tool at the proximal end (*Fig. 11.A3*). First, the complete circumference of the diaphysis was cut to a depth of two millimetres and then broken off.[1] However, no evidence of this particular operation can be seen on the bone flute itself. While the naturally smoothed vestiges of a straight edge can be found at the proximal end, it is bevelled on the inside rather than the outside, and there was no trace whatsoever of incisions parallel to the edge. When it was either cut or sawn, it was always the exterior of the bone that had been bevelled, and the visible cuts themselves appeared parallel to the edge of the bone (*Fig. 11.4*). In order to give the instrument a sharper edge for sounding, the severed edge could be broken off as required on the inside. More of these experiments may reveal how it was possible to produce the perfect finish, with not even a microscopic trace of hand-working, which can be observed on the proximal sharp edge of the original instrument.

The scope of this simple experiment is limited to a demonstration that the holes in the supposed flute, as discovered in Divje babe I, in Mousterian layer 8, could have been produced with the stone tools discovered in the same layer as the instrument and with tools from layers immediately below, by palaeolithic man. In addition, the experiment demonstrated that the size of the holes depends on both the type of tool employed (whether pointed or tongued, for example), the shape of the working end of the tool (whether cylindrical, conical or irregular) and the condition of the bone itself (whether completely fresh, less fresh, old, or fossil). It was also contended that since, in the process of making the holes the tools themselves must become damaged, and must therefore be repaired or replaced with new ones, then it would be possible to make a comparative study of the damage sustained by the tools employed in the experiment and possibly similar damage sustained by the original Mousterian tools discovered at the site. Unfortunately, there was not enough time to test this hypothesis, although it would provide additional evidence to prove the thesis that the perforations of fossil bone were made by Palaeolithic man. It is our intention to do this at some later time.

---

[1] Ravno stanjšano strgalo z rahlo nazobčanim robom (*t. 10.6: 6*), najdeno v plasti 8, bi bilo za takšno opravilo kar primerno.

[1] Such an operation could have been performed using a side-scraper with a thinned back and a slightly denticulate edge, as discovered in layer 8 (*Pl 10.6: 6*).

12. PALEOLITSKE KOŠČENE PIŠČALI - PRIMERJALNO GRADIVO

12. PALAEOLITHIC BONE FLUTES - COMPARABLE MATERIAL

IVAN TURK & BORIS KAVUR

Izvleček

Navedena so vsa glavna najdišča paleolitskih piščali in osnovni podatki o najdbah s poudarkom na tehnologiji luknjic. Ugotovljene so bistvene tehnološke razlike med piščaljo iz Divjih bab I in med večino mlajših primerkov.

Abstract

All the main sites of Palaeolithic flutes are mentioned, and basic data on finds, with a stress on the technology of holes. Essential technological differences were found between the flute from Divje babe I and the majority of later examples.

12.1. UVOD

Najstarejše žvižgalke naj bi bili prstni členki sodoprstih kopitarjev z eno samo predrto ali prebito ali kako drugače narejeno luknjico. Izjemoma imajo lahko tudi več luknjic. Poznamo jih od moustériena dalje (Marschak 1988; Stepanchuk 1993). Za nas in nasploh so pomembnejše dolge cevaste kosti okončin z dvema in več luknjicami. So podlaga teorijam o nastanku in razvoju glasbe in so pripeljale do naslednjih treh ugotovitev. Najbolj zanimiva od vseh možnih uporab luknjice v mlajšem paleolitiku je prav uporaba za izdelavo flavt (Marschak 1988, 70). Glasba je bistvena sestavina mlajšega paleolitika (Leakey in Lewin 1993, 322). Mlajši paleolitik je kultura glasbe (Lewin 1993, 146).

Vse najdbe dolgih cevastih kosti z več kot eno luknjico pripadajo mlajšemu paleolitiku in se običajno razlagajo kot flavte oz. piščali.[1] V Evropi je znanih približno 30 flavt: 18 aurignacienskih in gravettienskih, 3 solutréenske in nekaj mlajšepaleolitskih brez natančnejše opredelitve (Bahn in Vertut 1989, 68). Od tega jih je kar 14 v najdišču Isturitz v Franciji (Buisson 1990). V aurignacien so datirane 4 flavte iz najdišč Abri Blanchard, Istálóskő in Geissenklösterle. Tem je treba dodati še flavto, narejeno iz spodnje čeljustnice jamskega medveda, najdeno v Potočki zijalki. Edina srednje-paleolitska najdba, poleg naše, izvira iz najdišča Haua Fteah v severni Afriki.

12.1. INTRODUCTION

The oldest whistles are said to be the phalanges of artiodactyls with only one hole - punched, pierced or made in some other way. Exceptions can also have more than one hole. They are known from the Mousterian onwards (Marschak 1988; Stephanchuk 1993). For us and in general, limb bones with two or more holes are more important. They are the basis of a theory about the origin and development of music, and have lead to the following three findings. The most intriguing of all possible uses of holes in the Upper Palaeolithic is precisely their use for the making of a flute (Marschak 1988, p. 70). Music was an essential element of the Upper Palaeolithic (Leakey & Lewin 1993, p. 322). The Upper Palaeolithic was a musical culture (Lewin 1993, p. 146).

All finds of proximal limbs with more than one hole belong to the Upper Palaeolithic and are generally classified as flutes or pipes.[1] Approximately thirty flutes have been found in Europe: 18 Aurignacian and Gravettian, 3 Solutrean and some Upper Palaeolithic without more exact classification (Bahn & Vertut 1989, p. 68). Of this, some 14 were from a site in Isturitz in France (Buisson 1990). Four flutes from sites at Abri Blanchard, Istálóskő and Geissenklösterle have been dated to the Aurignacian. To these should be added the flute made from the lower jaw of a cave bear, found at Potočka zijalka. The only Middle Palaeolithic find, in addition to our own, originates from the Haua Fteah site in north Africa.

---

[1] Za terminologijo glej Kunej in Omrzel-Terlep v tem zborniku

[1] For terminology, see Kunej and Omerzel-Terlep in this volume.

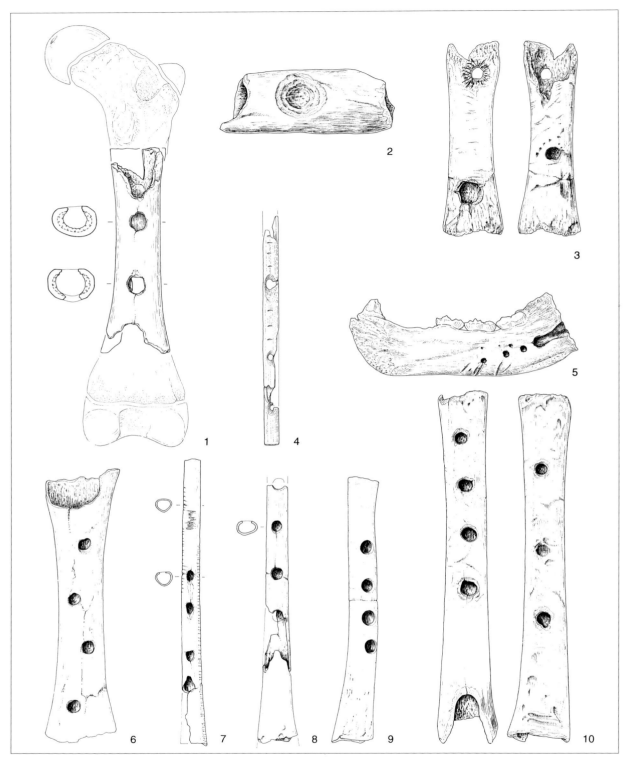

Sl. 12.1: Paleolitske piščali: 1 - Divje babe I, 2 - Haua Fteah (McBurney 1967, Plate 4.4), 3 - Istállóskő (Vértes 1955, T. 43: 1a-c), 4 - Geissenklösterle (Hahn in Münzel 1995, Abb. 4), 5 - Potočka zijalka (S. Brodar in M. Brodar 1983, sl. 57), 6 - Liegloch (Mottl 1950a, T. 1: 10), 7 in 8 - Isturitz (Buisson 1990, Fig. 2 in 5), 9 - Molodova (Sklenář 1985, sl. na str. 122), 10 - Pas du Miroir (Marschak 1990, Fig. 38). Risba: Dragica Knific Lunder.

Fig. 12.1: Paleolithic flutes: 1 - Divje babe I, 2 - Haua Fteah (McBurney 1967, Plate 4.4), 3 - Istállóskő (Vértes 1955, Pl. 43: 1a-c), 4 - Geissenklösterle (Hahn in Münzel 1995, Fig. 4), 5 - Potočka zijalka (S. Brodar & M. Brodar 1983, Fig. 57), 6 - Liegloch (Mottl 1950a, Pl. 1: 10), 7 and 8 - Isturitz (Buisson 1990, Fig. 2 in 5), 9 - Molodova (Sklenář 1985, Fig. on p. 122), 10 - Pas du Miroir (Marschak 1990, Fig. 38). Drawing: Dragica Knific Lunder.

12.2. Najdišča paleolitske piščali

Haua Fteah, Libija (*sl. 12.1: 2*)

V 17,5 mm dolgem odlomku cevaste kosti je 3,4 mm široka (nedokončana?) luknjica in na prelomu je sled druge. Odlomek je bil najden v plasti, katere starost lahko okvirno ocenimo na 60.000 - 40.000 let (McBurney 1967, 90, 105). Danes se najdba uvršča v srednji paleolitik (Clark 1982, 249: Bahn in Vertut 1989, 68). Ker je bila kost kemično odstranjena iz sprimka, je površina kosti močno poškodovana. Samo iz fotografije se ne da rekonstruirati tehnika izdelave luknjice. Lahko jo je naredila neka zver (Davidson 1991, 43, Fig. 1).

Abri Blanchard, Francija

Na ptičji kosti so na sprednji strani 4 luknjice in dve na zadnji strani (Jelinek 1990, 18). Tehnika izdelave luknjic nam ni poznana. Domneva se, da bi flavta iz Abri Blancharda lahko pripadala aurignacienu I po francoski kronologiji (Harrold 1988, 177).

Istállóskő, Madžarska (*sl. 12.1: 3*)

V diafizi levega femurja mladega jamskega medveda, ki ima odrezana konca in iz katere je bila odstranjena spongioza, so tri luknjice. Na proksimalnem koncu sprednje strani diafize je bila po navedbi Vértesa (1955) izvrtana luknjica s premerom 6 mm. Luknjica je izrazito lijasto oblikovana. Premer plitkega lijaka z žarkovno razporejenimi žlebiči je 17 mm (Vértes 1955, 124, T. 43: 1a - c). Po objavljeni fotografiji sodeč luknjica ni izvrtana, ampak prej izdolbljena ali izklesana. Na fotografiji je viden lijak tudi na notranji steni. To bi govorilo za to, da je bila luknjica prebita. Prvotno prebito luknjico bi lahko na zunanji strani obdelali glodalci in naredili nažlebljen lijak (glej Cavallo in dr. 1991, Fig. 17 E). Na isti strani je distalno izvrtana nepravilna luknjica s premerom 10 do13 mm. Na fotografiji se jasno vidi, da je ta luknjica prebita ali predrta. Medsrediščna razdalja med obema luknjicama je več kot 60 mm (ocenjeno po fotografijah). Tretja luknjica je rahlo ovalne oblike premera 7 mm in se nahaja na sredini zadnje strani diafize. Kako je narejena Vértes ne pove. Po fotografiji sodeč je prebita ali predrta. Zanimivo je, da Horusitzky (1955, 133) navaja nekoliko drugačne premere luknjic: 5,5, 6 in 11 mm.

Najdba se razlaga kot flavta (Vértes 1955, 124; Horusitzky 1955, 133ss; Soproni 1985, 33ss). Po velikosti, obliki in načinu izdelave vsaj ene od luknjic diafiza popolnoma ustreza primerku iz Divjih bab I. Tudi za luknjico nepravilne oblike imamo dobre vzporednice v našem najdišču (*sl. 9.15*). Najdba izvira iz mlajše aurignacienske plasti. Radiokar-bonska starost plasti je, 30.900 ±600 in 31.540 ±660 p. s. (Alsworth-Jones 1986, 85).

12.2. Sites of palaeolithic bone flutes

Haua Fteah, Libya (*Fig. 12.1: 2*)

In a 17.5 mm long fragment of limb bone, there is a 3.4 mm wide (unfinished?) hole and the trace of another on the fracture. The fragment was found in a layer the age of which could be assessed at 60,000 - 40,000 BP (McBurney 1967, p. 90 and 105). Today, the find is classified in the Middle Palaeolithic (Clark 1982, p. 249; Bahn & Vertut 1989, p. 68). Since the bone was removed chemically from the cemented sediment, the surface of the bone was heavily damaged. The technique of production of the hole cannot be deduced from photographs alone. It may be made by a biting carnivore tooth (Davidson 1991, p. 43, Fig. 1).

Abri Blanchard, France

There are 4 holes on the front side of a bird's bone and two on the rear side (Jelinek 1990, p. 18). The technique of making the holes is unknown to us. It is suspected that the flute from Abri Blanchard may belong to Aurignacian I according to the French chronology (Harrold 1988, p. 177).

Istállóskő, Hungary (*Fig. 12.1: 3*)

In the diaphysis of the femur of a juvenile cave bear, which has a cut end, and from which the spongiose has been removed, there are three holes. According to statements by Vértes (1955) on the proximal end of the anterior side of the diaphysis, a hole has been bored with a diameter of 6 mm. The hole has a pronounced conical shape. The diameter of a shallow funnel with radially disposed grooves is 17 mm (Vértes 1955 p. 124, Pl. 43: 1a - c). Judging from the published photographs, the hole has not been bored but hollowed or chiselled. There is also a cone visible on the internal wall. That suggests that the hole was punched. A grooved funnel suggests that the original, pierced hole could have been additionally worked by rodents on the outside (cf. Cavallo *et al.* 1991, Fig. 17 E). On the same side, there is a distally bored (Vértes's statement) irregular hole with a diameter of 10 - 13 mm. It is clearly visible on the photograph that this hole has been punched or pierced. The centre-centre distance between two holes is 65 mm (assessed on the basis of photographs). The third hole is lightly oval with a diameter of 7mm and is situated in the centre of the posterior side of the diaphysis. Vértes does not say how it is made. Judging from the photograph, it was punched or pierced. It is interesting that Horusitzky (1955, p. 133) gives slightly different measurements for the holes: 5.5, 6 and 11 mm.

The find is classified as a flute (Vértes 1955, p. 124; Horusitzky 1955, pp. 133 on; Soproni 1985, pp. 33 on). According to size, shape and method of production, at least one of the holes on the diaphysis completely matches the example from Divje babe I. There is also a good parallel at our site for the hole with the irregular shape (*Fig. 9.15*). The find originates from the upper Aurignacian layer. The radiocarbon age of the layer is 30,900 ±600 and 31.540 ±660 BP. (Alsworth-Jones 1986, p. 85).

Geissenklösterle, Nemčija (*sl. 12.1: 4*)

V tem najdišču sta bila odkrita dva polomljena labodja radiusa z izdolbenimi luknjicami. Radiusa sta bila na enem koncu ravno odrezana. Najdbi se razlagata kot domnevno najstarejši flavti. V odlomku flavte 1 so ohranjene 3 luknjice, pri flavti 2 pa lahko zaradi velike fragmentiranosti prepoznamo le eno luknjico. Vsaj dve sta lijasto oblikovani. Premeri nepravilnih luknjic so 5,3x3,4, 3,5x3,0 in 2,8x2,4 mm, medsrediščni razdalji pa okoli 40 in 30 mm (ocenjeno po risbi in fotografiji). Obe flavti izvirata iz plasti s koščenimi konicami s precepljeno bazo, ki je opredeljena v aurignacien II. Radiokarbonska starost plasti je 36.800 ±1000 let p. s. (Hahn in Münzel 1995). Kronološko flavti ustrezata plasti 2 v Divjih babah I. Iz tega sledi, da je naša domnevna piščalka precej starejša od doslej najstarejših flavt.

Potočka zijalka, Slovenija (*sl. 12.1: 5*)

Enkratno najdbo predstavlja mandibula subadultnega ali odraslega jamskega medveda, ki ima na lingvalni strani trupa tri luknjice, predrte ali prebite v živčni kanal. Obodi luknjic so pod drobnogledom nepravilnih oblik, sestavljeni iz lokov in bolj ravnih odsekov. Prva luknjica - šteto od čeljustne odprtine (*foramen mandibulae*) - ima na robu navznoter zavihan delček površine. Poškodba je lahko nastala pri prediranju ali pri prebijanju. S poizkusi smo ugotovili, da se delčki robov luknjic pri prehodu koničnega luknjača (zoba) lahko privzdignejo in kasneje odkrušijo ali zavihajo navznoter. Med prvo in drugo luknjico je alveolarno izrazita trikotna vdolbinica, ki bi jo lahko naredil protokonid ali parakon derača. Pod drugo luknjico je dolga ozka raza sileksa. Pod tretjo luknjico in levo ter desno od nje so na trupu značilne široke raze zob. Zelo močna raza se začne tik pod luknjico in konča nad spodnjim robom mandibule. Podobne raze so tudi na drugi strani, nekako med prvo in drugo luknjico. Veja čeljustnice (*ramus mandibulae*) je sveže odlomljen. Premeri luknjic so 5 do 6,5 in 5 mm. Medsrediščni razdalji sta 19 in 24 mm. Medsrediščna razdalja med prvo luknjico in razširjeno čeljustno odprtino je 17 mm.

Najdba izvira iz plasti 4 ali 5 z aurignacineskimi artefakti. Radiokarbonsko ni datirana. Po našem mnenju je nekoliko mlajša od aurignacienske plasti 2 v Divjih babah I. Razlaga se kot prečna flavta ali kot piščal (S. Brodar in M. Brodar 1983, 157 s, sl. 57; Hahn in Münzel 1995; Omrzel-Terlep, ta zbornik).

Geissenklösterle, Germany (*Fig. 12.1: 4*)

At this site were discovered two broken swan's radiuses with hollowed holes. The radiuses were cut off straight at one end. The finds were classified as putatively the oldest flutes. In broken flute I, 3 holes have been preserved, and in flute 2, because of the major fragmentation, we can recognise only one hole. At least two have a conical shape. The diameters of the holes are 5.3 x 3.4, 3.5 x 3.0 and 2.8 x 2.4 mm, and the centre-centre distance around 40 and 30 mm (assessed from drawings and photographs). Both flutes originate from a layer with bone points with split bases, which is classified as Aurignacian II. The radiocarbon age of the layer is 36,800 ±1000 BP (Hahn & Münzel 1995). Chronologically, the flutes correspond to layer 2 in Divje babe I. It follows from this that our suspected flute is considerably older than the oldest flute to date.

Potočka zijalka, Slovenia (*Fig. 12.1: 5*)

The mandible of a sub-adult or adult cave bear, which has three holes, punched or pierced into the nerve cavity on the lingual side of the body, is a unique find. The rims of the holes are of irregular shape when examined closely, made up of arcs and straighter cuts. The first hole - counting from the *foramen mandibulae* - has an inwards winding fragment of the surface on the edge, which may have been made during the punching or piercing. We ascertained by experiment that the small parts of the edges of holes can lift during the passage of the point of the hole puncher (tooth) and later crumble or wind inwards. Alveolarly between the first and second holes is a pronounced triangular hollow which may have been made by a protoconid or paracon carnassial. Below the second hole is a long narrow silex cut. Below the third hole and to the left and right of it are typical wide tooth marks on the body. A very strong cut starts right under the hole and ends below the lower edge of the mandible. There are also similar cuts on the other side, between the first and second holes. The *ramus mandibulae* is freshly broken. The diameters of the holes are, 5 - 6, 5 and 5 mm. The centre-centre distances are 19 and 24 mm. The centre-centre distance between the first hole and the extended jaw opening is 17 mm.

The find originates from upper Aurignacian layers 4 or 5, and is not radiocarbon dated. In our opinion it is slightly younger than the Aurignacian layer 2 in Divje babe I. It is classified as a flute or pipe (S. Brodar & M. Brodar 1983, pp. 157 on; Fig. 57; Hahn & Münzel 1995; Omrzel-Terlep , in this volume).

Ilsenhöhle, Nemčija

Iz tega najdišča izvira diafiza neznane sesalske vrste, v kateri je bilo prvotno 5 luknjic. Najdena je bila v plasti s težko opredeljivimi paleolitskimi najdbami iz konca srednjega ali začetka mlajšega paleolitika. Podrobnosti niso poznane (Hülle 1977, 121).

Liegloch, Avstrija (*sl. 12.1: 6*)

Poznana je tibia mladega jamskega medveda, ki ima 4 cik-cakasto razporejene luknjice. Način izdelave in točne mere nam niso znane. Medsrediščna razdalja distalnih luknjic se približuje medsrediščni razdalji luknjic domnevne piščalke v Divjih babah I (ocenjeno po risbi). Najdišče je (pogojno?) datirano v aurignacien, kost z luknjicami pa je brez dobrih stratigrafskih podatkov, tako da natančnejša datacija ni mogoča (Mottl 1950a, 22 s, T. 1: 10).).

Isturitz, Francija (*sl. 12.1: 7 in 8*)

Isturitz je najdišče z največjim številom na-luknjanih ptičjih kosti, ki se razlagajo kot flavte. Število luknjic se giblje med 2 in 4. Nekatere luknjice so izdolbljene, pri drugih pa na podlagi objavljenih risb in fotografij ni mogoče določiti tehnike izdelave. Vsekakor ima večina luknjic značilen lijak. Po obliki so okrogle in ovalne. Premeri okroglih luknjic so 2 do 7 mm, premeri ovalnih pa 2 x 3 do 6 x 7 (5 x 8) mm. Najbolj pogosta medsrediščna razdalja je okoli 30 mm (ocenjeno na podlagi risb). Ustniki so v nekaterih primerih ravno odžagani ali odrezani oziroma zarezani in odlomljeni. Točnih podatkov o tehniki izdelave ustnikov in luknjic ni. Najstarejša flavta naj bi po nekaterih navedbah pripadala aurignacienu III (Megaw 1968, 335; Cotterell in Kamminga 1992, 281). Nedavna revizija gradiva je pokazale, da se stratigrafija pri različnih izkopavalcih tako razlikuje, da v podrobnostih ni uporabna. Zato je bila večina flavt, vključno z aurignaciensko, zaradi stilnih in ornamentalnih podobnosti nazadnje uvrščena v gravettien (Buisson 1990, 420 ss).

Pas du Miroir, Francija (*sl. 12.1: 10*)

V tem najdišču je bila odkrita ena najlepše izdelanih magdalénienskih flavt. Na sprednji strani dolge cevaste kosti so štiri luknjice in na zadnji pa sta dve. Luknjice so lahko izdelane z vrtanjem (določeno po fotografiji). Premeri luknjic in medsrediščne razdalje nam niso poznane. Oba konca flavte sta sodeč po fotografiji, ravno odžagana ali zarezana in odlomljena. Zanimiv je proksimalni ali distalni del, ki ima na eni strani nekakšen ustnik. Ta izhaja iz verjetno prevrtane večje luknje, ki je bila nato razširjena do roba kosti (ostri

Ilsenhöhle, Germany

The diaphysis of a mammal species in which there were originally 5 holes originates from this site. It was found in a layer with palaeolithic tools that were difficult to classify, from the end of the Middle or beginning of the Upper Palaeolithic. Details are not known (Hülle 1977, p. 121).

Liegloch, Austria (*Fig. 12.1: 6*)

The tibia of a juvenile cave bear was found, which has 4 holes in a zigzag distribution. The method of production and exact measurements are unknown to us. The centre-centre distance of the distal holes approximate to the centre-centre distance of the holes of the suspected flute from Divje babe I (judging from drawings). The site is dated to the Aurignacian (conditionally?), and the bone with holes is without good stratigraphic data, so that more precise dating is not possible (Mottl 1950, pp. 22 on, Pl. 1: 10).

Isturitz, France (*Figs. 12.1: 7 and 8*)

Isturitz is the site with the largest number of bird bones with holes that have been classified as flutes. The number of holes ranges from 2 to 4. Some holes have been scooped out, and it is not possible to determine the technique of production of others on the basis of published drawings and photographs. In any case, the majority of holes have a characteristic funnel. In shape, they are circular or oval. The diameters of the circular holes are 2 - 7 mm, the diameters of the oval ones 2 x 3 - 6 x 7 (5 x 8) mm. The most frequent centre-centre distance is around 30 mm (assessed on the basis of figures). The mouthpiece openings in some cases are sawn or cut straight, or part cut and broken. There is no exact data on the technique of making the mouthpiece openings and holes. The oldest flute is claimed by some to belong to Aurignacian III (Megaw 1968, p. 335; Cotterell & Kamminga 1992, p. 291). Recent review of the material has shown that the stratigraphy varies so much among different excavations that it is not usable in details. So the majority of flutes, including the Aurignacian, because of stylistic and ornamental similarities, have been reclassified into the Gravettian (Buisson 1990, pp. 420 on).

Pas du Moir, France (*Fig. 12.1: 10*)

One of the most beautifully produced Magdalenian flutes was discovered at this site. On the foreside of a limb bone are four holes and on the rear, two. The holes may have been made by boring (based on the photographs). The diameters of the holes and the centre-centre distances are unknown to us. Both ends of the flute, judging from the photography, are sawn, or cut and broken straight. It is interesting that it is the proximal or distal part which has some sort of notched mouthpiece opening on one side. This probably derives from

robovi kažejo na to, da je bil ta del očitno naknadno razširjen z lomljenjem) (Marschak 1990, Fig. 38). Podobne izjede z zaglajenimi robovi na nekaterih kosteh v Divjih babah I so nedvomno naredile zveri (*sl. 11.19*).

Goyet, Belgija

Flavta, odkrita na najdišču Goyet v Belgiji in poimenovana Goyet 132, je izdelana iz dolge cevaste kosti, ki ima obe epifizi odžagani. Ima dve luknjici, eno na koncu ene strani in drugo pomaknjeno proti sredini druge strani. Ta luknjica je izdelana z žaganjem kostne kompakte. Stratigrafskih podatkov ni. Na podlagi tipologije kamenih najdb lahko najdišče uvrstimo v srednji in mlajši paleolitik (McComb 1989, 136, 140, 265).

Molodova V, Ukrajina (*sl. 12.1: 9*)

Na najdišču Molodova V sta bili odkriti dve flavti. Prva, iz plasti 4, pripada časovno magdalénienu. Njena radiokarbonska starost je 17.000 ±1.400 let p. s. (Hoffecker 1988, 244). Izdelana je iz rogovja severnega jelena (Lucius 1970, 78), nekateri avtorji pa pišejo, da je iz rogovja losa (Megaw 1968, 335). Na eni strani ima 4 luknjice in na drugi strani 2. Premeri prvih štirih nepravilnih luknjic so 5 x 2, 6 x 3, 2 x 2 in 2 x 4 mm in drugih dveh 1,5 do 2 mm (Hahn in Münzel 1995, Tabela 1). Medsrediščne razdalje nam niso poznane. Zaradi izredno majhnih luknjic dvomijo, da sploh gre za flavto (Megaw 1968, 335). Druga flavta je iz plasti 2, katere radiokarbonska starost je 11.900 ±238 oziroma 12.300 ±140 let p. s. O njej ni podatkov.

Pekárna, Češka (Moravska)

V plasteh G, H (skupaj ?) je bila najdena ptičja kost z zažagano luknjico (original nam je v Brnu pokazal M. Oliva, za kar se mu najlepše zahvaljujemo). Plast vsebuje magdaléniske najdbe. Njena radiokarbonska starost je 12.940 ±250 oziroma 12.670 ±80 let p. s. (Svoboda in dr. 1994, 163).

the boring of a larger hole, which was then extended to the edge of the bone (the sharp edges indicate that this part was clearly subsequently extended by fracturing) (Marschak 1990, Fig. 38). Similar notches with polished edges on some bones in Divje babe I are undoubtedly made by carnivores (*Fig. 11.19*).

Goyet, Belgium

A flute discovered at a site at Goyet in Belgium, and called Goyet 132, is made from a limb bone which has both epiphyses sawn off. It has two holes, one at the end of one side and the other shifted towards the centre of the other side. This hole is made with sawing of the compact bone tissue. There is no stratigraphic data. On the basis of the typology of stone finds, the site can be classified in the Middle or Upper Palaeolithic (McComb 1989, pp. 136, 140 and 265).

Molodova V, Ukraine (*Fig. 12.1: 9*)

Two flutes have been discovered at the Molodova V site. The first, from layer 4, belongs to the Magdalenian period. Its radiocarbon age is 17,000 ±1,400 BP (Hoffecker 1988, p. 244). It is made from the antler of a reindeer (Lucius 1970, p. 78), and some authors have reported that it is the antler of a moose (Megaw 1968, p. 335). It has four holes on one side and 2 on the other. The diameters of the first four holes are 5 x 2, 6 x 3, 2 x 2 and 2 x 4 mm and the latter two, 1.5 - 2 mm (Hahn & Münzel 1995, Table 1). The centre-centre distances are unknown to us. In view of the exceptionally small holes, it is doubted whether it is in fact a flute (Megaw 1968, p. 335). The second flute is from layer 2, of which the radiocarbon age is 11,900 ±238 or 12,300 ±140 BP. We know no data on it.

Pekárna, Czech Republic (Moravia)

In layers G, H (together?), a bird's bone was found with sawn holes (the original was shown to us in Brno by M. Oliva, for which we are very grateful). The layer contains Magdalenian finds. Its radiocarbon age is 12,940 ±250 or 12,670 ±80 BP (Svoboda *et al.* 1994, p. 163).

13. Akustične ugotovitve na podlagi rekonstrukcije domnevne koščene piščali[1]

13. Acoustic findings on the basis of reconstructions of a presumed bone flute[1]

Drago Kunej

Izvleček

Osnovni cilj akustičnih raziskav in poskusov z rekonstruiranimi primerki najdene kosti z luknjicami je bil dokazati, da je v takšni kosti mogoče vzbuditi zvok na različne načine. Nanjo lahko piskamo kot na podolžno piščal ali prečno piščal (flavto). Sama oblika najdene kosti in luknjice v kosti nam dopuščajo veliko možnosti za vzbujanje in spreminjanje zvoka. Zato imamo najdeno kost lahko že za preprosto glasbilo z določeno izrazno močjo ali pa signalni zvočni pripomoček.

Abstract

The main aim of the acoustic research and experiments with reconstructed examples of the bone find with holes was to demonstrate that it is possible to stimulate sound in various ways with such a bone. It can be played as an end-blown flute, or pipe, or as a side-blown flute. The shape itself of the bone find, as well as the holes in it, permit much possibility for stimulating and changing the sound. So the bone find may be either a simple musical instrument with specific expressive power, or a sound signal accessory.

---

[1] V strokovni literaturi se tovrstne arheološke najdbe z luknjicami razlagajo kot flavte. Flavta v ožjem smislu pomeni današnje orkestersko glasbilo iz rodu pihal, v širšem smislu pa niz glasbil, ki so si sorodni po načinu vzbujanja zvoka. (Muzička enciklopedija 1958). Adlešič (1964) navaja, da izhaja izraz flavta iz lat. *flatus*, kar pomeni dih in izraz povezuje z zvočnim pojavom, ki nastane pri izdihu zraka skozi priprte ustnice. Kot sopomenke za flavto navaja izraze piščal, svirel in žvegla. Spet drugje (Markovič *s. a.*) enačijo lat. *flatus* s pomenom pihanja ter razlagajo, da so se nekdaj vsa pihala in celo trobente imenovali flavta in so pod tem izrazom navedene v starih dokumentih. Pri seznamu glasbil po sistematiki Sachsa - Hornbostla (Kumer 1983) lahko ugotovimo, da so flavte pihala, kjer vzbudi valovanje zračnega stebrička v cevi razcepitev oziroma rezanje zraka (zračnega curka) na rezilnem robu (ustnici) glasbila.

Vendar v slovenščini izraz piščal ali piščalka pomeni morda bolj splošno glasbilo - pihalo kot pa izraz flavta. Tako lahko v Slovarju slovenskega knjižnega jezika (1994) preberemo, da je flavta "pihalni instrument, ki se med uporabo drži povprek k ustnicam", medtem ko je piščal ali piščalka "preprosto glasbilo v obliki cevi, v katero se piha". Z izrazom piščal se s tem v slovenščini izognemo morebitnemu predpisovanju drže glasbila pri igranju, čeprav je akustično izraz flavta jasen in dovolj splošen. V akustiki z izrazom flavta označujemo vsa pihala z rezilnim robom (ustnico).

[1] In the professional literature, this kind of archaeological find with holes is classified as a flute. A flute in the narrower sense means today's orchestral instrument in the wind section, but in the wider sense, a series of instruments which are related in the manner of stimulating sound (Muzička enciklopedija 1958). Adlešič (1964) states, that the expression, flute, derives from the Latin, *flatus*, which means breath and expresses the link with the sound phenomenon that is created by blowing air through a closed mouthpiece. He cites as similar in derivation, a whistle, fife or a pipe. Elsewhere (Markovič *s. a.*) the Latin, *flatus*, is equated with the sense of blowing and all wind instruments, even trumpets, are claimed to have formerly been called flutes, and they are cited in old documents under that expression. In a list of musical instruments under the Sachs-Hornbostl system (Kumer 1983) we find that flutes are wind instruments in which a sharp edge cuts air (a jet of air) and stimulates waves in the column of air in a pipe, or tube.

However, the Slovene expression used in relation to the find has perhaps a more general meaning as a musical-wind instrument than the expression flute. So in the Dictionary of the Slovene Literary Language (Slovar slovenskega knjižnega jezika 1994) one finds that a flute is a "wind instrument which is held during playing crossways to the mouth", while "piščal" or "piščalka" (as used for the find - trans.) is a "simple musical instrument in the form of a pipe into which (air) is blown". The expression "piščal" thus in Slovene avoids possible prescription of the method of holding the instrument while playing, although the expression "flute", professionally and acoustically, is completely clear and suffi-

13.1. Uvod

V paleolitskem jamskem najdišču Divje babe I v dolini Idrijce pri kraju Reka v zahodni Sloveniji je bila med izkopavanji I. Turka in J. Dirjevca leta 1995 najdena v peti moustérienski plasti stegnenica mladega jamskega medveda. Kost je na obeh koncih polomljena (prelomi so bili naknadno zglajeni), na zadnji strani pa ima dve dobro ohranjeni luknjici ter polkrožni izjedi na proksimalnem in distalnem delu kosti. Distalni anteriorni del diafize je globoko zalomljen. Najdba nesporno pripada moustérienu in je stara okoli 45.000 let.

Najdena stegnenica z luknjicami, ki je pripadala mlademu medvedu, na prvi pogled spominja na glasbilo - piščal. Podobni predmeti se še danes uporabljajo kot piščali ali flavte. Tudi arheološke najdbe, ki so po videzu podobne najdenemu predmetu z luknjicami, razlagajo kot flavte. Za glasbilo pa je vsekakor bistveno, da se lahko iz njega izvablja zvok, da se nanj lahko igra. Zato smo želeli tudi našo najdbo zvočno preizkusiti. Čeprav je predmet v dobrem stanju in le delno poškodovan, so poškodbe in razpoke v kosti vseeno prevelike, da bi ga mogli zvočno preizkusiti brez dodatnih posegov in popravkov. Da bi ohranili originalno najdbo za nadaljnje raziskave v prvotni obliki, smo za akustične poskuse izdelali več rekonstrukcij domnevne piščali. Rekonstruirani primerki se bolj ali manj približujejo podobi originalne najdbe, saj smo z njimi poskušali odgovoriti na različna akustična vprašanja. S tovrstno rekonstrukcijo se lahko zadovoljivo pojasnijo temeljna zvočna vprašanja glede vzbujanja zvoka iz najdenega predmeta, poda osnovna akustična slika domnevne piščali in nakažejo možnosti uporabe (igranja). Nikakor pa ni

13.1. Introduction

During excavations held by I. Turk and J Dirjec in the palaeolithic site at Divje babe I in the Valley of Idrijca, near Reka in the western part of Slovenia, the femur of a young bear was found in the fifth Mousterian level. The bone is broken on both sides (fractures had been additionally smoothed) but has two well preserved holes on its back side, as well as two semicircular erodes on its proximal and distal ends. The distal anterior part of the diaphysis is deeply broken. The find unquestionably belongs to the Mousterian and is at least 45,000 years old.

The femur of a young bear, with holes in it, immediately evokes the idea of a musical instrument. Similar objects are used as such today as pipes or flutes. Other archaeological finds with a similar appearance to the object with holes found, are classified as flutes. A musical instrument must at the very least be capable of producing sound, one must be able to play it. We therefore wished to test this find acoustically. Although the object was in good condition and only partially damaged, the damages and cracks in the bone were nevertheless too great for it to be possible to test it acoustically without additional work and repair. In order to preserve the original find for further research, in the original form, we produced a number of reconstructions of the suspected flute for acoustic testing. The reconstructed examples more or less approximated the appearance of the original find, since we attempted to answer various acoustic questions with them. With this kind of reconstruction, one can satisfactorily clarify basic acoustic questions in relation to stimulating sound from the find,

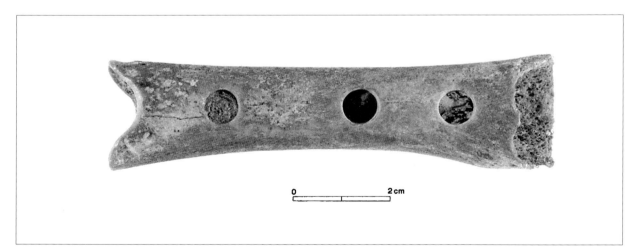

Sl. 13.1: Fotografija rekonstruiranega primerka piščali iz fosilne kosti iz istega obdobja kot je originalna najdba. Foto: Marko Zaplatil.
Fig. 13.1: Photograph of the reconstructed example of a flute from fossil bone originating from the same period as the original find. Photo: Marko Zaplatil.

ciently general. (Trans. note: The term "flute", however, will be used in English, since "pipe" is not normally understood in the sense of a side-blown instrument, whilst "flute" is used in the wider sense in both professional and popular terminology.)

mogoče določiti natančnejše uglasitve in tonskega obsega originalne kosti z luknjicami in s tem morda celo vlogo in pomen najdenega predmeta v preteklosti. Osnovni cilj dosedanjih raziskav - poskusov je bil dokazati, da se v takšni kosti z luknjicami lahko vzbudi zvok in na kakšne načine se to doseže.

postulate a basic acoustic picture of the suspected flute, and demonstrate the possibilities of its use (playing). In no way is it possible to identify more exactly the tuning, or tonal range of the original bone with holes, and thus even the role and significance of the find in the past. The main aim of the present research - experiments - was to demonstrate that sound could have been stimulated in such a bone with holes, and in what kind of ways this might have been achieved.

13.2. OPIS REKONSTRUKCIJ KOŠČENE PIŠČALI

Pri poskusih smo uporabljali več različnih rekonstruiranih primerkov koščene piščali. Številne piščali, ki smo jih izdelali iz trstike in kanele (bambusa) ne bi posebej opisovali in razlagali, saj so služile le kot dodatni pripomoček pri preizkušanju načinov vzbujanja zvoka v domnevni piščali in ugotavljanju spreminjanja osnovne uglasitve. V veliko pomoč so bile tudi pri preizkušanju načina izdelave glasbila iz kosti, saj je trstiko in kanelo mogoče veliko lažje in hitreje obdelati in dobiti kot medvedove kosti.

Iz stegnenice mladega medveda sta bili narejeni dve piščali. Prva je izdelana iz fosilne kosti mladega medveda in je iz istega obdobja kot originalna najdba (*sl. 13.1*). Ker je zelo težko najti fosilno kost popolnoma enakih mer kot original, smo se zadovoljili z nekoliko manjšo in krajšo kostjo. Približali smo se originalu kolikor so mere in stanje fosilne kosti le dopuščale, vendar smo s to rekonstrukcijo želeli le ugotoviti, ali se v starih najdbah (kosteh) lahko vzbudi zvok in na kakšne načine. Poleg tega smo s tem uporabili enako gradbeno surovino s podobno naravno obliko, kot jo ima original.

Druga piščal je bila izdelana iz sveže stegnenice

13.2. DESCRIPTION OF THE RECONSTRUCTION OF THE BONE FLUTE

We used a number of different reconstructed examples of bone flutes in the experiments. The numerous flutes which we produced from cane and bamboo are not specifically described or explained, since they served only as supplementary aids in investigating ways of stimulating sound in the suspected flute, and ascertaining changes in the basic tuning. They were also a great help in investigating ways of producing music from such a bone, since cane and bamboo are much easier and quicker to work, and to obtain, than the bones of bear.

Two flutes were made from femurs of young bear. The first was made from the fossil bone of a young cave bear, and is from the same period as the original find (*Fig. 13.1*). Since it was very difficult to find a fossil bone of the same measurements as the original, we had to be satisfied with a slightly smaller and shorter bone. We approximated to the original insofar as the measurements and state of the fossil bone allowed, although with this reconstruction we wished only to ascertain whether sound could be stimulated in old finds (of bones), and in what way. We thus used the same con-

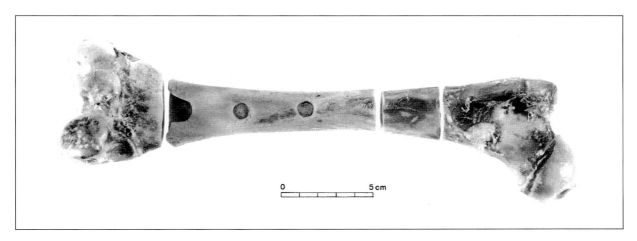

Sl. 13.2: Fotografija rekonstruiranega primerka piščali iz sveže kosti današnjega mladega rjavega medveda. Fotografija prikazuje tudi epifizi in del kosti na proksimalnem delu, ki smo jih pri izdelavi odstranili. Foto: Marko Zaplatil.
Fig. 13.2: Photograph of reconstructed example of a flute from the fresh bone of a young brown bear. The photograph also shows the epiphysis and part of the bone at the proximal end, which we removed during production. Photo: Marko Zaplatil.

današnjega mladega rjavega medveda (*sl. 13.2*). Poskus je želel pokazati, ali lahko vzbudimo zvok v sveži kosti in kako dobro jo je potrebno očistiti in obdelati, da zazveni. Tudi mere kosti so bolj ustrezale originalnim, čeprev so kosti današnjega rjavega medveda bolj dolge in tanjše kot kosti jamskega medveda in se tako originalu ponovno ni bilo moč popolnoma približati.

struction material, with a similar natural shape as the original.

The second flute was made from the fresh femur of a young brown bear (*Fig. 13.2*). We wanted to demonstrate with the experiment whether sound could be stimulated in a fresh bone, and how well it is necessary to clean it and "process" it, in order for it to produce sound. The measurements of the bone also better matched the original, although the diaphyses of a modern brown bear cubs are longer and thinner than the diaphyses of cave bear cubs, and so again, it was not possible entirely to match the original.

13.3. Nihanje zračnega stebrička v votli cevi

Zračni stebriček (zrak) v cevi lahko zaniha podobno kot vpeta struna, kar mu omogoča "prožna sila zraka", kot jo je označil Robert Boyle (1627 - 1691). Takšen zračni stebriček v cevi zaniha vzdolžno (longitudinalno) kot nekakšna "zračna palica", saj niha podobno kot longitudinalno vzvalovane palice. Vendar je v fizikalnem pomenu zelo pomembno, kakšna snov omejuje zrak, t. j., iz česa je cev narejena. Stene cevi morajo biti tako masivne in toge, da ne zanihajo še same in s tem vzbudijo k nihanju še zunanje zračne delce. (Adlešič 1964)

Tako lahko vidimo, da ni vsaka snov primerna za izdelavo piščali. Votle lesene palice, trstika, bambus ter kasneje cevi iz kovine predstavljajo dovolj toge in masivne stene cevi, da se v njih lahko vzbudi ton. Temu pogoju vsekakor ustrezajo tudi cevaste kosti okončin, ki se še danes uporabljajo za izdelavo nekaterih preprostih ljudskih glasbil.

13.3. Vibration of the column of air in the cavity of a pipe

A column of air (air) in a pipe can vibrate like the strumming of a string, which allows a "flexible force of air", as Robert Boyle (1627 - 1691) put it. Such a column of air in a pipe vibrates longitudinally like a kind of "wand of air" since it vibrates like the longitudinal waves of a wand. However, in the physical sense, the kind of material that restricts, or contains, the air is very important, i. e., from what the pipe is made. The walls of the pipe must be sufficiently solid and rigid that they do not themselves vibrate and thus additionally stimulate outside air pockets (Adlešič 1964).

It can thus be seen that not every material is suitable for making a flute. The cavity of a wooden stick, cane, bamboo and, later, pipes from metal, have sufficiently rigid and solid pipe walls that a tone can be stimulated in them. Limb bones also certainly meet this condition, and are still used today for the production of some simple folk instruments.

13.4. Vzbujanje valovanja v piščali

Če želimo, da piščal zazveni, moramo zrak v piščali zanihati in vzbuditi stojno valovanje v cevi piščali. Danes poznamo kar nekaj načinov za vzbujanje valovanja v pihalih. Nekateri načini so lahko dokaj zapleteni in potrebujejo določene dodatke, kot so različni jezički in posebej oblikovani ustniki, spet drugi so lahko zelo preprosti in "naravni" ter posebnih dodatkov ne potrebujejo. *Sl. 13.3* prikazuje nekaj načinov vzbujanja pihal.

Zelo preprost način vzbujanja zvoka imajo flavte (piščali), kjer ozek curek zraka usmerimo na rezilni rob (ustnico) glasbila. Tam se zračni curek (zračna lamela) lomi in niha podobno kot vpeti jeziček. Okoli rezilnega roba nastajajo zračni vrtinci, ki zanihajo zrak v cevi in vzbudijo stojno valovanje v piščali.

Da se izoblikuje ton, mora biti rezilni rob primerno oddaljen od izvora zračnega curka. Razdalja

13.4. Stimulating waves in a flute

If we wish the flute to make a sound, we must vibrate the air within it and stimulate standing waves in the pipe of the flute. Today, we know various ways of making waves in a wind instrument. Some methods can be fairly complicated and need specific accessories, such as various reeds and specially shaped mouthpieces, or they can be very simple and "natural" and special accessories are not required. *Fig. 13.3* shows various ways of stimulating sound in wind instruments.

A flute (pipe) has a very simple method of stimulating sound, in which a narrow jet of air is directed and cut on the cut edge (mouthpiece) of the instrument. There, the air jet breaks and vibrates like a fixed reed. Eddies of air are created around the sharp edge, which vibrate the air in the pipe and stimulate standing waves in the flute.

In order to create a tone, the cut edge must be the

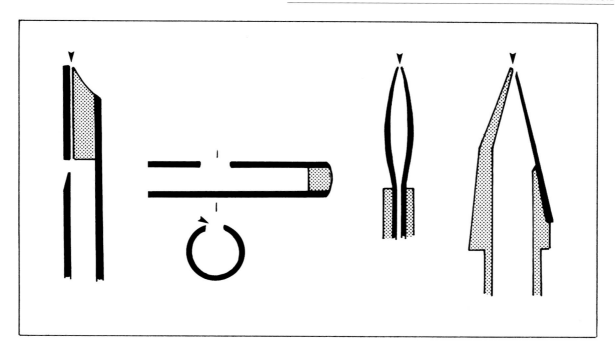

Sl. 13.3: Nekaj načinov vzbujanja zvoka v pihalih. Risba: Dragica Knific Lunder.
Fig. 13.3: Some ways of stimulating sound in a wind instrument. Drawing: Dragica Knific Lunder.

je odvisna od hitrosti zračnega curka (jakosti pihanja) ter ostrine in oblike rezilnega roba. Na rezilnem robu se ustvarjajo frekvence (rezilni toni), ki so enake najbližjemu lastnemu tonu piščali. Tako lahko z različno oddaljenostjo rezilnega roba od izvora zračnega curka in z različno jakostjo pihanja dosežemo različne lastne frekvence piščali. Še več! Če rezilni rob ni primerno oddaljen in oblikovan ter je premalo oster za določeno piščal, v piščali ne moremo vzbuditi valovanja in s tem zvoka ne glede na spreminjanje jakosti in načina pihanja. *Sl. 13.4* prikazuje nekaj najbolj pogostih ustnikov piščali.

Na sliki lahko vidimo primer dveh bolj "dovr-šenih" in za izdelavo morda zahtevnejših ustnikov. Pri njih se v cevko glasbila vstavi prirezan čep (blok), ki oblikuje zračni curek in ga usmeri na rezilni rob. Takšen ustnik ima tudi današnja blokflavta, saj z njim dosežemo manjše modulacije intonacije zaradi lažjega nastavka glasbila.

Primera preprostejših ustnikov sta tudi prikazana na *sl. 13.4.* Že majhna obdelava roba cevi ali preprosta izvrtana luknjica v cevi zadostuje za vzbujanje zvoka. Pri tanki cevi predstavlja že rob cevi dovolj oster rezilni rob in ni potrebna nikakršna obdelava glasbila, da vzbudimo zvok. Takšen način vzbujanja poznamo npr. pri panovi piščali ali pri preprostem piskanju na ključ. Na *sl. 13.5* je nekaj preprostih ustnikov, ki se še danes uporabljajo.

Najdeno kost z luknjicami imamo lahko najver-

right distance from the source of the jet of air. The distance depends on the speed of the jet of air (strength of blowing) and the sharpness and shape of the cut edge. Frequencies of tones produced on the cut edge are equal to the flute's own harmonics. So a variety of a flute's harmonics can thus be achieved by varying the distance of the cut edge from the source of the jet of air, and various strengths of blowing. Furthermore, if the cut edge is not an appropriate distance and shape, or if it is not sharp enough for a specific flute, waves, and thus sound, cannot be stimulated in the flute, regardless of changes in the force and method of blowing. *Fig. 13.4* shows some of the commonest mouthpieces of flutes.

Examples of two more "polished", and thus perhaps more constructionally demanding mouthpieces can be seen in the illustration. In them, a block (fipple) is set in the pipe of the instrument to shape the jet of air, and guide it onto the sharp edge. Today's "recorder", or "fipple flute", has such a mouthpiece, which enables a smaller modulation of intonation because the embouchure for the instrument is easier.

Two examples of the simplest mouthpieces are also shown on *Fig. 13.4.* Even a small worked edge of the pipe, or simple drilled holes in it, suffice for stimulating sound. With thin pipe walls, the edge of the pipe provides a sufficiently sharp cut edge and no further processing of the instrument is required. Such a method of stimulating sound is similar to pan pipes or simple clef whistles. *Fig. 13.5* shows some simple mouthpieces that are still used today.

The bone with holes that was found is probably

---

[2] Za pihalo z jezičkom (šalmaj) je najverjetneje ne moremo

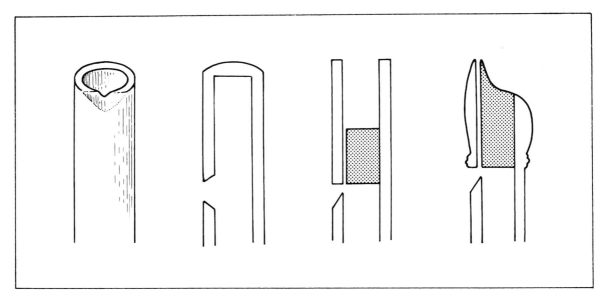

Sl. 13.4: Najpogostejši ustniki piščali. Risba: Dragica Knific Lunder.
Fig. 13.4: The commonest mouthpieces of flutes. Drawing: Dragica Knific Lunder.

jetneje za pihalo iz rodu flavt (piščali).[2] Že sam videz najdbe nam narekuje misel, da bi lahko vzbujali zvok pri njej kot pri podolžni piščali ali kot pri prečni flavti.

13.5. PODOLŽNA PIŠČAL

Pri podolžni piščali bi ena od krajnih (delnih) luknjic služila kot preprost ustnik z rezilnim robom. Temu še posebej ustreza plitka izjeda na širšem distalnem koncu najdene kosti, saj sama oblika in način odloma distalnega konca kosti to domnevo potrjuje. Pahljačasta distalna razširitev kosti na prehodu v epifizo oblikuje nekakšen naravni ustnik in s tem olajša nastavek glasbila. Tudi sama polkrožna izjeda na tem koncu kosti ima na enem mestu opazen poševno priostren rob, vendar na njem ni videti sledi orodja in s tem dokazov, da gre za umetno priostritev (Turk in Kavur, v tem zborniku).

Tako bi našo najdbo lahko uvrstili med podolžne piščali z zunanjim rezilnim robom (nem. *Kerbflöte*). Takšnih glasbil je še danes v rabi precej, še posebej kot ljudska glasbila nekaterih ljudstev. Tudi veliko starejših

imeti, saj ni nikjer sledu o kakršnem koli ustniku ali nastavku za jeziček. Poleg tega zahteva izdelava glasbila z jezičkom že več znanja in spretnosti. Tudi trobilo verjetno ne more biti, čeprav smo iz poskusov ugotovili, da se koščena najdba oglaša, če trobimo nanj. Vendar je zvok nejasen in šibak, podoben zvokom današnjih ustnikov za trobila, saj je dolžina kosti premajhna, da bi lahko služila kot primerno glasbilo. Tudi luknjice v kosti pri tem načinu vzbujanja komajda kaj vplivajo na spremembo zvoka.

a wind instrument from the family of flutes[2]. The appearance of the find itself suggests that one could stimulate sound in it either as a side-blown flute or as an end-blown one.

13.5. END-BLOWN FLUTE

With an end-blown flute, one of the end (partial) holes would have served as a simple mouthpiece with a cut edge. The shallow notch on the wider distal end of the bone find would suit this particularly, since the shape itself and the manner of break of the distal end of the bone tends towards this. The fan-like distal widening of the bone at the transition to the epiphysis forms a kind of natural mouthpiece and thus facilitates the mouthpiece of the instrument. The semicircular notch itself at this end of the bone has in one place a noticeable obliquely cut edge, although there are no traces of tool marks on it and thus no evidence that it has been artificially sharpened (Turk & Kavur, in this volume).

So this find could be classified among end-blown

---

[2] It probably cannot be considered a wind instrument with a reed since there is no trace of any kind of mouthpiece or setting for a reed. In addition, the production of an instrument with a reed requires a lot of knowledge and skill. It is also unlikely to be horn-type wind instrument, although we ascertained from the experiments that the bone find does sound if blown like a horn. However, the sound is unclear and weak, similar to the sound of a modern mouthpiece for a horn, since the length of the bone is too small for it to have served as a suitable musical instrument. The holes in the bone, too, with this way of stimulating sound, have hardly any influence in altering the sound.

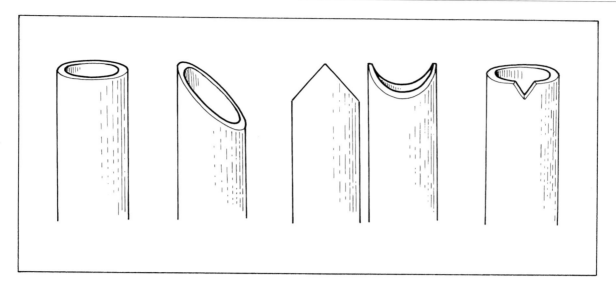

Sl. 13.5: Preprosti ustniki za vzbujanje zvoka v piščalih (flavtah). Risba: Dragica Knific Lunder.
Fig. 13.5: Simple mouthpieces for stimulating sound in flutes. Drawing: Dragica Knific Lunder.

flavt Daljnega Vzhoda pripada tej vrsti. Pri igranju takšnega pihala z ustnicami zapremo konec glasbila tako, da ostane prost le ozek konec glasbila z rezilnim robom, v katerega usmerimo iz ust zračni curek. Glasbilo pa lahko držimo tudi drugače in pihamo v rezilni rob skozi nos in na ta način izvabljamo zvok. Takšno pihalo je npr. prazgodovinska podolžna flavta iz Vzhodne Azije bazaree, kjer vzbujamo zvok s pihanjem skozi nos, tako da ostanejo usta prosta za ustvarjanje dodatnih glasov.

Pri arheoloških najdbah kosti, ki jih razlagajo kot piščali (flavte), se način vzbujanja zvoka kot pri podolžnih piščalih nekajkrat omenja (npr. Galin, 1988). Nedvoumen je npr. tudi pri mlajšepaleolitski najdbi iz Francije (Pas du Miroir, Turk in Kavur, ta zbornik, *sl. 12.1: 10*), kjer je pri zelo lepo izdelani in ohranjeni piščali jasno viden tudi ustnik. V literaturi pa lahko zasledimo, da avtorji zavračajo možnost takšnega načina igranja, ker je po njihovem mnenju stegnenica mladega jamskega medveda na prehodu v epifizo preširoka, da bi z ustnicami lahko usmerili zrak na rezilni rob glasbila in hkrati zapirali spodnji rob (konec) kosti (Horusitzky 1955).[3] To je bil tudi poglavitni razlog, da so glasbilo, podobno našemu, uvrstili med prečne flavte.

Pri naših poskusih pa smo dokazali, da se z ustnicami rob glasbila lahko ustrezno zapre in curek zraka usmeri tako, da kost zazveni. To nam je uspelo tako na piščalih iz trstike in kanele, piščali iz sveže medvedje kosti in pri piščali iz fosilne kosti.

Pri tem lahko piščal naslonimo na ustnice na različne načine. Prvič lahko naslonimo spodnji rob kosti na spodnjo ustnico ter pihamo na zgornji rob kosti.

flutes with an external cut edge (Germ: *Kerbflöte*). Such instruments are still fairly widely used today, especially as folk instruments. A great many of the older flutes of the Far East also belong to this type. In playing such a wind instrument, the end of the instrument is closed with the lips, so that only a narrow end of the instrument remains free, with a cut edge at which the jet of air from the mouth is directed.

The instrument may also be held otherwise and air blown against the sharp edge through the nose, and sound stimulated in that way. Such an instrument, e. g., is the prehistoric end-blown flute from East Asian bazaar's, with which sound is stimulated by blowing through the nose, so that the mouth remains free to create additional sounds.

With archaeological finds of bones that have been classified as flutes, the manner of stimulating sound as with end-blown flutes is mentioned several times (e. g., Galin 1988) It is indisputable, e. g., also with later palaeolithic finds from France (Pas du Miroir - Turk & Kavur, in this volume, *Fig. 12.1: 10*), where a mouthpiece is also clearly visible on a very beautifully produced and preserved flute. We can trace in the literature that authors reject the possibility of such a way of playing because in their opinion, the femur of a young cave bear is too wide at the transition to the epiphysis for it to be possible to direct the air with the lips onto the cut edge of the instrument and at the same time close the lower edge (end) of the bone (Horusitzky 1955).[3] So, mainly for this reason, instruments similar to this one have been classified as side-blown flutes.

We demonstrated with our experiments that one can suitably close the edge of the instrument with the lips and direct the air jet such that the bone "sounds".

---

[3] Iz slike najdene kosti in podanih mer lahko ugotovimo, da je širina kosti na obeh koncih manjša kot pri naši najdbi.

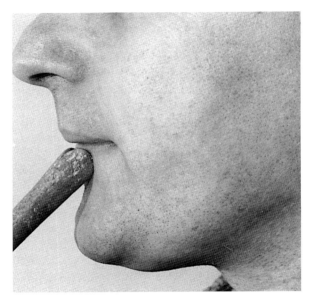

Sl. 13.6: Vzbujanje zvoka v koščeni piščali z naslonom kosti na spodnjo ustnico. Foto: Marko Zaplatil.
Fig. 13.6: Stimulating sound in a bone pipe by resting the bone on the lower lip. Photo: Marko Zaplatil.

Drugi način nastavka glasbila je takšen, da glasbilo obrnemo okoli svoje osi tako, da gledajo luknjice navzdol, zapremo zgornji rob kosti z zgornjo ustnico in pihamo v spodnji rob kosti.

Obe rekonstrukciji piščali, pri katerih smo zvok vzbujali na omenjena načina, sta se lepo, čisto in z lahkoto oglašali. Piščal iz sveže kosti je zaradi širšega distalnega dela na prehodu v epifizo in bolj poudarjenega, globljega rezilnega roba (bolj podoben originalnemu) imela stabilnejši nastavek in zelo majhne modulacije osnovnega tona tudi pri večjem spreminjanju jakosti pihanja. Kostna stena blizu distalne epifize je kljub debelini 3 mm že sama dovolj dober rezilni rob, da izjede ni potrebno dodatno ostriti (čeprav je na originalu, kot smo že omenili, to nakazano), da dobimo lep in čist zvok. Tudi notranjosti kosti ni potrebno dosti čistiti, odstraniti je potrebno le mozeg in pri rezilnem robu spongiozo. To smo naredili v notranjosti kosti z leseno šibo, ob koncih kosti pa s tršim predmetom - kamnom. Preprosto in lepo smo lahko vzbujali zvok v zaprti in odprti piščali (odprt ali zaprt konec kosti). Doseči je bilo možno tudi prepihavanje. Pri zaprti piščali smo dosegli 1. višji harmonski ton z lahkoto in z lepim zvenom, medtem ko se je pri odprti piščali pojavil le izjemoma in zelo nejasno.[4]

Piščal iz fosilne kosti smo zaradi naravnih mer

---

[4] Tukaj je potrebno omeniti, da smo v fazi izdelave najprej preizkusili pri istem ustniku (že popolnoma izdelan) piščal večje dolžine, saj nam je velikost sveže kosti to dopuščala (*sl. 13. 2*). Piščal je bila tako za okoli 30 mm daljša od originala. Tudi takšno piščal smo z lahkoto vzbujali z odprtim

We succeeded in doing this both with pipes from cane and bamboo, and pipes from fresh bear bone and fossilised bone.

The pipe could be inclined to the lips in various ways. First, the lower edge of the bone can be rested on the lower lip and air blown at the upper edge of the bone.

The second way of stimulating sound from the instrument is to turn it on its axis so that the holes are seen downwards, to close the upper edge of the bone with the upper lips, and blow at the lower edge of the bone.

Both reconstructions of flutes, with which we stimulated sound in the ways mentioned, easily gave a fine and pure sound. The pipe from fresh bone, because of the wider distal part at the transition of the epiphysis and the more pronounced, deeply cut edge (more similar to the original) had a more stable embouchure and very little modulation of the basic tone even with major alterations in the force of blowing. The bone wall close to the distal epiphysis, despite a thickness of 3 mm, is itself a sufficiently well cut edge that the notch need not be additionally sharpened (although on the original, as has already been mentioned, this is shown) to obtain a fine, pure sound. Even the interior of the bone need not be excessively cleaned, it is only necessary to remove the marrow and the spongiose at the cut edge. We did this to the interior with a wooden rod, and at the ends of the bone with a harder object - stone. We could stimulate sound simply and effectively in closed or open pipes (both by opening and closing the end of the bone). It was also possible to overblow it - to produce over-tones. With the closed pipe we achieved the 1st higher harmonic tone with ease and with a fine sound, while with the open pipe, it could only be achieved occasionally and very unclearly.[4]

Because of the nature of the measurements of available fossil bones and the damage, we made the pipe slightly different at the mouthpiece. However, here, too, the tone stimulated sounded pure and clear. Because of the shape of the break of the diaphysis at the transition to the distal epiphysis, the embouchure is less uniform. The basic tone can thus change considerably (by a whole

---

[3] It can be established from the picture of the bone find and the measurements given, that the width of the bone is smaller at both ends than in our find.

[4] It should be mentioned here that in the production phase, we first tested a pipe of greater length with the same mouthpiece (already completely made), since the size of the fresh bone allowed this (*Fig. 13. 2*). The pipe was thus some 30 mm longer than the original. We could stimulate sound in such a pipe, too, with ease, with open or closed end. Overblowing was still easier because of the greater length and we achieved also the 2nd higher harmonic tone with the closed pipe. It was more difficult to achieve the basic tone with the closed pipe, since it was necessary to blow very lightly. When the tone was formed, it sounded pure

razpoložljive kosti in poškodb oblikovali v ustnik malo drugače. Vendar se tudi tukaj vzbujeni toni oglašajo čisto in jasno. Nastavek je zaradi oblike preloma diafize na prehodu v distalno epifizo manj enoten. Tako se osnovni ton lahko precej spreminja (za višino celega tona in več). Zaradi naravnega manjšega odloma in izjede na spodnjem delu roba kosti (pod rezilnim robom) smo ugotovili, da je možno vzbujati zvok tudi na tem robu, ki je nastal popolnoma nehote ter je dovolj oster in globok, da ustreza zahtevam rezilnega roba. Tako se prej omenjenima držama glasbila (*sl. 13.6* in *13.7*) pridružita še dve novi, pri čemer kost obračamo okoli svoje osi na že omenjen način in pihamo v zgornji ali spodnji rob glasbila. Tudi tukaj lahko vzbujamo zvok v zaprti in odprti piščali, pri čemer se pri zaprti oglaša le 1. višji harmonski ton, osnovnega tona pa sploh ne moremo dobiti. Pri odprti piščali prepihavanje ni bilo mogoče.[5]

Tovrstno vzbujanje zvoka bi bilo možno tudi na proksimalnem koncu kosti, za kar sicer ni posebnih znakov na najdeni kosti, razen če si globoko polkrožno izjedo razlagamo kot globok rezilni rob. Igranje na takšen ustnik se zdi skoraj nemogoče, saj je rezilni rob preveč odmaknjen proti sredini glasbila. Pri poskusih s piščalmi iz kanele nam je uspelo vzbujati zvok v piščali tudi s tako globoko izjedo, vendar samo pri zaprtem koncu piščali. Zvok je bil šibkejši in manj jasen kot pri plitkejši izjedi. Na piščalih iz kosti teh poskusov nismo mogli izvesti, saj je fosilna kost na tem koncu močno

tone or more). Because of the nature of the small break and the notch on the lower part of the edge of the bone (under the cut edge) we ascertained that it is possible to stimulate sound also on an edge which had been created entirely accidentally, but is sufficiently sharp and deep to meet the requirements of a cut edge. So the previously mentioned grips on the instrument (*Figs. 13.6* and *13.7*) are joined by a further two new ones, whereby we turn the bone on its longitudinal axis in the way already mentioned and blow into the upper or lower edge of the instrument. Here, too, sound can be stimulated in open or closed pipes, whereby with the closed pipe only the 1st higher harmonic tone sounds, and we were completely unable to obtain the basic tone. With the open pipe, overblowing was not possible.[5]

Stimulating sound in this way would also have been possible on the proximal end of the bone, of which, however, there is no particular sign on the bone find, unless we explain the deep semi-circular notch as a deep cut edge. Playing on such a mouthpiece seems almost impossible, since the cut edge is shifted too far towards the centre of the instrument. In experiments with pipes from bamboo, we managed to stimulate sound in a pipe even with such a deep notch, but only with the closed end of the pipe. The sound was weaker and less clear than with a shallower notch. We were unable to carry out these experiments on pipes from bone, since the fossil bone was heavily deformed at this end, and with the

Sl. 13.7: Vzbujanje zvoka v koščeni piščali z naslonom kosti na zgornjo ustnico. Foto: Marko Zaplatil.
Fig. 13.7: Stimulating sound in a bone pipe by resting the bone against the upper lip. Photo: Marko Zaplatil.

in zaprtim koncem. Prepihavanje je bilo zaradi večje dolžine še lažje tako, da smo dosegli 1. višji harmonski ton pri odprti in zaprti piščali ter z močnejšo sapo in več truda tudi 2. višji harmonski ton pri zaprti piščali. Težje je bilo doseči osnovni ton pri zaprti piščali, saj je bilo potrebno pihati zelo rahlo. Ko pa se je ton oblikoval, je zvenel čisto in polno. Po opravljenih zvočnih preizkusih smo kost odrezali na dolžino originalne kosti.

[5] Na to vpliva v veliki meri tudi dolžina piščali iz fosilne kosti, ki je nekoliko krajša od piščali iz sveže kosti. Omenili smo že, da se možnosti prepihavanja močno spreminjajo že pri relativno majhnih spremembah dolžine.

and full. After carrying out the acoustic experiments, we cut the bone to the length of the original find.

[5] The length of the flute from fossil bone also influenced this to a large extent. It is somewhat shorter than the flute from fresh bone. We have already mentioned that the possibility of overblowing is greatly altered by relatively small changes in the length.

deformirana, pri sveži kosti pa je debelina kosti prevelika (6mm) in ne ustreza za tako globok rezilni rob.

13.6. PREČNA FLAVTA

Pri prečni flavti nam ustnik in rezilni rob lahko predstavlja preprosta luknjica v votli cevi. Izkopana medvedja kost ima vsaj dve luknjici, ki sta lepo vidni in v celoti ohranjeni, ter bi ju lahko uporabili za vzbujanje zvoka. Pri tem je potrebno držati kost povprek k ustnicam in zapreti vsaj tisti konec cevi, ki je bližji vzbujevalni luknjici.

Takšna pihala poznamo danes tako v orkestrskih sestavah kot tudi med številnimi ljudskimi glasbili po svetu. Tudi precej izkopanin kosti z luknjicami se uvršča v to skupino glasbil, saj nas na to napelje že ena sama luknjica v kosti, ki omogoča (vsaj teoretično) vzbujanje zvoka. Vendar pa v strokovni literaturi velikokrat zasledimo, da je takšen način igranja na glasbilo mlajši kot podolžno vzbujanje zvoka v piščali (npr. Muzička enciklopedija 1958). O tem je prepričan tudi C. Sachs, ki navaja domnevno razvojno pot flavt (Horusitzky 1955 po Sachs 1929). Prvi dokumentirani podatki o prečnih flavtah omenjajo kratke, predzgodovinske flavte iz Kitajske, ki jim spreminjamo višino tona z odpiranjem in zapiranjem koncev glasbila, čeprav je po avtorjevem mnenju takšen način vzbujanja zvoka pihal še veliko starejši (Muzička enciklopedija 1958). Primer razlage in preizkušanja najdene kosti z luknjicami kot prečne flavte je opisan pri najdbi v jami Istállóskő na Madžarskem (Horusitzky 1955).

Tudi v rekonstruiranih primerkih naše najdbe lahko vzbujamo zvok kot pri prečnih flavtah. Še posebej je to mogoče pri flavtah iz surovin, ki imajo tanke stene, saj kakorkoli narejena luknjica v cevi hitro zadosti ostrini rezilnega roba.

Stena piščali iz fosilne kosti (kostna kompakta) je povsod dovolj tanka (okoli 2,8 mm) ali pa imajo vse luknjice dovolj oster rob, da lahko s pomočjo luknjice vzbujamo zvok. Seveda moramo pri tem ustrezno zapreti konec piščali. Vendar nam je kljub teoretični možnosti vzbujanja pri poljubni luknjici uspelo vzbuditi "uporaben" zvok le pri krajnima luknjicama. Zvok lahko vzbudimo, če držimo kost na levo ali na desno stran. Sam zvok je čist in jasen, prepihavanje pa ni mogoče. To velje tako za vzbujanje pri zaprtem ali odprtem koncu fosilne kosti (zaprt ali odprt spodnji konec glasbila). Nejasen zvok se pojavi tudi pri pihanju v sredinsko luknjico in zaprtju vseh ostalih odprtin (luknjici, konca kosti).

Tudi pri piščali iz sveže kosti smo lahko na tak način vzbudili zvok. In to pri obeh luknjicah s tem, da smo ustrezno zaprli krajna robova kosti. Čeprav je stena kosti precej debela (6 mm), je izvrtana luknjica z ostrimi robovi dober rezilni rob. Vendar pa je vzbujanje zvoka

fresh bone, the thickness of the bone was too great (6 mm) and the deep cut edge unsuitable.

13.6. SIDE-BLOWN FLUTE

With a side-blown flute, the mouthpiece and cut edge may be provided by a simple hole in a hollow shaft. The excavated bear bone has at least two holes which are clearly visible and entirely preserved, and they could have been used to stimulate sound. It is necessary to hold the bone crossways to the mouth and to close at least the end of the shaft which is closest to the hole blown into/across. Such a wind instrument is familiar today both in orchestras and among numerous folk instruments throughout the world. A significant number of excavated bones with holes have also been classified in this group of musical instruments, since even a single hole in a bone which enables (at least theoretically) the stimulation of sound leads us to this. However, in the professional literature, we often find that such a way of playing on an instrument is more recent than end blowing for stimulating sound in a pipe (e. g., Muzička enciklopedija 1958). Curt Sachs is also convinced of this, who cites a possible development path for flutes (Horusitzky 1955 citing Sachs 1929). The first documented data on side-blown flutes mention short, prehistoric flutes from China, in which the level of the tone is changed by opening and closing the end of the instrument, although in the author's opinion, such a way of stimulating sound in a wind instrument is a great deal older (Mužička enciklopedija 1958). The case of classifying and testing a bone with holes found in Istálloskő cave in Hungary is described (Horusitsky 1955).

Sound can also be stimulated as with a side-blown flute in the reconstructed examples of this find. This is especially possible with flutes from material (a pipe) which has thin walls, since any kind of hole made in the pipe quickly suffices as a cut edge.

Either the wall (compact bone tissue) of the pipe from a fossil bone is throughout sufficiently thin (around 2.8 mm), or all the holes have a sufficiently sharp edge, that with the aid of the holes, sound can be stimulated. Of course, the end of the pipe must be suitably closed. However, despite the theoretical possibility of stimulating sound with any of the holes, we only managed to stimulate "usable" sound with the hole at the edge. We could make sound by holding the bone by the left or right side. The sound itself is pure and clear, but overblowing is not possible. This applies both to stimulating sound with a closed or open end of the fossil bone (closed or open lower end of the instrument). An indistinct sound also appeared with blowing into the centre hole and closing all other openings (holes, end of the bone).

We could also stimulate sound in such a way with

na luknjicah sveže kosti zahtevalo več truda in vaje. Prepihavanja tudi pri tej prečni flavti nismo mogli izvesti.

the pipe from fresh bone. It was possible with both holes, provided that we suitably closed the extreme edge of the bone. Although the wall of the bone is fairly thick (6 mm), a bored hole with sharp edges is a sufficiently good cut edge. However, stimulating sound at the holes in the fresh bone required more effort and training. We were also unable to overblow in this manner.

13.7. Osnovni ton piščali

Kakšno stojno valovanje se v votli cevi oblikuje in katere lastne frekvence lahko pri tem nastanejo, je odvisno predvsem od dolžine cevi piščali. Notranja menzura (notranji premer in oblika cevi) predvsem vpliva na zvenski spekter zvoka (zven, barva tona). Seveda pa mere cevi vplivajo tudi na to, ali bomo v pihalu vzbudili zvok preprosto in brez truda, katera višja harmonska nihanja se bodo pojavljala in celo, ali bo do nihanja sploh prišlo.

Osnovna enačba za določanje harmoničnih nihanj v piščali je podana z izrazom

$$f_n = n \cdot \frac{c}{2 \cdot l}$$

za odprte piščali in

$$f_n = (2n-1) \cdot \frac{c}{4 \cdot l}$$

za piščali, zaprte z ene strani, pri čemer je "c" hitrost zvoka (344 m/s pri 20°C), "l" dolžina piščali (cevi), "n" pa po vrsti 1, 2, 3, 4... Vendar dolžina l ni fizikalna dolžina cevi, ampak ji je potrebno dodati še iztočni popravek, ki cev navidezno podaljša, saj seva glasbilo pri koncih zvočno energijo v prostor. Iztočni popravek "a" je določen s polmerom cevi na koncih in ga opišemo z izrazom

$$a = 0{,}61 \cdot r$$

pri čemer je "r" notranji polmer cevi. Iztočni popravek se spreminja glede na obliko menzure, vendar nam navedeni izrazi lahko zadovoljivo služijo pri približnih izračunih.

Zgornje trditve veljajo predvsem za valjasto oblikovane cevi ali cevi, ki imajo po vsej dolžini enakomeren prerez (menzuro). Za piščali, kjer se menzura spreminja (koničasto, eksponencialno...), pa je osnovno frekvenco po matematični poti veliko težje določiti. Osnovni ton cevi se lahko kljub enakim fizikalnim meram cevi (dolžine, prereza na koncih) zaradi različne menzure precej razlikuje.[6]

Notranjost stegnenice mladega medveda ni

13.7. Basic tone of a flute

What kind of standing waves are created in the cavity of a pipe, and which of their own frequencies are created with this, depends mainly on the length of the pipe of the instrument. The internal measurements (internal diameter and shape of the tube) primarily affects the sound spectre (sound, tonal colour). Of course, the measurements of the tube also affect whether sound is stimulated in a wind instrument easily and without effort, which higher harmonic waves will appear, and even whether there will be waves at all.

The basic equation for determining the harmonic waves in a flute is given with the expression

$$f_n = n \cdot \frac{c}{2 \cdot l}$$

for an open flute and

$$f_n = (2n-1) \cdot \frac{c}{4 \cdot l}$$

for a flute closed at one end, where "c" is the speed of sound (344 m/s at 20°C), "l" is the length of the flute (tube), and "n" in turn 1, 2, 3, 4 ... However the length "l" is not a fixed length of tube, it is necessary to add an end correction factor which clearly extends the length of the tube, since the instrument radiates sound energy into space at the end. The end correction factor "a" is defined by the radius of the tube at the end and is described with the expression

$$a = 0{,}61 \cdot r$$

in which "r" is the internal radius of the tube. The end correction factor changes in relation to the shape of the internal profile of the instrument, but the cited expression can serve satisfactorily in approximate calculations.

The above statements apply mainly to cylindrical shaped tubes or tubes which have the same cross-section throughout the length (mensure). With pipes in which this measurement changes (conically, exponentially...), the basic frequency is a great deal more difficult to determine by mathematical means. The basic tone of tubes, despite the same physical measurements of the tube (length, profile at ends), can differ considerably because of different internal profiles.[6]

---

[6] Adlešič navaja (1964, 422) primer dveh enako dolgih cevi, ki imata koničasto in eksponencialno obliko menzure. Prereza na ožjem in širšem delu cevi sta pri obeh oblikah menzure popolnoma enaka. Iz grafa lahko razberemo, da se osnovna tona obeh cevi pri danih merah bistveno razlikujeta (skoraj ton in pol).

[6] Adlešič (1964, p. 422) cites a case of two tubes of equal length which had conical and exponential internal profiles. The cross-section on the narrower and wider parts of the

pravilne valjaste oblike. Na proksimalnem, še bolj pa na distalnem delu, se kost pahljačasto razširi, kar močno vpliva na notranji prerez kosti. Glasbilo iz takšne kosti ima zato menzuro, ki se močno spreminja. Pri takšni menzuri je določitev osnovne frekvence piščali iz fizikalnih mer kosti izredno težko določiti. Dodatno težavo povzroča pri naši najdbi dejstvo, da nam natančna dolžina domnevne piščali ni znana, saj je kost na robovih poškodovana. Tudi meritve osnovnih frekvenc rekonstruiranih piščali nam ne dajo zadovoljivih rezultatov, saj se rekonstruirani primerki ne približajo dovolj originalu. Tako lahko o natančnejši osnovni frekvenci le ugibamo. Vprašanje pa je, ali je bila v davnini uglasitev takšne piščali sploh pomembna in je niso morda izdelovali po že obstoječih vzorcih ali kar iz slučajno najdenih pripravnih in dostopnih surovin (Horusitzky 1955).

The interior of the femur of a young bear is not a regular cylindrical shape. In the proximal, and even more in the distal part, the bone widens in a fan shape, which considerably affects the internal cross section of the bone. A musical instrument from such a bone thus has an internal profile which greatly changes. With such an internal profile, determining the basic frequency of the pipe from the physical measurements of the bone is extremely difficult. An additional difficulty with this find is caused by the fact that the exact length of the suspected flute is not known, since the bone has been damaged at the edge. Even measurements of the basic frequencies of the reconstructed flutes do not give us satisfactory results, since the reconstructed examples are not close enough to the original. We can thus only guess at the more precise basic frequencies. It is also questionable whether the tuning of such a flute was at all important at that distant time in the past, or whether they did not perhaps make such instruments on the basis of existing examples or simply from fortuitous finds of prepared and accessible materials (Horusitzky 1955).

13.8. Spreminjanje višine tona

Spreminjanje višine osnovnega izvajanega tona piščali lahko dosežemo kar na nekaj načinov:
– spreminjanje nastavka in jakosti pihanja,
– delno ali popolno zapiranje konca glasbila,
– prepihavanje,
– daljšanje dolžine glasbila,
– krajšanje dolžine glasbila.

Nekatere načine smo opisovali že sproti, tako da jih bomo sedaj omenili le bežno. Spreminjanje nastavka in moči pihanja lahko pri krajših piščalih in manj oblikovanih ustnikih zvok bolj spreminja (za cel ton in celo več) kot pri daljših piščalih in bolj oblikovanih ustnikih. Delno zapiranje spodnjega dela piščali lahko teoretično omogoči zvezno spreminjanje tona na dokaj širokem frekvenčnem pasu. Pri naši dimenziji menzure nam je uspelo izvesti manjše zvezne spremembe tona, nato pa je glasbilo hitro prešlo iz zaprtega tipa v odprt (ali obratno). Prepihavanje je bilo možno pri tej dolžini piščali le do 1. višjega harmonskega tona (glej opombo št.3). Podaljševanje dolžine glasbila bi bilo na preprost način možno le z roko, vendar tak način podaljševanja ne vpliva dosti na spreminjanje zvoka. Lahko pa se uspešno kombinira z delnim in popolnim zapiranjem konca piščali.

Najbolj pogost način spreminjanja zvoka pri pihalih je navidezno krajšanje dolžine glasbila s pomočjo luknjic v glasbilu. Na tej osnovi spreminja višino tona tudi večina današnjih pihal. Z luknjicami lahko dosežemo čiste in natančne spremembe tonov (skoke). Na splošno velja, da pojav luknjic za spreminjanje zvoka predstavlja že nekoliko višjo

13.8. Changing the pitch

Changing the basic pitch of the flute can be achieved in a number of ways:
– changing the embouchure or strength of blowing
– partially or completely closing the end of the musical instrument,
– overblowing to produce over-tones,
– extending the length of the instrument,
– shortening the length of the instrument.

Some methods have already been described above, so they will only be mentioned now in passing. Changing the embouchure or strength of blowing causes a greater change in the sound (by a whole tone or even more) with shorter flutes and mouthpieces that have been less shaped, than with longer flutes and mouthpieces that have been more shaped. Partial closing of the lower part of the flute can theoretically enable a continuous change in the tone on a fairly wide band of frequencies. With these dimensions of internal profile we managed to perform minor such changes of tone, and then the instrument quickly changed from a closed type to an open (or the reverse). Overblowing was possible with this length of flute only to the 1st higher harmonic tone (see note 3.). Extending the length of the instrument would have been possible in a simple way only with the hand, but such a way of extending it does not cause much

tube in both shapes of internal profile are entirely the same. It can be seen from the graph that the basic tone of the two tubes with the given measurements are essentially different (almost a tone and a half).

stopnjo razvoja pihal, saj se s tem poveča izrazna moč glasbila.

Najdena kost ima vsaj dve luknjici, ki sta nedvoumni. Na različnih rekonstrukcijah smo izdelali dve ali tri luknjice, da smo preizkušali njihov vpliv na spreminjanje zvoka. Tako dve kot tri luknjice v piščali opravičujejo svoj pojav in mesto, saj opazno vplivajo na spremembo višine osnovnega vzbujanega tona. Zvok je bil dokaj čist in jasen pri različnih kombinacijah odpiranja in zapiranja luknjic ter odpiranja in zapiranja konca piščali. Težko in nezanesljivo je bilo izvesti le tone, kjer je bila odprta distalna luknjica (luknjica najbližja rezilnemu robu). Pri katerikoli odprti luknjici prepihavanje ni bilo izvedljivo. Z natančnimi meritvami tonov pri raznih kombinacijah luknjic ter ugotavljanjem morebitnega tonskega niza se nismo posebej ukvarjali, saj to ni bil cilj naših raziskav.[7]

Seveda se vsi zgoraj omenjeni načini spreminjanja osnovnega tona lahko med sabo poljubno kombinirajo. Tako lahko z nekaj spretnosti in vaje dobimo dosti različnih zvokov že iz zelo preprostega glasbila.

change in the sound. It can be successfully combined with partial or complete closing of the end of the flute.

The most common way of changing the sound produced by blowing is clearly shortening the length of the instrument with the aid of the holes in the instrument. The majority of today's wind instruments change the pitch on this basis. A pure and exact change of tone (jump) can be achieved with holes. In general, it applies that the phenomenon of holes for changing the sound already represents a somewhat higher level of development of wind instruments, since this increases the expressive power of the musical instrument.

The bone find has at least two holes which are incontestable. On the various reconstructions, we made two or three holes in order to test their effect on changing the sound. Both two and three holes in the flute justified their appearance and position, since they caused a perceptible change to the basic note obtained. The sound was fairly pure and clear with the various combinations of opening and closing the holes and opening and closing the end of the flute. It was only difficult and unreliable producing the note in which the distal hole was open (the hole closest to the cut edge). Overblowing was not possible with any of the open holes. We did not specifically deal with exact measurements of notes with various combinations of hole and establishing the possible tonal range.[7]

Of course, all the above mentioned ways of changing the basic note can be optionally combined. So with a certain skill and practice, sufficient different sounds can be obtained from a very simple instrument.

13.9. ZAKLJUČEK

Rekonstrukcije domnevne koščene piščali so pokazale, da se iz medvedjih kosti podobnih oblik in velikosti, kot je bila naša najdba, lahko izvabijo zvoki. Vzbuja se jih lahko na različne načine in tudi zvok lahko na več načinov spreminjamo. S tem dobimo preprosto glasbilo z določeno izrazno močjo ali pa signalni zvočni pripomoček. Čeprav originalne najdbe nismo neposredno preizkusili, pa menimo, da se tudi na njej lahko podobno izvabljajo zvoki kot na omenjenih rekonstriranih primerkih.

13.9. CONCLUSION

Reconstructions of the suspected bone flute have shown that sounds can be made from bear bones of similar shape and size as the find in question. They can be stimulated in various ways, and the sound can also be changed in a number of ways. We thus obtain a simple musical instrument with specific expressive power, or a signal sound accessory. Although the original find was not directly tested, we believe that similar sounds could be drawn from it as from the mentioned reconstructed examples.

---

[7] V literaturi se tudi večkrat zasledi (npr. Horusitzky 1955), da so luknjice v domnevnih piščalih verjetno narejene po določenih vzorcih in morda vizualnih kriterijih in da je vloga višine spreminjanja zvoka lahko drugotnega pomena.

[7] It can also be found in the literature (e. g., Horusitzky 1955) that holes in suspected flutes are probably made on the basis of specific examples and perhaps visual criteria, and that the role of pitch changes in the sound may have been of secondary importance.

14. Tipologija koščenih žvižgavk, piščali in flavt ter domnevna paleolitska pihala Slovenije[1]

14. A typology of bone whistles, pipes and flutes and presumed palaeolithic wind instruments in Slovenia[1]

Mira Omerzel-Terlep

Izvleček

Sosledno pojavljanje različnih tipov koščenih žvižgavk in piščali iz stegnenic in golenic sesalcev in ptičjih uln od paleolitskih kultur do današnjih ljudskih glasbil po svetu priča o arhetipskem kulturnem elementu človekove ustvarjalnosti, ki presega časovne in prostorske omejitve. Med slovenske posebnosti sodijo paleolitske domnevne piščali iz medvedjih čeljustnic, ki so naravno zvočilo. Poleg domnevnega glasbila iz Divjih bab I, ki bi utegnilo biti piščal različnih tipov, jih lahko uvrščamo med najstarejše piščali fosilnega človeka, s katerimi se pričenja zgodovina in razvoj slovenskih, evropskih in svetovnih glasbil.

Extract

The regular occurrence of different types of bone whistles and pipes made from the thighbones and shinbones of mammals and the wing-bones of birds, of which examples range from Palaeolithic time to present-day folk instruments from all over the world, points to an archetypal cultural element of man's creativity which goes beyond the limits of time and space. Particular Slovene examples include pipes made from bear mandibles, which function as natural instruments. When taken together with what appears to be a musical instrument discovered in Divje babe I, which could belong to several different types, these could be some of the very oldest pipes made by prehistoric man, which date from the very beginning of the history and the primal development of musical instruments in Slovenia, Europe and the world.

14.1. Uvod

Pri študiju fosilnih koščenih piščali prihaja do terminoloških problemov, kako imenovati najzgodnejša domnevna glasbila preprostih oblik. Do sedaj ne ravno zelo številne študije o njih jih imenujejo različno in terminološko neusklajeno.

Vse, kar piska, in vse, iz česar je moč z usti in sapo izvabljati zvok, imenujemo v ustaljeni vsakdanji govorni jezikovni in ljudski rabi piščal, pišola itd. Piščal je tudi sinonim za pihalni glasbeni instrument[2] iz družine aerofonov (Adlešič 1964, 367). Slovar slovenskega knjižnega jezika (1994) razlaga piščal kot preprosto glasbilo v obliki cevi, v katero se piha. Curt Sachs (1962) razlaga slovanske različice piščali - *pishal, piskalo,*

14.1. Introduction

In the study of fossilised bone pipes, one soon encounters problems of terminology: by what name can we call these, the earliest and simplest supposed musical instruments? The few works written on the subject so far use different and mutually unmatched terminology.

Anything that you can whistle or from which a sound can be obtained by blowing with the mouth, is called a pipe in the context of everyday conversation and in traditional folk usage. The word pipe itself also stands for a wind instrument[2] from the family of aerophones (Adlešič 1964, p. 367). The dictionary of Slovene Literary Language (*Slovar slovenskega*

---

[1] Pričujoči sestavek je delček daljše študije z naslovom Koščene piščali, ki je v tisku (*Etnolog* LVII/6, Ljubljana 1997).

[2] Nemško *Blasinstrumente*, angleško *wind instruments* ali *blowing instruments*.

[1] The article is a part of a longer forthcoming study entitled *Koščene piščali* (Bone pipes; *Etnolog* LVII/6, Ljubljana 1997).

[2] *Blasinstrumente* in German, *wind instruments* or *blowing instruments* in English.

piszel, piščal... - v nemškem prevodu kot *die Pfeife*, pa tudi *kleine Flöte*, v angleškem pa kot *pipe* ali *fife* (lat. *fistula*). Tako piščal prevajajo tudi slovarji nemškega in angleškega jezika. V slednjih primerih naj bi razumeli preproste piščali le z nekaj luknjami, večinoma visokozveneče in malotonske (Remnant 1978, 112 ss; Sachs 1940; Diagram group 1976).

Piščali so torej aerofona glasbila različnih oblik in različnih možnosti zbujanja zvoka. Način, kako in kje pihamo, določa vrsto aerofona: pihalo ali trobilo. Vendar je tovrstna opredelitev preozka in premalo določna. Klasifikacija C. Sachsa in E. Hornbostla (glej Kumer 1983), ki so jo za razvrščanje raznovrstnih in za klasično glasbeno prakso nenavadnih (ljudskih) glasbil sprejeli predvsem etnomuzikologi, uvršča v veliko družino pihal (aerofonov) poddružino flavt, šalmajev, klarinetov in trobil. Po akustiku Miroslavu Adlešiču lahko pihala delimo preprosto tudi na ustnične piščali (flavte), jezične piščali (šalmaje in klarinete) in blazinaste piščali (trobila). Pri jezičnih piščalih zvok vzbujamo s prenihajočimi ali zadevajočimi jezički in jih po dosedanjih muzikoloških raziskavah v paleolitiku še ni najti. Paleolitske piščali najverjetneje tudi ne sodijo v tip nosnih piščal, pri katerih se zrak v ceveh vzbuja z nosnicami. Nosne piščali zahtevajo pri odprtem koncu glasbila tik pod robom cevi majhno odprtino (luknjico) za nosno pihanje, konstrukcija tovrstnih piščali pa je precej zahtevna.

Muzikolog Alexander Buchner (1981) meni, da brez dvoma naletimo v kameni dobi (misli na mlajši paleolitik) le na enostavne piščali (nemško *Pfeifen* in *Knochenpfeifen*, angleško *pipe* in *bonepipe* (Remnant 1978)) iz naluknjanih kosti, ki imajo oblikovno le malo skupnega z več tisočletji mlajšo flavto. Najzgodnejše flavte se po mnenju muzikologov pojavijo v Evropi šele v 12. stoletju.

Muzikološki in akustični terminologiji nista vedno istovetni, zato prihaja često do nesporazumov. Muzikologi razvrščajo glasbila tudi po zgodovinsko razvojnih različicah ter tehnični dovršenosti: od preprostih žvižgavk in enostavnih piščali do tehnično dodelanih pihal, kot so npr. flavte.

Evropska glasbena praksa razume z imenom *flûte, Flöte, flute, flauto*... do srede 18. stoletja kljunasto podolžno piščal, ki je vse do tedaj modnejša od prečne. Od srede 18. stoletja pa prične ime flavta označevati prečno piščal standardizirane cilindrične oblike in ustaljenega števila lukenj (šest prebiralk z eno palčno luknjo ali brez nje) ter dobi opisni vzdevek *quer-*, *Block-* ali *traverso-*.

Tudi muzikološki in razvojno zgodovinski termin flavta je za številne paleolitske koščene piščali neuporaben in nejasen, saj domnevno ne pripadajo tipu sodobne prečne ali kljunaste flavte, temveč raznovrstnim osnovnotonskim odprtim podolžnim piščalim, piščalim z morda ohranjeno epifizo ali epifizama in kostno

knjižnega jezika 1994) defines a "pipe" as "a simple instrument in the shape of a duct through which air is blown". C. Sachs (1962) gives different definitions for the Slavic expressions for pipe, namely: *pishal, piskalo, piszel* and *piščal* - which translate into German as *die Pfeife* and *kleine Flöte* and into English as *pipe* or *fife* (Lat. *fistula*). You can find the same definition of "pipe" in both German and English dictionaries. In our case, the word "pipe" mostly denotes a high-pitched or narrow-range instrument with a small number of holes (Remnant 1978, pp. 112 ss; Sachs 1940; Diagram Group 1976).

The "pipe" is, therefore, an aerophonic musical instrument whose shape and means of producing sound may differ from case to case. The differing types of aerophone may be defined by differences in both the way the air is blown and the place into which it is blown: whether it is a woodwind or a brass instrument. But nevertheless, these terms remain too narrow and imprecise. The classification which was devised by C. Sachs and E. Hornbostl (cf. Kumer 1983) was taken up, mostly by ethno-musicologists, to accomodate the miscellany of those folk instruments which were unusual within the conventional practice of music. It places within the large family of wind instruments (or aerophones) the sub-families of flutes, oboes, clarinets and brass instruments (trumpets and horns). According to the acoustician M. Adlešič, wind instruments can be more simply divided into pipes with an edge mouthpiece (flutes), reed pipes (oboes and clarinets) and padding pipes (brass instruments). In reed pipes, the sound is produced either by free or beating reeds, and according to research conducted so far, these instruments did not exist in the palaeolithic Age. Equally, palaeolithic pipes probably did not belong to the type of the nose pipe, where the air is blown into the duct from the nose. Nose pipes necessarily include a small opening (or hole) immediately under the edge of the open end of the instrument through which air is blown from the nose, and their structure is extremely complicated.

The musicologist A. Buchner (1981) maintains that during the Stone Age - meaning the late palaeolithic - the only pipes would have been simple pipes or bone pipes (*"Pfeifen"* and *"Knochenpfeifen"* in German, see also Remnant 1978) made from perforated bones, and that these have very little in common with the flute, their younger ancestor by several millennia. According to prevalent opinion among musicologists, the earliest flutes appeared in Europe as late as the 12th century.

But the respective terminologies of musicology and acoustics do not always coincide, and this causes frequent misunderstandings. A musicologist will distinguish instruments according to differences in their history and development, and according to the degree of their technical perfection: from simple whistles and pipes to more technically demanding wind instruments such as flutes.

In European musical practice, the word *flute*,

sredico, torej tudi kritim in skodelastim piščalim, preprostim prečnim piščalim in celo trobilom (primer piščali iz medvedje čeljustnice). Po mnenju muzikologov in etnomuzikologov (Moeck 1951, 1969; Sachs 1940, 1962; Meylan 1975; Meyer 1969) je v prazgodovini tehnika prečne flavte malo znana, na kar je opozarjal še posebej Hermann Moeck (1951) v svoji disertaciji, v kateri sledi razvoju piščali v Evropi od najstarejše človekove zgodovine do danes.

Akustični termin flavta, to je piščal z zatično režo ali brez nje in ostrimi ustničnimi robovi za produkcijo zvoka, je prav tako preozek in se nanaša le na poddružino pihal - flavt. Steklenico ali ključ, na katera se piska, akustiki označujejo kot glasbilo tipa flavt. Označitev često tudi zavede opredeljevanje in citiranje glasbil, saj se izenači s flavto v zgodovinsko razvojnem (muzikološkem) in tehnološkem smislu: preprosta žvižgavka z ustnikom tipa flavte postane flavta standardiziranih oblik. In arheologi neredko tudi nekritično prevzemajo termin flavta za vsa domnevna fosilna pihala.

Med paleolitskimi koščenimi glasbenimi pripravami odkrivamo glasbila različnih nestandardi-ziranih oblik iz različnih poddružin aerofonov: tako iz pihalne družine flavt kot tudi trobil in prostih aerofonov (brnivk). Kadar govorimo o tipologiji različnih pihal od žvižgavk

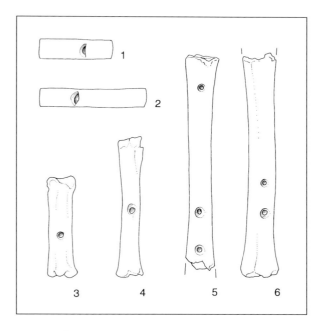

Sl. 14.1: Švicarske ljudske koščene žvižgavke (1, 2) brnivke (3, 4) in piščali (5, 6) (Meyer
1969). Risba: Dragica Knific Lunder.
Fig. 14.1: Swiss folk bone whistles (1, 2), free aerophones (bull-roarers) (3, 4) and whistle flutes or pipes (5, 6) (Meyer 1969). Drawing: Dragica Knific Lunder.

Flöte, flûte or *flauto* denotes a beaked, end-blown straight pipe which was more popular than its transverse relative up until the middle of the 18th century. But from the middle of the 18th century onwards, the word flute came to denote a transverse or cross pipe of standard cylindrical shape and a constant number of holes (six fingerholes and one or no thumbhole), and we find diversities described by the prefixes *quer-, Block-* or *traverso-.*

But still the musicological and historical term *"flute"* is not clear enough and cannot be used for the numerous palaeolithic bonepipes because they do not seem to belong to the type of either the modern transverse or the older beaked flute, but rather to a variety of groundtone open vertical pipe, to pipes with a preserved epiphysis or an epiphysis with retained spongiose, stopped and vessel pipes, to simple cross pipes and even to a group of instruments we can denote as brass instruments, of which the bear-mandible pipe would be an example. Musicologists and ethno-musicologists (Moeck 1951, 1969; Sachs 1940, 1962; Meylan 1975; Meyer 1969) maintain that the cross flute was little known in prehistoric times, and this point was particularly emphasised by Moeck's thesis (Moeck 1951) in which he sketchess the development of the pipe in Europe from the earliest history of mankind to the present day.

In the discipline of acoustics, the term *"Flute"* denotes a pipe with or without a slit, and with a mouthpiece fashioned to a sharpened edge for the production of the sound, but the term is again too narrow, since it refers only to the flute sub-family of wind instruments. A bottle or even the key when used as a pipe is often described by the acoustics experts as an instrument of the flute type. And this definition is often misleading when it comes to the classification and listing of musical instruments as it comes to denote the flute in the historical (musicological) and technical sense; according to this definition even a simple whistle with the mouthpiece of the flute type becomes a standard flute. Equally, archeologists often use the expression *flute* uncritically for all supposed fossil wind instruments.

The musical devices made from fossil bones include musical instruments of various non-standard shapes from different sub-families of the aerophone, such as the examples from the wind instrument family of flutes, brass instruments and free aerophones. For the typology of various wind instruments ranging from whistles to flutes to trumpets, only the expression *pipe* appears sufficiently broad to encompass all these supposed instruments and is therefore the most appropriate.[3] Thus the find from Divje babe I, which can be described in terms of a musical instrument, can without

---

[3] Tako lahko rečemo, da je npr. med orgelskimi piščalmi po akustičnih merilih skoraj četrtina piščali tipa flavt.

[3] Therefore, according to the criteria of acoustics, almost a quarter of organ pipes could be defined as belonging to the flute type.

in flavt ter trobil, se mi zdi termin piščal za vsa ta domnevna glasbila dovolj širok in zato najustreznejši.[3] Tudi domnevno glasbilo iz Divjih bab I lahko široko in neomejeno opredelimo kot piščal in se tako izognemo nesporazumom, ki bi utegnili nastati zaradi razlik v akustični in muzikološki terminologiji. Ob rekonstrukcijah glasbila se zastavljajo tudi vprašanja o morebitnih prezrtih neznanih tipoloških komponentah, ki bi utegnile dati fosilni kosti z luknjami tudi drugačno poddružinsko ime. Bolj gotovo je le njeno družinsko ime: pihalo (aerofon) oziroma glasbilo v obliki cevi, v katero se piha, to je piščal.

14.2. Oris razvoja piščali in tipologija koščenih pihal

Eden od pogojev za piščal je, da je stena iz toge trdne snovi. Zato so kosti zelo primerne, ker so precej trajne, čeprav lahko zapiskamo tudi na rastlinska stebla.

Piščali imajo cevi odprte (odprte piščali) ali enostransko zaprte (krite piščali).[4] V 20. stoletju uporabljamo v glasbene namene predvsem slednje - mednje sodijo tudi današnje flavte - predvsem odprte piščali pa v (ljudskih) instrumentarijih različnih kulturnih tradicij.

Zaprte cevi ali skodele z luknjami so morda najstarejša človekova zvočila, najenostavnejša pa prav gotovo. Mednje sodijo paleolitske žvižgavke[5] z eno ali več luknjami v prstnih členkih sodoprstarjev. Znane pa naj bi bile od moustériena dalje. Iz prstnih členkov so tudi brnivke (sl. 14.3: 2), na videz zelo podobne žvižgavkam, a imajo obojestransko prebito ali predrto luknjo, skozi katero je mogoče potegniti vrvico, kožo ali rastlinsko vlakno in jih štejemo po Sachs-Hornbostlovi klasifikaciji med proste aerofone.

Tudi po mnenju arheologov (Horusitzky 1955; Dobosi 1985 in drugih) in arheoetnomuzikologov (Meylan 1975; Moeck 1951, 1969) so žvižgavke iz prstnih členkov sodoprstarjev (najpogosteje severnega in gozdnega jelena, kozoroga) in tudi drugih živali, kot npr. jamskega medveda, najstarejše zvočne priprave v Evropi, ki jim sledimo od paleolitika do današnjih dni (Moeck 1969, 46). Raymond Meylan (1975, 13) pa zatrjuje, da so skodelaste piščali tipa žvižgavk najstarejše piščali, ki jih najdemo od Južne Amerike do Kitajske, Azije in Evrope. Sledimo jih v vseh obdobjih človekove zgodovine od paleolitika dalje (sl. 14.2). Izdelovali naj bi jih za signaliziranje, vabljenje ali plašenje živali (sl. 14.1).[6] Ni pa nujno, da je členek votel. Zadostuje že

undue limitation be defined as a pipe, and in this way we can avoid any misunderstandings which may arise due to the differences in terminology between acoustics and musicology. With regard to the reconstruction of the instrument, it must be taken into account that some of its typological componants may have been ignored, and that these componants may have given the perforated fossil bone a place in a different sub-family. Therefore, only the generic family can be asserted with a sufficient degree of certainty: as a wind instrument (aerophone) or musical instrument that has the form of a duct which is blown into; all of which is to say: a pipe.

14.2. An overview of the development of the pipe and a typology of bone wind instruments.

It is essential in the making of a pipe that the duct walls are made from a firm and rigid material. Although sounds can also be produced from the stalks of plants, bones are much more durable and therefore better suited to the purpose.

The ducts of pipes are open (open pipes) or closed on one side (stopped or closed pipes).[4] In the 20th century, stopped pipes - which include the contemporary flute - are the most wide-spread, while open pipes tend to be confined to the category of folk instruments from different cultural traditions.

Partly stopped pipes or vessels with holes may be the oldest and are undoubtedly the most simple musical instruments. They include palaeolithic whistles [5] with one or several holes, which are made from phalanges of even-toed ungulates. These are known to have existed from the Mousterian period onwards. The same bones are used for instruments which are externally very similar to whistles (Fig. 14.3: 2), and differ only in that they have been perforated so that a string, hide or plant fibre may be looped through and which are classified by C. Sachs and E. Hornbostl as free aerophones (bull-roarers).

Both archeologists (Horusitzky 1955; Dobosi 1985 and others) and archeo-ethno-musicologists (Meylan 1975 and Moeck 1951, 1969) also agree that whistles made from phalanges of ungulates (reindeer, red deer and ibex) and other animals, such as cave bear, are the oldest sound-producing devices in Europe, and these instruments can be traced from the Palaeolithic Age right up to the present day (Moeck 1969, p. 46). R. Meylan (1975, p. 13) even goes on to claim that vessel

---

[4] Če je cev povsem zaprta, ne more sevati v zvočno polje.
[5] Angleško bi jim rekli *whistles* ali *whistles pipes*, nemško tudi *die Pfeife*. Tudi podolžno piščalko, enostransko zaprto z eno ustnično luknjo in eno prebiralko ob strani cevi, označujejo Angleži z *whistle*.
[6] Ker je bil R. Meylan praktik, je seveda preizkusil izvabiti

[4] If the duct is completely closed, there can be no expansion of the sound into the sound field.
[5] Also *whistle pipes* in English and *die Pfeife* in German. The English word *whistle* also denotes an end-stopped straight pipe with a single mouth hole and a single fingerhole on the side of the duct.

ustrezna vdolbina v kostni sredici. Po mnenju velikega raziskovalca svetovnega glasbenega instrumentarija Curta Sachsa (1940, 44 ss) so žvižgavke razvojno pred preprostimi vertikalnimi in prečnimi flavtami. Najzgodnejše podolžne žvižgavke (*whistle flutes)* so izdelane iz ptičjih kosti (Hahn in Münzel 1995). Zdi se tudi, da številne paleolitske in mlajše podolžne koščene piščali pripadajo tipu žvižgavke.

Tip žvižgavke iz prstnih členkov živali se je tipološko ohranil tudi med evropskimi etničnimi skupinami in sicer kot otroška zvočna igrača npr. v Skandinaviji, na Madžarskem in v Švici (*sl. 14.1* in *14.3)* (Sárosi 1967; Bauchmann-Geiser 1981; Moeck 1969; Lund 1985; Sevag 1969). Ton žvižgavke je odvisen od jakosti in smeri pihanja na luknjični rob.[7] Skodela ustvari

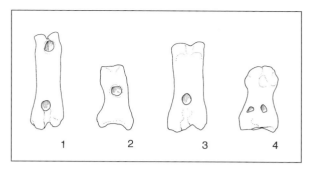

Sl. 14.2: Žvižgavke iz kosti prstnih členkov iz madžarskih paleolitskih najdišč (z eno ali več luknjicami) (Dobosi 1985). Risba Dragica Knific Lunder.
Fig. 14.2: Whistles from phalanges (with one or several holes) discovered in Hungarian Palaeolithic sites (Dobosi 1985). Drawing: Dragica Knific Lunder.

pipes of the whistle type are also the oldest pipes which can be found in Southern America, China, and Asia as well as Europe. Their development can be traced through all periods of human history from the palaeolithic age onwards (*Fig. 14.2*). It is supposed that they were produced to send warning messages and to attract or frighten animals (*Fig. 14.1*).[6] But the finger bone is not necessarily hollow. An appropriate indentation in the spongiose matter will suffice. According to C. Sachs (1940, pp. 44 on), one of the greatest authorities on the world's musical instruments, the whistle precedes both the simple end-blown and the transverse flute. The earliest vertical whistle flutes were made from bird bones (Hahn & Münzel 1995). Many bone and straight pipes of both the Palaeolithic and later ages seem to belong to the whistle type.

Instruments of the whistle type made from animal phalanges have also survived among other European ethnic groups as children's musical toys: such as examples from Scandinavia, Hungary and Switzerland (Sárosi 1967; Bauchmann-Geiser 1981; Moeck 1969; Lund 1985; Sevag 1969) (*Figs. 14.1* and *14.3*). The pitch of the whistle depends on the force and direction with which you blow across the edge of the hole,[7] below

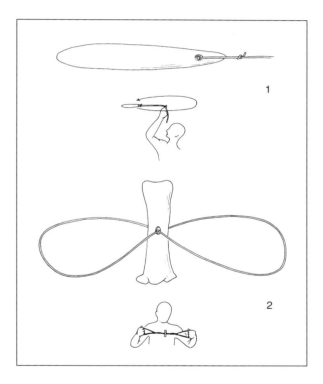

Sl. 14.3: Brnivke iz kosti (Lund 1985). 1. Mlajši paleolitik (Danska). 2. Brnivka iz metapodija svinje (Skandinavija). Risba: Dragica Knific Lunder.
Fig. 14.3: Free aerophones (bull-roarers) made of bone (Lund 1985). 1. Late Palaeolithic (Denmark). 2. Free aerophone (bull-roarer) made of swine metapodium (Scandinavia). Drawing: Dragica Knific Lunder.

---

zvoke iz jelenovega prstnega členka, ki ga hranijo v Schweizerischen Landesmuseum v Zürichu, in ugotovil, da je mogoče povsem brez truda dobiti iz žvižgavke oster in rezek ton, ki zazveni celo na meji človeku sprejemljivih frekvenc.

[7] H. Moeck (1969, 46) je opozoril tudi na skoraj povsem prezrt način rabe prstnočlenske žvižgavke, pri kateri uporabnik luknjo prekrije s prstom in tako ustvari tip piščali z jedrom. O podobni tehniki se lahko poučimo tudi v izročilu Oceanije. Pri piščalih z npr. preširoko luknjo (ustnično

---

[6] As a practical man, R. Meylan tried to produce a sound from the phalanx of the red deer kept in *Schweizerischen Landesmuseum* of Zürich and thus found out that the whistle easily produced a piercing tone which extends to the very limit of frequencies still perceptible to man.

[7] H. Moeck (1969, p. 46) also pointed to the almost completely forgotten use of the finger-bone whistle, in which the musician covers the hole with the finger, thus creating a pipe with plug. A similar technique can also be found in the traditions of Oceania. In pipes with an excessively wide hole (mouth hole), the musician places one finger from each hand into the hole and blows between them, thus manually creating the block or plug as well as the flue, which makes the action of blowing much easier (*Fig. 14.11:7*). This technique can also be employed to adjust the basic intonation of

resonančni prostor za tvorjenje zvoka. Ta tip glasbila je tudi v mlajši kameni dobi že znano resonančno telo školjke, ki pa mora biti dovolj veliko, da je mogoče vanjo trobiti. Sem sodijo tudi votli zobje, ki so lahko male žvižgavke (Galin 1988, 136).

V paleolitskih najdiščih Slovenije prstnočlenskih žvižgavk ne poznamo. Edini tovrstni primerek žvižgavk iz prstnega členka odraslega jamskega medveda iz Potočke zijalke je žal uničen (S. Brodar in M. Brodar 1983, 155). Inštitut za arheologijo ZRC SAZU hrani poškodovan primerek metapodija svinje (M. Brodar 1992, sl. 7) z dvema luknjama iz mezolitskega obdobja. Zvočni preizkus na fosilnem primerku tako žal ni bil mogoč.

Flavte delimo na vertikalne, podolžne ali kljunaste ter prečne flavte, ki jih v stilni umetnostni praksi poenostavljeno imenujemo le flavte. Podolžne piščali so lahko odprte ali krite. Na odprte se piska na priostren rob, na krite na režo ali rezilni rob ustnice glasbila, ki je lahko tudi kljunasti. Skodela ustvari resonančni prostor za tvorjenje tona.

Ustniki vertikalnih ali podolžnih in prečnih flavt (ustničnih piščali) se precej razlikujejo. Podolžne flavte, ki so po Sachsu razvojno starejše, imajo lahko na zgornjem robu piščali priostren rezilni rob ali rezilo.[8] Najenostavnejše podolžne flavte so votle cevke z ostrim ali ravno odrezanim koncem oz. robom, na katere se piska kot npr. na ključ. Ravno odrezane cevi imajo nekatere piščali iz ptičjih kosti iz paleolitskega najdišča Isturitz v Franciji. Pihalec vzbuja ton tako, da piha na oster rob cevi. Zračni tok se na robu razdeli in ustvarja v cevi (longitudinalno) valovanje, to je zvok. Več tako pripravljenih cevk skupaj, ki zvenijo vsaka v svojem tonu, tvorijo drugo najstarejše glasbilo tipa današnjih panovih piščali. Sledijo si od prazgodovinskih obdobij dalje, preko grške in rimske antike do sodobnih ljudskih glasbil. Ali so paleolitski predniki uporabljali tudi tako preprosto glasbilo, kot je snop votlih cevk, bo verjetno tudi v prihodnje težko ugotoviti.

Ne smemo pa prezreti, da je lahko enotonsko glasbilo tudi samo izvotljena cev, ki jo lahko spremenimo v dvotonsko tako, da se na enem robu piha, na drugem odprtem koncu pa zapira (krajša) z roko. Dovolj za enostavne (morda ritualne) zvočne efekte. Če cev ni odprta, potrebujemo le eno luknjo za pihanje in piščal lahko zazveni vsaj v enem tonu. O tovrstni praksi pričajo izročila prvotnih ljudstev npr. Oceanije in Afrike ter stare Amerike.

which the body of the instrument creates a resonating reservoir of air. Another example of this type of musical instrument is the resonating conch from the Neolithic, which must be big enough to be playable. Hollow teeth, which can also be used as small whistles, themselves fall into the same category. (Galin 1988, p. 136).

No whistles made of finger bones are known from palaeolithic sites in Slovenia. The only example of this type was made from the finger bone of an adult cave bear and discovered in Potočka zijalka, but unfortunately, has since been destroyed (S. Brodar and M. Brodar 1983, p. 155). At the Institute of Archeology in the Scientific Research Centre of the Slovene Academy of Sciences and Arts, there is only a damaged example of a swine metapode with two holes dating from the Mesolithic Age. (M. Brodar 1992, fig. 7). Therefore any sound testing of the fossil finds has, unfortunately, been impossible.

Flutes are divided into vertical flutes, straight or block flutes and transverse flutes, all of which are, in artistic practice, denoted simply as flutes. The straight pipes can be either open or stopped. The open ones are played by blowing from the sharpened edge, while the stopped ones are played by blowing across the apperture or sharp edge of the mouthpiece which may also be beaked. The vessel or duct itself creates the resonanating chamber where the tone is generated.

There exist considerable differences between the mouthpieces of vertical or straight flutes and transverse flutes (or edge mouthpiece pipes). Straight flutes, which C. Sachs positions early in the evolution of the instrument, may have a sharp edge on their upper end.[8] The simplest straight flutes are hollow ducts with a sharp or straight-cut end which can be played in the same way as a key. This kind of straight-cut duct can be found among vertical whistle flutes made of bird-bones, discovered at the Palaeolithic site of Isturitz in France. The musician creates a sound by blowing across the sharp edge of the duct. The air flow is divided at the mouthpiece and this creates longitudinal vibrations down the duct, the sound itself. The assembly of several such ducts, each playing in its own tone, configures the form of the panpipes, the second oldest kind of pipe, which can be found from prehistoric times onwards, through the Greek and Roman periods and right up to the folk instruments of the present day. But it is by no means straightforward to establish whether our Palaeolithic ancestors also used a similar, simple instrument made from a bundle of hollow ducts.

Neither should we ignore that the single-tone pipe may be a simple hollow duct that can be turned into a two-tone instrument simply by blowing it at one end

---

odprtino) muzikant vtakne v luknjo še po en prst vsake roke in piha v glasbilo med obema prstoma, ki tako tvorita jedro ali nos piščali ter ustnično režo, kar olajšuje pihanje *(sl. 14.11: 7)*. Vendar je to tehniko mogoče uporabljati tudi zato, da se s prsti uravnava osnovna intonacija piščali. Intonančno prilagajanje je pomembno tudi pri soigri, morda pa še iz kakšnega drugega razloga.

[8] V nemščini t. i. *das Kerb*, piščal pa *die Kerbflöte*.

---

the pipe. It is important to be able to change the intonation when playing with other musicians and also for other purposes.

[8] In German, *das Kerb*, whereas the pipe is *die Kerbflöte.*

Za podolžne flavte je lahko značilen tudi kljunu podoben ustnični nastavek (kljunaste flavte) (*sl. 14.11: 14*). Znotraj nastavka je jedro ali nos (*sl. 14.6*).[9] Po mnenju Horusitzkega (1955) in Meylana (1975) so prazgodovinski lovci preprosto napravili v sredino kostne spongioze samo luknjo (režo), kostne sredice pa niso povsem odstranili. Tako nepopolno odstranjena spongioza ima lahko vlogo nosu ali jedra piščali. Pri pihanju v nastalo režo se kost oglasi z enim tonom. Na podoben način izdelana enostavna glasbila tudi še vedno najdemo med sodobnimi ljudstvi (Eskimi, Ameriški Indijanci itd.). Prve piščali z jedrom so torej lahko piščali z nosom iz kostne spongioze, pri katerih nos usmerja zrak skozi režo[10] proti ostri ustnici piščali. Ustnice piščali iz reže iztekajoči zračni tok razdele, tako nastanejo t. i. rezilni toni. Podolžne piščali se od prečnih razlikujejo še po tem, da imajo ob zgornjem delu (danes bi rekli v glavi piščali) zračni zbiralnik. Prečna flavta nima ustnika

and simultaneously closing or stopping it at the other. When stopped, only a single hole for blowing would be necessary to make the pipe sound in at least one distinct tone. This manner of usage produces a number of simple sound combinations, which one can imagine being used in a ritualistic practise, such as that found in the heritage of the natural peoples of Oceania, Africa and ancient America.

A characteristic of straight flutes is a beak-like mouthpiece (beaked flutes) (*Fig. 14.11: 14*). Inside the mouthpiece, a block or a plug is located (*Fig. 14.6*).[9] According to Z. Horusitzky (1955) and R. Meylan (1975), prehistoric hunters simply made a hole (or a slit) in the middle of the spongiose matter which itself was not completely removed. This left the remaining spongiose itself to function as the plug or block in the mouthpiece of the pipe. By blowing through this slit in the bone, a single tone can be produced. Similar simple instruments can still be found among some contemporary natural peoples, such as the Eskimos or North American Indians. It seems fair to assume therefore that the first duct pipes may have employed just such a

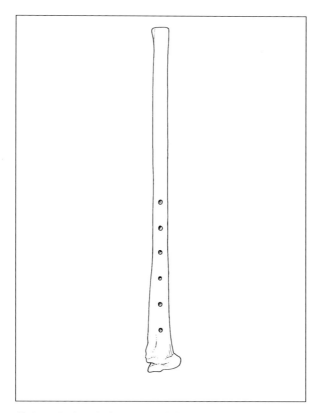

Sl. 14.4: Bolgarska koščena podolžna piščal *zafara* iz orlove ulne z ustničnim izrezom in palčno luknjo (ali brez), ki so jo izdelovali pastirji do konca 19. stoletja (Atanasov 1977). Risba: Dragica Knific Lunder.
Fig. 14.4: Bulgarian straight bone pipe, *zafara*, made of eagle wing bone, with a notch and (also without) thumbhole, crafted by shepherds until the end of the 19th century (Atanasov 1977). Drawing: Dragica Knific Lunder.

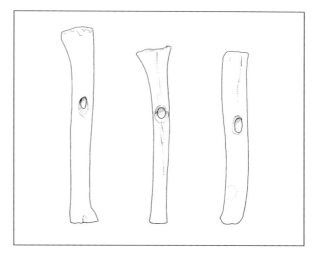

Sl. 14.5: Koščene piščali z eno luknjo za vabljenje vider (60 - 79 mm), ki so jih izdelovali švedski lovci vse do leta 1930 iz račjih, gosjih in galebjih uln in golenic; piščali so z jedrom (nosom) in brez ustničnih rež, odprt konec cevi pa se maši z roko ali prstom in tako izvablja iz glasbila različne tonske višine (Norsk Skagbruckmuseum Elverum in Norsk Folke-museum Oslo). Risba: Dragica Knific Lunder.
Fig. 14.5: Bone pipes with a single hole (60 - 79 mm) for attracting otters, crafted by Swedish hunters until 1930 from duck, goose and seagull wing bones and shin bones; the pipes have a block (or plug) but no mouthpiece notch, and the open end of the duct is closed with a hand or finger, which makes the instrument produce different pitches (Norsk Skagbruck-museum Elverum and Norsk Folkemuseum Oslo). Drawing: Dragica Knific Lunder.

---

[9] Nemško *das Kern*.
[10] V nemščini t.i. *die Kernspaltflöte*.

---

[9] *Das Kern* in German.

(ustnične odprtine) na vrhnjem robu ali tik pod njim, temveč ob strani cevi, odmaknjen od zgornjega roba. Pihanje v ustnik oblikuje zračni tok, ki pod različnimi koti (odvisno od načina pihanja vanjo) udarja v nasprotni rob ustnika in ustvarja rezilni ton.[11]

Po enciklopedičnem delu in temeljitih raziskovanjih svetovne glasbene inštrumentalne dediščine - tudi prazgodovinske - je Sachs (1940) zaključil, da sodijo najstarejše piščali v tip piščali z jedrom in režo. V tem mnenju se mu pridružuje tudi Moeck (1969, 41). Jedro ali nos lahko leži v piščali visoko, srednje ali nizko.

Votla cev zazveni v osnovnem tonu, ki ustreza dolžini piščali in ga barvajo višji delni harmonični toni. Posamične delne tone vzbujamo iz zvočnega spektra s tehniko prepihavanja,[12] s katero dobimo iz votle cevi piščali naravno tonsko vrsto alikvotnih tonov, z luknjami pa tudi druge tone, ki nastajajo ob nihajnih vozlih lukenj.[13] Z luknjami prebiralkami obogatimo torej zvočne možnosti naravne danosti piščali. Seveda pa vsako cev ni mogoče enako prepihavati. Menzura in oblika notranje odprtine piščali nadalje omogoča ali omejuje oglašanje delnih tonov.[14] Preširoke ali preozke cevi onemogočajo prepihavanje. Najustreznejše so cevi s srednjo menzuro (npr. tipa menzure današnjih vertikalnih in prečnih flavt), ki omogočajo prepihavanje večine delnih tonov. Sem sodijo tudi menzure stegnenic mladih in odraslih jamskih medvedov. Z ozirom na notranjost piščali so menzure koščenih piščali nepravilnih x-oblik[15] in jih je možno prepihavati.

Obema tipoma flavt in raznovrstnim piščalim lažje intoniranje omogočajo luknje (prstne luknje prebiralke). Osnovni ton glasbila pa je odvisen tudi od tega, kako pihalec vzbuja glasbilo (cev) k zvenenju.

Prava umetnost je tehnika postavljanja lukenj. Luknja na akustičnem mestu (mestu vozlišča valovanja zraka v cevi) omogoča zvenenje v harmonični vrsti manjkajočih tonov. Luknja ne sme biti ne premajhna (polmer vsaj 1 mm) in ne preširoka, saj je tudi s prstom ni mogoče zatesniti, pa tudi sicer se pri določeni širini osnovni ton ne oglasi več. Najpomembnejša je lega lukenj.[16] Piščali iz kosti z vdolbenimi, izvrtanimi, pretolčenimi ali vdrtimi luknjami imajo najpogosteje

spongiose plug to direct air through a slit[10] in the flute's lip. The air blown through the slit is divided in the lip of the pipe, and thus sharp-edge tones are created. Straight pipes differ from transverse pipes in that they contain an air reservoir in the upper part (what we call today, the whistle head). The transverse flute does not have a mouthpiece or mouthpiece hole either on or under the upper edge of the instrument, but instead on the side of the duct, away from the upper edge. By blowing into this transverse mouthpiece, a flow of air is created which, according to the technique of blowing, can be differently angled to strike against the opposite side of the mouthpiece to create a sharp-edge tone.[11]

At the conclusion of his vast and thorough research into the world heritage of musical instruments, a research that included prehistoric types of instrument in its scope, C. Sachs (1940) himself concluded that the very earliest pipes belonged to the type of duct pipe with block and flue. In this, he is supported by H. Moeck (1969, p. 41). The block or plug can be located at a high, middle or low position on the pipe.

A hollow duct produces a groundtone which is determined by the length of the pipe and this basic sound can be enriched by exploring the harmonics of the same tone. Individual harmonic tones can be produced through the simple technique of overblowing,[12] with which a natural range of aliquot tones can be produced from the hollow duct of a pipe, and in addition, a further range of tones can be produced at the oscillation knots by playing on the fingerholes.[13] Thus fingerholes enlarge the sound-producing capacity of the pipe. But overblowing cannot be applied to every ducted instrument in the same way. The internal proportion, or mensure, and shape of the inner cylinder of the pipe can either contribute to or diminish the possibility of harmonic production.[14] If a duct is excessively wide or excessively narrow, then the possibility of overblowing is excluded. Most appropriate are ducts with an even mensure (as are, for example, the proportions of present-day vertical and transverse flutes) which allows most of the tonal harmonics to be overblown. We find such appropriate mensure in the thighbones of young and adult cave bears. And apropos of the interior form, the internal proportion of a bone

---

[11] Vendar prečna flavta zagotovo ni sodobna evropska iznajdba. Raymond Meylan (1975, 21) navaja najdbe iz Iraka (Tape Gawra, 3000 - 4000 pred našim štetjem) več piščali iz kosti, ki nedvomno sodijo med predhodnice prečne flavte, ki so enostransko zaprte in s šestimi luknjami. Nadaljnja raziskovanja bodo pokazala, če predhodnice prečnih flavt lahko iščemo tudi v evropski ledenodobni preteklosti.

[12] Čim močneje se piha, višji alikvotni ton se oglasi.

[13] Tako piščal zazveni v frekvenci dolžine piščali do pokrite luknje prebiralke.

[14] Čim krajša je cev, tem višji toni se oglase.

[15] Konično eksvertirane ali konično invertirane so vse naravne piščali, npr. živaski rog.

[16] Najpreprostejši danes znani ljudski instrumenti imajo luknje

---

[10] *Die Kernspaltflöte* in German.

[11] The transverse flute, though, is not a modern European invention. According to R. Meylan (1975, p. 21) several end-stopped bone pipes with six fingerholes have been found in Iraq (Tape Gawra, 3000 - 4000 BC) and these are clearly predecessors of the transverses flute. Further research will reveal if the predecessors of the transverse flute dating from Ice Age can also be found in Europe.

[12] The harder you blow, the higher the harmonics.

[13] Thus the pipe sounds in the frequency of its length as far as the fingerhole.

[14] The shorter the duct, the higher the tone.

eno, dve ali tri luknje. Pogosto dve na eni strani in eno luknjo na drugi strani piščali, kar omogoča tudi igro (pokrivanje prebiralk) zgolj s prsti ene roke. Enoročna igra se izkaže še posebej pripravna pri obrednih opravilih. Vendar so lahko luknje na kosteh iz paleolitske dobe tudi brez glasbenega pomena, na kar je opozarjal Moeck (1969, 51). Tudi Sachs (1940; 1962) opozarja na "neglasbena razmišljanja" pri tej problematiki. Še zlasti pri glasbilih, ki so del obrednega inštrumentarija, ne oziraje se na časovno in prostorsko opredeljenost piščali. Lega lukenj je lahko tudi povsem slučajna, torej so luknje postavljene nesistematično. Drugič spet zunanji izgled piščali ni pomemben ali pa imajo luknje na njej lahko okrasno vlogo, četudi spremenijo višino osnovnega zvena votle cevi (Sachs 1940, 43). Tonska višina ni nujno pomembna. Tako nas učijo civilizacije naravnih ljudstev. Pomemben je "nevidni zven", ki prihaja iz piščali in je opredeljen kot "vsemočni duh" stvarstva ali prednika. Zvočilo lahko služi zgolj za proizvajanje enega samega tona, ki je tonsko izredno učinkovit, če je ritmiziran, kadar muzicirata dva ali celo več ljudi hkrati s podobnimi enotonskimi zvočili, je nastali zvok že dovolj bogat, da bi bilo uvajanje novih zvočnih višin tudi povsem odveč. Po Sachsu (1940, 44) naj bi najzgodnejše piščali zvenele z enim samim tonom, prebiralke pa naj bi uvedli mnogo kasneje. Naravna ljudstva uporabljajo pri muziciranju s tako preprostimi glasbili še tehnike barvanja zvoka z samoglasniki (petje samoglasnikov v cev), ki dodatno bogatijo dobljene tone. Vemo pa, da je največja moč transcendentalnega zvoka v njegovem konstantnem ponavljanju in ritmiziranju določene frekvence. Več pihalcev skupaj ustvari še bogatejši zvočni spekter frekvenc, ki zvenijo različno. Pomembno je zvočno bogastvo različnosti. Zato je lahko

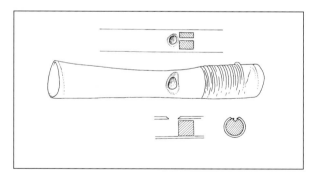

Sl. 14.6: Piščal za vabljenje vider iz račje golenice (60 mm) z jedrom; osrednji nos piščali je iz voska (Haugesund Museum, Haugesund). Risba: Dragica Knific Lunder.
Fig. 14.6: Pipe for attracting otters, made of duck shin bone (60 mm) with block; the central plug of the pipe is made of wax (Haugesund Museum, Haugesund). Drawing: Dragica Knific Lunder.

postavljene na četrtini, polovici in na tričetrtini cevi, z njimi lahko vzbujamo osnovni ton, oktavni ton in duodecimo).

pipe is of an irregular x-shaped mensure [15] that itself does permit overblowing.

In both flute types and the various types of pipe, the judgement of pitch or intonation is made possible by the holes in the duct itself, which is to say, fingerholes. The groundtone of an instrument also depends on how the player makes the instrument (or the duct) resound.

The task of positioning the holes is very demanding. A hole at an acoustic point (the point where a knot appears) allows for the production of a harmonic range of missing tones. The holes must be neither too small - the minimum should be at least 1mm in diameter - nor too big to be closed with a finger and so to interfere permanently with the basic groundtone. The position of the holes themselves is, therefore, of the utmost importance.[16] Bone pipes usually have one, two or three holes variously hollowed out, drilled, punched through or otherwise perforating the bone material. Usually, these are distributed with two on one side of the pipe and one on the other which enables the musician to perform the action of opening and closing the fingerholes with one hand only. The one-hand technique is particularly practical during rituals. But the holes in Palaeolithic bones may not have a musical significance, a fact which was pointed out by H. Moeck (1969, p. 51). C. Sachs (1940; 1962) also draws attention to related "non-musical issues", particularly in respect of instruments whose use is connected with ritualistic practise regardless of where or when it was made. The position of the holes may be completely arbitrary and unsystematic. In others, the external appearance of the pipe can be of no relevance to its musicality, and the holes themselves are limited to a decorative function, whether or not they change the pitch of the groundtone of the duct (Sachs 1940, p. 43). The pitch is not necessarily important, as is evident from the cultural practise of natural peoples. What is significant is the "invisible sound" emanating from the pipe, which is purported to be the "omnipotent spirit" of Creation or of an ancestor. The function and efficiency of the instrument may, in this way, be limited to the production of a single rhythmical tone. If two or more musicians play together on similar single-tone instruments, they produce a sufficiently rich sound and the introduction of new sound pitches becomes redundant. According to C. Sachs (1940, p. 44), the earliest pipes were limited to single tone production and fingerholes were introduced at a much later date. In playing music with such simple instruments, natural peoples employ vocal techniques (vocalising into the duct) in order to enrich

---

[15] All natural pipes such as animal horns, are either conically extroverted or conically introverted.

[16] The holes on the most simple folk instruments known today are arranged along one-quarter, half or three-quarters of the length of the duct and produce the groundtone, octave tone and duodecimo respectively.

iskanje tonskih višin paleolitskih piščali povsem odvečno in nepotrebno delo.

Luknja v kosti nas lako tudi zavede: morda je bila namenjena le za obešanje kosti (ritualnega predmeta?) okoli vratu. Vendar nas piščali iz Oceanije npr. učijo, da so luknje za obešanje vedno manjše od prstnih ali se nahajajo na legah zunaj niza lukenj prebiralk ali na obeh straneh ustnika (podolžne) piščali.

Luknje, ki imajo funkcijo ustnika, morajo imeti ostre robove, prstne luknje pa ne nujno. Luknje prebiralke so lahko tudi povsem nepravilnih oblik (Meyer 1969, 36). Po raziskavah Moecka (1969, 53) so prstne luknje lahko okrogle, izdolbljene navpično v steni piščali (take so najpogostejše), okrogle z ostrganino, (take so predvsem arheološke najdbe iz paleolitika, neolitika in starega Rima), nadalje okrogle in poševno vdolbljene v steno piščali (najpogostejše v Evropi in Aziji), ovalne in celo oglate (predvsem v Južni Ameriki, v Oceaniji in v Sredozemlju). Tudi ni nujno, da bi morale razdalje med luknjami ustrezati razmikom prstov na roki. Še zlasti, če ima piščal le dve prebiralki, saj bi piskavec lahko prijel vsako luknjo z enim prstom obeh rok.

Ustnik (*labium*) ali ustnična luknja oz. odprtina mora biti ustrezno obdelana. Rob ustnika mora biti dovolj oster, da je mogoče s pihanjem nanj ustvariti rezilni ton. Ustnik podolžnih piščali mora imeti gladek izrez ali oster (odrezan) rezilni rob cevi. Tako ravno odrezane kosti, kjer je morda še mogoče razpoznati morebitne ustnične zareze oziroma izreze ovalnih oblik, lahko vidimo tudi na paleolitskih piščalih iz votlih labodjih kosti iz aurignacienskih in gravettienskih plasti najdišča Isturitz v francoskih Pirenejih. Žal so tudi že poškodovane in zalomljene. Zareze in izrezi bi utegnili biti prvotno ustnični nastavki piščali. Če bi slednje držalo, bi isturiške piščali lahko uvrstili med podolžne piščali z ustničnimi izrezi (Buisson 1990, 424, sl. 2; 425, sl. 3: 4, 6 - 8; 426, sl. 4: 1, 2, 6, 8; 427, sl. 5: 1, 2).

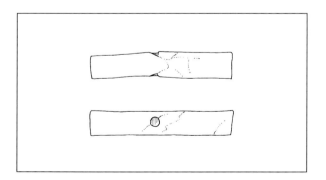

Sl. 14.7: Koščene piščali iz ženskega groba (9. stoletje, 54 mm, Stavanger Museum, Stavanger). Risba: Dragica Knific Lunder.
Fig. 14.7: Bone pipes from a woman's grave (9th century, 54 mm, Stavanger Museum, Stavanger). Drawing: Dragica Knific Lunder.

the sound. We know that the strongest characteristic of ritualistic music is the constant repetition and rhythmic playing of a given frequency. A group of several musicians together create a greater range of different sound frequencies. What is important is an extensive variety of sound. The search for different pitches in Palaeolithic pipes may therefore prove a futile task.

The existence of a hole in the bone may itself be misleading: it may have been made merely to hang the bone (which itself may merely have been a ritual object) around the neck. Among the pipes from Oceania we find that the holes made for hanging an object are always smaller than fingerholes and located either outside the line of the fingerholes or on both sides of the mouthpiece of the (straight) pipe.

In the mouthpiece hole, the edge of the slit must always be sharp, but this kind of finish is optional for the fingerholes. The shape of the fingerholes may even be irregular (Meyer 1969, p. 36). According to research conducted by H. Moeck (1969, p. 53), fingerholes may be round and are, in most cases, hollowed out vertically through the wall of the pipe, they may be round and scraped into the pipe (such examples abound among archeological finds from the Palaeolithic, Neolithic and ancient Roman Period); or, they may be round and hollowed into the side of the pipe at an angle (such examples are common in Europe and Asia); or they may be oval or even angular as is commonly found in instrument types from South America, Oceania and the Mediterranean. The distance between holes does not necessarily correlate to the distance between the fingers of one hand. This is particularly the case in pipes where we find only two fingerholes which can be closed only with a finger of either hand.

The mouthpiece (*labium*), mouth-hole or mouth opening must be of a suitable shape. The edge of the mouthpiece must be sufficiently sharp to produce a sharp-edge tone when blown. The mouthpiece of straight pipes must have either a smooth slit or sharp (cut-off) edge. We can recognise these kind of bones with straight, cut-off edges, bearing evidence of what may have been a mouthpiece notch or oval slit, among the palaeolithic pipes made from hollow swan bones which were discovered in the Aurignacian and Gravettian layers at Isturitz in the French Pyrenees. Unfortunately, all these examples are damaged or broken. Nevertheless, such notches and slits may have originally functioned as the mouthpieces of pipes. If this is true, the Isturitz pipes can be classified as straight pipes with mouthpiece slits (Buisson 1990, p. 424, fig. 2; p. 425, fig. 3: 4, 6 - 8; p. 426, fig. 4: 1, 2, 6, 8; p. 427, fig. 5: 1, 2). Similar slits can also be found in pipes from the Aurignacian layer at Geissenklösterle (Hahn & Münzel 1995, p. 9, fig. 4). The oval slits themselves often appear to be merely half-holes and are mostly defined as such by archaeologists.

The mouthpiece may be located on the same side

Podobne izreze lahko opazimo tudi pri piščalih iz aurignacienske plasti najdišča Geissenklösterle (Hahn in Münzel 1995, 9, sl. 4). Pogosto so videti ovalni izrezi tudi bolj kot polovične luknje in jih arheologi tako tudi označujejo.

Ustnik se lahko nahaja na isti strani kot luknje prebiralke, kar je pri današnjih piščalih sicer običajno ali pa tudi ne. Tako Moeck kot tudi Sachs (Moeck 1969, 46, navedbe po C. Sachsu) menita, da ustnika okroglih oblik zagotovo ne najdemo na piščalih iz kosti, ker je tehnika igre nanj prezahtevna.

Piščali (tudi koščene) imajo torej lahko luknje (najpogosteje od 1 do 6, v paleolitiku od 1 do 5), so brez njih ali imajo eno samo. Moeck (1969, sl. 49) meni, da so piščali z luknjami prav tako med najstarejšimi glasbili. Sem lahko uvrstimo tudi aurignacienske in gravettienske piščali. Vendar se zastavlja novo vprašanje: ali gre za tip glasbil, iz katerih se izvablja harmonska tonska vrsta s tehniko prepihavanja, glasbila pa imenujemo naravnotonske piščali (in flavte),[17] imajo le nekaj prstnih lukenj ali nobene ali pa gre za piščali, ki jim pravimo osnovnotonske piščali[18] in zvenijo v osnovnih tonih dolžine cevi in v dolžinah cevi do prebiralk, ki pa se lahko oglašajo tudi v oktavni prestavitvi. Oba tipa se razlikujeta tudi po številu in legi lukenj prebiralk in palčnih lukenj. Moeck (1969, 69 s) je prepričan, da je v Evropi zagotovo že od kamene dobe poznan starejši tip, to je osnovnotonska piščal, pri kateri luknje prebiralke leže visoko[19] v cevi.[20] Tipa naravne tonske piščali iz kosti skoraj ni najti. Paleolitske in neolitske piščali imajo največ pet lukenj, kar pa tudi pomeni, da omogočajo že široke možnosti zvenskega izražanja.

Vmesni tip med naravnotonskimi in osnovnotonskimi piščalmi tvorijo piščali z več luknjami ali eno samo luknjo na sredini cevi.[21] Koščene piščali z luknjo na sredi kosti so v paleolitiku pogoste. Piščali z možno luknjo na sredini kažejo fragmenti koščenih glasbil iz najdišča Isturitz (Buisson 1990, sl. 3: 3, 4, 8; sl. 4: 2 in 9), morda pa tudi npr. fragment iz Mokriške jame (M. Brodar 1985, t. 5: 8). Piščali z luknjo na sredini so lahko odprte enostransko ali obojestransko.

Poseben tip glasbil so piščali s palčno luknjo, navadno na zadnji strani. Med najstarejšimi piščalmi s palčno luknjo naj bi bila po Moeckovem mnenju piščal iz votle ptičje kosti iz najdišča Isturitz.[22]

as fingerholes, which is also a common characteristic of present-day pipes, but this is not always so. Both H. Moeck and C. Sachs (Moeck 1969, p. 46, quoting Sachs) maintain that the rounded mouthpiece cannot be found on bone pipes, because the technique of playing that it demands is too demanding.

Pipes (including those made of bone) may therefore be divided into those with holes (generally between one and six, whereas the Palaeolithic pipe has between one and five), and those without holes or with only a single hole. H. Moeck (1969, Fig. 49) holds that pipes with holes rank among the earliest musical instruments, and he includes the Aurignacian and Gravettian pipes. But here another question arises: were these instruments with few or no fingerholes, on which harmonics could be produced by overblowing, instruments which could therefore be classified as natural-tone pipes and flutes;[17] or were they pipes whose fingerholes were used to produce different octaves, which is to say groundtone pipes,[18] that produced a groundtone respective to the length of the duct? These two types differ according to the number and position of the fingerholes and thumbholes. H. Moeck (1969, pp. 69 s) is convinced that the early type of groundtone pipe with fingerholes placed high [19] in the duct has certainly been known to European man since the Stone Age.[20] Practically no bone pipes of the natural-tone type are known. Palaeolithic and Neolithic pipes themselves have five holes at most, which means that they offer a relatively wide range of possibilities for musical expression.

An intermediate type between natural-tone and groundtone pipes are those with either several holes or only a single hole in the middle of the duct.[21] It is common to find one hole midway down the bone among Palaeolithic bone pipes. Pipes with what appears to be a central hole can be found among the fragments of bone instruments discovered in Isturitz (Buisson 1990, fig. 3: 3, 4, 8; fig. 4: 2 and 9), and it may be the same kind of central hole that we find in the fragment discovered in Mokriška jama (M. Brodar 1985, Table 5: 8). Such pipes, with a single midway perforation, have two options for playing, as both open and stopped pipes.

Pipes with a thumbhole, which is usually located behind, belong to a special type. According to Moeck, a pipe made from a hollow bird bone which was discov-

---

[17] Nemško *Die Obertonflöte*.

[18] Nemško *Die Grundtonflöte*.

[19] Višje in nižje ležeče luknje opredeljujemo glede na zgornji in spodnji konec piščali. Zgornji konec je pri glavi glasbila, to je tam, kjer je ustnična odprtina.

[20] Tip naravne tonske vrste naj bi bil mlajši in naj bi imel nižje ležeče prebiralke, ohranil pa se je v ljudskem izročilu do danes, celo v prazgodovinskih različicah pa v Skandinaviji.

[21] Danes so najbolj priljubljene med ljudskimi glasbili vzhodne Evrope, Balkana in Azije.

[22] Morda je avtor imel v mislih piščal, ki jo objavlja Dominique

---

[17] *Die Obertonflöte*.

[18] *Die Grundtonflöte*.

[19] High and low holes are defined according to the upper and lower end of the pipe. The upper end is that of the head of an instrument, which is to say where the mouthpiece, or mouth hole, is located.

[20] The natural-tone type is supposed to be of a later date and has low fingerholes. It survives in folk heritage, while its prehistoric antecedents are still in use in Scandinavia.

[21] Today, these kind of folk instruments are most popular in Eastern Europe, the Balkans and Asia.

Piščali se razlikujejo tudi po legi palčne luknje. Lahko so visoko, srednje ali nizko ležeče. Piščali iz Isturitza je Moeck prisodil visoko stoječo palčno luknjo.[23] Moeck (1969, 70) nas spomni na francoski *flageolet* z dvema palčnima luknjama (tipa osnovno-tonske piščali), katerega predhodnike vidijo muzikologi v srednjeveških koščenih flavtah, ki zagotovo kot človekova domislica izhajajo iz staroveških in

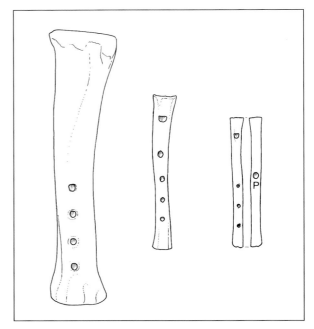

Sl. 14.8: Piščali iz goveje kosti (257 mm) iz Hollingdala, iz ovčje ali kozje (152 mm) in zajčje kosti (129 mm) z visoko-ležečo palčno luknjo (Norsk Folkemuseum, Oslo). Risba: Dragica Knific Lunder.
Fig. 14.8: Pipes made of cattle bone (257 mm) from Hollingdale, of sheep or goat bone (152 mm) and rabbit bone (129 mm) with a high thumbhole (Norsk Folkemuseum, Oslo). Drawing: Dragica Knific Lunder.

ered at Isturitz could possibly be one of the earliest pipes to have a thumbhole.[22]

Pipes also differ according to the position of the thumbhole, which may be high, midway or low. H. Moeck supposes the Isturitz pipe to be an example of a pipe with a high thumbhole.[23] H. Moeck (1969, p. 70) draws our attention to the French *flageolet*, a small groundtone pipe with two thumbholes, the predecessor of which is, according to prevalent musicological opinion, the medieval bone flute, which, as a human invention undoubtedly originates among ancient and prehistoric instruments and whose relatives can be traced among contemporary folk instruments. In the Middle Ages, the *flageolet* was also called the *petit tibies*, as it was originally made from animal tibia, the shinbone, or from the bones of birds.[24] It is also of some interest to note as well that W. Meyer (1969, p. 34) observes among

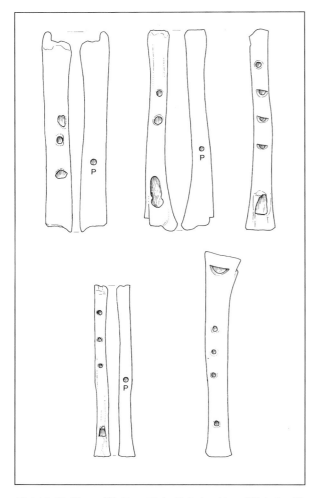

Sl. 14.9: Koščene piščali s palčnimi luknjami iz ovčjih in kozjih kosti (okoli 1300, Trömso Museum, Trömso). Risba: Dragica Knific Lunder.
Fig. 14.9: Bone pipes with thumbholes, made of sheep and goat bones (around 1300, Trömso Museum, Trömso). Drawing: Dragica Knific Lunder.

Buisson (1990, 427, sl. 5)

[23] Visokostoječa palčna luknja je v ljudski in umetni instrumentalni praksi danes najpogostejša, dve palčni luknji - za oba palca - pozna le evropska glasbena praksa. Primer koščene piščali iz bronaste dobe (Corcelettes-Grandson, ki jo hrani Historischen Museum v Bernu) ima nizko ležečo palčno luknjo, znamenita koščena piščal iz Wartburga iz 12. stoletja pa npr. srednjeležečo luknjo.

[22] The author may have meant the pipe made public by D. Buisson (1990, p. 427, fig. 5).
[23] The high thumbhole is today the most common in folk and artistic musical practice, while to have two thumbholes for both thumbs is known only in European musical practice. The example from the Bronze Age (Corcelettes-Grandson, kept in *Historisches Museum* of Bern) has a low thumbhole, while the well-known 12th century bone pipe of Wartburg has a middle thumbhole.
[24] In 19th century, they were modernised with keys and the

prazgodovinskih glasbil in jim še danes lahko najdemo vzporednice v ljudskem glasbenem inštrumentariju. *Flageolets* so imenovali v srednjem veku tudi *petit tibies*, ker so bili sprva izdelani iz živaskih tibij, to je golenic, ali ptičjih kosti.[24] Zanimiv je tudi Meyerjev podatek (Mayer 1969, 34), da so v Švici izdelovali koščene piščali tudi le iz koščenih diafiz. Epifize so izdelovalci odstranili. Je podobno napravil tudi fosilni človek in vseh epifiz z okoliško kostno sredico le niso odgriznile zveri?

Tudi Moeck (1969, 42 s) meni, da piščalne tipe iz starejših kultur najdemo v ljudskem izročilu v povsem zgodovinskih in prazgodovinskih (izvirnih?) oblikah (*sl. 14.7* in *14.11*), pa tudi v različicah s kasnejšimi oblikovnimi spremembami in uvedbami.

Najdbe iz paleolitika so potrdile izdelavo glasbil tako iz medvedjih stegnenic (femurjev), golenic (tibij) in votlih ptičjih kosti (orla, laboda). Glasbila grške antike, rimskega cesarstva in srednjeveške najdbe vse tja do pričevanj ljudskega izročila zadnjih stoletij potrjujejo obstoj piščali iz celih golenic ali diafiz dolgih cevastih kosti raznih vrst sesalcev, vključno človeka in ptičev (*sl. 14.4 - 14.6; 14.8* in *14.9*).

Piščali oziroma njihovi odlomki iz paleolitskega najdišča Geissenklösterle v Nemčiji (Hahn in Münzel 1995) bi po mojem mnenju lahko pripadali eni sami piščali z ravno odrezanima koncema in morda trikotnim ustničnim izrezom, zareze na njej pa bi lahko služile za drgnjenje ali strganje po (enoročni?) piščali in torej za doseganje dodatnih zvočnih efektov, kar sta omenila (oziroma citirala) tudi oba avtorja članka. Piščal z ustničnim izrezom bi utegnila biti tudi cevasta kost z luknjo iz paleolitskega najdišča Goyet v Belgiji, piščali s palčnimi luknjami pa morda primerki iz paleolitskih najdišč Pas de Miroir v Franciji in Pekárne na Moravskem (glej Turk in Kavur, ta zbornik, *sl. 12.1: 10*).

14.3. REKONSTRUKCIJA DOMNEVNIH PIŠČALI IZ MEDVEDJIH ČELJUSTNIC IZ POTOČKE ZIJALKE IN MOKRIŠKE JAME

Med svojevrstne oblikovne izjeme sodijo domnevne paleolitske piščali iz mandibul jamskih medvedov iz Potočke zijalke ter Mokriške jame (S. Brodar in M. Brodar 1983; M. Brodar 1956). Piščali iz spodnjih čeljustnic jamskega medveda so slovenska posebnost in so naravno glasbilo! Mandibularni kanal je naravna cev zvočila, *foramen mandibulae* (čeljust-

the examples of prehistoric instruments from Switzerland, there exist pipes made from only the diaphysis of the bone, and that the epiphysis had been completely removed. Is this a fair explanation of the mystery of the missing epiphyses and spongiose in prehistoric instruments: they were not chewed off by animals as has been supposed, but deliberately removed by the instrument makers?

H. Moeck (1969, pp. 42 on) agrees that types of pipe from ancient cultures can still be found among traditional folk instruments in their historic, or even prehistoric form - possibly the original form? - or where they have been modified to assimilate later alterations of design and other innovations (*Figs. 14.7* and *14.11*).

Palaeolithic finds have confirmed that instruments were produced from the thighbone or femur of the bear, also from the shinbone or tibia and from the hollow bones of birds, generally the eagle or the swan. Similarly, we find pipes from ancient Greece, the Roman Empire, the Middle Ages and the folk traditions of recent centuries that are also made from whole shinbones or from the diaphysis of limb bones of various mammals including man, and birds. (*Figs. 14.4. - 14.6; 14.8* and *14.9*)

The pipes and the fragments of pipes from the palaeolithic site of Geissenklösterle in Germany (Hahn & Münzel 1995) could, in my opinion, belong to a single kind of pipe with cut-off ends and possibly a triangular mouth-slit, and the marked incisions along the duct (of a one-hand pipe?) may have been made to be rubbed or scraped in order to produce additional sound effects, which is also mentioned (or quoted) by the authors of the article. A limb bone with a hole from the Palaeolithic site of Goyet in Belgium could also belong to this same type of pipe with mouthpiece. Finds from the Palaeolithic sites of Pas du Miroir in France and Pekárna in Moravia are possibly pipes with thumbholes (cf. Turk & Kavur, in this volume, *Fig. 12.1: 10*).

14.3. THE RECONSTRUCTION OF SUPPOSED PIPES MADE FROM BEAR MANDIBLES, AS FOUND IN POTOČKA ZIJALKA AND MOKRIŠKA JAMA

The finds that appear to be Palaeolithic pipes made from the mandible of the cave bear, such as were discovered in Potočka zijalka and Mokriška jama, are special exceptions in terms of the shape itself (S. Brodar & M. Brodar 1983; M. Brodar 1985). Pipes made from cave bear mandibules are a Slovene peculiarity and are natural musical instruments. The mandibular canal forms the natural duct of the instrument, while the *foramen*

---

[24] V 19. stoletju jih modernizirajo z luknjičnimi poklopci in Böhmovo mehaniko. V francoskih orkestrih služijo do prve polovice 20. stoletja.

Boehm system. They were still used in French orchestras until the first half of 20th century.

nična odprtina) je naravni ustnik (ustnični izrez) z ostro zglajenima robovoma v obliki črke V. Vsaka mandibula, ki ima odbit rogelj, kar omogoča pihalcu dostop do čeljustnične odprtine in pihanje v kanal, je že lahko glasbilo - nekakšna podolžna piščal, ki zazveni v dveh tonih, saj ima kost tudi naravno nizkoležečo palčno luknjo, to je bradno odprtino (*foramen mentale*) ovalne oblike v kostni kompakti pod medzobno vrzeljo (*diastema*) med kaninom in premolarjem (*sl. 14.10*). Vsaka nadaljnja luknja poveča zvočne možnosti še za dva tona. Nekaj centimetrov daljša rekonstrukcija domnevne piščali iz Potočke zijalke (desna čeljustnica s tremi umetnimi luknjami)[25] je izredno lepo in jasno zazvenela v sedmih različnih tonskih višinah. V naši notaciji bi jih zapisali: g^1, c^2, cis^2, d^2, dis^2, g^2. Dva prijema sta enako zazvenela. Čeprav je videti, da je bil rogelj lahko nedavno odlomljen, približno 1-centimeterski podaljšek v smeri roglja še ne vpliva na oblikovne značilnosti glasbila. Tovrsten tip lahko potrjujejo tudi številni drugi fosilni primerki z odlomljenim ali odbitim rogljem iz naših visokogorskih paleolitskih lovskih postaj.

Če ima čeljustnica rogelj, se kost lahko oglasi kot trobilo v naravni tonski vrsti delnih tonov (do štirih alikvotov) - luknje v steni kanala tedaj ne vplivajo na zven. Tovrstnih primerkov je veliko. Zastavlja se vprašanje, ali in kdaj je človek pričel uporabljati mandibule jamskega medveda kot zvočila ali glasbila naravnih zvočnih možnosti. Je slučajno odkrito (ob srkanju kostnega mozga?) postalo zavestno odkrivano, izdelano in rabljeno? Je glasbila te vrste odkril že neandertalski prednik? V primeru glasbil iz čeljustnic jamskega medveda z luknjami imamo opraviti z izjemnimi najdbami v evropskem in svetovnem merilu, saj podobnih piščali niso našli nikjer drugje na svetu (tri izjeme le na Hrvaškem) (Malez 1958 - 1959),[26] gre pa tudi za svojstven tip glasbil.

mandibulae (the opening that leads to the manibular canal) is a natural mouthpiece, or mouthpiece slit, with sharp V-shaped edges. Any mandible with a broken ramus, which gives the musician access to the aperture in the jaw and thus allows him to blow directly into the mandibular canal, can be used as a musical instrument of the (straight) pipe type. It can be made to sound in two tones, because the bone also has a naturally low thumbhole, in the shape of the (multiple) chin orifice, or *foramen mentale*, which is oval in outline and located in the bone mass under the gap (or *diastema*), between the canine and premolar tooth (*Fig. 14.10*). Any other hole increases the sound capacity by two tones. A reconstruction of the supposed pipe from Potočka zijalka, a right mandible with three arteficial holes,[25] was only a few centimetres longer than the original and gave a beautiful and clear sound in seven different pitches, namely, in modern notation: g^1, c^2, cis^2, d^2, dis^2 and g^2. (Two different finger positions yielded the same note). Although, on the original, the ramus appears to have been broken off recently, the approximately one centimetre long elongation that its presence would imply does not change the characteristics of the instrument's form. The existence of this type is confirmed by numerous other fossil examples with a fractured or broken-off ramus that have been discovered in Slovene Palaeolithic highland hunting stations.

If the mandible includes the ramus, it produces sound like a brass instrument to play a natural scale up four harmonic tones, and, in the case of this instrument, the holes in the wall of the canal do not change the sound. There is a great number of such finds and so the question arises as to precisely when if at all man began to use the bear mandible as a musical instrument to make natural sounds. Did what might have been accidentally discovered perhaps as the marrow was sucked out, become something to be explored, crafted and used deliberately? Or was it a discovery that had been made already by our Neanderthal ancestors? These cave bear mandible musical instruments with holes are exceptional, as no similar find has been discovered, with the exception of three examples from Croatia (Malez 1958 - 1959),[26] either in Europe or anywhere else in the world, and as such they represent a special type of musical instrument.

---

[25] V letih od 1984 - 1996 sva s soprogom, strojnim inženirjem in flavtistom ter prav tako praktičnim poznavalcem ljudskih glasbil Matijo Terlepom zvočno preizkusila številne fosilne kosti z luknjami, ki jih hrani Inštitut za arheologijo ZRC SAZU. Oglasile so se tudi kosti, čeljustnice in fragmenti predvsem iz Mokriške jame in Potočke zijalke (glej razpravo v *Etnologu* LVII/6).

[26] Nekateri arheologi so domnevnim piščalim iz mandibul jamskega medveda oporekali, češ da gre za patološko nastale luknje (npr. Hahn in Münzel 1995; Seewald 1935; Horusitzky 1955; Moeck 1969) in tako mandibule z luknjami kot dvomljive piščali citirajo tudi enciklopedije. Dvom je tudi razumljiv, saj do danes ni bilo opravljenih nobenih obsežnejših praktičnih preizkusov z objavami rezultatov.

---

[25] From 1984 to 1996, my husband, Matija Terlep, a mechanical engineer, flautist and also a connoisseur of folk instruments, and I sound tested numerous perforated fossil bones kept at the Institute of Archeology at the Scientific Research Centre of the Slovene Academy of Sciences and Arts. The bones, mandibles and fragments which produced sounds had mostly been discovered in Mokriška jama and Potočka zijalka (cf. article in *Etnolog* LVII/6).

[26] Some archeologists have denied that cave bear mandibles could be pipes, arguing that the holes had been pathologically created (i. e. Hahn & Münzel 1995; Seewald 1935;

14.4. REKONSTRUKCIJA DOMNEVNE PIŠČALI IZ DIVJIH BAB I[27]

Domnevna piščal iz Divjih bab I oblikovno ni izjemna (glej Vértes 1955; Turk in Kavur v tem zborniku). Je precej podobna koščenim piščalkam, celim in fragmentiranim, kakršne najdemo v različnih obdobjih od paleolitika dalje in na različnih koncih sveta. Izjeda na posteriornem distalnem koncu kosti bi utegnila biti tudi le polkrožni izrez za ustnični nastavek podolžne piščali. Čeprav ima nepravilne oblike, lahko odlično služi kot ustnik podolžne piščali, saj je njen rob dovolj oster in omogoča nastanek rezilnega tona. Na enem mestu je rob celo poševno oblikovan, kar je ustničnemu nastavku celo v prid. Možno je piskati na zunanji in notranji rob cevi. V primeru podolžne piščali mora biti glasbilo seveda v predelu epifiz prečno odrezano in sredica odstranjena. V tem primeru bi kost imela na posteriorni strani dve luknji, v skrajnem primeru tri, če je polovična proksimalna luknja na isti strani nastala iz cele luknje zaradi kasnejšega preloma v njenem predelu (*sl.14.12*).

Če je imela prvotna koščena piščal ohranjeno spongiozo v predelu ene epifize, bi domnevno glasbilo lahko bilo tipa današnje enostransko krite piščali, lahko z režo v spongiozi (nosu piščali). Horusitzky (1955) in Meylan (1975) prištevata piščali paleolitskih lovcev med pihala tovrstnega tipa. Če pa je imela ohranjeno spongiozo v predelu obeh epifiz, bi bila lahko tipa skodelaste piščali z dvema prebiralkama ali le eno samo in eno ustnično odprtino (na sl. *14.12* luknja 1 ali 3), če upoštevamo le ohranjeni luknji. Lahko bi bila tudi tipa prečne flavte z ustnično odprtino (luknja 1) in dvema prebiralkama oziroma eno prebiralko, če polovično ohranjene luknje ne upoštevamo. Skromni ostanki spongioze na obeh koncih naše piščali iz Divjih bab I lahko govorijo tovrstni piščali v prid, vendar se epifizna konca nista ohranila.

Če globok prelom na anteriornem distalnem delu diafize, ki se konča pod distalno luknjo na nasprotni strani, razumemo kot prelom do prvotne luknje na zadnji strani piščali, ki v tem primeru ne bi bila povsem okrogle oblike, bi piščal iz Divjih bab I utegnila biti piščal z visokoležečo palčno luknjo podolžnega ali prečnega tipa.

Kost ima trdno steno, ustrezno menzuro sicer x-oblike, spongioza je očiščena. Ostanki kostne sredice so le na obeh straneh diafize, kar lahko govori v prid prvotno zaprti piščali tipa žvižgavk z eno do dvema prebiralkama in eno ustnično luknjo. V predelu epifiz zaprta cev se seveda oglaša v drugačnih frekvencah kot odprta. Vsako podaljševanje menzure zniža ton piščali.

Čeprav luknje niso povsem okroglih oblik, so lahko uporabne kot prebiralke ali ustnične odprtine. Domnevno glasbilo bi lahko uvrstili tudi med podolžne

14.4. THE RECONSTRUCTION OF THE SUPPOSED PIPE FROM DIVJE BABE I[27]

The supposed pipe that was discovered in Divje babe I is not exceptional in its form and greatly resembles bone pipes, whether whole or in fragments, that date from different periods from the Palaeolithic Age onwards, and that originate from various parts of the world. The notch on the posterior distal end of the bone may be taken to be the semicircular indentation characteristic of the mouthpiece of a straight pipe. Despite its irregular shape, it would make a highly appropriate mouthpiece to a straight pipe because its edge is sharp enough to produce a sharp-edge tone. In one place the edge even slants, which would only serve to make its use as an embouchure even easier. Both the external and the inner edge of the duct can be used to produce sound. For straight pipes, section of the epiphysis must be cut-off and the spongiose removed. Therefore, this particular bone would appear to have two or three holes at the most on the posterior side if the half hole located proximally on the same side was originally part of an entire hole that was damaged at a later date (*Fig. 14.12*).

If, in the original, the spongiose in the section of one epiphysis was retained, this particular instrument may have belonged to same type as the contemporary one-end stopped pipe, possibly with a slit in the spongiose (the plug of the pipe). Z. Horusitzky (1955) and Meylan (1975) place the pipes of Palaeolithic hunters among wind instruments of precisely this type. But, when we consider the extant holes themselves, if the spongiose was retained in both epiphyses, it may rather have belonged to the family of vessel pipes with either one or two fingerholes and a single hole for a mouthpiece (in the *Fig. 14.12*, either hole 1 or 3). If we ignore the preserved half hole, the instrument may belong rather to the group of transverse flutes with a single mouthpiece hole (in this case hole 1), and with just one or two fingerholes. While sparse remains of the spongiose on either end of the pipe from Divje babe I may point to the latter, the epiphyses themselves have not been preserved.

There is a deep fracture at the anterior distal end of the diaphysis that runs to a position just under the distal hole on the opposite side. If we consider it to be a fissure that lead to the original hole on the back of the pipe, a hole that in this case is not completely round, then we can place the pipe from Divje babe I among pipes of the straight or transverse type, with a high thumbhole.

Horusitzky 1955; Moeck 1969) and encyclopedias consequently describe mandibles as doubtful pipes. These doubts are understandable in that so far, no exhaustive results from practical tests have been made public.

[27] For a more detailed account: cf. Turk *et al.* 1995b and especially in this volume.

[27] Za podrobnosti glej Turk in dr. 1995b in v tem zborniku.

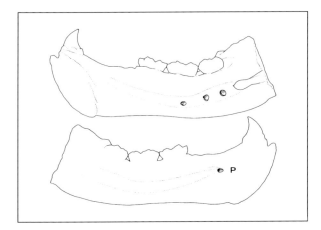

Sl. 14.10: Replika desne spodnje čeljustnice jamskega medveda z odbitim rogljem (*ramus mandibulae*) iz Potočke zijalke (aurignacien), s tremi luknjami v steni nad mandibularnim kanalom na notranji (lingvalni) strani, z naravnim ustničnim izrezom čeljustnične odprtine (*foramnom mandibulae*) in naravno palčno luknjo, to je bradno odprtino (*foramen mentale*), se je oglasila kot podolžna piščal v sedmih različnih tonskih višinah (dva prijema enako zazvenita). Risba: Dragica Knific Lunder.

Fig. 14.10: Replica of the right mandible of a cave bear with a broken ramus (*ramus mandibulae*) from Potočka zijalka (Aurignacian), with three holes in the wall above the mandibular canal on the inner (lingual) side, with a natural notch at the orifice of the mandible (*foramen mandibulae*) and a natural thumbhole on the chin orifice (foramen mentale), which sounds in seven different pitches (two positions produce the same sound) as if in a straight pipe. Drawing: Dragica Knific Lunder.

The wall of the bone itself is solid, the x-shape of the marrow cavity is appropriate in mensure and the spongiose has been cleared away. Traces of remaining spongiose can be found only at either end of the diaphysis, which seems to imply that this was originally a stopped pipe of the whistle type with one or two fingerholes and a single mouthpiece. A bone instrument whose duct has been stopped in the section of the epiphysis creates sounds of different frequencies to an open one. Any elongation of the internal cavity would lower the tone produced by the pipe.

Although the holes are not completely round, they can be used both as fingerholes and mouth holes. It is possible to classify the supposed instrument as a straight or transverse pipe with either two or three fingerholes and a single thumbhole. But the distance between the proximal second and possible third hole seems to be too short to allow for the creation of a new pitch and so appears to be of no real significance. It is more probable that the original pipe was equipped only with two holes on the posterior side, while the third and merely postulated hole may be accidental and therefore of no relevance to the way the pipe itself functioned.

It is only possible to overblow the instrument given a few of the many combinations of finger positions, and in the case of the replica it was only possible with a single finger position. The positioning of the holes themselves appears to be symmetrical - it may even have been intended to be this way. C. Sachs and H. Moeck both state that bone pipes mostly belong to the type of

---

Sl. 14.11: Preglednica (Moeck 1969). Risba: Dragica Knific Lunder.
Fig. 14.11: Table of bone pipes (Moeck 1969). Drawing: Dragica Knific Lunder.

1. Koščene žvižgavke iz prstnega členka severnega jelena (2,8 cm; avtor ni navedel krajevne in časovne opredelitve).
2. Enotonska koščena piščal iz Inzighofna (5 cm).
3. Koščena piščal iz Olmütza (2. stoletje pred našim štetjem, 12 cm).
4. Fragment koščene piščali iz Isturitza (po Seewaldu, aurignacien, 11 cm).
5. Fragment koščene piščali iz najdišča Weser pri Bremnu (po Seewaldu, neolitik, 9 cm).
6. Del koščene piščali iz Modene (bronasta doba).
7. Na obeh straneh zaprta koščena piščal z dvema prebiralkama. Pri igri se položi prst čez ustnično režo, da se ustvari razcep zraka (po Seewaldu, Estonija).
8. Koščena piščal iz Adelsö/Birka na Švedskem iz vikinških časov (Hist. Museum Stockholm, 14,4 cm).
9. Koščena piščal iz Nienburga/Weser (po Seewaldu, neolitik, 13,2 cm).
10. Koščena piščal iz Kolmarja iz Švedske (srednji vek, Nordiska Museet, Stockholm).
11. Podolžni piščali iz Katalonije iz lesa (14 cm in 18 cm).
12. Koščena piščal iz Holandije (500 - 800 našega štetja, Friesch Museum, Leeuwarden).
13. Španski pito (28 cm).
14. Kljunasta flavta.
15. Koščena piščal iz najdišča Corcelettes -Grandson z nizko ležečo palčno luknjo (bronasta doba, Historisches Museum, Bern).
16. Dve rimski koščeni piščali (Zentralmuseum Mainz).
17. Pastirska koščena piščal iz 19. stoletja (Musée d'Ethnologie de la ville de Genève).

1. Bone pipes from the phalanges of a reindeer (2.8 cm; the provenance and time are not given by the author).
2. Single-tone bone pipe from Inzighofen (5 cm).
3. Bone pipe from Olmütz (2nd century B.C., 12 cm).
4. Fragment of a bone pipe from Isturitz (Aurignacian, 11 cm).
5. Fragment of a bone pipe from the archeological site of Weser near Bremen (Neolithic, 9 cm).
6. Part of a bone pipe from Modena (Bronze Age).
7. Bone pipe stopped on both sides, with two fingerholes. While playing, a finger is placed on the mouthpiece notch in order to split the air (Estonia).
8. Bone pipe from Adelsö/Birka in Sweden, dating from the Viking period (Hist. Museum Stockholm, 14.4 cm).
9. Bone pipe from Nienburg/Weser (Neolithic, 13.2 cm).
10. Bone pipe from Kolmar in Sweden (Middle Ages, Nordiska Museet, Stockholm).
11. Vertical pipes from Catalonia, wood (14 cm and 18 cm).
12. Bone pipe from Holland (500 - 600 A.D., Friesch Museum, Leeuwarden).
13. Spanish *pito* (28 cm).
14. Recorder (beaked flute, duct flute).
15. Bone pipe from the archeological site of Corcelettes-Grandson, with a low thumbhole (Bronze Age, Historisches Museum, Bern).
16. Two Roman bone pipes (Zentralmuseum Mainz).
17. Shepherd's bone pipe from the 19th century (Musée d'Ethnologie de la ville de Genève).

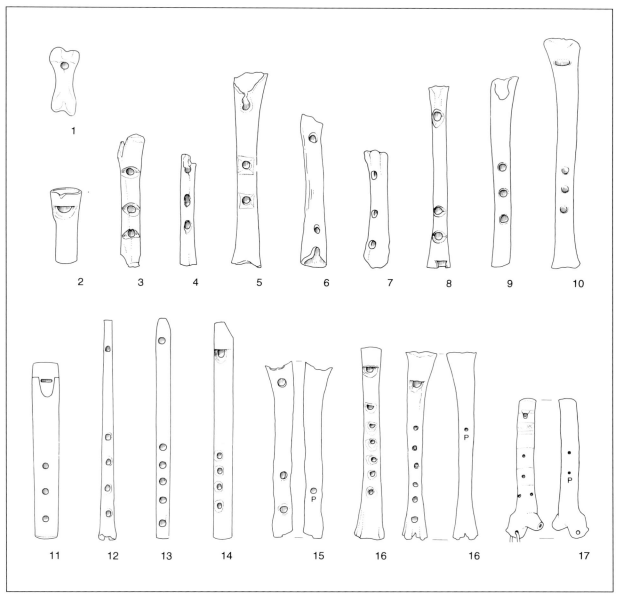

Sl. 14.11 / Fig. 14.11

ali prečne enoročne piščali z dvema do tremi prebi-ralkami in eno palčno luknjo. Zdi pa se, da je razdalja med proksimalno 2. in morebitno 3. luknjo premajhna in ne omogoča nastanka nove tonske višine, zato nima pravega pomena za domnevno piščal. Morda je verjetneje, da je bila prvotna piščal opremljena le z dvema luknjama na posteriorni strani, tretja, le nakazana luknja na isti strani, pa je nastala naključno in nima zveze s funkcijo piščali.

Tehnika prepihavanja je tu mogoča le pri redkih prijemih (na repliki le v enem). Zdi se, da sicer luknje kažejo na neko simetrično (namensko?) postavitev. Lahko bi tudi pritrdili Sachsu in Moecku, da sodijo piščali iz kosti predvsem v osnovnotonski tip pihal. Če je imela piščal prvotno le dve luknji in ustnično zarezo,

groundtone wind instruments, and it is possible to agree. If originally the pipe had only two holes and a single slit for the mouthpiece, it could have produced only two tones, but if in addition to this it had a thumbhole, then the number of tones would be doubled, and this number would again be doubled if the musician stopped the open end of the duct with his hand or fingers. Played in this way, the musician could choose from a total of eight different pitches (2 x 2 x 2). But if there was no thumbhole and if prehistoric man was not familiar with the technique of stopping the duct by hand, so the pipe would merely be two- to three-tonal. If the fracture indi-cates an original thumbhole, then this sophisticated struc-ture would be surprising for the Neanderthal period.

Those palaeolithic pipes made from shafts of limb

je bilo mogoče iz nje izvabiti dva tona, če je imela še eno palčno luknjo, se je število tonov podvojilo, z zapiranjem odprtega dela cevi z roko ali prsti se je število ponovno podvojilo, kar omogoča osem različnih tonskih višin (2 x 2 x 2). Če palčne luknje prvotno ni bilo in fosilni človek tehnike zapiranja z roko ni poznal, imamo opraviti s preprosto dva do tritonsko piščaljo. Če lahko prelom dokazuje prvotno palčno luknjo, nas seveda tudi glasbilo neandertalske kulture preseneti s tovrstno konstrukcijo glasbila.

Paleolitske piščali iz dolgih cevastih kosti potrjujejo možnosti več tipov glasbil: a) tip na koncu pri eni od obeh epifiz naravno krite piščali, z naravnim jedrom iz spongioze, v kateri je reža (podolžna piščal) ter z 1 - 5 luknjami; b) tip na koncu pri eni od obeh epifiz naravno krite prečne piščali z ustnično luknjo pri epifizi in z 1 - 4 luknjami; c) tip podolžne piščali - lahko z ravno odrezanima koncema diafize - z ustničnimi izrezi različnih oblik; c) tip na obeh koncih z epifizama in okoliško kostno sredico naravno zaprte piščali.

Najpogostejše so piščali z dvema do tremi luknjami. Prva dva tipa imata lahko tudi eno do dve palčni luknji. Primerek iz Divjih bab I lahko potrjuje[28]

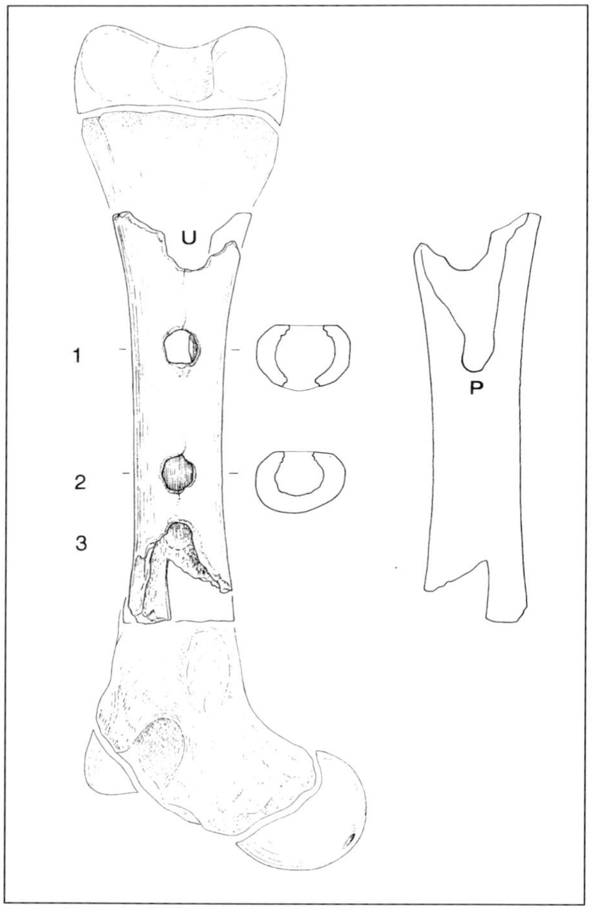

bones may belong to a variety of types of musical instrument: a) the type of pipe that is naturally stopped at either of the two epiphyses, where the natural block of spongiose has been cut to form a slit in the case of the straight pipe, and with one to five holes; b) the type of transverse pipe which is naturally stopped at either of the two epiphyses, with a mouth hole in the epiphysis and one to four holes; c) the type of straight pipe whose diaphysis has been cleanly severed, with a mouthpiece notch of different shapes; d) the type of pipe stopped with retained spongiose at both epiphyses.

The most common are pipes with two to three holes. The first two types can also have one or two thumbholes. The example from Divje babe I may confirm this typology of Palaeolithic pipes.[28] The pipe in its original, complete form may have belonged to any of the listed types or even to some as yet unknown type. But all known Palaeolithic pipes made of limb bones that have survived to the contemporary period are open at both ends, implying perhaps that they have been cut-off, chewed, fractured or otherwise damaged. Bone pipes from different folk traditions and different cultures can be found in all the above mentioned forms.[29]

Sl. 14.12: Stegnenica približno enoletnega jamskega medveda z vrisano piščaljo iz Divjih bab I. Številke lukenj se nanašajo na razlago piščali v tekstu. U = ustnik. P = palčna luknja na nasprotni strani.
Fig. 14.12: Thigh bone of approximately one year old cave bear with the outline of the pipe discovered in Divje babe I. The numbers next to the holes refer to the explanation of the pipe in the article. U = mouthpiece. P = thumbhole on the opposite side.

---

[28] Similar is a pipe discovered in the Istállóskő cave, which also lacks both epiphyses and from which the spongiose has been removed. According to H. Moeck (1969), it belongs to the type of groundtone pipe with a single thumbhole and mouthpiece on the dorsal side, while according to Z. Horusitzky (1955) and I. Soproni (1985), it belongs to the cross-flute type. It is my opinion that the pipe could originally have belonged to either of these types. Both bone types produce sound of extremely high frequency - in present-day notation, the top octave on the third ledger (the highest tone of the present-day flute) -, which raises further issues concerning the purpose and use of this kind of sound.

[29] Bone pipes - mostly those open at both ends - can be found in different cultural traditions of the world. They include for example the most famous Peruvian instrument, the *quena*, which is sometimes made of bone and numerous Asian and Oceanic pipes (cf. Collaer 1974 and Marti 1970).

---

[28] Deloma je podobna piščali iz jame Istállóskő, ki ji prav tako manjkata epifizi in ima odstranjeno spongiozo. Po mnnenju Moecka (1969) gre za osnovnotonski tip z eno palčno luknjo

omenjeno tipologijo paleolitskih piščali. Prvotna nepoškodovana piščal bi bila lahko v vseh naštetih oblikah. Morda pa še v kakšni, nam sicer neznani. Vendar so vse poznane paleolitske piščali, ki so narejene iz dolgih cevastih kosti, danes na obeh koncih odprte (odrezane, poškodovane, odgrizene, odlomljene?), koščene ljudske piščali različnih kulturnih tradicij pa najdemo do danes v vseh naštetih oblikah.[29]

Za jasnejšo predstavo o zmogljivosti piščali iz Divjih bab I bi bilo potrebno napraviti repliko v popolnoma enakih merah in z rekonstruiranimi manjkajočimi deli ter domnevno palčno luknjo. O njej še ni rečena zadnja beseda in ni napravljen zadnji tonski preizkus! Čakamo pa tudi še nadaljnjih arheoloških najdb in novih ovrednotenj deponiranih fosilnih kosti. Zvočni preizkusi [30] na repliki domnevne piščali z rekonstruiranimi tremi luknjami na posteriorni strani so dokazali le možno zvokotvornost tovrstne kosti z luknjami in sicer v treh do šestih različnih tonskih višinah (v naši notaciji bi jih zapisali: h^2/ b^2, c^3 / cis^3, d^3 / dis^3) glede na spremembo rekonstrukcije tipa piščali,[31] načina in jakosti pihanja.

Zavedati se moramo tudi, da so človekovi predniki tako oddaljenega časa in kultur, kot so paleolitske, lahko uporabljali kosti z luknjami tudi na povsem svojstven način, ki nam ni doumljiv, in da imamo pri domnevnih piščalih iz kosti lahko opraviti tudi z izgubljenimi tehnikami pripravljanja glasbila in zvočne igre.

Je morda naš fosilni prednik zamazal koščeno cev z glino, smolo, konec zaprl s kožo (membrano) ali celo lesenim čepom, je različne tonske višine dosegal tudi z zapiranjem in odpiranjem cevi z roko ali prstom, podobno kot nas poučuje tudi glasbeno izročilo različnih ljudstev na vseh kontinentih, ki še danes poznajo koščene piščali?

14.5. ZAKLJUČEK

Z zvokotvornimi (predvsem preluknjanimi) kostmi paleolitskega obdobja človekove zgodovine se lahko pričenja zgodovina glasbil na današnjem

In order to form a better idea of the capacities of the pipe discovered in Divje babe I, it would be necessary to reconstruct a replica of identical dimensions and to replace the missing parts and the thumbhole. This report is far from exhaustive - more needs to be said and more tests need to be made. We also await further archeological finds as well as further assessment of the known fossilised bones and bone fragments. When sound tests [30] were conducted on a replica of the supposed pipe, that had been made with three holes on the posterior side, they were only able to prove that this kind of perforated bone is able to yield between three and six differently pitched notes (which can be transcribed as h^2 / b^2, c^3 / cis^3, d^3 / dis^3). This itself depended on different possibilities with which the pipe itself could be reconstructed,[31] and on the technique and strength with which it was blown.

It must be taken into account when dealing with such a remote time and culture as that of our ancestors from the palaeolithic period that they may have used perforated bones in a completely different and to us unknown and unimaginable way, and that the supposed bone pipes may be connected with techniques of making musical instruments and creating sound that will remain forever lost to us.

Did our ancestors cover the bone duct with clay or sap, or stop the end with a membrane of hide or even with a wooden plug? Did they create differently pitched notes by closing and opening the duct with the hand or finger in the same manner that persists in the musical traditions of different peoples from every continent, where bone pipes are still in use?

14.5. CONCLUSION

The history of musical instruments in what is today the ethnic territory of the Slovene nation, the musical history of Europe and indeed, the entire world may well have begun with the use of bones, and particularly perforated bones, to make sound; bones that date from the Palaeolithic Age.

From prehistoric times to the present day we can trace the continuous presence of cultural artefacts in the heritage of the world, and this presence that is confirmed by the discoveries of archeology as well as in examples from ethnology and anthropology, is highly suggestive. In all we find the expression of a continuity that is more or less unbroken. For this reason, the human invention of bone pipes, bone scraping instruments and free

---

in ustnikom na dorzalni strani, po mnenju Horusitzkyga (1955) in Sopronija (1985) pa le za tip prečne flavte. Vendar mislim, da bi tudi ta piščal lahko bila prvotno pripravljena v katerikoli zgoraj omenjeni obliki. Obe koščeni piščalki se oglašata z zelo visokimi frekvencami - v naši notaciji v trikrat črtani oktavi (najvišji toni današnje flavte), ki postavljajo novo vprašanje o namenu in rabi tovrstnih zvenskih kvalitet.

[29] Koščene piščali - predvsem dvostransko odprtih - najdemo v različnih svetovnih kulturnih tradicijah. Mednje sodi npr. tudi najbolj znano perujsko glasbilo quena, ki je lahko tudi koščeno, številne azijske in oceanijske piščali (glej Collaer 1974 in Marti 1970).

[30] Zvočni preizkusi so bili napravljeni poleti 1996.

[31] Natančne tabele bodo objavljene v že omenjeni študiji v *Etnologu* LVII/6.

---

[30] The sound tests were carried out in the summer of 1996.

[31] Precise tables will be included in the abovementioned forthcoming study which will be published in *Etnolog* LVII/6.

slovenskem etničnem ozemlju, glasbena zgodovina evropskega človeka ter tako tudi svetovna inštrumentalna glasbena zgodovina.

Več ali manj sosledno pojavljanje kulturnega elementa od prazgodovine do danes v svetovni kulturni dediščini od arheoloških najdb do etnoloških in antropoloških pričevanj seveda mnogo pove. Prav zato bi morda človekovo iznajdbo koščenih piščali, pa tudi koščenih strgal in brnivk, lahko uvrstili med arhetipe človekovih ustvarjalnih zamisli, ki presegajo časovno prostorsko omejitev.

Med najstarejše tipe koščenih glasbil gotovo sodijo piščali, na katere se piska kot na ključ (odprte piščali) ali piščali v obliki resonančne posode, med katere sodijo (skodelaste) piščali z luknjami in epifizama z okoliško kostno sredico, paleolitske ter neolitske žvižgavke iz prstnih členkov živali, naravna trobila (spodnje čeljustnice jamskega medveda) ter koščene brnivke (z obojestransko prebito luknjo); razvojno sledijo piščali z zarezami in izrezi (odprte piščali), nato krite piščali (na enem koncu zaprte z epifizo in okoliško kostno sredico) z režo v jedru ali nosu, kamor sodijo tudi domnevne koščene piščali z režo v sponigozi epifize. Na fosilnih primerkih se tovrstne reže skorajda ne morejo ohraniti, saj spongioza sčasoma razpade. Tako zaprte kot odprte piščali sodijo v akustičen tip podolžnih in prečnih piščali oziroma flavt. Nato razvojno sledijo prečne flavte z ustnično odprtino na isti strani in v isti legi kot prebiralke.

Iz glasbene prakse so po poročilih sodeč pričele piščali iz kosti izginjati tako v Evropi kot tudi v Severni in Južni Ameriki konec prejšnjega stoletja.

Pričevanj o sodobnih koščenih piščalih iz današnjega etničnega ozemlja nimamo (morda smo jih tudi prezrli ali pričeli raziskovati prepozno?), izkopanih pa je dovolj zanimivih arheoloških najdb, ki si zaslužijo natančen pretres in ovrednotenje.

aerophones (bull-roarers) can be placed among the archetypes of human creativity, which reach beyond the limits of time and space.

Some of the very earliest types of bone instruments are undoubtedly pipes which are played in the same way one would play a key (open pipes), or pipes with the basic form of a resonating vessel, such as vessel pipes with holes and retained spongiose in the epiphysis, Palaeolithic and Neolithic whistles made from animal finger bones, natural trumpets (the cave bear mandibles), and free aerophones (bull-roarers) with complete perforation. In a chronological line of development these are followed by pipes with notches and slits (open pipes) and stopped pipes (closed at one end by retained spongiose in the epiphysis) with a slit in the block or plug, and this type includes those supposed bone pipes whose slit is in the spongiose, in the epiphysis. It is practically impossible for these kinds of slit to have survived in fossil finds, because the spongiose decays after a certain period of time. Both stopped and open pipes belong to the acoustic type of both the straight and transverse pipe or flute. In the line of development these are followed by transverse flutes whose mouth hole and fingerholes are on the same side and at the same height on the instrument.

According to records, bone pipes began to disappear from musical practice both in Europe and in Northern and Southern America at the end of the previous century.

There are no records of contemporary bone pipes in the present-day Slovene ethnic territory (have they been ignored or did the relevant research start too late?), but the numerous interesting archeological finds deserve to be studied and assessed in greater detail.

ZAHVALA

Zahvaljujem se dr. Mitji Brodarju in dr. Ivanu Turku za pomoč in vodstvo med fosilnimi kostmi Inštituta za arheologijo ZRC SAZU.

ACKNOWLEDGEMENT

I thank Dr Mitja Brodar and Dr Ivan Turk for their assistance and guidance through the collection of fossil bones kept at the Institute of Archeology in the Scientific Research Centre of the Slovene Academy of Sciences and Arts.

15. Literatura - Bibliography

ADLEŠIČ, M. 1964, *Svet zvoka in glasbe.* - Ljubljana.

ALLSWORTH-JONES, P. 1986, *The Szeletian and the transition from Middle to Upper Palaeolithic in Central Europe.* - Oxford.

ALLSWORTH-JONES, P. 1990, The Szeletian and the Stratigraphic Succession in Central Europe and Adjacent Areas: Main Trends, Recent Results, and Problems for Resolution. - V: Mellars P., ed., *The Energence of Modern Humans*, 160 ss, Edinburgh.

ANDREWS, P. 1990, *Owls, caves and fossils.* - London.

ATANASSOV, V. 1977, Die historische Entwicklung der Hirteninstrumente in Bulgarien. - *Studia Instrumentorum Musicae Popularis* 5, 81 ss.

AUGUSTE, P. 1992, Étude archéozoologique des grands mammifères du site pléistocène moyen de Biache -Saint-Vaast (Pas-de-Calais, France): Apports biostratigraphiques et palethnographiques. - *L'Anthropologie* 96, 49 ss.

BACHMANN-GEISER, B. 1981, *Die Volksmusikinstrumente der Schweiz.* - Handbuch der europäischen Volksmusikinstrumente 1/4, Leipzig.

BAHN, P. G. & J. VERTUT 1989, *Images of the Ice Age. Facts on file.* - New York.

BARTOLOMEI, G., A. BROGLIO, P. CASSOLI, M. CREMASCHI, G. GIACOBINI, G. MALERBA, A. MASPERO, M. PERESANI & A. TAGLIACOZZO 1992a, Risultati preliminari delle nuove richerche al Riparo di Fumane. - V: *L'Annuario St. Valpolicella,*1991-1992 - 1992-1993, 7 ss, Verona.

BARTOLOMEI, G., A. BROGLIO, P. F. CASSOLI, L. CASTELLETTI, L. CATTANI, M. CREMASCHI, G. GIACOBINI, G. MALERBA, A. MASPERO, M. PERESANI, A. SARTORELLI & A. TAGLIACOZZO 1992b, La Grotte de Fumane. Un site aurignacien au pied des Alpes. - *Preist. Alp.* 28, 131 ss.

BEDNARIK, R. G. 1994, Traces of Cultural Continuity in Middle and Upper Palaeolithic Material Evidence. - *Origini* 18, 47 ss.

BOBROWSKY, P. T. & B. F. BALL 1989, The theory and mechanics of ecological diversity in archaeology. - V: Leonard, R. D. & G. T. Jones, eds., *Quantifying diversity in archaeology*, 4 ss, Cambridge etc.

BOCHERENS, H. *et al.* 1991, Isotopic Biogeochemistry (^{13}C, ^{15}N) of Fossil Vertebrate Collagen: Application on the Study of a Past Food Web Including Neandertal Man. - *Journal of Human Evolution* 20, 481 ss.

BON, M., G. PICCOLI & B. SALA 1991, I giacimenti quaternari di vertebrati fossili nell'Italia nord - orientale. - *Memorie di Sci. Geol.* 43, 185 ss.

BORTOLAMI, G. C., J. Ch. FONTES, V. MARKGRAF & J. F. SALIEGE 1977, Land, sea and climate in the northern Adriatic region during late Pleistocene and Holocene. - *Palaeogeogr., Palaeoclimat., Palaeoecol.* 21, 139 ss.

BRODAR, M. 1956, Prve paleolitske najdbe v Mokriški jami. - *Arh. vest.* 7, 203 ss.

BRODAR, M. 1959, Mokriška jama, nova visokoalpska aurignaška postaja v Jugoslaviji. - *Razpr. 4. razr. SAZU* 5, 417 ss.

BRODAR, M. 1971, Olschewien, die Anfangsstufen des Jungpaläolithikums in Mitteleuropa. - V: *Actes du 8e Congrès International des sciences préhistoriques et protohistoriques* 1, 43 ss, Beograd.

BRODAR, M. 1979, Olševje nekoč in danes. - V: *Ledenodobne kulture v Sloveniji*, 25 ss, Ljubljana.

BRODAR, M. 1985a, Fossile Knochendurchlochungen. Luknje v fosilnih kosteh. - *Razpr. 4. razr. SAZU* 26, 29 ss.

BRODAR, M. 1985b, Potočka zijalka in Mokriška jama. - *Arh. vest.* 36, 11 ss.

BRODAR, M. 1992, Mezolitsko najdišče Pod Črmukljo pri Šembijah. - *Arh. vest.* 43, 23 ss.

BRODAR, M. 1993, Paleolitske in mezolitske najdbe iz jame Špehovke pri Zgornjem Doliču. - *Arh. vest.* 44, 7 ss.

BRODAR, M. 1996, Mornova zijalka pri Šoštanju. - *Arh. vest.* 47, 9 ss.

BRODAR, S. 1957, Ein Beitrag zum Karstpaläolithikum in Nordwesten Jugoslawiens. - V: *Actes du 4e Congrès International du Quaternaire*, 1953, 734 ss, Rome - Pise.

BRODAR, S. & M. BRODAR 1983, *Potočka zijalka. Visokoalpska postaja aurignacienskih lovcev.* - Dela 1. razr. SAZU 24/13. Ljubljana.

BROGLIO, A. & S. IMPROTA, 1994-1995, Nuovi dati di cronologia assoluta del paleolitico uperiore e del mesolitico del Veneto, del Trentino e del Friuli. - *Atti Ist. Veneto Sc., Lett. Arti 153, Classe sc. fis., mat. nat.* 1ss.

BUCHNER, A. 1981, *Bunte Welt der Musikinstrumente.* - Praga.

BUISSON, D. 1990, Les flûtes paléolithiques d'Isturitz (Pyrénées-Atlantiques). - *Bull. Soc. Préhist. Franç.* 87, 10-12, 420 ss.

CALLOW, P. & J. M. CORNFORD, eds 1986, *La Cotte de St. Brelade 1961 - 1978. Excavations by C.B.M. Mc Burney.* - Norwich.

CAVALLO, C., F. d'ERRICO & G. GIACOBINI 1991, A taphonomic approach to the Grotta d'Ernesto Mesolithic site. - *Preist. Alp.* 27, 121 ss.

CHASE, P. G. 1990, Sifflets du Paleolithique moyen ? - *Bull. Soc. Prehist. Franç* 87, 165 ss.

CLARK, J. D. 1982, The Transition from Lower to Middle Palaeolithic in the African Continent. - V: Ronen, A. ed., *The Transition From Lower to Middle Palaeolithic and the Origin of Modern Man*, BAR Int. Ser. 151, 253 ss.

COLLAER, P. 1974, Ozeanien. - V: *Musikgeschichte in Bildern* I/1, Leipzig.

COTTERELL, B. & J. KAMMINGAJ 1992, *Mechanics of preindustrial technology.* - Cambridge.

CULIBERG, M. 1984, Divje babe I. Kratek pregled pelodne analize sedimentov za leta 1980 - 1983. - *Var. spom.* 26, 193 ss.

ČERVENY, J. & B. KRYŠTUFEK 1991, First record of *Eptesicus nilssoni*, Keyserling et Blasius, 1839 (Chiroptera, Mammalia) in Slovenia. - *Biol. vest.* 39(3), 21 ss.

DAVIDSON, I. 1991, The archaeology of language origins - a review. - *Antiquity* 65, no. 246, 39 ss.

DEBELJAK, I. 1996, *Starostna sestava populacije jamskega medveda iz Divjih bab.* - Magistrsko delo, Univerza v Ljubljani.

DELPORTE, H., J. HAHN, L. MONS, G. PINCON & D. de SONNEVILLE-BORDES 1988, *Fiches typologiques de l'industrie osseuse préhistorique. Cahier 1. Sagaies.* - Aix-en-Provence.

Diagram Group 1976, *Musical Instruments of the World.* - Weert.

DIRJEC, J. & I. TURK 1985, Reka, Divje babe I. - *Var. spom.* 27, 221.

DOBOSI, V. T. 1985, Jewelry, Musical Instruments and Exotic Objects from the Hungarian Paleolithic. - *Fol. Arch.* 36, 7 ss.

DRAILY, C. 1992, Le Moustérien: état de la question. - *Bull. Soc. Royale Belge d'études géologiquee et archéologiques. Les chercheurs de la Wallonie (A.S.B.L.)* 32, 73 ss.

DRAXLER, I. 1986, Pollenanalytische Untersuchungen der Sedimentproben aus der Vindija Höhle bei Donja Voća, NW Kroatien. - *Rad JAZU, razr. prir. zn.* 21, 275 ss.

EHRENBERG, K. 1976a, Versuch einer Übersicht über die verschiedenen artefactoiden Zahn- und Knochenformen aus alpinen Bärenhöhlen Österreichs. - *Arch. Austr.* 59 - 60, 1 ss.

EHRENBERG, K. 1976b, Über gelochte Knochen im alpinen Paläolithikum. - V: *Festschrift für Richard Pittioni zum siebzigsten Geburtstag*, 56 ss, Wien.

FAHN, A. 1974, *Plant Anatomy.* - Oxford.

GÁBORI-CSÁNK, V. & M. KRETZOI 1968, Zoologie archéologique. - V: Gábori-Csánk, V., *La station du paléolithique moyen d'Érd-Hongrie*, Monumenta Historica Budapestinensia 3, 223 ss, Budapest.

GALIN, K. 1988, Archeological Findings of Musical Instruments in Jugoslavia. - V: *Narodna umjetnost S. I.* 2, 123 ss, Zagreb.

GAMBLE, C. 1983, Caves and faunas from last glacial Europe. - V: *Animals in archaeology: 1. Hunters and their Prey*, BAR Int. Ser. 163. Oxford, 163 ss.

GAMBLE, C. 1986, *The Palaeolithic settlement of Europe.* - Cambridge.

GOH, K. M. & B. P. J. MALLOY 1972, Reliability of radiocarbon dates from buried charcoals. - V: *Proceedings of the 8th International Conference on Radiocarbon Dating*, Royal Society of New Zealand, Wellington, New Zealand, G29-G45.

GRAYSON, D. K. 1984, *Quantitative zooarchaeology. Topics in the analysis of archaeological faunas.* - Orlando etc.

GRULICH, I. 1971, Zum Bau des Beckens (*pelvis*), eines systematisch-taxonomischen Merkmales, bei der Unterfamilie Talpinae. - *Zoologicke listy* 20, 15 ss.

HÜLLLE, W. 1977, *Die Ilsenhöhle unter Burg Ranis/ Thüringen. Eine paläolitische Jägerstation.* - Stuttgart, New York.

HAHN, J. 1977, *Aurignacien das ältere Jungpaläolithikum in Mittel- und Osteuropa.* - Fundamenta 9, Reihe A.

HAHN, J. & S. MÜNZEL 1995, Knochenflöten aus den Aurignacien des Geissenklösterle bei Blaubeuren, Alb-Donau-Kreis. - *Fundberichte aus Baden-Würtemberg* 20, 1 ss.

HARROLD, F. B. 1988, The Chatelperronian and the

early Aurignacienn in France. - V: Hoffecker, J. F. & C. A. Wolf , *The early Upper Palaeolithic*, BAR Int. Ser. 437, 157   ss.

HOFFECKER, J. F. 1988, Early Upper Palaeolithic sites of the European USSR. - V: Hoffecher, J. F & C. A. Wolf, *The early Upper Palaeolithic*, BAR Int. Ser. 437, 237 ss.

HORUSITZKY, Z. 1955, Eine Knohenflöte aus der Höhle von Istállóskő. - *Acta Arch. Acad. Sc. Hung.* 5, 133 ss.

HUTTERER, R. 1990, Sorex minutus Linnaeus, 1766 - Zwergspitzmaus. - V: Niethammer, J. & F. Krapp, eds., *Handbuch der Säugetiere Europas*. Band 3/1. *Insektenfresser - Insectivora, Herrentier - Primates*, 183 ss, Wiesbaden.

JÉQUIER, J.-P. 1975, *Le moustérien alpin. Révision critique*. - Eburodunum 2. Cahiers d'archéologie romande 2.

JANŽEKOVIČ, F. 1996, *Ekomorfološka variabilnost in nihajoča asimetrija pri gozdni voluharici* (*Clethrionomys glareolus* /Schreber, 1780/). - Magistrsko delo, Univerza v Ljubljani.

JELINEK, J. 1990, *Art in the mirror of ages*. - Brno.

KOS, F. 1931, Studien über den Artefaktcharakter der Klingen aus Höhlenbärenzähnen und der Knochendurchlochungen an den Funden aus der Potočka Zijalka und einigen anderen Höhlen. - *Prirodoslovne razprave* 1, 89 ss.

KRYŠTUFEK, B. 1990, Geographic variation in *Microtus nivalis* (Martins, 1842) from Austria and Yugoslavia. - *Bonn. zool. Beitr.* 41, 121 ss.

KRYŠTUFEK, B. 1991, *Sesalci Slovenije*. - Ljubljana.

KU, T.-L. 1976, The uranium-series methods of age determination. - *Annual Review of Earth and Planetary Sciences* 4, 347 ss.

KUMER, Z. 1983, *Ljudska glasbila in godci na Slovenskem*. - Ljubljana.

KUNZ, L. 1974, *Die Volksmusikinstrumente der Tschechoslowakei*. - Handbuch der europäischen Volksmusikinstrumente 1/2, Leipzig.

LAU, B., H. P. SCHWARZ, J. I. BLICKSTEIN, B. A. B. BLACKWELL & I. TURK 1997, Dating a flautist ? Using ESR (Electron spin resonance) in the Mousterian cave deposits at Divje babe I, Slovenia. - v tisku/in print.

LEAKEY, R. & R. LEWIN 1993, *Origins reconsidered*. - New York.

LEONARD, R. D. & G. T. JONES, eds. 1989, *Quantifying diversity in archaeology*. - Cambridge etc.

LEONARDI, P. & A. BROGLIO 1965, Il Paleolitico del Veneto. - V: *Miscelanea en homenaje al abate Henri Breuil* 2, 31 ss, Barcelona.

LOU, S., W. SHI, Z. CHEN & Y. HUANG 1987, A new method for separation and determination of U and Th in deep-sea manganese nodules. - *Acta Oceanologica Sinica* 6, 87 ss.

LUCIUS, E. 1969 - 1970, Das Problem der Chronologie jungpaläolitischer Stationen im Bereichte der europäischen USSR. - *Mitt. Prähist. Komm.* 13-14.

LUND, C. 1985, Kindergeräte und Musikarchäologie. - *Studia Instrumentorum Musicae Popularis* 7, 18 ss.

LYMAN, R. L. 1994, *Vertebrate tahpnomomy*. - Cambridge.

MALEZ, M. 1958 - 1959, Das Paläolithikum der Veternicahöhle und der Bärenkult. - *Quartär* 10-11, 171 ss.

MALEZ, M. 1988, Prethistorijske koštane rukotvorine iz spilje Vindije (Hrvatska, Jugoslavija). - *Rad Zav. znan. rad JAZU* 2, 217 ss.

MAREAN, C. W. 1991, Measuring the Post-depositional Destruction of Bone in Archaeological Assemblages. - *Jour. Arch. Sc.* 18, 677 ss.

MARKOVIČ, Z. s. a., *Muzički instrumenti*. - Zagreb.

MARSHACK, A. 1988, The neanderthals and the human capacity for symbolic thought: cognitive and problemsolving aspects of Mousterian symbol. - V: *L'Homme de Neandertal* 5. *La pensée*, 57 ss, Liège.

MARSHACK, A. 1990, Early hominid symbol and evolution of the human capacity. - V: Mellars, V.P. ed., *The Emergence of Modern Humans*, 457 ss, Edinburg.

MARTÍ, S. 1970, *Alt Amerika*. - Musikgeschichte in Bildern 2/7, Leipzig.

McBURNEY, C. B. M. 1967, *The Haua Fteah (Cyrenaica) and the stone age of the South-east Mediterranean*. - Cambridge.

McCOMB, P. 1989, *Upper palaeolithic osseous artifacts from Britain and Belgium*. - BAR Int. Ser. 481.

MEGAW, J. V. S. 1968, Problems and non-problems in paleo-organology: a musical miscelany. - V: Coles, J. M. & D. O. Simpson eds., *Studies in Ancient Europe*, 333 ss., Leichester.

MELTZER, D. J., R. D. LEONARD & S. K. STRATTON 1992, The relationship between sample size and diversity in archaeological assemblages. - *Jour. Arch. Sc.* 19, 375 ss.

MEYER, W. 1969, Von Maultrommeln, Flöten und Knochenschwirren, Ein Beitrag der Mittelalter Archäologie zur Geschichte Volksmusikinstrumente in der Schweiz. - *Studia Instrumentorum Musicae Popularis* 1, 33 ss.

MEYLAN, R. 1975, *Die Flöte, Grundzüge ihrer Entwicklung von der Urgeschichte bis zur Gegenwart*. - Bern und Stuttgart.

MIRACLE, P. T. 1995, *Broad Spectrum adaptations reexamined: Hunter-Gatherer responses to Late Glacial evnironmental changes in the Eastern Adriatic*. - University of Michigan.

MOECK, H. 1951, *Ursprung und Tradition der Kernspaltflöten der europäischen Folklore und der Herkunft der musikgeschichtliche Kernspaltflöten.* - Göttingen (doktorska disertacija).

MOECK, H. 1969, Typen europäischer Kernspaltflöten. - *Studia Instrumentorum Musicae Popularis* 1, 41 ss.

MOTTL, M. 1950a, Das Lieglloch im Ennstal, eine Jagdstation des Eiszeitmenschen. - *Arch. Austr.* 5, 18 ss.

MOTTL, M. 1950b, Die paläolithische Funde aus der Salzofenhöhle im Toten Gebirge. - *Arch. Austr.* 5, 24 ss.

Muzička enciklopedija, Andreis, J., ed. - Zagreb 1958.

NADACHOWSKI, A. 1984, Taxonomic value of anteroconid measurements of M1 in common and field voles. - *Acta theriologica* 29, 123 ss.

NELSON, D. E. 1991, A new method for carbon isotopic analysis of protein. - *Science* 251, 552 ss.

NELSON, D. E., J. S. VOGEL, J. R. SOUTHON & T. BROWN 1986, Accelerator radiocarbon dating at SFU. - *Radiocarbon* 28 (2A), 215 ss.

NIETHAMMER, J. & F. Krapp, eds. 1990, *Handbuch der Säugetiere Europas.* Band 3/1. *Insektenfresser - Insectivora, Herrentier - Primates.* - Wiesbaden.

OMRZEL-TERLEP, M. 1997, Koščene piščali. - *Etnolog* 7/6, 235 ss.

OSOLE, F. 1977, Matjaževe kamre. Paleolitsko jamsko najdišče. - *Arh. vest.* 27, 13 ss.

OSOLE, F. 1990, Betalov spodmol, rezultati paleolitskih izkopavanj S. Brodarja. - *Por. razisk. pal. neol. eneol. Slov.* 18, 7 ss.

OSOLE, F. 1991, Betalov spodmol, rezultati paleolitskih izkopavanj S. Brodarja. 2. del. - *Por. razisk. pal. neol. eneol. Slov.* 19, 7 ss.

PALMA DI CESNOLA, A. 1996, *Le paléolithique inférieur et moyen en Italie.* - Préhistoire d'Europe 1, Grenoble.

PETRU, S. 1989, Kulturna vsebina v srednjepaleolitskih jamskih postajah Slovenije. - *Por. razisk. pal. neol. eneol. Slov.* 17, 11 ss.

POLAK, S. 1996, Use of caves by edible dormouse (*Myoxus glis*) in the Slovenian karst. III. - V: *International Conference on Dormice, Book of Abstracts*, 36, Zagreb.

PROCTOR, I. D. *et al.* 1990, The LLNL ion source - past, present and future. - *Nuclear Instruments and Methods in Physics Research B52*, 334 ss.

RABEDER, G. 1974, Plecotus und Barbastella (Chiroptera) im Pleistozän von Österreich. - *Naturkundliches Jahrbuch der Stadt Linz* 1973, 159 ss.

RABEDER, G. 1992, Gli orsi spelei delle Conturines. *Scavi paleozoologici in una caverna delle Dolomiti a 2800 metri.* - Bolzano-Bozen.

RAKOVEC, I. 1973, Razvoj kvartarne sesalske favne v Sloveniji. - *Arh. vest.* 24, 225 ss.

REINHARDT, L. 1906, *Der Mensch zur Eiszeit in Europa.* - München.

REMNAT, M 1978, *Musical instruments of the West.* - London.

SACHS, C. 1929, *Geist und Werden der Musikinstrumente.* - Berlin.

SACHS, C. 1940, *The History of Musical Instruments.* - New York.

SACHS, C. 1962, *Reallexikon der Musikinstrumenten.* - Hildesheim.

SALA, B. 1990, Loess fauna in deposits of shelters and caves in the Veneto region and examples in other regions of Italy. - V: Cremaschi, M. ed., *The loess in Northern and Central Italy*, 139 ss, Milano.

SÁROSI, B. 1967, *Die Volksmusikinstrumente Ungarns.* - Handbuch der europäischen Volksmusikinstrumente 1/1, Leipzig.

SCHOBER, W. & E. GRIMMBERGER 1989, *A guide to bats of Britain and Europe.* - London.

SEEWALD, O. 1934, Beiträge zur Kenntnis der Steinzeitlichen Musikinstrumente Europas. - V: *Musikinstrumente Europas*, 19 ss.

SEVÅG, R. 1969, Die Spaltflöten Norwegens. - *Studia Instrumentorum Musicae Popularis* 1, 74 ss.

SIMEK, J. 1991, Stone tool assemblages from Krapina (Croatia, Yugoslavia). - V: *Raw material economies among prehistoric hunter-gatherers.* Montet-White, A. & S. Hollen eds., Publication in Anthropology 19, 59 ss, Lawrence.

SKABERNE, D. 1980, Predlog klasifikacije in nomenklature klastičnih sedimentnih kamnin 1. Predlog granulommetrijske klasifikacije in nomenklature. - *Rudar. metal. zb.* 27, 21 ss.

SKLENÁŘ, K. 1985, *La vie dans la préhistoire.* - Paris.

Slovar slovenskega knjižnega jezika 1994, Bajec, A. ur. - Ljubljana .

SOPRONI, I. 1985, The reconstruction of the Istállóskő flute. - *Fol. Arch.* 36, 33 ss.

SPITZENBERGER, F. 1985, Die Weisszahnspitzmäuse (Crocidurinae) Österreichs. Mammalia Austriaca 8 (Mammalia, Insectivora). - *Mitt. Abt. Zool. Landesmus. Joanneum* 35, 1 ss.

STEPANCHUK, V. N. 1993, Prolom II, a Middle Palaeolithic Cave Site in the Eastern Crimea with Non-Utilitarian Bone Artifacts. - *Proc. of the Prehist. Soc.* 59, 17 ss.

STORCH, G. 1992, Local differentiation of faunal change at the Pleistocene-Holocene boundary. - *Courier Forsch.-Inst. Senckenberg* 153, 135 ss.

STRAUS, L. G. 1990, The Early Upper Palaeolithic of Southwest Europe: Cro - Magnon adaptations in the Iberian peripheries 40 000 - 20 000 B. P. - V: Mellars, P., ed., *The Emergence of Modern Humans*, 276 ss, Edinburgh.

STUIVER, M. & H. A. POLACH 1977, Reporting of ^{14}C data. - *Radiocarbon* 19(3), 355 ss.

SVOBODA, J., T. CZUDEK, P. HAVLIČEK, V. LOŽEK, J. MACOUN, A. PŘICHYSTAL, H. SVOBODOVÁ & E. VLČEK 1994, *Paleolit Moravy a Slezska.* - Dolnovestonicke studie 1, Brno.

ŠERCELJ. A. 1996, *Začetki in razvoj gozdov v Sloveniji. The origins and development of forests in Slovenia.* - Dela 4. razr. SAZU 35.

ŠERCELJ, A. & M. CULIBERG 1991, Palinološke in antrakotomske raziskave sedimentov iz paleolitske postaje Divje babe I. - *Razpr. 4. razr. SAZU* 32, 129 ss.

TURK, I. 1996, *Divje babe I - iskanje novih poti v paleolitski arheologiji Slovenije.* - Doktorsko delo, Univerza v Ljubljani.

TURK, I. & J. DIRJEC, 1988-1989, Divje babe I - poskus uporabe statistične analize množičnih živalskih ostankov v paleolitski arheologiji. I. Določljivi skeletni ostanki jamskega medveda. - *Arh. vest.* 39-40, 61 ss.

TURK, I. & J. DIRJEC, 1991, Divje babe I - poskus uporabe statistične analize množičnih živalskih ostankov v paleolitski arheologiji III. Kostni fragmenti. - *Arh. vest.* 42, 5 ss.

TURK, I. & T. VERBIČ 1993, Uvodna razprava za posodobitev kronologije mlajšega pleistocena v Sloveniji. - *Arh. vest.* 44, 29 ss.

TURK, I., J. DIRJEC & M. CULIBERG, 1988-1989, Divje babe I - novo paleolitsko najdišče in skupinsko grobišče jamskega medveda. Poskus tafonomske analize na podlagi vzorcev iz dveh sedimentnih in arheoloških kompleksov. - *Arh. vest.* 39-40, 13 ss.

TURK, I., M. CULIBERG & J. DIRJEC 1989a, *Paleolitsko najdišče Divje babe I v dolini Idrijce - zatočišče neandertalcev. Paleolithic site Divje babe I in the Idrijca Valley - Shelter of Neanderthals.* - Kult. in nar. spom. Slov. 170.

TURK, I., J. DIRJEC, D. STRMOLE, A. KRANJC & J. ČAR 1989b, Stratigraphy of Divje babe I.

Results of excavations 1980-1986. Stratigrafija Divjih bab I. Izsledki izkopavanj 1980-1986. - *Razpr. 4. razr. SAZU* 30, 161 ss.

TURK, I., J. DIRJEC, I. DEBELJAK & Đ. HUBER 1992, Divje babe I - poskus uporabe statistične analize množičnih živalskih ostankov v paleolitski arheologiji IV. Posamično najdeni zobje jamskega medveda. - *Arh. vest.* 43, 7 ss.

TURK, I., F. CIMERMAN, J. DIRJEC, S. POLAK & J. MAJDIČ 1995a, 45.000 let stare fosilne dlake jamskega medveda iz najdišča Divje babe I v Sloveniji. - *Arh. vest.* 46, 39 ss.

TURK, I., J. DIRJEC & B. KAVUR 1995b, Ali so v Sloveniji našli najstarejše glasbilo v Evropi? The oldest musical instrument in Europe discovered in Slovenia ? - *Razpr. 4. razr. SAZU* 36, 287 ss.

VÖRÖS, I. 1984, Hunted mammals from the Aurignacian cave bear hunter's site in the Istállóskő cave. - *Fol. Arch.* 35, 7 ss.

VÉRTES, L. 1955, Neue Ausgrabungen und palaolitische Funde in der Höhle von Istállóskő. - *Acta Acad. Scient. Hung.* 5, 111 ss.

van VLIET-LANOË, B. 1986, Micromorphology. - V: Callow, P & J. M. Cornford eds, *La Cotte de St. Brelade 1961 - 1978. Excavations by C. B. M. McBurney*, 91 ss, Norwich.

VOGEL, J. S., J. R. SOUTHON, D. E. NELSON & T. A. BROWN 1984, Performance of catalytically condensed carbon for use in accelerator mass spectrometry. - *Nuclear Instruments and Methods* B5 233(2), 289 ss.

WATTEZ, J. 1988, Contribution a la connaissance des foyers préhistoriques par l'etude des cendres. - *Bull. Soc. Préhist. Franç.* 85, 352 ss.

WETZEL, R. 1969, Knochen und Knochenkultur. - V: Wetzel, R. & G. Bosinsky, *Die Bocksteinschmiede im Lonetal.,* Verofentlichungen des Staatlichen amtes für Denkmalpflege Stuttgart, Reihe A, Vor- und Frühgeschichte 15, 75 ss , Stuttgart.

WOLDSTEDT, P. 1962, Über die Gliederung des Quartärs und Pleistozäns. - *Eiszeitalter und Gegenwart* 13, 115 ss.